KB266146

일본의 혐오현상과 대항담론

반혐오를 위한 교차로

숙명여자대학교 인문학연구소 HK+사업단 인문교양총서 3

일본의 혐오현상과 대항담론

반혐오를 위한 교차로

스기타 슌스케·사쿠라이 노부히데 편

김지영·신하경 역

보고사
BOGOSA

교차적이고 반자본주의적인
대항운동을 위하여

이번에 『대항언론(対抗言論)』의 선집이 한국어로 번역·출간된 것은 우리에게 있어 더없이 큰 기쁨이다. 무엇보다 먼저 편집과 번역 작업을 맡아 준 신하경, 김지영 씨 두 분께 진심으로 감사의 뜻을 전하고 싶다. 아울러 이 책을 읽어주시는 한국의 독자 여러분께도 마음 깊이 감사드린다.

잡지 『대항언론』은 1호가 2019년 12월, 2호가 2021년 3월, 3호가 2023년 1월에 간행되었다(法政大学出版局). 또한 '대항언론 총서'로서 현재까지 스기타 슌스케(杉田俊介)의 『신과 혁명의 문예비평(神と革命の文芸批評)』(2022년 5월), 가와무라 미나토(川村湊)의 『가교로서의 문학: 일본·조선 문학의 교차로(架橋としての文学—日本·朝鮮文学の交叉路)』(2022년 8월), 무로이 미쓰히로(室井光広)의 『유사 이야기(エセ物語)』(2023년 9월), 가와구치 요시미(川口好美)의 『불행과 공존: 영혼적 문예비평(不幸と共存—魂的文芸批評)』(2023년 12월) 등 네 권의 단행본이 출간되었다(동 출판국).

　　신하경, 김지영 씨 두 분의 초청으로『대항언론』의 편집위원인 스기타는 2023년 2월 11일 한국일본학회 주최 국제학술대회에 참석했다. 또한 이 한국 방문 시에 본지 편집위원 사쿠라이 노부히데(櫻井信栄)의 소개로,『대항언론』3호에 원고를 기고한 바 있는 조경희(趙慶喜) 씨로부터 인터뷰 취재를 받았다. 해당 인터뷰 기사는 〈일다〉(ildaro.com)에서 총 4회에 걸쳐 게재되었다(「비평가 스기타 슌스케 인터뷰」①~④ / 2023년 2월 28일~2023년 3월 14일). 이후 나는 조경희 씨와 일본 도쿄의 간다(神田) 진보초(神保町)에 위치한 서점 '책거리(チェッコリ)'에서 대담 행사도 진행했다(2023년 7월 28일). 이러한 일련의 흐름 속에서, 스기타의 저서『자본주의 사회에서 남성으로 산다는 것(男がつらい!—資本主義社会の中の「弱者男性」論)』(또다른우주, 2023)이 한국어로 번역되어 출간되기에 이르렀다.

—

　　본지『대항언론』의 출발점에는 다음과 같은 문제의식이 놓여 있었다—어떻게 복합차별에 맞설 것인가. 혹은 우파·보수와 좌파·리버럴 사이에 놓인 '벽'을 어떻게 가교할 것인가. 차별 비판과 경제·노동 문제를 어떻게 양립시킬 것인가. 이러한 물음들이었다(창간호 「권두언」 참조). 교차성(intersectionality)이라는 개념은 당시만 해도 일본의 차별 담론이나 페미니즘의 맥락에 충분히 도입되어 있지 않았다.

　　그러나 창간호 발간 이후 이미 약 5년의 시간이 흘렀다. 복합차별과 교차성이라는 관점은 반차별 담론의 기본값이 되었다. 아니, 그것만이 아니다. 어떤 측면에서는 이러한 개념들조차 이미 미디어 공간이나 자본주의에 의해 소비되고, 전유되려 하고 있는 것처럼 보인다. 실제로 반동적인 차별주의자들은 이들 개념을 자신들에게 유리하게 활용하고 있다. 예컨대 신자유주의 페미니즘이나 페모내셔널리즘*과 같은 형태로 말이다.

그 결과, 오늘날 우리가 글로벌한 국면에서 마주하고 있는 것은 정치적 동지/적을 가르는 우적 정치(≒급진적 민주주의)가 아니라, 오히려 단적으로 '피해자 의식의 정치'라 불러야 할 상황일 것이다. 차별 구조나 경제적 계급을 지워버린 채, 모두가 피해자 의식에 기초한 정체성 정치를 시도하고 있다는 아포리아가 여기 있다. 다수자(매저리티) 남성들은 자신들이야말로 진정한 피해자라고 주장하며 소수자(마이너리티)를 공격한다. 혹은 정착민 식민주의자들은 과거의 피해를 절대화하면서, 현재 자신들의 폭력과 가해행위를 정당화한다(이스라엘이 반유대인 차별을 명분으로 팔레스타인을 철저히 파괴하는 사례나, 일본의 원폭 내셔널리즘 등이 연상될 것이다).

우리는 여기서 피해자 의식과 '피해 그 자체'를 개념적으로 구분하고자 한다. 피해자 의식은 어디까지나 의식의 문제이며, 현실의 구조적 비대칭과 그에 기반한 위치성(positionality)을 지워버리기 때문이다.

지난 20년간 일본 국내에서 축적되어 온 반차별 운동—온라인 배외주의에 대한 카운터 운동, 여성들의 #MeToo 운동, 복합차별과 교차성 개념의 도입 등—의 역사적 성과를 말살하고 수정하려는 듯, 배외주의적이고 가부장제적인 '우리 일본인'을 추구하는 정치신학적 반동

---

* 역자 주 : 페모내셔널리즘(Femonationalism)은 여성의 권리나 성평등 담론을 민족주의·국가주의·반이민·반이슬람 정치를 정당화하는 데 이용하는 현상을 말한다. 겉으로는 "여성을 보호한다"는 명분을 내세우지만, 실제로는 특정 집단(특히 이주민이나 무슬림)을 배제하고 낙인찍는 데 쓰인다는 점이 핵심이다.

의 욕망이 갈수록 강화되고 있다. 예컨대 일본의 단일민족적 순수성이 이민자와 외국인에 의해 침식되고 있다는 일본판 '거대 대체 이론(great replacement theory)'*, 혹은 급진적인 젠더 교육이나 선택적 부부별성(별씨) 제도로 인해 일본의 전통적인 이에(家) 제도가 파괴되고 있다고 주장하는 가부장제적 경향의 재강화가 그것이다. 권력·지위·자산으로 보호받아 온 사람들, 혹은 매저리티에 속한 이들일수록 오히려 기묘한 피해의식과 절멸의 불안을 품고 있는 상황이다.

레바논의 보수적인 기독교 가정에서 태어나 호주로 이주한 인류학자 가산 하지(Ghassan Hage)는『얼터-폴리틱스: 비판적 인류학과 급진적 상상력Alter-Politics: Critical anthropology and the Radical Imagination』(2015)에서 다음과 같은 문제를 논한다. 즉 이스라엘의 시오니스트, 남아프리카공화국의 백인, 레바논의 기독교인들은 구조적으로 특권적이고 강자의 위치에 있음에도 불구하고, '포위되어 있는 문명화된 문화'라는 박해 감각을 느끼고 있다는 것이다. 하지는, 자신들이 야만적이고 위험한 '적'에게 둘러싸여 위협받고 있다고 느끼는 이 상태를, 상상적이면서 실존적인 '막다른 상태(stuckedness)'라고 명명한다. 이러한 '막다름'의 감각을 내부로부터 극복해 가기 위해서는 합리적 이성에 의한 계몽이나 비판만으로는 충분하지 않다고 그는 주장한다. 곧 정동의 정치를 포함하는 비판적 혐오 연구가 중요하다는 것이다.

글로벌한 복합차별의 시대에 나타난 피해자 의식의 정치. 이에 공명하는 사람들은 다양성이나 반차별과 같은 이념(그것을 지탱하는 민주적

---

* 　역자 주 : 유색인종 이민자들이 백인 중심의 인구와 문화를 대체하고 있다는 극우 음모론.

이며 보편적인 정의)을 혐오하며, 반동적이고 권위주의적인 통치 권력에 능동적으로, 말하자면 자발적 종속의 형태로 자신을 내맡기고 있는 것처럼 보인다. 이러한 흐름을 초국가적으로 강화하는 것이 바로 클라우드 자본에 기반한 '테크노 봉건제'(『테크노 퓨달리즘』, 야니스 바루파키스(Yanis Varoufakis))이며, 가속주의 좌파의 닉 스르니체크(Nick Srnicek) 등이 비판해 온 의미에서의 플랫폼 자본주의일 것이다.

메타, 구글, 틱톡, 아마존과 같은 거대 자본 기업들은 모든 데이터를 수집하고 관리하며, 사람들의 행동과 욕망을 선제적으로 예측하고 있다(리버테리언 마르크스주의자인 바루파키스는 이를 '클라우드 자본'이라 불렀다). 초권력층·초부유층 사람들은 아키텍처와 SNS 플랫폼의 설계, 알고리즘에 직접 개입한다. 그 결과, 일반 시민의 인지와 인식 그 자체에—정치적 선택이나 이데올로기 선택 이전 단계에서—'인식적(epistemic) 불평등'이 발생하게 된다. 조엘 코트킨(Joel Kotkin)은 테크노 봉건제를, 중세 성직자처럼 영향력을 행사하는 인지 엘리트적 유식자 집단(clerisy)과 경제적 과두 지배층(oligarchy)이 결합해 작동하는 체제라고 설명한다(『새로운 봉건제가 온다 *The Coming of Neo-Feudalism*』, 2020).

단적으로 말하자. 지금 우리에게 중요한 것은 '복합차별적이고 교차적인 반차별 인식을 전제로 하면서, 반자본주의의 전선을 어떻게 확장해 나갈 것인가'라는 실천적이자 이론적인 물음이다. 정치적인 피해자의식의 함정에 빠지지 않으면서, 차별과 반차별이 교차하며 만들어내는 비틀림(가해와 피해의 중층성)에 대한 이론적 인식을 유지한 채, '교차적인 반자본주의 투쟁'을 실천적으로 시도해 나가는 것. 그것은 물론 결코 쉬운 일이 아닐 것이다. 누구에게든.

—

날이 갈수록 세계는 더 나빠지고 있다. 분명 그렇다.

그렇다고 해서 절망과 무력감의 바닥으로 가라앉아서는 안 된다. 우리는 우선 다음의 역사적 사실을 잊지 말아야 한다. 토마 피케티(Thomas Piketty)가 강조하듯이(『평등의 짧은 역사*A Brief History of Equality*』, 2024), 18세기 말 이후 인류는 평등을 향한 긴 여정을 걸어 왔고, 불평등은 점진적으로 개선되어 왔다. 인류는 분명히 진보해 왔으며, 평등을 향한 걸음은 쟁취 가능한 것이었다. 다만 인류의 진보는 결코 자연스럽게 이루어진 적이 없다. 평등을 향한 진전은 사회와 세계의 부정의에 맞선 투쟁과 반란의 결과로서 획득된 것이었다. 농민 봉기, 프랑스 혁명, 아이티 노예들의 반란 등이 그러하다.

그러나 피케티가 지적하듯, 투쟁과 반란이라는 행위만으로는 충분하지 않다. 더 어려운 과제는, 투쟁과 반란이 열어젖힌 지평을 토대로 일상의 정치와 제도를 어떻게 구체적으로 재구성할 수 있는가 하는 점이다. 한쪽으로 집중된 권력과 자산을 어떻게 민주적으로 분산시킬 것인가 하는 문제다. 다시 말해 정치적 투쟁과 제도적 변혁은 동시에 요청되고 있다. 어느 한쪽을 절대시하는 것은 함정이다.

현재의 위치를 확인해 보자. 많은 경제학자들이 인정하듯이, 1914년부터 1970년대에 이르는 이른바 '대압축(The Great Compression)'의 시기에 소득과 자산의 세계적 불평등은 감소하고 '압축'되었다. 다만 이 과정에서 글로벌 노스와 글로벌 사우스 사이의 비대칭성은 기본적으로 시야 밖에 놓여 있었고, 그런 의미에서 '대압축'의 시대는 남반구에 있어서는 '대압착(The Great Squeeze)'에 지나지 않았다고 할지라도 말이다 (대린 맥마흔(Darrin McMahon), 『〈평등〉의 인류사*Equality: The History of an*

Elusive Idea』, 2023).

세계적 평등화의 흐름은 1970년대에 둔화되었고, 1980년대에 들어서면서 역전되기 시작한다. 실제로 오늘날 미국 국내의 불평등은 제1차 세계대전 직전 이후로는 경험한 적이 없는 수준으로 되돌아가 버렸다. 물론 이는 미국만의 문제가 아니다. 글로벌 노스의 거의 모든 국가는 예외적으로 수십 년 동안 불평등이 '압축'된 이후, 1970년대 말부터 자산과 소득 측면에서 현저한 불평등을 경험해 왔다. 현재 세계 자산의 절반 가까이는 전 세계 인구의 고작 1%가 소유하고 있다.

글로벌화에 따라 국경을 넘는 유동성과 이동이 가속화되면서, 선진국의 중간층·중산층은 점차 생활이 어려워지거나 몰락하는 불안을 안게 되었다. 노동소득과 금융자산 사이의 괴리도 심화되었다. 실제로는 소득 격차보다 자산 격차가 훨씬 더 심각해지고 있다(피케티, 앞의 책). 바루파키스 역시 클라우드 자본 체제하에서 지대가 이윤을 초과하게 되었다고 지적한다. 이러한 글로벌 자본주의의 변화 속에서, 빈곤화가 문제일 뿐 격차 확대는 (사회 전체의 생산성을 끌어올려 모두가 이익을 얻는다는 이유로) 용인될 수 있다는, 존 롤스의 『정의론』에서 신자유주의로 계승된 20세기 후반형 자유주의의 논리는 더 이상 성립하지 않는 듯 보인다.

브랑코 밀라노비치(Branko Milanovic)와 크리스토프 라크너(Christoph Lakner)가 제시한 유명한 '엘리펀트 커브(elephant curve)'가 보여준 사실은 다음과 같다. 1988년부터 2008년까지 세계적 불평등을 감소시킨 것은, 급속히 성장한 중국·인도·인도네시아·태국·베트남 등의 경제가 자국민을 빈곤층에서 중산층으로 끌어올렸기 때문이었다. 반면 글로벌 노스의 비교적 유복한 노동자들, 혹은 중산층 이하 계층의 소득은 거의 전혀 증가하지 않았다. 글로벌리즘이 추진한 규제 완화와 복지국가 해체는 세계 전체의 평등을 끌어올리는 결과를 낳았지만, 글로벌 노스의 중산층이나 비교적 부유한 계층에는 거의 혜택을 주지 못했다. 여기에서 중산층, 중상위 계층이 느끼는 불만과 불안이 발생한다. 그리고 그들이 포퓰리즘과 권위주의로 내몰리는 이유의 일단이 여기에 있다.

우리는 우선 분명하게 '적'을 지목해야 한다. '적'은 누구인가. 최근의 글로벌화 속에서 형성된 단 1%의 초부유층·초권력층(일반적인 상위 9%의 부유층과는 계급적으로 전혀 다른 존재)이야말로 '적'이다. 우리가 도입해야 할 것은 피해자 의식의 정치도 아니고, 칼 슈미트적 의미에서의 적군과 우군의 정치도 아니다. 필요한 것은 트랜스내셔널한 계급 인식에 기초한 적대성의 정치다. 몰락의 불안을 끌어안은 중간층·중산층은 자신의 공격성을 사회적 약자나 마이너리티에게로 돌려버린다. 그러나 그것은 적을 잘못 설정한 배타적 공격성이며, 배외주의의 발로에 지나지 않는다.

2007~2008년 금융위기와 그 여파 속에서 2011년 전개된 '월가를 점거하라(Occupy Wall Street, OWS)' 운동은, 1980년대 이후의 초격차화와 불평등에 대한 반작용이었다. 조지프 스티글리츠(Joseph E. Stiglitz)는 『거대한 불평등*The Great Divide*』(2015)에서, 이를 "1%의, 1%에 의한, 1%를 위한" 경제라고 비판했다. 그리고 미국의 상위 1% 초부유층이 국가 자산의 40%를 소유하고, 소득의 약 25%를 차지하고 있는 상황을 비판적으로 분석했다. 우리는 이 '1% 대 99%'라는 반자본주의적 이념을, 교차적인 반차별 운동의 성과를 토대로 삼아, 다시금 현대적으로 갱신해야 할 것이다.

현대의 금융자본주의·플랫폼 자본주의는 한편으로 초부유층·초권력층과 테크노 리버테리언(Techno-libertarian, 기술 자유주의자)을 형성했고, 다른 한편으로는 글로벌화의 흐름 속에서 라이프스타일의 다원화, 성의 다양화, 인종·민족의 복합화와 교차화를 진전시켰다. 이러한 흐름 속에서 점차 몰락하고 생활수준이 약화되는 중산층은, 미래에 대한 불안과 박탈감, 불행의식을 끌어안은 차, 그 분노와 불만을 (상층의 초부유층이나 초권력층이 아니라) 사회적 약자와 소수자에게로 돌리게 된다(에하라 유미코(江原由美子), 『지속하는 페미니즘을 위하여(持続するフェミニズムのために)』, 2022).

기존의 올드 타입 정치가 더 이상 자신의 이익을 대표해 주지 않는다는 간접민주주의에 대한 불신이 커지는 가운데, 사람들은 민중과 정치가 직접 연결되는 듯 보이는—그것이 착각이라고 하더라도, 혹은 바로 그렇기 때문에—포퓰리즘이나 권위주의를 갈망하게 된다. 전통적인 관습적 에토스나 근대적 법보다도, 알고리즘적 초자아(플랫폼적 통치성)를 내면화 = 인스톨하는 것이 효율적이며 일종의 '치트'처럼 손쉬운 방법이기에 합리적이라고 여겨지는 상황이 된다. 그러나 과연 그것으로 괜찮은 것일까.

마크 피셔(Mark Fisher)의 '자본주의 리얼리즘' 논의, 그리고 웬디 브라운(Wendy Brown)이 『신자유주의의 폐허에서*In the Ruins of Neoliberalism: The Rise of Antidemocratic Politics in the West*』(2019)에서 신자유주의의 귀결을 니힐리즘으로 규정한 논의를 참조하며, 현재 우리를 둘러싼 근본적인 무력감과 권위주의적 통치성에 대한 종속을 '자본주의적 니힐리즘'이라고 부르자. 오늘날의 '자본주의적 니힐리즘'이란, 인간이 형성해 온 민주적·시민사회적 커뮤니케이션 공간 그 자체에 대한 체념과 증오다.

예컨대 가속주의 우파·테크노 리버테리언 계열의 사람들은 민주주의와 시민사회를 혐오하며, 자본과 기술의 힘으로 그 외부(화성, 해양도시, 메타버스 등)로 탈출(exit)하려는 욕망을 품는다. 다른 한편에는 자본과 정보의 속도에 지쳐, 사물(인간이 아닌 존재)과의 축소된 소통의 장으로 후퇴하는 사람들도 있다. 이는 도시 엘리트층의 마인드풀니스(Mindfulness, 마음챙김)나 스토아 철학으로의 회귀와 공명하고 있을지도 모른다. 더 나아가 이 모든 것을 체념한 채, 인류의 근본적인 '어리석음'을 받아들일 수밖에 없다는 '어리석음의 시니시즘'에 몸을 맡기는 문화인들마저 존재할 것이다. 그러나 그 끝에 기다리는 것은 인류의 문명과 존속 자체에 대한 냉소적 체념, 반출생주의적 니르바나를 향한 타나토스가 아닐까.

그러나 이러한 여러 형태의 니힐리즘은, 차별과 피차별, 가해와 피해, 착취와 지배가 교차하며 중층적으로 얽힌 아포리아를 견디지 못한 채, 또한 초부유층·초권력층과의 적대라는 정치적 과제를 회피하고, 자본주의와 정보기술의 상층부만을 건져올려 '선별된 엘리트들이 모여드는 작은 미니어처 정원 같은 공동체'로 틀어박히려는 반동적 욕망의 산물에 지나지 않는다. 우리는 이렇게 만연한 지식인·문화인 층의 니힐리즘에 대해서도, 계속해서 맞서야 할 것이다.

—

그렇다면 앞으로의 반차별론은 어떻게 나아가야 할 것인가.

예컨대 제4파 페미니즘의 특징으로는—물론 '제1파', '제2파', '제3

파', '제4파'라는 구분 자체가 어디까지나 편의적이고 전략적인 것에 불과하다는 점을 전제로 하더라도—일반적으로 (1) SNS 이후의 페미니즘이라는 점, (2) 성·인종·장애·자연·비인간 등의 교차성을 인식의 전제로 삼고 있다는 점을 들 수 있을 것이다. 그러나 그와 동시에, 역시 (3) 반자본주의적 페미니즘이라는 점을 덧붙여야 할 것이다. 오히려 반자본주의적 이념이야말로 성·인종·장애·자연·비인간 등을 둘러싼 차별과 배제의 현실을 교차적으로 연결해 주는 열쇠라고 말해야 하지 않을까.

다만 우리에게는 동시에 다음과 같은 위기의식이 존재한다. 즉, 자본주의 그 자체가 근원적으로 교차적인 것은 아닌가, 하는 물음이다. 실제로 우리가 현재 마주하고 있는 것은, 앞서 보았듯 차별자가 피차별자에 대해 피해성을 주장하고, 가해자의 위치에 있는 쪽이 피해자의 희생성을 찬탈하며, 그것을 자신의 자원으로 삼아 적극적으로 활용하는, 이른바 '교차적 반동'이기 때문이다.

예컨대 신치아 아루차(Cinzia Arruzza)·티티 바타차리야(Tithi Bhat-tacharya)·낸시 프레이저(Nancy Fraser)의 『99%를 위한 페미니즘 선언 *Feminism for the 99%: A Manifesto*』(2019)은 단도직입적으로 "현대 사회에서 억압의 궁극적인 기반은 자본주의다"라고 선언한다.

프레이저 등에 따르면, 이제 우리에게는 『공산당 선언』만으로는 충분하지 않다. "오늘날 우리 역시 계급 간 대립뿐 아니라 국가, 인종·민족, 종교를 둘러싼 갈등과 마주하고 있지만, 우리의 세계는 그들이 알지 못했던 정치적 분단선을 내포하고 있다. 그것은 섹슈얼리티, 장애, 생태계다. 또한 젠더를 둘러싼 투쟁은 마르크스와 엥겔스가 상상조차 하지 못했던 진폭과 격렬함을 지니고 있다." "그들이 살던 시대의 자본주의가 비교적 젊은 체제였다면, 우리는 나이를 먹고 노회해진 시스템과 대면하고 있으며, 오늘날의 자본주의는 회유와 강제에 있어 훨씬 숙련되어 있다.”

현대의 반자본주의 이론을 더욱 정교화한 작업이 바로 프레이저의 『포식하는 자본주의*Cannibal Capitalism*』(2023)이다. 자본주의가 강요하는 위기 속에서 살아가면서도, 우리는 여전히 자본주의를 명확히 논의하기 위한 비판 이론을 충분히 갖추지 못하고 있다는 것이 프레이저의 진단이다. 구체적으로 말하자면, 자본주의 분석에는 페미니즘, 생태학, 포스트식민주의, 흑인 해방 사상 등의 통찰이 반드시 결합되어야 한다.

프레이저는 마르크스의 『자본론』 제1권의 원시적·본원적 축적론을 참조하면서, 마르크스가 충분히 보지 못했던 '배경 조건'의 문제를 제기한다. 그것은 '인종', '돌봄', '자연', '민주주의'라는 네 가지 범주다. 이론적으로 중요한 것은 '착취'와 '수탈'의 구분이다. 계약 관계와 임금 노동을 통해 이루어지는 '착취'와는 별도로, 돌봄·자연·공공재를 '훔치는 것'으로서의 '수탈'이 존재한다. 두 과정은 서로 얽혀 있지만, 개념적으로는 구별되어야 한다. 프레이저는 마르크스의 원시적 축적에 기초한 계급론을 현대적으로 갱신하여(로자 룩셈부르크(Rosa Luxemburg)와 데이비드 하비(David Harvey)의 논의도 참조하며), 복합차별의 시대에 걸맞은 이론으로 재구성하고자 한다. 현재진행형의 복합적 축적 메커니즘으로서 수탈 과정이 존재하는 것이다. 예컨대 여성의 돌봄 노동이나 사회적 재생산을 떠맡은 신체는, 남성들의 임금노동이나 가정생활이 가능해지도록 하기 위해 무상으로 계속 수탈되고 있다. 인종과 자연 역시 마찬가지다.

차별론과 경제론은 양립할 수 있다. 아니, 양립시키지 않는다면 무의미하다. 따라서 '문화적 차이인가 경제적 재분배인가', '차별론인가 노동론인가'와 같은 이분법적 대립 역시 허위의 문제 설정에 지나지 않는다. 우리는 '복합차별론'과 동시에 '복합계급론'을 물어야 한다. 그런 의미에서 '1% 대 99%'라는 슬로건 역시 수정될 필요가 있을 것이다. '99%'의 내부에는 계급론적 비대칭성과 수탈의 문제가 잠복해 있기 때문이다.

글로벌화 그 자체는 인류의 문명과 고학기술의 진보가 낳은 산물이며, 선도 악도 아닌, 우리에게는 생존 환경이자 자연 그 자체라고 말할 수 있다(인류세/자본세). 그러나 글로벌화라는 흐름 그 자체와, 그것을 이용해 전 세계적으로 착취와 수탈을 밀어붙이는 현대의 괴물 같은 자본주의의 폭력성은 개념적으로 구분되어야 한다. 다시 말하자면, 자본주의의 운동은 그 자체로 이미 교차적이며 복합차별적인 구조를 내장하고 있으며, 시장경제에서의 임금노동을 통한 '착취'와 그 이전 단계의 '수탈'(본원적 축적)은 구별되어야 한다(인종 자본주의, 젠더 계급론, 육식 자본주의 등).

오늘날 우리는 다시금 새롭게, 자본주의적인 것을 거의—나오미 클라인(Naomi Klein)의 '재난 자본주의' 논의를 한층 더 확장해 말하자면—재난적 파괴성을 지닌 것으로 이해하게 되었다. 지구적 기후 위기마저 야기하고 있는 인류세(Anthropocene)/자본세(Capitolocene)적 자본주의의 재난성 속에서, 우리는 끝이 보이지 않는 불안정성과 박탈감에 시달리고, 심신의 건강을 해쳐 우울에 빠지고, 소진되어 간다. 이러한 병과 상처는 마치 재난이나 참사로 인한 복합성 PTSD와도 닮아 있다.

현대적 글로벌화의 힘을 이용해 권력과 자산의 초격차화를 확대 재생산하고 있는 것—이를 여기서는 '재난 자본주의'(포스트 신자유주의,

교차적 자본주의)라고 불러 두고자 한다. "섬뜩할 정도로 호러적인"(마크 피셔), 불합리한 공포를 지닌 자본주의는, 그 자체로 거의 재난처럼 느껴지기 때문이다. 여기서 '경제를 우선할 것인가, 환경을 우선할 것인가'라는 물음 역시 가짜 질문이다. 우리는 경제 지표와 환경 지표를 결합해, 기후 위기와 격차 문제에 동시에 맞서야 한다. 불평등에 대한 대응 없이는 지속 가능한 발전 역시 불가능하다. "자본주의의 종말보다 세계의 종말을 상상하는 편이 더 쉽다"는 유명한 말을 비틀어 말하자면, 오늘날 우리는 오히려 "기후 위기로 인한 지구의 종말보다 자본주의의 종말을 상상하는 편이 더 쉬운" 것은 아닐까.

—

마지막으로, 논의를 한 걸음 더 진전시키며 글을 마무리하고자 한다.

우리는 이제 우리가 속해 있는 동아시아의 현실로부터 출발하는 트랜스내셔널한 사회주의를 필요로 하고 있다.

초부유층·최고 권력층으로 집중된 자산에 어떻게 개입하여 그것을 사회주의적인 공정한 분배로 연결해 갈 것인가. 이를 위해서는 피케티가 말하듯 초부유층에 대한 글로벌 과세와 국제적 재분배가 핵심 과제가 될 것이다. 오늘날 많은 경제학자들이 구체적으로 논의하고 있듯, 국제적 기본소득이나 기본자본, 혹은 초부유층의 자산 보유에 상한을 두는 제한주의(Limitarianism)와 같은 구상도 중요할 수 있다.

그러나 이는 경제적 재분배의 차원으로만 환원될 수 없다. 복합차별적인 사회 구조를 진정으로 민주적이고 공정한 다원주의로 전환해 나가야 한다. 그렇다고 해서 단숨에 어떤 이상적 상태로 도약할 수는 없다. 우리는 '동아시아'라는 현실과 역사성으로부터 사고해야 한다. 바꾸어 말하면 동아시아적 교통 공간에 발 딛고 서서, 복합적 반차별론과 반자본주의론을 근원적으로 교차시켜야 한다.

예컨대 일본어 환경 속에 있는 우리에게, 권김현영 편저『피해와 가해의 페미니즘』(2018)과 임지현의『희생자의식 민족주의: 고통을 경쟁하는 지구적 기억 전쟁』(2021)이 제공한 인식적 통찰은 매우 크다.

임지현에 따르면, 동아시아의 국제정치는 "싸우면서 서로를 정당화하고 강화해 가는 적대적 공범 관계" 속에 놓여 있다. 예컨대 일본의 양심적인 좌파는 "식민지화한 가해 측/식민지화된 피해 측"이라는 역사적 비대칭성을 근거로 한국의 민족주의를 옹호하고 일본의 민족주의를 성찰해 왔다. 그것은 선의에서 비롯된 것이었을지도 모른다. 그러나 "동아시아라는 트랜스내셔널한 기억 공간에서 이루어지는 그러한 내셔널한 비판은 반작용으로 한반도의 민족주의를 정당화한다. 그렇게 강화된 한국의 민족주의는 적대적 공범 관계의 회로를 통해 결과적으로 일본의 민족주의를 강화한다는 점을 지적하고 싶다." 이러한 상황은 이제 세계 여러 지역에서 발견된다. 많은 국가의 사람들이 직면하고 있는 것은 "희생자이면서 동시에 가해자이기도 했던 복합적 현실"이다.

물론 이것은 단순한 역사 상대주의가 아니다. 가해와 피해의 비대칭성을 지워 버리자는 뜻도 아니다. 중요한 것은 오히려, 자기 안의 고통과 곤란을 인정함으로써 가해성을 분명히 인식하는 교차적 주체성을 형성하는 일일 것이다. 자신 안에서 가해와 피해가 복합적으로 교차하고 있다는 뒤틀림을 받아들이는 일. 그것은 매우 어려운 일이자 어쩌면 인간에게 거의 불가능한 일일지도 모른다. 그리고 기억을 둘러싼 정치가 인간의 감정과 정동에 깊이 관련되어 있는 이상, 논리적 정당성만으로는 충분하지 않으며 우리는 '정동론적 전회' 이후의 접근을 필요로 하게 될 것이다.

진정으로 어려운 것은 교차성이라는 이념을 기호처럼 소비하는 일이 아니라, 교차성을 단독자로서 육화하는 것, 그리고 그 구체적 과정 속에서 그것을 사상화하고 이론화하는 일이다. 트랜스내셔널한 피해자 의식의 시대, 복합차별적 현실의 시대에는 누구에게나 감정적 갈등이 생길 수밖에 없다. 예컨대 장애인에 대한 능력주의적·비장애 중심적 차별에는 민감하지만, 젠더 문제에서는 '남성의 피해자 의식'을 지니고 있고, 이민자·난민 문제에는 큰 관심을 갖지 못하는 경우처럼, 서로 다른 요소들이 모순적으로 갈등하는 상황이 있을 수 있다.

다시 말해 '우리 = 일본인'에게 필요한 것은 가해나 차별의 경험을 상대화하는 일이 아니라, 피해자 의식의 함정에서 벗어나기 위해서라도, 복잡한 것을 복잡한 채로 계속해서 사유하고, 자신의 상처와 고통을 지우지 않은 채 타자에 대한 책임을 떠맡는 '역사화'의 기획일 것이다. 그러나 이를 이루기 위해서야말로 트랜스내셔널한 타자와의 연대가 필요하며, 역사 속에서 비대칭적 관계에 놓여 온 타자와의 대화 관계—긴장과 적대성을 지우지 않는 관계—가 중요할 것이다. 그러한 내적 갈등을 억압해서는 안 된다. 사회운동이 축적해 온 이론과 이상을 기호적으로 소비해서도 안 된다.

예컨대 일본열도 주민으로서의 '우리'는, 자신의 내부적 힘만으로는 천황제(천황주권)라는 시스템을 비판적으로 변화시키는 것조차 어려울 것이다. 애초에 오늘날 국제적으로 명백해지고 있는 것은, 정교분리라는 근대국가의 원리가 근본적으로 흔들리고 있다는 사실이다. 최근 몇 년 사이 일본의 보수 정당과 종교 단체(사이비 종교 단체를 포함한)의 유착이 가시화되어 왔다. 물론 이는 일본 정치만의 고유한 현상은 아니다. 그러나 일본 국내에 있으면 일본의 정치신학적 상황은 치명적으로 구제 불가능한 것처럼 느껴지기도 한다.

막스 베버적 의미의 종교 세속화가 아니라, 칼 슈미트적 의미의 종교 세속화—즉 정치신학의 세속적 침투—가 문제로 제기되어야 한다. 예컨대 조르조 아감벤(Giorgio Agamben)은 슈미트의 이론을 비판적으로 계승하며 통치의 이중구조를 논했다(『왕국과 영광 *The Kingdom and the Glory: For a Theological Genealogy of Economy and Government*』, 2007). 통치의 이중구조란 정치신학(신을 통해 주권 권력의 초월성을 정초하는 것)과 오이코노미아 신학(신이 아니라 내재적 질서 = 가정·경영·경제의 질서에 의해 구상되는 것)의 이중성이다.

이 논의를 동아시아 맥락으로 번역해 접목해 보자. 우리는 '가부장제 신학'의 문제에 정치적으로 대응해야 한다. 일본의 비평가 오스기 시게오(大杉重男)는 '동아시아적 전제(專制) 체제'에 대한 근본적 비판이야말로 중요하며, 그를 위해서는 '동아시아 동시혁명'이 필요하다고 주장한다(『〈일본인〉의 조건: 동아시아적 전제주의 비판(〈日本人〉の条件—東アジア的専制主義批判)』, 書肆子午線, 2024). 그러나 오늘날 동아시아 동시혁명이 무엇을 의미하는지는 앞으로 대화적 = 교통적으로 사유되어야 할 과제일 것이다.

다시 말해 우리는 가부장제적으로 세속화된 현대 정치신학—여전히 일본 국민은 '강한 일본'을 동경하고 권위주의적 주체와 제국주의적 종주국을 레트로토피아적으로 꿈꾸는 상황—을 넘어, 말하자면 동아시아적인 '해방신학'으로 나아가야 한다 우리는 교차적 갈등을 억압

하지 않은 채, (복합성 트라우마가 아니라) 복합적 감정을 안은 채 '주체
성'(펠릭스 가타리)을 만들어 나가지 않으면 안 된다. 이를 위해서는 일
국주의적 내셔널리즘으로는 부족하다. 피해자 의식의 정치에 머물러
서도 안 된다. '우리 = 일본인'은 지금이야말로 트랜스내셔널하고 지속
가능한 연대와 대화를 필요로 하고 있으며, 자신들의 존재 방식을 근
원적으로 비판해 줄 적대적 타자와의 우애를 필요로 하고 있다.

—

나는 본지 편집위원의 한 사람으로서, 이번 『대항언론』 한국어 번역
이 미래의 동아시아적 우애를 위한 작은 힘이 되기를 지금은 간절히
바라고 있다.

(여담으로 덧붙이자면, 앞서 졸저 『자본주의 사회에서 남성으로 산다는 것』이
한국어로 번역되었다고 언급했지만, 이밖에도 나의 저작 가운데 『미야자키 하야오
론(宮崎駿論)』, 『죠죠론(ジョジョ論)』, 『도라에몽론(ドラえもん論)』, 『저패니메
이션의 성숙과 상실(ジャパニメーションの成熟と喪失)』이 중국어 번체자로 번역
되었으며, 『미야자키 하야오론』은 간체자로도 번역되어 있다. 앞으로 남성 비평과
문화 비평을 통해 아시아적 대화 관계와 교통 공간이 열리기를 기대한다.)

2026년 2월 3일

『대항언론』 편집위원, 스기타 슌스케

간행사 : 한국어판 『대항언론』 선집 간행에 부쳐   ⋯ 5

| 제1부 |

혐오 시대에 맞서다   『대항언론』 제1호

1-0 권두언   ⋯ 29

1-1 [좌담회] 일본의 혐오현상에 어떻게 맞설 것인가   ⋯ 32
나카자와 게이·가와무라 미나토·스기타 슌스케·사쿠라이 노부히데

1-2 '우리'의 해저드맵을 갱신하기   ⋯ 73
누가 "누가 인터넷에서 배외주의자가 되는가"라고 묻는가
구라하시 고헤이

1-3 비뚤어진 안경을 바꾸라   ⋯ 87
'혐한'의 역사적 기원을 생각하다
가토 나오키

1-4 조선인의 시선에서 본
오키나와의 가해와 그 극복의 역사   ⋯ 99
오세종

1-5 불관용의 늪에서 벗어나기 위해   ⋯ 112
아마미야 가린(雨宮処凜) 씨 인터뷰
아마미야 가린·스기타 슌스케

| 제2부 |

복합차별의 매듭을 풀다　　　　　『대항언론』 제2호

2-0 들어가며　　　　　　　　　　　　　　　　　　　　　… 145

2-1 [공동토의] 문학은 지금 무엇에 '대항'해야 하는가?　… 148
　　　온유주·기무라 유스케·스기타 슌스케·사쿠라이 노부히데

2-2 제국의 타임라인　　　　　　　　　　　　　　　　　… 204
　　　'히로시마 타임라인'과 포스트콜로니얼 멜랑콜리아
　　　케인 주리안

2-3 아프로페시미즘과 '재일'의 사상을 읽다　　　　　… 226
　　　다카하시 와카기

2-4 보이지 않는 백래시　　　　　　　　　　　　　　　… 247
　　　장애가 있는 이들을 둘러싼 2010년대의 제 양상
　　　쓰쓰미 다쿠야

2-5 탈출구를 열다　　　　　　　　　　　　　　　　　… 262
　　　'인간 이후'의 미래로
　　　시노하라 마사타케

2-6 시간에 대한 관여와 현대 일본에서 멤버십의 경계　… 275
　　　다카야 사치

2-7 제로년대~2010년대의 비평/운동을 둘러싸고　　　… 288
　　　차별·계급·위령과 민주주의의 현재
　　　다카하시 와카기·스기타 슌스케

| 제3부 |

차별과 폭력의 비평　　　　　　　　『대항언론』 제3호

3-1 감염·폭력·총기　　　　　　　　　　　　… 343
　　아베 전 총리 암살 사건에 관한 노트
　　다카하라 이타루

3-2 트랜스젠더, 페미니즘, 맨즈 리브　　　　… 357
　　쇼노 요리코『발금소설집』에 부쳐
　　스기타 슌스케

부록 1.『대항언론: 반혐오를 위한 교차로』 제1~3호 목차　　… 414
부록 2. 반혐오를 사유하기 위한 북리스트 42　　… 429

편저자 소개　　　　　　　　　　　　　　… 447
역자 후기　　　　　　　　　　　　　　　… 450
찾아보기　　　　　　　　　　　　　　　… 456

일러두기

1. 이 책은 일본의 잡지 『対抗言論—反ヘイトのための交差路』(法政大学出版局) 제1~3호 (2019년 12월~2023년 1월)에 실린 글 중 일부를 번역한 것이다.
2. 일본어를 비롯한 외래어의 표기는 국립국어원 한국어 어문 규범에 따랐다.
3. 원서의 주석과 참고문헌은 각 글의 뒤에 번역·수록하였다. 역자가 추가하거나 보충한 내용은 '역자 주'라고 표기하여 각주를 달았다.

제1부

혐오 시대에
맞서다

—『대항언론』 제1호

권두언

우리는 지금 '혐오의 시대'를 살고 있다.

현재 일본 사회에서는 각기 다른 역사와 맥락을 지닌 인종주의(민족 차별, 재일코리안 차별, 이민 차별), 성차별(여성 차별, 여성혐오, LGBT 차별), 장애인 차별(우생사상) 등이 점차로 합류하고 결합하며 마치 화학 반응을 일으키듯이 공격성을 날로 더해가고 있다.

여기에 더해, 유언비어나 음모론이 난무하는 인터넷의 살벌한 분위기, 인권과 민주주의를 경시하는 정치 풍조 등이 맞물리면서, 이러한 차별과 증오가 모든 것을 한 가지 색으로 뒤덮어 버리려는 듯하다.

이러한 '혐오의 시대'는 아마도 오래 지속될 것이다.

SNS나 거리에서 헤이트 스피치(차별 선동)를 외치는 일부 사람들뿐만 아니라, 혐오 감정이나 배외주의적 성향을 지닌 사람들이 이미 이 나라에는 널리 존재한다. 우리는 이 사실을 더 이상 부정할 수 없다.

재일 외국인과 이민을 혐오하고 사회적 약자를 짓밟는 이들은, 일상 속에서 바로 우리 곁에 있는 매저리티* 가운데 누군가이다. 아니, 우리들 가운데 차별 가해를 한 적이 없다고 단언할 수 있는 사람이 과연 있을까.

이 잡지 『대항언론(対抗言論)』은 혐오에 맞서기 위한 잡지다.

---

* 역자 주: 이 책에서는 다수자(多数者)/소수자(少数者), 매저리티(マジョリティ)/마이너리티(マイノリティ)라는 용어가 다수 사용된다. 매저리티는 사회적 다수자, 마이너리티는 사회적 소수자를 의미하지만, 이 책의 저자들은 이 용어들을 각각의 문맥에 맞게 혼용하여 사용하고 있다. 따라서 한국어 번역판에서도 저자들의 원문 표기를 원칙적으로 따르되 적절히 문맥에 따라 선택하여 번역하였다.

혐오에 맞서는 행동은 일본의 사회 구성원 모두가 스스럼없이 해야만 하는 일이다. 그것은 물론 차별을 당하는 피해자나 마이너리티 '만의' 과제가 아니다. 무관심하거나 무감각하게 지낼 수 있는 '우리', 즉 매저리티야말로 이 문제에 나서야 한다. 이미 다양한 저항과 대항의 실천을 쌓아온 이들에게 배우면서 말이다.

그러나 매저리티 중 적지 않은 사람들은, 이대로는 안 된다고 느끼면서도 차별 반대 운동이나 리버럴한 언어의 '올바름'에 완전히 공감하지 못하고 일종의 주저와 무력감 속에 머물러 있는 것은 아닐까. 여러 문제가 복잡하게 얽힌 '복합차별' 상황이 일상화되면서, 혼란을 느끼고, 인식이 따라가지 못하는 경우도 있을 것이다.

그렇다고 해서 이러한 당혹감이나 혼란을 단번에 지워 버리는 것이 아니라, 그것이 우리 안에 존재한다는 사실을 인정하면서, 구조적으로 차별과 혐오를 유지·강화해 버리는 매저리티, 즉 '우리'가 내적으로 변화해 갈 수 있는 노력이 필요한 것이 아닐까.

우리는 이러한 방식으로 혐오에 맞서기 위한 하나의 시도로서 여기 비평·역사·문학·운동 등을 오갈 수 있는 장을 만들기로 했다.

생각해 보면 우리는 불필요한 '벽'을 만들고 있는 것은 아닐까. 예컨대 지금 정치적 우파와 좌파, 보수와 리버럴 사이에 '벽'이 생겨나 분단을 낳고 있는 것처럼 보인다. 그러나 '혐오를 거부한다'는 점에서는 실은 서로가 과제와 문제의식을 공유할 수 있고, 연결될 수도 있을 것이다. (공유 가능한 부분을 충분히 공유한 뒤에야 비로소, 진정 양보할 수 없는 정치적 입장과 차이가 드러날 것이다.)

또한 학문적 지성과 현장 감각, 언론인과 대중, 유명인과 무명인 사이를 끊임없이 넘나드는 것도 중요할 것이다. (이를 위해 본 잡지에서는 운동/지원 현장의 목소리를 취재와 인터뷰 등을 통해 반영하고자 한다. 또한

'평범한 시민들에게 말이 가닿도록 어떻게 이야기할 것인가'를 의식한 지면 만들기를 지향한다.)

장기적으로는, 인종차별·성차별·장애인 차별 등이 중첩되는 장소에서 '복합차별 사회', '복합혐오 상황'에 맞서기 위한 반(反)혐오의 통일 전선과 종합 이론이 필요하며, 이를 위한 횡단적 플랫폼이 필요할 수도 있다.

물론, 우리의 작은 잡지로 할 수 있는 일은 한정되어 있다. 그러나 무력감과 냉소, 체념이야말로 우리 내면의 적이자 최대의 적이다. '우리가 변하는 것'과 '사회를 바꾸는 것', 이는 무력감과 체념에 시달리면서도 많은 사람들의 노력과 시행착오를 통해 점진적으로, 조금씩 쟁취해 나가야만 하는 일이다. 아무리 작은 발걸음이라도, 아무리 시간이 걸리더라도, 각자의 발걸음을 시작해야만 한다. 이 작은 잡지도 그를 위한 한 걸음이다.

우리는 이 잡지가 누군가에게 구원을 요청하거나 현상을 한탄하는 것이 아니라, 또 이해하기 쉬운 '적'을 비판하며 증오의 악순환을 강화하는 것도 아니라, 거짓된 대립의 틀 자체를 해체하고, 외부를 향해 열린 언론과 실천의 장, 그리고 공통의 기반이 되기를 바란다.

스기타 슌스케(杉田俊介)
사쿠라이 노부히데(櫻井信栄)

[좌담회] 일본의 혐오현상에 어떻게 맞설 것인가

나카자와 게이 中沢けい 소설가
가와무라 미나토 川村湊 문예평론가
스기타 슌스케 杉田俊介 비평가
사쿠라이 노부히데 櫻井信栄 일본 문학 연구자

왜 이 잡지를 만들었는가?

스기타 슌스케 우선, 이『대항언론』이라는 잡지를 만들게 된 경위를 조금 말씀드리고 싶습니다.

저희 셋, 스기타, 사쿠라이, 본지의 편집자 고마 마사토시(鄕間雅俊)는 대학 시절부터 친구입니다. 저와 사쿠라이는 호세이대학(法政大学) 일본문학과에서 같은 반이었습니다. 사쿠라이는 호세이대 대학원을 졸업한 뒤 박물관에서 근무했고, 그 후 오랫동안 한국에서 살았습니다. 얼마 정도 사셨지요?

사쿠라이 노부히데 거의 8년 정도 살았어요. 처음엔 서울에서 한국어를 공부했고, 현지에서 박사과정을 수료한 후에는 충남대와 남서울대 등 몇몇 대학에서 가르쳤습니다. 대학생 때 가와무라 미나토(川村湊) 선생님께서 말더듬이인 작가 김학영(金鶴泳)에 대해 가르쳐 주셨는데,

저는 '나와 같은 고통을 지닌 사람이 여기 있구나'라고 생각했고, 이후로 줄곧 이 작가를 연구해 왔습니다. 그는 재일조선인* 2세 작가로서 일본 문단에 처음 등장했는데, 물론 마이너리티로서의 고뇌와 자신의 핸디캡에 대해서도 썼지만, 그것을 특수한 문제로만 한정하지 않고, '약자의 삶의 고통'이라는 보편적 주제로 확장해 갔던, 매우 특별한 작가라고 생각합니다. 그래서 일본에 있을 때부터 『김학영 작품집(金鶴泳作品集)』(図書出版クレイン, 2004·2006)을 엮는 일을 도왔습니다. 그런데 김학영에 관한 연구는, 재일코리안어 대한 관심이 높아지고 일본 문학 연구의 저변이 넓어진 영향도 있어서, 최근에는 한국에서 발표되는 논문이 더 많은 상황입니다. 한국에 간 이유 중 하나도 그 연구들을 읽기 위해서였고, 현지에 있는 동안 관련 분야 연구자들과 깊이 교류했습니다.

스기타 그 시기에는 서로 만나지 못했지만, 사쿠라이가 일본에 귀국한 후 다시 만나게 됐죠. 이건 잡담인데요, 저희 어머니께서 한류 드라마를 계기로 한국을 좋아하시게 되어서 한국어와 한국 문화를 스스로 배우시고 한국 여행도 자주 가시게 되었는데, 그때 가이드를 해준 사람이 바로 사쿠라이였어요(웃음).

나카자와 게이 저도 예전에 사쿠라이 씨의 안내로 판문점에 간 적이 있어요.

---

* 역자 주: 이 책에서는, '재일(在日)', 일본어 읽기로 '자이니치'에 대해 많은 언급이 나온다. '자이니치'는 본래 '일본에 거주하는 사람'을 의미하나, 실제로는 한반도를 루트로 가지는 조선인·한국인을 지칭하는 용어로 사용된다. 호칭으로는 그동안 재일동포, 재일교포, 재일한국인, 재일조선인, 재일한국·조선인, 재일코리안 등으로 불리어 왔으며 이 호칭 자체가 매우 중요한 역사적 맥락을 담고 있다. 이 책의 번역에서는 원칙적으로 원저자가 선택한 호칭을 그대로 따른다.

사쿠라이 그때의 한국은 아직 보수 정권 시절이었고, 한반도 정세도 별로 좋지 않았습니다. 그래서 '앞으로는 판문점이라는 역사적인 장소에 갈 수 없게 될지도 모른다'는 생각이 들어 함께 가게 된 거였죠.

스기타 그렇게 지내다가 오랜만에 저희 세 사람이 다시 만나 일본의 현 상황에 대해 이야기를 나누게 되었는데, 비록 미약하더라도 무언가 함께 해보자는 생각이 들었습니다. 왜냐하면 지금 일본의 폐쇄적인 혐오 상황이 너무 심각합니다. '이게 최악이겠지'라고 생각했는데, 그렇게 느낄 수 있는 동안이 오히려 행복한 때였고 더욱 나빠져 가는, 마치 밑이 빠진 듯한 상태. 그러한 상황에 대해 무언가 발언하고 싶고, 또 그래야만 한다는 마음이 우선 있었어요.

『대항언론』의 특징을 한 가지 꼽자면, 주축이 되는 세 명 모두가 사회적 매저리티에 속하는 남성이라는 점입니다. 세부적으로 따져 들어가면 여러 사정들도 있지만, 기본적으로는 매저리티라고 할 수 있지요. 한때 '편집위원 중에 왜 여성이 없는가'라든지, 여러 고민을 한 시기도 있었지만, 오히려 사회적 매저리티의 입장에서 반(反)혐오 활동을 하는 것이 지금 매우 중요한 의미를 지닐 수 있다고 판단했습니다.

예를 들자면 재일코리안 당사자가 중심이 되어 만든 종합잡지 『항로(抗路)』(抗路舍, 2015년 창간)라든지, 마이너리티의 입장을 대변하거나 마이너리티에 적극적으로 '빙의'하는 방식의 혐오 비판은 이미 꽤 나와 있습니다. 물론 그런 시도들도 중요하지만, 매저리티가 매저리티로서 내부에서부터 바꿔나가려는 시도도 있어야 하지 않을까.

개인적으로 저는, 복합적인 혐오의 시대는 길게 이어질 것이라고 생각합니다. 이것은 일시적인 현상이 아니라, 전 세계적인 변화라는 큰 흐름 속에서 나타나는 경련 같은 반응이라고 느끼기 때문에, 이를 극복하려면 시간이 걸릴 것입니다. 그러니 다양한 경로에서 나오는 반혐오의 언어와 운동이 많으면 많을수록 좋다. 그렇다고 한다면 지금 우리가 있는 이 자리에서부터 시작하자는 것이죠.

그런 취지로 지난 2년가량 논의해 왔습니다. 이 잡지의 기본 축은 대략 세 가지입니다. 첫째, 문학, 철학, 예술 등 인문학을 중시한다는 점입니다. 특히 문학에 대한 애착이 있습니다. 저 역시 일본문학과 출신으로, 지금도 문예지 『스바루(すばる)』에 문예비평을 쓰고 있습니다. 그렇기에 반혐오라는 사회운동적 맥락과 문학·예술을 연결하려는 것이 한 축입니다.

둘째, 사쿠라이는 한국에서…… 그건 '1인 카운터 시위'라고 불러야 하나요?

사쿠라이 네, 1인 시위요. '재특회(在特会, 재일특권을 용납하지 않는 시민의 모임(在日特権を許さない市民の会))*의 반한(反韓) 시위에 반대합니다'라고 주장하는 1인 시위. 서울에 광화문광장이라는, 시민들이 의견을 표명하는 시위 명소 같은 곳이 있어요. 나중에 박근혜 대통령 탄핵 촛불집회가 열렸던 곳인데요, 저는 먼저 그곳에서 시위를 시작했습니다. 한국에서는 집회를 하려면 경찰에 집회 신고를 해야 하지만, 1인 시위는 신고가 필요 없습니다.

나카자와 마지막엔 5~6명 정도 있었죠?

사쿠라이 네. 그 뒤 트위터나 페이스북을 통해 발신하고, 경찰에도 신고한 뒤 광장 근처에서 '스탠딩 시위'를 하게 되었고, 한국 언론에도 많이 소개되면서 점점 사람이 모이게 됐습니다.

---

* 역자 주 : 2007년 1월 20일에 발족한 일본의 극우 민족주의 성향의 시민단체. 최초 설립자는 사쿠라이 마코토(桜井誠). 재일코리안을 대상으로 한 배외주의적 헤이트 스피치 시위를 전개하였다.

스기타 일본 국내에서도 '시바키부대(しばき隊)'* 등의 카운터 운동이 있었을 때, 사쿠라이는 한국에서 '사이 좋게 지내자' 시위를 하는 등 현장 중심의 활동을 해왔죠.

나카자와 신오쿠보(新大久保)에도 와주셨죠.

사쿠라이 그렇습니다. 일본과 한국을 오가며 계속 활동했습니다. 처음엔 직접 도쿄에 가서 항의했지만, 해외라 자주 갈 수는 없으니 한국에 있으면서 할 수 있는 일을 찾다가 시작하게 된 것이 서울에서의 시위였습니다.

스기타 저는 원래 2000년대 후반에 이른바 '로스제네(ロスジェネ, 로스트 제너레이션)'** 운동', 반(反)빈곤 운동을 하면서 『프리터에게 '자유'란 무엇인가(フリーターにとって「自由」とは何か)』(人文書院, 2005)라는 책을 쓰고, 『프리터즈 프리(フリーターズフリー)』(2007년 창간)라는 협동조합 형식의 잡지를 발간하기도 했습니다. 동시에 저는 또 하나의 축으로는 20대 중반부터 10여 년간 장애인 활동지원 일을 하면서, '푸른잔디회(青い芝の会)'***나 신체장애인 당사자들이 전개했던 자립 생활 운동

---

* 역자 주 : '재특회' 등의 헤이트 스피치와 혐한 시위에 맞서 강력한 카운터 행동을 전개한 시민 운동 단체. 2013년 1월 노마 야스미치(野間易通) 등을 중심으로 결성되었다.

** 역자 주 : 버블경제 붕괴 이후 취업 빙하기였던 1990년대 중후반~2000년대 초반에 노동시장에 진입해 안정적인 정규직 일자리를 얻지 못한 세대를 가리키는 말. '잃어버린 세대(Lost Generation)'의 일본식 약칭으로, 장기 불황과 비정규 고용 확대 속에서 형성된 세대적 불안정성을 지칭하는 용어로 사용된다.

*** 역자 주 : 뇌성마비 당사자들이 장애인 차별 해소와 장애인 해방을 목표로 1957년에 결성한 일본의 장애인 운동 단체. 1960~70년대 시설 수용 정책과 우생보호법, 보호주의적 복지 담론에 비판적으로 대응하며 거리 시위와 선언문 발표 등을 통해 장애인의 자기결정권과 존재의 긍정을 주장했다. 특히 장애 태아 낙태 문제를 둘러싸고 우먼 리브 운동과 긴장과 충돌을 겪는 등, 생명·재생산·장애를 둘러싼 사회적 논쟁 속에서 일본 장애인 해방운동의 급진적 흐름을 형성했다.

의 사상을 배우고, 장애인 사회운동과도 연동된 NPO 법인에서 일했습니다. 그래서 저는 비평이나 문학을 생각할 때도 항상 당사자들의 현장과의 관계 속에서 사고하고자 하는 의식을 가지고 있습니다.

이 잡지에서도 현장의 감각이라든지, 당사자들이 어떠한 생각을 갖고 있는가라는 점에도 한 축을 두고 싶습니다. 이것이 두 번째 축입니다.

세 번째로는 대학 아카데미즘과의 관계도 적극적으로 중시하고자 합니다. 자크 데리다가 '도래해야 할 대학'이라는 표현을 쓴 적이 있어요. 기존의 대학에 한정되지 않고, 대학과 대학 사이에 존재할 수도 있는 이상적인 대학의 이념 같은 것에 대해 말한 것이죠. 하지만 다른 한편으로 대학은 지금 현 정권(現政權)적인 것, 신자유주의와 일종의 극우성이 결합한 교육의 최전선이 되고 있습니다……. 저는 이 부분에 대해서는 자세히 알지 못하니, 대학 출판부 편집자에게 이야기를 듣고 싶습니다.

고마 마사토시(편집부) 잡지를 창간한 취지는 「권두언」에 거의 담겨 있습니다. 하지만 지난 10여 년 동안 인터넷뿐 아니라 미디어와 거리에서도 혐오에 일상적으로 노출될 수밖에 없는 사회가 되었다고 느낍니다. 예전에는 일부 우파 잡지에서나 쓰이던 레토릭이 사회 전반으로 퍼졌습니다. 출판 불황 속에서 대형 출판사들도 경영 유지를 위해 팔리기만 하면 어떠한 품위 없는 책이라도 마구 내놓는 상황이 됐습니다. 다른 나라를 '위선'이라든지 '무지'하다든지 하며 욕하는 것으로 '일본'을 유지하려 하는, 자신감 결여가 뒤틀린 형태로 표출된 내셔널리즘은 부끄러운 것입니다. '전후 헌법'으로 대표되는 보편적 가치가 조롱받는 시대에, 대학 출판부가 무엇을 해야 하는가를 생각하게 됐습니다.

대학 출판부나 인문학 출판사에 종사하는 사람들은 대체로 이러한 사회를 우려하고 있지만, 일부 예외를 제외하면 직접적인 대항의 자세를 보이지 못하고 있습니다. 학문적인 서적은 이제 기껏해야 1,000부 정도의 발행 부수에 불과하고, 단기간에 사회나 여론을 움직일 만한 실질적인 힘도 거의 없다는 것을 모두 자각하고 있습니다. 아카데미즘 안에서 소규모로 '좋은 책'을 재생산하고 있으면 일단 직업은 유지되니, 대학 교원과 마찬가지로 출판 관계자들도 위축되고 체념하는 경향이 있는지도 모릅니다.

하지만 이대로 방치한다면, 올림픽 이후의 경기 침체와 북한 정세의 유동화로 인해, 혹은 외부 압력이 없더라도 저출생·고령화로 인한 빈곤층의 확대 때문에, 사회의 토대는 더욱 허물어져 갈 것입니다. 앞으로도 정권이나 어용 미디어는 일본이 잘 안 되는 이유를 외부의 적이나 내부의 '매국노' 탓으로 돌리고 과거의 역사까지 왜곡할 것이고, 많은 사람들이 거기에 휩쓸릴 것 같습니다. '잘 팔리는 혐오 서적'이 지배층의 의향을 대중적 차원으로 확산시키는 것이죠. 이러한 퇴행 현상은 전 세계적인 경향일 수도 있지만, 대학 출판부는 그러한 르상티망의 세계화에 대해 방관하지 않고, 조금 용기를 내서 맞서야만 한다고 생각합니다.

참고로, 과거 1960년대에는 캠퍼스에서 당연히 허용되던 정치 활동이 지금 대학 연구자나 학생들에게는 전혀 불가능해진 이유는, 교육 현장 자체가 지난 수십 년 동안 끊임없이 잠식당했기 때문입니다. 많은 연구가 지적하듯, 1991년 '대학 설치 기준 대강화(大学設置基準の大綱化)'* 이후 일본의 대학은 국공립·사립을 불문하고 신자유주의에 휩쓸렸고, 인문사회과학계 연구자가 문학이나 정치를 깊이 있게 연구할

---

* 역자 주 : 1991년에 시행된 대학설치 기준에 관한 개정. 이를 계기로 대학에 대한 문부성 규제가 각 대학의 자유재량을 강화하는 방향으로 완화되었다.

수 있는 환경이 사라졌습니다. '국익'이나 '생산성'으로 직결되지 않는 학문 연구에는 큰 세금을 쓰지 말라는 것이지요. 게다가 인문학은 사회 비판과 계몽을 사명으로 하므로, 언론과 마찬가지로 정권 비판으로 직결됩니다. 그러다 보니 최근에는 뜻있는 연구자들 가운데 많은 이들이 비정규 강사직에 머물러 있어요. '무엇이든 반대하는' 진보 성향의, '아사히 문화인(朝日文化人)'적인 엘리트층에 대한 대중의 반발은 여전히 뿌리 깊게 남아있는 것 같습니다만, 사실 그런 특권적 지식층은 이제 존재하지 않기에 거기에는 아무런 근거도 없습니다. 좌파 역시 우파 못지않게 '우리 사회와 정부를 더 좋게 만들고자' 하고 있음에도, 오로지 '반일' '비국민'이라는 말로 매도하는 사람들의 정신적 태도는, 사람을 사람으로 여기지 않는 도착된 상태라고밖에는 할 수 없습니다.

이 잡지 기획의 출발점은 재작년, 호세이대학출판국이 참여한 '대학출판부협회' 국제 세미나가 제주도에서 개최되었을 당시, 제가 발표한 보고서를 사쿠라이 씨가 한국어로 번역해 주신 데에 있습니다. 당시 저는 '동아시아 학술서 번역 공동체' 같은 것을 만들자는 다소 거창한 꿈에 대해 발언했는데, 고려대학교와 서울대학교 출판부 관계자들이 민감하게 반응하며 "꼭 여러 가지 일을 함께하자!"고 손을 잡아 주었습니다. 시간은 꽤 걸리겠지만, 장기적으로는 한국·일본·중국·대만을 비롯한 동아시아 각국이 학문 수준에서 근대사를 공유하고 서로 인정하게 될 날이 올 것입니다. 그 흐름은 장기적으로 볼 때 필연적이며, '세계사(Universal History)'의 가능성을 번역·계승해야 할 대학 출판국이 '반(反)혐오'를 분명히 하는 것이야말로 의미가 있다고 생각합니다. 비록 미약하더라도 하나의 돌파구가 될 수 있기를 바라는 마음입니다.

스기타 『대항언론』을 시작하자고 했던 사쿠라이 씨의 생각도 듣고 싶습니다.

사쿠라이 제가 한국에 있었던 2000년대 후반에 재특회 운동이 일어나고 신오쿠보 거리에도 시위대가 출현했을 때, 그곳은 제가 한국어와 한국 문화를 접하게 된 계기가 된 바로 그 거리이기에 '이건 절대로 용납할 수 없다'고 생각했습니다. 그래서 앞서 말씀드린 것처럼 한국과 일본을 오가며 반대 운동을 했습니다. 그 당시와 지금을 비교해 보면, 재특회가 "한국과 단교하자"고 주장하던 것을 이제는 정치인들까지 공공연히 말하게 되었다는 것, 이 상태를 도대체 어떻게 해야만 하는가, 라는 것이 최근 들어 가장 고민하는 지점입니다. 반도체 등 핵심 소재에 대한 수출 규제를 한다든지, 이는 명백히 징용공 문제에 대한 보복 조치임에도 불구하고 정치인들은 애매하고 궁색한 설명만 하고 있습니다.

오늘 나카자와 게이 씨와 가와무라 미나토 씨를 모신 이유는, 두 분이 일본 현대문학과 문학 연구를 대표하는 존재일 뿐 아니라, 오래전부터 아시아와 스스로를 연결하려 노력해 왔고, 실제로 사회운동에 참여해 온 분들이기 때문입니다. 그렇기에 지금 이 시대를 어떻게 보고, 무엇을 전하고 싶은지 듣고 싶었습니다.

왜 헤이트 스피치에 맞서 왔는가

나카자와 저는 사쿠라이 씨와 2013년, 2014년 연속으로 일본문예가협회(日本文藝家協会)에서 '혐오에 어떻게 맞설 것인가'라는 주제로 대담을 했습니다. 그 영상은 지금도 협회 홈페이지에 게시되어 있습니다. 『안티-헤이트 다이얼로그(アンチヘイト·ダイアローグ)』(人文書院, 2015)라는 책에는, 한국과 단교했을 때 어떤 경제적 영향이 있을지를 조사하라고 국회의원 가타야마 사쓰키(片山さつき) 씨가 싱크탱크에 지시했다고 하는, 경제분석가 무코야마 히데히코(向山英彦) 씨의 이야기가 실려 있습니다. 저는 그때 정말 놀랐습니다만, 처음에 헤이트 스피치에 항의하기 시작했을 때만 해도, 설마 우리나라 총리까지 그런 태도를 보일 거라고는, 또는 그와 비슷한 행동을 할 거라고는 차마 상상조차 하지 못했습니다.

지금 스기타 씨가 이야기한 세 가지 축 가운데 첫 번째인 문학·철학·사상의 인문학과 관련해 이야기하자면, 제가 가와무라 씨 등과 함께 한일문학자회의에 처음 참가한 것이 1993년이었습니다. 그때와 비교하면 지금은 상호 관계가 훨씬 열려 있습니다. 한국 책이 일본에서 많이 번역되고, 일반 독자층을 획득하는 시대가 오게 될 것이라고는 당시에는 상상하지 못했으니까요.

그리고 '시위' 문제인데요, 신오쿠보의 경우 혐오 시위에 매주 200명에서 500명 정도가 모여, 2012년부터 2013년에 걸쳐 너무나 심한 헤이트 스피치가 쏟아졌습니다. 저는 그 무렵부터 현장에 나가 항의했습니다만, 사회학 용어를 빌려 말하자면, 저는 줄곧 매저리티의 위치에서 '어떻게 하면 내가 속한 집단에서 가해자가 나오지 않게 할 수 있을까'를 고민해 왔습니다. 지금도 여전히 인터넷상에서 헤이트 스피치에 가까운 협박을 하다 체포되는 사람들이 있습니다. 그중에는 미성년자가 많습니다. 금세 신원이 드러나는 방식으로요.

그리고 저는 매저리티와 마이너리티는 절대적인 것이 아니라고 생각합니다. 예를 들어 제가 일본에 있는 한, 저는 일본 국적을 가진 매저리티입니다. 그러나 서울에 혼자 있을 때는 마이너리티가 됩니다. 샌프란시스코에서도 아마 마이너리티일 겁니다. 또 제가 장애를 갖게 되면 마이너리티가 되겠지요. 지금은 약간의 백내장과 좀 심한 당뇨병,

그리고 3년 전에 넘어져서 무릎뼈에 금이 간 후유증이 있지만, 아직 장애인 수첩을 신청할 정도는 아닙니다. 본인은 매저리티라고 생각하지만, 마이너리티에 발을 들여놓고 있을 가능성은 있다고 봅니다. 이렇듯 매저리티와 마이너리티는 매우 상대적인 개념이고, 심신의 상태나 위치한 장소에 따라 변할 수 있다고 생각합니다.

세 번째 축인 대학 아카데미즘 문제에 관해서는, 제가 문제라고 생각하는 점이 두 가지 있습니다. 첫째로는, 지금 대학은 다양한 국가·지역에서 유학생을 받아들이고 있습니다. 그렇기 때문에 헤이트 스피치는 매우 곤란합니다. 더 구체적으로 말하자면, 신오쿠보에서는 제 제자가 아르바이트를 하고 있었습니다.

또 하나는, 노골적으로 아카데미즘을 무너뜨리려는 움직임이 지난해 실제로 나타났다는 점입니다. '편향된' 과학연구비 지원 방식이 이뤄지고 있다며, 스기타 미오(杉田水脈) 의원이 국회에서 질문을 했습니다. 그때 표적이 된 것이 우리 대학(호세이대학)의 야마구치 지로(山口二郎) 선생님입니다. 맨 처음의 발단은, 이른바 보수를 자처하는 사회운동 계열의 사람들이 문부과학성(文部科学省) 앞에서 정치적으로 편향된 사람들에게 연구비를 주지 말라는 취지의 가두시위를 벌인 것이었습니다. 정말로 어처구니없는 일이었습니다. 내용도 엉망진창이었죠. 가야마 리카(香山リカ) 씨와 저는 "이건 그냥 넘길 수 없다"고 생각했습니다. 학자들이 제대로, 진지하게 반론하지 않으면 전부 무너져 버린다. 과거에 그런 사례가 수도 없이 있었으니까요. 오사카대학(大阪大学)의 무타 가즈에(牟田和恵)라는 분도 현재 재판 진행 중으로, 명예훼손으로 상대 측을 고소했습니다.

이러한 흐름에 제동을 걸기 위해 개입하는 속도는 확실히 빨라졌습니다. 사쿠라이 씨가 헤이트 스피치에 대해 항의하던 2013년과 비교하면 훨씬 기동성이 좋아졌죠. 개인적인 소감으로는, SNS의 등장이 이 문제를 불러온 측면이 매우 크기 때문에, 장기화될 것이라는 지적은 타당하다고 생각합니다. SNS의 사용 방식 역시 어디를 관리할 것인가, 어디부터 법으로 규제할 것인가, 어느 정도까지를 매너나 에티켓 등 표현의 자유 문제로 다룰 것인가를 고민하면서, 결국에는 종합적으로 균형이 잡혀 가게 되지 않을까 생각합니다만.

'한국병'에서 '혐한'으로 전향한 일본인들

가와무라 저는 한국과 관계를 맺으며 지낸 지 꽤 오래됐습니다만, 처음 한국에 간 것은 1970년대 말이었습니다. 1980년대 초에 나카가미 겐지(中上健次)가 서울에 체류하고 있을 때에도 가서 만난 적이 있고, 그대로 광주로 향하기도 했습니다. 그것이 계기가 되어 부산의 동아대에서 4년간 일본어 교사로 일했습니다. 그 뒤 일본으로 돌아와 호세이 대학에서 일하게 되었죠. 이렇게 생각해 보면 거의 40년이 되었네요. 그걸 떠올리면 지금의 상황은 정말 격세지감을 느끼게 됩니다.

제가 한국에 갔을 무렵에는 한국과 일본이 단절된 것은 아니었지만 단절에 가까운 상황이었습니다. 반일적인 분위기가 있었고, 문화 교류도 거의 없었죠. 그래서 만일 한일이 단교하게 되면 예전처럼 되는 것이 아닌가 하는 생각이 들기도 했습니다 모든 것이 일종의 데자뷔 같기도 하고, 전에 본 적이 있는 장면처럼 느껴집니다.

다만 다른 점은, 지금은 정치가 주도해 혐한·반일이 서로 오가고 있다는 것입니다. 1980년대 초에 가족을 데리고 한국에 갔을 때, 한국은 반일이 심하니 돌을 맞을 수도 있고 위험한 일을 당할 수도 있다고, 어린아이를 데리고 가는 것은 절대 안 된다며 걱정해 주는 사람도 있었습니다. '광주 민주화 항쟁'(1980년 5월)이 일어난 지 몇 년 지나지 않았던 때였으니까요. 당시 한국이 일본을 바라보던 감각, 혹은 일본이 한국을 바라보던 감각은 상당히 냉랭했고, 오히려 그 편이 제 감각으로는 당연하다고 여겨졌습니다. 그렇기 때문에 한국을 공부한다거나 한국과 관계를 맺는 것은 상당한 결심이 필요한 일이었습니다. 하지만 실제 한국 사회는 달랐습니다. 정치나 문화의 표층과는 다른 한국 사회가 있다는 것을 실감했어요.

문학으로 말하자면, 그 직전에 『조선 문학(朝鮮文学)』(1970~1974년, 총 12호 발행)이라는 동인잡지 같은 것이 있었는데, 이는 다나카 아키라(田中明) 씨와 쵸 쇼키치(長璋吉) 씨 등이 만들던 것이었습니다. 일본인이 처음으로 조선 문학을 스스로 연구하고 번역해 세상에 소개한 잡지였지요. 그전까지 재일코리안들은 주로 남측 대표, 북측 대표라는 형태로 나뉘어 있었고, 안우식(安宇植) 씨는 처음에는 북측 작품의 번역가로 유명했지만 나중에 한국 현대문학을 번역하게 되면서 '안우식이 전향했다, 변절했다'라는 말을 주변에서 들었을 정도였습니다. 그러니 일본인이 한국 문학·조선 문학을 번역한다는 것, 더구나 그것이 팔린다는 것은 전혀 상상할 수 없는 일이었고, 그때에 비하면 지금은 실로 엄청난 변화라고 느껴집니다.

제가 한국에 간 뒤에, 1988년 서울 올림픽을 앞두고 일본에서 한국붐이 있었습니다. 그때는 '당신은 선견지명이 있었네'라는 말을 듣기도 했지요. 실제로 그 덕분에 문예평론가로서뿐 아니라, 이른바 '한국통'으로서 여러 신문과 잡지에 기고하게 되었습니다. 그 시기부터 구로다 가쓰히로(黒田勝弘) 씨의 표현을 빌리자면 '한국병'에 걸린 일본인들이 늘어나기 시작했습니다. 한국의 매력에 빠져든 사람들이죠.

세키카와 나쓰오(関川夏央) 씨도 썼지만, 1970~1980년대 일본에서 잘 알려진 한국인은 박정희와 김지하 두 사람뿐이었습니다. 다시 말해, 더할 나위 없이 폭력적인 독재자와 그에 맞서 옥중에서 고뇌하며 시를 짓는 시인, 일본인이 알고 있던 것은 이 두 사람뿐이었던 것이죠. 물론 실제로 가 보면 그 둘 외에도 보통 사람들 중에 흥미로운 사람들이 많이 있었지만요.

그 후 잡지『다카라지마(宝島)』나『플레이보이(プレイボーイ)』의 특집이라든가, 네모토 다카시(根本敬)의『딥 코리아(ディープ·コリア)』(ナユタ出版会, 1987) 같은 만화책으로 이어지는 한국 붐이 시작되었습니다. 가야마 리카 씨도 최근에 썼습니다만(『혐오·악취미·서브컬처: 네모토 다카시론(ヘイト·悪趣味·サブカルチャー——根本敬論)』, 太田出版, 2019), 그랬던 것이 어느 시점에선가 뒤집혀서 야마노 샤린(山野車輪) 등의 혐한 서적으로 귀결된 게 아닌가 합니다. 즉, 재특회도 혐한 서적도 어떤 의미에서는 1980년대의 한국 붐과 같은 곳에서 비롯되었다고 할 수 있습니다. 그리고 그 시작부터 저는 계속 지켜보고 있었던 것 같습니다.

처음에는 세키카와 나쓰오나 요모타 이누히코(四方田犬彦), 나카가미 겐지 등도 '한국에서 배워야 한다'라고나 할까요, 자신들이 매우 흥미롭고 재미있는 한국을 발견했다고 생각하고 있었습니다. 발견하고, 흥미로워서 즐거워했던 것이죠. 문학도 마찬가지였습니다. 한국에도 이런 문학이 있구나 하는 발견의 시대였죠. 김지하 이외의 시도 있고, 윤흥길이나 황석영 같은 사람들의 소설도 있다는 발견. 이장호나 배창호의 영화도 여기에 해당합니다.

그 시절에 있었던『조선 연구(朝鮮研究)』(1961년 창간)라는 잡지는 이후『현대 코리아(現代コリア)』(1984년 창간, 2007년 휴간)로 이름이 바뀌었는데, 이 잡지를 만들던 이들이 사토 가쓰미(佐藤勝巳)나 니시오카

쓰토무(西岡力)입니다. 거기에서부터 '구하는 모임(救う会)'(북한에 의해 납치된 일본인을 구출하기 위한 전국협의회(北朝鮮に拉致された日本人を救出するための全国協議会))이 생겨났습니다. 이 '구하는 모임'이 '새로운 역사교과서를 만드는 모임(新しい歴史教科書をつくる会)'과 연결되어, 사쿠라이 요시코(櫻井よし子) 등 우파 성향의 논객들과 함께 북한 때리기를 하게 되었고, 나아가 한국을 상대로도 활동하게 되면서 현재 발행되고 있는 『세이론(正論)』, 『WiLL』, 『월간 하나다(月刊Hanada)』 같은 혐오 기사로 가득한 잡지의 단골 필자가 되었습니다. 처음에 『조선 연구』를 만들던 시절에는 오히려 반체제적인 움직임을 보이던 사람들이었는데, 완전히 전향한 셈이지요.

제가 말하고 싶은 것은, 사쿠라이 마코토(桜井誠, 재특회 초대 회장)나 야마노 샤린도, 원래는 한국 붐에 편승해 한국을 좋아하게 된 사람들이 아니었을까 하는 점입니다. 좋아하면 할수록 깊이 빠져들다가, 이번에는 오히려 싫어하게 된 것이죠. 수준 차이는 상당히 있지만, 니시오카 쓰토무든 후루타 히로시(古田博司)든 아라키 가즈히로(荒木和博)든, 실은 근본은 같다고 생각합니다. 사쿠라이 마코토도 한국을 연구하려 했지만, 연구자가 될 수도 한국에 대해 쓸 수 있는 사람이 될 수도 없었다는 식의 글을 어디엔가 썼던 것으로 기억합니다.

곰곰이 생각해 보면, 재특회도 왜 그렇게까지 한국에 관심을 가질까요? 주위에서 이런저런 말도 많이 듣고, 그렇다고 돈이 되는 것도 아니고(적어도 처음에는) 아무런 이익도 없는데 왜 그렇게까지 열심히 활동을 하는 걸까. 그게 이상했는데, 지금까지의 흐름을 보면 '사랑이 지나치면 미움도 백 배가 된다'는 속담 같은 면이 있는 것 아닌가, 하는 것이 제 생각입니다. 니시오카도 후루타도 매우 진지하고 열성적인 한국 연구자였습니다. 그랬던 것이 반북한은 물론, 혐한·반한의 이데올로그가 된 것이지요. '한국병'이 그야말로 병적으로 나타난 사례라고 할 수 있죠.

나카자와 제가 재특회를 처음 만난 건 2009년 오사카의 미도스지(御堂筋) 거리에서였습니다. 그때는 사쿠라이 마코토는 없었지만, 일장기를 줄지어 세우고 '재일 참정권 반대'라는 구호로 시위를 하고 있었죠. 이것 자체는 정치적 주장입니다. 그런데 이상했던 건, 도로를 행진하는 시위 방식은 원래 좌익이 하던 것이었죠. 그런데 왜 우익이 저걸 하는 걸까 하고 보게 되었고, 그 이후로 시민운동화하는 우익에 흥미를 가지게 됐습니다. 야스다 고이치(安田浩一) 씨가 『인터넷과 애국(ネットと愛国)』(講談社, 2012)에서 꽤 면밀히 리포트해 주셔서, 그걸 읽고 '아, 이런 사람들이 있구나' 하고 알게 됐습니다.

다음으로, 2012년 6월 국회 앞에서 탄원전·금요 집회에 가기 전에 인터넷 중계를 보고 있었는데, 사쿠라이 마코토를 필두로 15명 정도가 총리 관저 앞에서 "원전 찬성!"이라고 외치고 있더군요. 거기에 반대파 시위대 약 1만 명이 몰려오자, 경찰 기동대가 사쿠라이 일행 15명가량을 둘러싸고 보호해 귀가시키는 장면을 보면서, '아, 이 사람들은 원전 찬성파구나' 하고 알게 됐습니다. 그리고 얼마 전, 외국인기자클럽에서 기자 질문으로 각 정당의 당대표에게 원전 증설에 반대하는 사람은 거수해 달라는 요청이 있었는데, 손을 들지 않은 건 놀랍게도 아베 신조(安部晋三)뿐이었어요. 그렇다고 한다면, 아베 씨가 있는 자민당의 원전 추진과 사쿠라이 마코토 일행의 원전 찬성, 전체로 놓고 보면 작은 비중에 불과한 이 둘이 서로 연결되어 있기에 지금의 괴상한 상황이 있는 것이라고, 저는 그렇게 보고 있습니다.

아까 가와무라 선생님께서 '돈도 안 되는데'라고 말씀하셨는데, 정말 그렇습니다만, 제가 시위를 처음 목격한 2009년부터 줄곧 재특회를 취재해 온 야스다 고이치 씨는, 이 단체가 매년 약 1,000만 엔 정도를 여러 사람들에게서 기부받아 운영된다고 합니다. 그가 실제로 통장을 확인한 내용입니다. 그런데 1,000만 엔으로 도쿄도 지사 선거에 출마했다가 기탁금이 몰수되면 단체는 파산합니다. 또 얼마 전에는 교토 조선학교의 손해배상 청구 소송에서 재특회가 1,200만 엔의 배상 판결을 받았어요, 이건 대법원까지 상고했기 때문에 그 단계에서 이미 1,200만 엔을 냈을 것입니다. 그렇다면 이 사람들은 실제로는 더 많은 돈을 가지고 있는 셈입니다. 그 돈이 도대체 어디서 나오는 걸까요?

가와무라 그건 간단합니다. 큰 지갑이 있거든요.

나카자와 어디에요?

가와무라 나가타초(永田町, 일본 정부 주요 관청의 소재지) 쪽에요(웃음). 내각 정보조사실이나 외무성의 대외 공작비죠.

나카자와 저도 그렇게 생각합니다(웃음). 그래서 그 '큰 지갑'이 사라지면 무슨 일이 벌어질지 한번 보고 싶습니다.

미디어와 출판이 부추기는 혐오

스기타 인터넷 일부나 과격한 활동가들의 혐오 단체가 예외적으로 존재할 뿐이라고 생각했는데, 어느새 정치인들이 공적인 자리에서 그에 가까운 혐오 발언을 하게 된 것이 놀랍다고, 사쿠라이 씨가 처음에 말했습니다.

제가 '일본이 이미 여기까지 왔구나'라고 생각하게 된 것은, 제 경험으로 말하자면, 버스 안에서 고령의 여성 세 명이 큰 소리로 계속 혐오적인 발언을 하고 있었던 일이었어요. 외국인 간병인이 무섭다든가,

역 앞에 아시아계 사람이 많아져서 이대로 가다가는 일본의 순혈이 어떻게 되겠느냐라든가, 그런 말을 하는 것을 보고 깜짝 놀랐습니다. 왜 놀랐느냐 하면, '넷우익'은 인터넷을 좋아하고 신문이나 TV는 별로 믿지 않는다고 들었었기 때문입니다. 그런데 그 고령 여성들은 인터넷으로 그런 정보를 얻은 게 아니라, 아마도 TV의 와이드쇼 같은 데서 지식을 얻었을 거라고 생각했죠.

그게 2~3년 전의 일이었는데, 최근이는 가까운 친척에게 "그렇게 일본이 싫으면 일본에서 나가라"는 말을 들었습니다(웃음). 그 친척도 고령이지만 휴대폰은 있어도 인터넷은 전혀 하지 않는 사람인데, 어디서 그런 말을 배웠는지. 아마도 와이드쇼에서 들었을 거라고 생각합니다. 이미 인터넷과 TV의 경계가 사라진 것이죠. 예전에는 한국 문화를 정말 좋아하던 그 친척이 저에게 "일본에서 나가라"고 말했다는 것이 꽤 충격이었습니다. 그런 사람에게까지, 인터넷과 TV를 통해 혐오가 침투해 버린 걸까 하고. 그리고 무엇이 그 사람에게 그런 말을 하게 만드는 걸까 하고 그 마음속이 궁금해졌습니다.

나카자와 TV의 디렉터나 제작자는 서점에 가서 책을 사지 않습니다. 진열대에 나와 있는 책 제목만을 보고 프로그램을 만드는 거죠. 서점 진열대에는 엄청난 수의 혐한 서적이 나와 있습니다. TV 제작자는 거기서 몇 권만을 사 와서 보도 내용을 작성해 캐스터에게 전달합니다. 3~4년 전에 이케가미 아키라(池上彰) 씨의 혐한 발언이 큰 문제가 된 적이 있었는데, 저는 이케가미 씨가 그런 사상을 가진 사람이라기보단 보도 제작자 쪽에 문제가 있다고 봅니다.

간다(神田) 스루가다이시타(駿河台下)에 있는 산세이도(三省堂) 서점에는 벽면 광고를 위한 공간이 있는데, 거기에 혐한 서적의 대형 광고가 걸린 적이 있었습니다. 그때 모두가 분노해서 광고를 내리게 한 일이 있었죠. 아마 2013년이나 2014년이었던 것 같습니다. 그때에 비하면 지금은 서점 진열대의 혐한 서적은 상당히 줄었습니다. 그런 책이 나왔을 때 부정적인 의견이나 야유가 나오는 속도도 빨라졌다고 봅니다.

우리가 진열대를 문제 삼으며 항의하던 시절에는, TV는 아직 서점 진열대를 보고만 있었고 프로그램에 그대로 반영하지는 않았습니다. 하지만 시차를 두고 점점 반영하기 시작했고, 이제는 TV에서도 그런 내용이 흘러나오게 된 거죠.

스기타 씨의 친척 이야기를 듣고 생각났는데, 사실 재특회에도 원래 한류 스타 팬이었던 사람이 있습니다. 이 사람은 2011년 3월 동일본 대지진 때 인터넷으로 정보를 모으다가 '한국이 그렇게 나쁜 나라였어?'라고 생각하게 되었고, 재특회에 가입했다고 합니다. 아까 가와무라 씨가 말한 '사랑이 지나치면 미움도 백 배가 된다'와 비슷하죠. (추기: 2019년 7월부터 TV는 명백히 정부가 흘리는 혐한 정보를 방송하고 있었음.)

가와무라 친한파와 혐한파는 의외로 비슷한 토대에서 나오는 경우가 많다는 것이 제 경험칙입니다. 극우와 극좌가 통하는 것처럼요.

또 하나는, 저는 지금 인공투석을 받고 있는데, 매주 월·수·금마다 4시간 반씩 투석을 받습니다. 그 시간 동안 자유롭게 움직일 수 없으니 어쩔 수 없이 TV 와이드쇼를 돌려가며 봅니다. 그중 한국이나 한일 관련 프로그램을 보면, 나오는 패널들 자체가 한국에 대해 잘 모르는 경우가 많아요. 전직 주한대사나 전 서울 특파원 출신 기자들도 완전히 아베 정권의 말만 그대로 따르고 있죠. 예전에는 언론이나 미디어도 어느 정도는 스스로 취재하고 스스로 생각하고 했었는데, 지금은 정부가 주는 정보를 그대로 흘려보냅니다. 아베 자신이 혐한파이고, "한국(인)은 신뢰할 수 없다" 같은 말을 공공연히 하죠.

저는 기본적으로 한국과 관련된 것이면 친한이든 혐한이든 거의 다

봅니다. 이를테면 『딥 코리아』도, 야마노 샤린도, 고바야시 요시노리(小林よしのり)도 전부 읽었는데, '아, 그렇구나' 하고 납득한 부분도 있었습니다. 야마노 샤린은 코리아타운의 위치 같은 것을 잘 조사했더군요. 이렇게까지 조사하는 열의, 이 집착은 무엇일까 하고. 그런데 그것들이 모두 혐오로 이어집니다. 관동대지진 때의 유언비어와 똑같죠.

나카자와 하지만 돌이켜보면 정말이지 예전이 더 좋았던 것 같습니다. 그래도 논쟁이 가능한 상대와 토론을 했었죠. 야마노 샤린 씨든 고바야시 요시노리 씨든, 나온 것에 대해 비평하고 서로 생각을 겨루는 것이 가능했습니다. 그런데 지금은 뭐라고 해야 할지…….

스기타 나카자와 씨의 『안티-헤이트 다이얼로그』를 읽으면 '대항담론'이라는 말이 여러 번 나오는데, 나카자와 씨는 "아직은 대항담론을 말할 때가 아니다"라고 말합니다. 마치 루쉰이 "페어플레이를 논하기에는 아직 이르다"고 했던 것처럼요. 즉, 상대가 너무 수준이 떨어져서, 애초에 대항담론을 만들어 맞선다는 것 자체가 과연 의미가 있는지조차 알 수 없다는 것입니다. 그래서 먼저 필요한 것은 대항담론을 펼치기 이전에, 그것이 기능할 환경, 다시 말해 언어가 작동할 수 있는 장을 우선 만드는 것이 중요하지 않겠느냐는 취지입니다. 고바야시 요시노리 정도의 수준이라면 반대 토론을 벌일 의미도 있었지만, 현재는 그것조차 성립하지 않는 상황이라는 느낌이었습니다.

나카자와 처음 오사카 쓰루하시(鶴橋)에 가서 항의를 시작했을 때는, "넷우익하고 싸우고 있어"라고 농담처럼 말하면 "바보 같은 짓이니 그만둬"라고 다들 말했습니다. "저런 건 상대하지 마"하고 화를 냈죠. 시위에 나가면 "저런 사람들은 그냥 놔둬"라는 얘기를 들었습니다. 당시 아베 총리가 뭐라고 했냐면…….

사쿠라이 "일본인은 분명 배타적인 국민이 아니다"라든가, "매우 유감"이라는 말을 했었죠.

나카자와 그렇죠. 그래서 총리는 이렇게 말하고 있다는 플래카드를 들고 다 같이 간 적이 있었지요.

복합적인 차별 상황의 뿌리로 내려가기

스기타 저는 2000년대 후반에 반빈곤 운동이나 시위를 하기도 하고, 또 장애인 활동보조 일을 하면서 행정과 교섭하기도 했었는데, 십 년 정도 장애인 활동보조 일을 하다 보니 번아웃이 와버렸습니다. 노동 자체에 지친 것도 있었지만, 장애인의 목소리나 비장애인에 대한 비판 같은 것을 점점 내면화하다 보니, 지금 내 상태로 괜찮은 걸까 하고 스스로를 점점 더 몰아붙이게 되었던 겁니다. 비장애인으로서의 제 존재 자체가 엄청난 죄악처럼 느껴지게 되었죠.

마침 그 무렵에 아이가 태어나서, 저는 주부(主夫)로 지내고 있었어요. 아이가 초미숙아로 태어나서 세 살쯤 될 때까지 몸이 많이 약했거든요. 그래서 육아 노이로제에 빠져 버려서……. 제 자신의 약함을 뼈저리게 느꼈습니다. 그런 사정도 있어서, 2011년 동일본 대지진 이후에 있었던 반원전 운동이나 혐오 시위에 맞선 카운터 활동에 충분히 참여하지 못했다는 부채감이 줄곧 있었습니다.

그 후, 롯카쇼무라(六ヶ所村)를 소재로 피폭 노동자를 다룬 영화 〈헤바노(へばの)〉(2009)를 만든 기무라 분요(木村文洋) 군을 알게 되었고, 함께 공동 각본 작업에 참여해서 영화 〈숨 쉬다(息衝く)〉(2017)에 관여하기도 했습니다만, 역시 저는 재해 이후의 현실과 제대로 마주하지 못했다는 마음이 계속 남아 있었습니다. 그러는 사이에 복합적이고 중

충적인 차별 문제들, 이를테면 민족 차별이나 여성 차별, 장애인을 둘러싼 우생사상 같은 것들이 하나둘 가시화되기 시작해서…….

제가 하고 싶은 말은, '넷우익'이란 대체 어떤 사람들인가를 생각할 때, 한때는 사회의 하층, 이를테면 프리터 남성들의 문제라는 이미지가 있었지만, 그게 아니라는 것이 점점 드러났고, 오히려 중산층 이상의 중·장년 남성이 주류라는 말이 나오기 시작했죠. 그리고 최근에 나온 『넷우익이란 무엇인가(ネット右翼とは何か)』(青弓社, 2019) 같은 책을 보면, 특징이 훨씬 분산되어 있고, 특히 일본의 넷우익은 뚜렷한 특성이 없다는 것이 밝혀졌습니다. 나이나 학력, 고용 형태에서 뚜렷한 차이가 없어요. 예를 들어 네오나치처럼 정해진 스타일이 있는 것도 아니고, 막연한 느낌입니다. 실제로 사회적 배제를 당하거나 빈곤에 시달린다기보다, 아무래도 '피해자 의식', 즉 의식의 문제인 듯합니다. 그 피해자 의식이, 적은 한국인이라든지, 적은 재일코리안이라든지 하는 식의 논리로 빨려 들어가게 되는 거죠.

그런 의미에서, 지금 여기 있는 멤버 중에서는 제가 가장 매저리티 남성으로서의 피해자 의식이나 르상티망이 강한 사람일지도 모른다고 생각합니다. 그렇기 때문에 생각해야만 하는 것, 이야기해야만 하는 것도 있지 않을까 하고요.

나카자와 스스로 그렇게 생각하시나요?

스기타 예를 들어 저는 얼마 전에 『비(非)모테*의 품격: 남자에게 '약함'이란 무엇인가(非モテの品格―男にとって「弱さ」とは何か)』(集英社, 2016)

---

* 역자 주 : '모테(モテ)'란 일본어 동사 '모테루(モテる)'에서 파생한 명사형으로, 이성에게 인기 있음을 의미한다. 따라서 '비(非)모테'는 이성에게 인기가 없는 상태를 일컫는다.

라는 책을 썼습니다. 남성 문제와 제 자신의 육아 이야기, 그리고 장애인 활동지원 경험을 한데 담은 책인데, 이 책을 읽은 사람에게서 "이거 넷우익이랑 거의 종이 한 장 차이잖아"라는 말을 들었어요(웃음).

제 안에는 피해자 의식이 굉장히 강하게 있고 그것을 어떻게 폭력으로 전화시키지 않을 것인가, 아까 나카자와 씨가 어떻게 해야 매저리티 집단에서 가해자가 나오지 않도록 할 수 있을 것인가를 생각하고 계신다고 하셨는데, 특히 제 경우는 미소지니(misogyny) 경향이 강해서…….

현대 사회에서는 차별과 혐오가 복합적이고 중층적으로 얽혀 있어서, 민족 차별이나 성차별, 장애인 차별 등 여러 요소가 기본값처럼 내장돼 있습니다. 예를 들어, 2016년 7월 사가미하라 장애인 시설 살상 사건(相模原障害者施設殺傷事件)의 범인 우에마쓰 사토시(植松聖)는 장애인에 대한 우생사상, 정확히는 장애인 중에서도 지적장애인이나 식물인간 상태의 사람들에 대한 차별 의식을 가지고 있었지만, 그의 발언을 읽어보면, 민족 차별이나 성차별은 없는 듯 보입니다. 사람마다 차별이 향하는 방향이 다르고, 그것은 이성적인 면뿐 아니라 의식, 욕망, 감각과도 맞물려 있는 것 같습니다. 제 경우에는 그 방향이 미소지니 쪽으로 가고 있는 게 아닌가 싶습니다.

나카자와 미소지니는 '여성혐오'로 번역하면 되나요?

스기타 제 개인적인 생각으로는, 여성 차별과 여성혐오가 섞인 상태라고 봅니다. "미소지니는 여성혐오다"라고 개인적인 감정 문제로만 축소해 버리는 것도 문제지만, 반대로 "미소지니는 섹시즘이다"라고 구조적인 문제로만 한정해도 본질이 보이지 않게 되는 것 같거든요. 그 부분이 어렵죠.

예를 들어 "혐오는 차별 의식이고, 헤이트 스피치는 차별 선동 표현이다"라고 구분했을 때, 그렇다면 공적인 자리에서 차별적인 표현만 하지 않으면, 개인의 마음속에 혐오나 무관심이 있는 건 문제 삼지 않아도 된다고 말할 수 있을까요? 차별이라는 건 언제나 역사적·사회적 구조의 문제가 배경에 깔려 있고, 무관심이나 무시, 혹은 말로 하진 않아도 사소한 태도나 표정 같은 것으로도 그 구조가 유지·강화됩니다. 물론 공적 장소에서의 노골적인 차별 표현을 비판하고 규제하는 것도 필요하지만, 피차별자나 소수자를 무섭다며 피한다든지, 철저히 무관심을 유지한다든지, 그런 일상의 행동이 그라데이션을 이루는 것이 '혐오'라고 저는 생각합니다. 그래서 저는, 능동적인 헤이트 스피치를 비판하는 작업과, 훨씬 더 옅고 넓게 퍼져 있는 무관심이나 '무서워서 다가가지 않는다'는 불안, 공포심 같은 형태의 혐오 문제를 함께 고민해 나가는 것, 이 두 가지를 두 단계로 나누어 생각하고 있습니다.

나카자와 무관심이 혐오의 우군이 된다는 측면은 잘 이해하고 부정하지 않지만, 무서워서 다가가기 싫은 사람은 안 다가가는 게 낫다고 봅니다.

스기타 그냥 내버려 두면 된다, 그대로 둬도 된다는 느낌일까요?

나카자와 그대로 둔다기보다, 방해하지 말아달라는 거죠. 무언가 운동을 할 때, 무서워서 가까이 가고 싶지 않다든가, 관계를 맺고 싶지 않다고 느끼는 것까지는 보통의 감정입니다.

스기타 사회운동이 무섭다는 게 아니라, 예를 들어 제 가족의 경우를 보면, 장애인이 무섭다고 느끼기도 합니다. 무섭다는 건 물리적으로, 예를 들어 장애인이 전철 안이나 목욕탕에서 소리를 지를 때 무섭기도 하지만, "내 발언이나 행동이 차별이 되어 버리는 게 아닐까"라는 생각 때문에 무섭다고. 그래서 될 수 있으면 가까이 가지 않고, 서로 불쾌한 일을 겪지 않도록 하자는 분위기가 있습니다.

　　그런데 예를 들어 저희 아버지는 60대 후반부터 제가 오래 일했던 NPO에서 장애인 이동지원 버스 운전 일을 시작했어요. 벌써 10년 정도 계속하고 계시는데, 그랬더니 장애인들에게 무척 사랑받는 활동보조자가 됐습니다. 이전에는 그런 경험이 없었으니 무의식적으로 무서워했던 것 같은데, 실제로 접촉해 보니 구체적인 관계가 생기고, 아버지의 경우에는 그것이 좋은 방향으로 작용한 거죠. 처음에는 저항감이 있었습니다. 두려움이나 저항감을 지나치게 부정하면, 오히려 당사자와 관계를 맺을 기회를 잃을 수도 있습니다.

　　나카자와 예를 들자면 저는 병문안을 가는 게 싫습니다. 가면 어떻게 해야 할지 모르겠어요. 하물며 휠체어를 타고 있는 등 신체적 장애가 있으면 더더욱 어떻게 해야 할지 모릅니다. 교류의 기회를 만들자거나 이벤트를 하자는 식으로, 서로 이해할 수 있다는 전제에서 접근하는 기존과 같은 방식도 필요하지만, 지금 제가 생각하는 건 거리를 두는 방식입니다.

　　소설가 마쓰우라 리에코(松浦理英子) 씨와 무슨 이야기였는지를 하던 와중에, "그렇지만 나카자와 씨는 철저한 이성애자잖아요"라고 하길래, "미안하네"라고 대답했는데(웃음), 요즘은 '이성애자'가 아니라 '시스 젠더'라고 부른다고 하더군요.

　　시스 젠더가 아닌 젠더의 사람들이 존재한다는 건 알고 있지만, 저는 뭔가를 생각할 때 머리를 한 60퍼센트 정도밖에 쓰지 않는 편이에요. 나머지 40퍼센트는 몸의 감각으로 생각하는 버릇이 있거든요. 그래서 성적 지향이나 섹슈얼리티 문제가 나오면, 그 40퍼센트가 기능 부전에 빠져 버려요. 시스 젠더가 아닌 사람들과는 공유할 수 없는 부분이 생기는 거죠. 그러면 기능 부전이 있으니까 가까이 가면 안 되겠다고 생각하게 돼요. 그럴 때 열심히 레즈비언 책이나 게이 책을 읽으면서 이해하려고 노력하는 방법도 있겠지만, 저는 오히려 어떻게 하면 실례가 되지 않으면서 거리를 유지할 수 있을지를 더 많이 생각하는 편이에요. 거리를 두고 있다가 자연스럽게 가까워지면 그것도 나쁘지 않고, 거리가 계속 유지된다고 해서 그것도 나쁜 건 아니고, 반대로 이건 도망쳐야겠다고 느끼는 경우도 있을 수 있겠죠. 요즘은 '다문화'라는 말을 쓰지만, 어쨌든 정말 다양한 사람들이 각기 다른 모습으로 나타나는 거잖아요. 그걸 전부 이해하라고 하면, 머리가 터져 버릴 것 같아요.

스기타 정말 중요한 말씀입니다. 저 역시 제 안에 특히 미소지니가 강하게 얽힌 울분 같은 게 있습니다. 사람마다 감정을 자극하는 트리거 같은 게 제각각 있잖아요. 예를 들면 재일코리안에 대해서 특히 감정의 전압이 확 올라가는 사람도 있을 거고요. 저는 장애인 활동보조를 했기 때문에 장애인과 거리를 너무 좁혔을지도 모르고, 장애인과 그 가족에 대한 윤리 의식을 지나치게 짊어지려 했는지도 모릅니다. 그래서 어느 정도 거리를 두기 위한 시간이, 번아웃 이후의 시기였을지도 모르겠습니다.

하지만 우선은 가해자가 되지 않으면 좋겠다는 마음과 함께, 저 자신도 변하고 싶다는 생각이 있어요. 제 안에 있는 피해자 의식 같은 것을 조금 누그러뜨리고, 이 다문화적인 상황 속에서 어떻게든 울분에 빠지지 않을 수 있는 사람이 되고 싶다는 마음이요. 환경이나 제도를 바꾸는 게 물론 중요하지만, 저는 정념이나 욕망의 차원에서부터 변하고 싶어요. 이런 감각을 가진 사람도 꽤 있지 않을까요. 예를 들어 인터넷에서는, 어떤 문제에 진지한 관심을 가지고 있다가도 부주의한 발언 때문에 집중포화를 맞고, 그로 인해 피해자 의식이 커져서 혐오로 빠져 버리는 패턴이 있잖아요.

나카자와 그건 사회운동에서 피할 수 없이 마주치게 되는 일 같습니다. 사회운동은 모두 자신이 옳다고 생각하는 사람들이 모이고, 그 안에서 뛰어난 리더가 되는 사람들도 많지만, 작은 옳고 그름의 차이로 서로 싸우기 시작해서, 아무도 손쓸 수 없는 상태가 되어 깊이 상처받는 사람들도 있죠.

가와무라 저는 지금 1급 장애인 수첩을 가지고 있지만, 이만큼 나이가 들다 보면 나 자신이 장애인이라는 자각이 잘 안 생겨요. 선천적인 게 아니라, 사회 속에서 점점 장애인이 되어가는 거구나, 하고 느낍니다. 물론 못하는 일도 많아지고, 금방 피곤해지고, 걷기도 힘들고, 식욕도 없어집니다. 그런데도 아직 장애인이라는 의식은 아무래도 약하죠. 와타나베 가즈시(渡辺一史)의 『이런 밤중에 바나나?(こんな夜更けにバナナかよ)』(北海道新聞社, 2003)를 읽고, '이렇게 고약한(대단한!) 장애인이 있다니'라고 생각했어요(웃음). 그 정도가 되면, 그야말로 스기타 씨 말처럼 돌보는 쪽이 자기 자신을 책망하며 울분을 쌓게 될지도 모릅니다. 이건 정말 감당이 안 되겠다는 느낌도 들고요. 결국 장애인이 되는 데도 나름의 단계가 필요할 테고, 돌보는 쪽도 그걸 이해하지 않으면 케어를 해낼 수 없겠구나, 그런 생각이 들어요. 저 역시 입장이 바뀌었다면, "나름 최선을 다했다고 생각했는데 왜 알아 주지 않는 거지"라든가, "나는 앞으로 어떻게 되는 거지" 같은 생각에, 정말로 번아웃돼 버릴 수도 있을 것 같거든요. 다만, 이런 장애인 차별과 혐오는 토양적으로는 비슷하지만, 지금 벌어지고 있는 문제와는 직접적으로 연결시키지 않는 편이 좋겠다는 생각도 들어요. 장애인은 누구나 될 가능성이 있지만, 대부분의 일본인은 코리안이나 아이누가 되지는 않잖아요, 될 수도 없고요. 그 안전한 위치에 안주한 채 혐오를 하는 거죠.

나카자와 직접 연결하지 않는 건 지혜이자, 거리라는 것과도 관련이 있다고 생각합니다.

제 생각에는, 이건 식민지에 대한 반성과도 연결됩니다. 간단히 말해, "조선 반도(한반도)와 대만을 일본인이 근대화시켜 주었다"는 우파의 주장이 있습니다. 하지만 상대가 자발적·내재적으로 근대화하고자 하지 않는 상태에서 외부가 강제하는 건 그야말로 식민지주의입니다. 그리고 강제할 때, 자신이 우월하다고 생각하죠.

고등교육도 이와 비슷한 면이 있습니다. 고등교육의 까다로운 점은, 상대가 내재적으로 원하지 않으면 가르치면 안 된다는 겁니다. 의학이나 이공계는 모르겠지만, 인문계의 경우 상대가 원하기 전에는 절대 가르쳐선 안 됩니다.

가와무라 하지만 그렇게 하면 대학생이 없어져요. 옛날에 유행했던 '대학 해체'처럼요.

나카자와 그렇긴 하죠(웃음).

스기타 교육의 딜레마와도 연결되는데, 예를 들어 가정폭력 가해자는 크게 두 가지 유형으로 나눌 수 있습니다. 하나는 죄책감을 느끼고 어떻게든 가정폭력을 그만두고 폭력에 대한 의존을 끊고 싶어하는 유형, 다른 하나는 자신이 전혀 잘못했다고 생각하지 않고 완전히 무감각한 유형입니다. 후자는 의료적 또는 가해자 갱생/임상적 접근을 해도 의식이 잘 변하지 않는다고 합니다. 이건 혐오 문제와도 연결된다고 보는데요, '헤이터(hater)' 역시 가정폭력 가해자와 비슷한 정신 구조를 가지고 있죠. 자기가 때리고 있으면서도 '내가 피해자다, 너희를 위해 때려주는 거다'라는 식의 왜곡된 의식이 있지 않습니까.

사쿠라이 혐오 가해자는, 재판에서 유죄가 나와 징역을 살고 나와도 전혀 변하지 않아요. 여전히 혐오 시위를 주최하거나, 트위터에서 차별 발언을 계속하죠.

스기타 그 집요한 '변하지 않음'의 문제를 느낍니다. 아까 주체성 얘기가 나왔는데, 무감각 상태나 피해자 의식이 있다고 해도, 거기서부터 '지금의 다문화 상황이 살기 힘드니 내 의식을 바꾸고 싶다'는 생각에 이를 때까지, 그 주체적인 도약을 어떻게 할 수 있을까 하는 거죠. 이 잡지의 과제 중 하나가 그 지점이라고 생각합니다. 매저리티가 다양한 특권을 가진다고 할 때, 그 특권을 스스로 내려놓을 내재적 동기는 무엇일까요? 무감각하거나, 가해자 쪽에 있는 게 더 행복하고 편하다면 말입니다.

나카자와 혐오는 언론이 아닌 폭력입니다. 혐오 피해자는 사회학에서 말하는 '침묵 효과'로 인해 입을 닫게 됩니다.

제가 헤이트 스피치에 항의하기 시작했을 때, 많은 사람들이 '대화해야 한다'고 말했지만, 저는 이건 대화해서는 안 되는 상대라고 계속 느꼈습니다. 공터에서 불장난을 하고 있는 아이들이 있을 때, 아주머니가 "그만해!" 하고 고함치고 물을 끼얹는 것과 같다고 비유하곤 했어요. 왜 아이들이냐 하면, 논리로 말해도 알아듣지 못하는 상대이고, 불장난을 하다간 마을 전체가 불타니까 물을 끼얹는 겁니다.

폭력에 폭력으로 맞서서 때릴 수는 없으니, 확성기를 들고 욕을 하거나 피켓을 들고 "그만해"라고 외쳤는데, 거기선 대화가 성립하지 않아요. 다만, 그들이 어떤 계기로 인해 헤이트 스피치를 그만두게 되었을 때, 그때는 무언가 이야기할 수 있을지도 모릅니다. 옛날 대중문학을 보면, "주먹을 맞대 봐야 비로소 알게 된다" 같은 이야기가 나오기도 하지만, 요즘은 그렇게 되긴 어렵죠(웃음).

스기타 저는 만화를 좋아하는데, 특히 소년만화가 그렇죠. 서로 주먹을 주고받으며, '라이벌'이라고 쓰고 '친구'라고 읽는 식의……. 하지만 말씀하신 대로 그런 방식은 이제 잘 통하지 않을지도 모르겠습니다.

이건 조심스럽게 말해야 하지만, 요즘 폭력 의존에 관한 연구가 진전되면서, 인터넷에 혐오 글을 계속 올리는 사람은 거의 그와 비슷한 상태, 즉 의존증에 가까운 상태라는 이야기도 나오고 있습니다. 대화나 토론이 성립하지 않죠. 애초에 그런 걸 기대하고 있지도 않고요. 예를 들면 가정폭력이나 성추행 같은 것들도 중독적인 요소가 있다고들 하잖아요. 그런 점에서 보면, 이 문제는 이미 뇌과학이나 신경과학적인 어떤 차원의 영역으로 들어와 버린 게 아닐까, 그런 생각도 듭니다.

나카자와 미국식 프래그머티즘 철학의 관점에서 보면, 그런 것들은 사유의 대상으로 삼기보다는 치료의 대상으로 다루는 편이 훨씬 사회 전체의 이익이 된다는 사고방식이 있거든요. 실제로 치료를 받으면 좋아지는 사람도 있으니 전면적으로 부정할 수는 없지만…….

가와무라 그렇지만, 정말 치료로 나을까요?

스기타 이것도 어려운 문제인데, 가해자를 '치료한다'는 표현 자체가 오히려 가해자를 더 기고만장하게 만들기 때문에 써서는 안 된다는 입장도 있어요. 그래서 '가해자 임상'이라는 말은 피하고, '가해자 갱생'이라고 해야 한다는 주장도 있고, 상황이 꽤 복잡합니다. 치료로 가야 할지, 사법적인 처벌로 가야 할지, 교육 프로그램으로 가야 할지, 아니면 그런 것들을 어떻게 조합해서 갈 것인지도 문제고요. 회복적 사법이라는 접근도 있긴 한데, 역시 그렇게 단순한 문제는 아닌 것 같아요.

사쿠라이 저는 트위터 같은 SNS나 거리에서 헤이터들을 계속 봐 왔는데요, 정말 뼈저리게 느끼는 것은 그건 의존증이라는 점입니다. 한번 시작해 버리면 누구라도 의존 상태에 빠질 수 있어요. "모처럼 쉬는 날이다. 혐오질 정도는 좀 하게 놔둬라" 같은, 정말 처참하다고밖에는 할 수 없는 글도 본 적이 있는데, 그런 상태에서 벗어나기 위해서는, DARC(약물 의존 재활 시설) 같은 곳이 있잖아요. 일단 오늘 하루만 약물을 하지 말아 보자, 그렇게 오늘 하루 그만두기를 매일 반복하면서 사람들과 연결되고, 그걸 통해 극복해 나가자는 셀프헬프 운동이 있는 데요. 상습적인 혐오 행위에서 벗어나는 데에도, 저는 그런 방식이 꽤 효과적이지 않을까 생각합니다.

스기타 예를 들면, 마약 중독자가 체포되면 오히려 안도감을 느낀다는 이야기가 있잖아요. 도저히 끊지 못한다는 데에 죄책감을 느끼며 악순환적인 생활을 오래 지속하다가 체포가 되면, "아, 이제 드디어 끊을 수 있겠구나" 하고 안도하는 거죠. 그렇다면 '헤이터'의 경우에는 어떨까요? 그들 안에도 죄책감 같은 게 있을까요?

사쿠라이 마음속 어딘가에선 반드시 끊고 싶다고 생각하고 있다고 봅니다. "죽어라, 너희 나라로 돌아가라, 꺼져라" 같은 말을 매일 내뱉으면서 사는 건 인간이 견딜 수 있는 일이 아니니까요.

가와무라 아니, 오히려 쾌락이 더 큰 게 아닐까요. 아이가 '똥'이라고 말하며 즐거워하는 것처럼. 구제 불능의 유치함이죠.

스기타 사쿠라이는 휴머니스트네요.

나카자와 그만둔 사람의 이야기를 들어본 적이 없어서 잘은 모르지만, 전성기 때 매주 신오쿠보에서 200명에서 500명이 헤이트 스피치를 하던 것에 비하면 지금은 숫자가 급감했어요. 그렇다면 그만둔 사람들은 지금 뭘 하고 있는지, 어떻게 지내고 있는지, 그 시절을 돌아보며 어떻게 생각하는지를 추적한 보고서는 저도 알지 못합니다.

사쿠라이 얼마 전에 미키 데자키(ミキ·デザキ) 감독의 영화 〈주전장(主戰場)〉(2019)을 보고 왔는데, 거기에 역사수정주의에서 벗어난 여성이 등장하거든요. 저는 그런 사람들이 분명 운동 내부에도 있을 것이라 생각합니다.

나카자와 〈주전장〉에 나오는 케네디 히사에(ケネディ日砂惠) 씨는 조

사 능력도 상당하고, 자신이 그동안 배워 왔던 내용이 정말 사실인지 아닌지 스스로 자료를 꼼꼼히 확인해 본 뒤에, 그게 완전히 거짓이라는 걸 깨닫고 태도를 바꾼 사람이잖아요. 그래서 저는 그녀가 건전한 정신을 가진 사람이라고 생각합니다.

예전에 신오쿠보에서 헤이트 스피치어 항의하던 단체 분들이, 대화하고 싶다, 얼굴을 맞대고 이야기하면 인간이니까 마음이 통하는 부분도 있지 않겠느냐고 하면서, "우리는 여기서 술 마시고 있으니 와서 함께 이야기하지 않겠습니까"라고 트위터에 글을 올린 적이 있었는데, 그걸 본 공안 경찰들이 잇따라 몰려와 가게 앞을 에워싼 적이 있어요. 하지만 정작 '헤이터'들은 아무도 나타나지 않았죠(웃음).

반(反)혐오의 공동전선은 가능한가?

스기타 가와무라 선생님께 여쭙고 싶은데요, '일본회의(日本会議)'*든 여타 극우 세력이든, 좌익 운동이나 마이너리티 운동을 가로채는 듯한 방식으로 운동을 전개해 온 면이 있다고 생각합니다. 마이너리티를 차별하면서도, 매저리티야말로 피해자다, 매저리티야말로 진짜 마이너리티다, 하는 식으로 전도된 주장을 하는 사람들이 있죠.

『넷우익이란 무엇인가』라는 책에 실린 야마구치 도모미(山口智美) 씨의 논문에 따르면, '반일'이라는 단어가 등장했을 때, 1990년대 백래

---

* 　역자 주: 1997년에 결성된 일본의 보수·우익 성향 시민단체 및 정치 네트워크. 전후 헌법 개정과 국가주의적 역사 인식, 전통적 가족제도와 천황 중심의 국가 정체성 강화 등을 목표로 활동하며, 정치인·종교단체·경제계 인사 등과 긴밀한 연계를 가진 영향력 있는 조직으로 평가된다.

시에서 나온 반(反)페미니즘적 흐름과 배외주의, 레이시즘이 서로 합류하게 되었다고 합니다. 이 지점에서 등장한 여성 우익의 아이콘이 스기타 미오나 생활보호(生活保護)*를 공격했던 가타야마 사츠키인데, 그런 흐름 속에서 "생산성이 없는 인간에게 세금을 써야 하느냐" 같은 발언들도 나왔던 거죠. 이 경우 '생산성'이라는 말은 여러 가지 의미를 무리하게 한데 욱여넣은 것입니다. 예를 들면 아이를 낳지 못하는 여성에 대한 차별도 있고, LGBT에 대한 차별도 있고, 인공투석을 하는 의미가 있느냐는 식의 발언을 했던 하세가와 유타카(長谷川豊) 같은 경우도 있죠. 이런 복합적인 차별성이 '생산성'이라는 한 단어로 압축되면서, 서로 다른 맥락의 폭력들이 그 안에 다 들어가 버립니다. 그런 상황이 이제는 너무 당연해진 것 같고요. 최근에는 '민폐(迷惑)'라는 말이 인플레이션을 일으켜서, 고령자의 운전이 민폐라든가, 은둔형 외톨이는 민폐니까 부모가 처리해야 한다는 식의 이야기가 공공연하게 나오기도 합니다.

이렇게 여러 형태의 차별이 여기저기서 발생하는 게 당연해져 버린 상황에서, 지금 본인께서도 투석 치료를 받고 계시고 1980년대부터 한국과 일본의 상황을 지켜봐 오신 가와무라 선생님께서는 이런 현실을 어떻게 보고 계신지 궁금합니다.

가와무라 제가 투석을 받게 되고 나서, 스스로를 장애인이라고 자각하는 감각은 아직 그리 없는데요, 하나 바뀐 건 패럴림픽 광고가 엄청 싫어졌다는 점입니다. 다리가 없는 사람이 뛰어오른다든가, 휠체어를 타고 뭔가 한다든가. 경기하는 것 자체나 그것을 보는 것 자체는 물론 전혀 문제없습니다. 하지만 그것을 장애인의 모범인 양 선전하지 말라

---

*   역자 주 : 한국의 기초생활수급에 해당.

는 거예요. 아베 신조도 그렇고 도쿄도 지사 고이케 유리코(小池百合子)도 그렇고, '올림픽'이라고만 하지 않고 꼭 '올림픽·패럴림픽'이라고 붙여서 말하는 게 정말 귀에 거슬립니다. "장애인도 노력하면 할 수 있다"라든가, 그런 터무니없는 말을 하는 뻔뻔함 자체에 정말 화가 납니다. 인공투석 환자는 1년에 약 400만 엔 정도 의료비가 들어요. 대부분 보험으로 커버되긴 하지만. 이렇게까지 사회에 부담을 끼치면서 살아갈 의미가 있는 건가 하고, 누가 말하지 않아도 저 스스로 그렇게 생각하게 됩니다. 그걸 공격하는 놈은 정치인으로서 자격 상실이기 이전에 인간 실격이죠. 다만, 그런 종류의 위선성을 전후 좌파나 마이너리티 운동이 만들어낸 측면이 있다는 점 역시 부정할 수는 없다고 생각합니다. 좌파와 마이너리티 운동의 미흡한 점과 도덕주의적으로 과잉된 측면을 극우 세력이 정확히 분석하고 있고요.

스기타 얼마 전에도 "장애는 변명일 뿐이다. 졌다면 그건 자기 자신이 약한 것뿐이다"라는, 장애 당사자의 인터뷰 일부만 잘라서 캐치 카피로 쓴 포스터가 문제가 된 적이 있었습니다.

가와무라 문제가 되었다기보다는, 도대체 누가 그런 생각을 했나 싶어요. 자기책임론의 극치죠.

스기타 지금은 다문화주의, 다문화 공생 같은 것들이 자본이나 국가에 흡수되어 있는 면이 있어서, LGBT나 장애인이 상업 광고에 이용되는 굉장히 뒤틀린 상황입니다. 특정한 성적 마이너리티들이 자본주의나 내셔널리즘에 이바지하는 '좋은 시민'이 되려 하고, 다른 마이너리티를 배제하는 구조가 문제시되기도 하고요.

나카자와 재밌다고 생각해서, 혹은 즐겁다고 생각해서 협력하는 건 전혀 문제없는데, 누군가가 하고 있으면 "너도 해라"라고 말하는 사람이 꼭 나오죠.

스기타 "저 장애인도 열심히 노력하는데 너도 해라"라는 식의 억압이 되기도 하죠.

나카자와 산넨네타로(三年寝太郎)*도 이틀 만에 억지로 깨웠다면 그렇게 훌륭해지지 않았을 거예요(웃음). 역시 자고 싶은 사람은 자도 되고, 쉬고 싶은 사람은 쉬어도 되는, 그런 여유나 느슨함이 있었으면 좋겠어요. 꼭 일어나지 않아도 되는 거잖아요.

스기타 맞습니다. 꼭 일을 하지 않아도 되고, 계속 잠들어 있어도 되고, 아무 쓸모가 없어도 살아 있는 것 자체가 훌륭하다, 아니 훌륭하지 않아도 살아 있어도 된다—이건 장애인들이 역사적으로 쌓아온 지혜라고 생각합니다.

나카자와 가끔 있잖아요, 그런 사람들이. 가만히 있어도 뭔가를 계속 생각한다든지, 결국엔 뭔가를 하게 되는 사람들. 반대로 정말로 그냥 가만히 있기만 하는 사람들도 있고요.

스기타 나카자와 씨는 실제로 최전선에서 여러 운동을 해 오셨는데, 반혐오 측이 착실히 승리를 쌓아 왔다고 보시나요?

나카자와 작은 승리로 만족하고, 내일을 위한 에너지를 비축하는 느낌이에요.

저는 예전부터 좀 궁금했어요. 헤이트를 하는 사람들은 밥이 맛있을까 하고요. 사람이 어떤 한 가지에 지나치게 몰두하면 미각이 무뎌진다고 하잖아요. 그래서 저는 적어도 맛있는 밥만큼은 앞으로도 계속 먹어야겠다고 생각했어요. 현장에 가서 헤이트 스피치를 직접 듣고 있잖아요, 그러면 밥이 정말 맛없어지거든요.

---

* 역자 주 : 삼 년 동안 잠만 자던 청년이 어느 날 일어나 마을을 어려움에서 구해낸다는 일본 설화 속 인물.

사쿠라이 밥맛이 없어집니다, 확실히. 혐오 시위에 항의한 뒤에 폭음하는 사람이 많은 것도 아마 그와 관련 있겠죠.

나카자와 저는 미각을 비롯해 오감을 죽이지 않도록 하고 싶어요.

스기타 나카자와 씨는 혐오에 맞서기 위해서는 '말'의 문제가 중요하다고 말씀하셨죠. 문학적인 언어 속에서 혐오에 맞서는 말을 모색하는, 어떤 의미에서는 나이브해 보일 수도 있는 물음이 의외로 중요할 수도 있다고 생각하는데요.

가와무라 저는 예전에 미나마타병(水俣病)에 대해 조사해 보려고, 공적으로 만들어진 곳이 아니라 환자분들 쪽에서 만든 미나마타병 자료관에 가 본 적이 있는데, 거기에 전단지가 많이 수집되어 있었어요. 모두 환자들을 반대하는 내용의 전단이었어요. "너희들 때문에 미나마타 시의 시민들이 피해를 본다"라든가, 그야말로 "저들은 조선인이다"라든가, "운동하는 놈들은 좌익이다" 같은 말까지, 아주 험한 말로 욕을 퍼붓고 있었죠.

헤이트 스피치라는 게 갑자기 나온 게 아니라, 관동대지진 때의 유언비어도 그렇고, 미나마타병 때의 이른바 시민 쪽 전단지도 그렇고, 결국 그런 말들은 흩어져 사라져 버려서, 저렇게 누군가가 수집하지 않으면 남지 않지요.

그래서 제 생각에는, 이시무레 미치코(石牟礼道子) 씨가 『고해정토(苦海浄土)』(講談社, 1969)를 썼다는 사실이야말로 어떤 의미에서는 최종적인 승리라고 할 수 있고, 결국 혐오를 넘어선 것이었다고 생각해요. 그걸 아는 게 중요하지 않을까 싶습니다. 물론 여러 의미에서의 대증요법은 필요하고, 또 해야 하겠지만, 결국 언론과 언어는 그런 방식으로밖에 살아남을 수 없지 않을까 생각해요. 말과 말의 싸움인 거죠.

나카자와 언론은 사라져도 괜찮지만, 말로 사람을 구하는 건 없어지면 안 돼요. 지금 여기 있는 언론이 시대에 적응하지 못해서 소멸한다면, 그건 그것대로 괜찮다고 생각해요. 하지만 사람은 결국 말로밖에 구원받을 수 없다는, 뭐랄까 그런 원리 같은 건 분명히 있는 것 같아요.

가와무라 혐한 서적이나 한국 관련해서는, 니시오카 쓰토무나 후루타 히로시처럼 한국 문화나 사회를 다양하게 연구해 제대로 된 업적을 쌓아온 이들이 결국 혐한적인 담론이나 헤이트를 떠받치는 역할을 하게 된 건 왜일까, 그런 생각을 하게 됩니다. 또 하나로는, 오다 마코토(小田実)나 와다 하루키(和田春樹)의 친북적인 담론도 그런 토대의 일부가 되어 있지 않나 싶고요. 물론 좌익에 대한 비판도 필요하지만, 지금 득세하고 있는 전후민주주의 비판이나 '전후' 비판에는 별로 공감이 가지 않습니다. 후쿠다 쓰네아리(福田恆存)가 박정희를 '고독한 사람'으로 평가한 적이 있는데, 후쿠다 자신도 당시 저널리즘 속에서는 고립되어 있었죠. 남북한의 정치적 문화 공작으로부터도 거리를 두고 있었고요. 단순히 우익적인 흐름 속에서 발언하고 있는 사람들은, 저는 전혀 평가할 수 없다고 생각합니다.

나카자와 전후민주주의 비판까지는 그래도 그럭저럭 괜찮았다고 보지만, 지금은 그냥 반(反)리버럴일 뿐이니까요.

스기타 그렇습니다. 정치와 미디어의 장에서 공공연히 '반일', '비국민', '매국노' 같은 말들이 오가고 있으니까요.

사쿠라이 예전에는 '항일'이라고 했었죠. '반일'이라는 말은 아마 꽤 새로운 것 같습니다.

나카자와 '반일'이라는 말의 가장 오래된 출처는 어디일까라고 트위터에 썼더니, '동아시아 반일 무장전선(東アジア反日武装戦線)'*이래요.

---

* 역자 주 : 1970년대에 폭탄 테러를 실행한 일본 아나키즘 계열의 극좌 테러 집단.

스기타 재밌네요. 완전히 반대 쪽에서 나온 거군요. 좌익의 말이 탈취당한 거네요.

나카자와 그러니까 결국, 1970년대 이후에 여러 가지 것들을 제대로 청산하지 못했던 대가가, 지금에 와서 되돌아오고 있는 측면도 분명히 있는 것 같아요.

가와무라 적군파(赤軍派)와 동아시아 탄일 무장전선, 그건 정말로 엄청나게 큰 사건이었어요. 그 일로 일본 좌익은 완전히 망가졌다고 생각합니다.

저도 그 망가진 좌익에 공감하고 있었으니 자기비판을 해야겠지만(웃음), 이 사람들은 안 되겠구나라고 여러 번 생각한 적이 있었어요. 반일 무장전선은 아시아 사람들과 아이누를 대리 표상했죠. 재특회는 손실이나 피해를 입었다고 주장하는 국가나 체제를 대리 표상합니다. 양쪽 다 자신들의 행동이 기만적이라는 걸 자각하지 못하지요.

나카자와 쇼와(昭和) 시대는 전기·중기·후기로 나누어 이야기하면 편리해서, 전기는 1926년에서 1945년 종전까지, 중기는 종전부터 쇼와 40년(1965)까지, 후기는 쇼와 40년부터 1989년 쇼와가 끝날 때까지로 늘 나누어 이야기하곤 하는데요, 쇼와 후기에서 헤이세이(平成)까지 50년 동안 여러 가지 것들이 정체되어 버렸지요. 지금은 그에 대한 청소나 준설 공사 같은 것을 하고 있는 이미지입니다.

저 자신으로 말하자면, 처음에는 헤이트 스피치에 항의하러 나가는 건 아줌마가 하는 도랑 치우기 같은 거라고 생각했어요. 그런데 열심히 도랑을 치우다 보니 어느새 운하로 나왔구나 싶었고, 운하도 조금

1974년 8월 미쓰비시(三菱) 중공업 폭파 사건(사망 8명, 중경상 380명)부터 1975년 5월 주요 멤버 일제 검거에 이르는 시기 동안 12건의 연속 기업 폭파사건을 일으켰다.

은 깨끗하게 해야겠다 싶어서 계속했더니 커다란 바다로 나가게 되었고……. 1970년 이후부터 2019년 헤이세이 끝까지 햇수로 50년인데, 그 기간 동안 쌓여버린 여러 언어의 정체와 싸우고 있다는 감각이 듭니다.

스기타 사쿠라이 씨는 어때요?

사쿠라이 저는, 아까도 말씀드렸지만 헤이트 스피치를 연발하는 행위는 결국 의존증과 다르지 않다고 생각합니다. 하루만이라도 좋으니 한번 그만둬 보라고 말하고 싶어요. 그리고 그것을 매일 계속해 보라고도요. 지금의 일본 사회에서 생명의 가치가 아무리 낮아졌다고 해도, 헤이트 스피치는 절대로 해서는 안 되는 일이고, 분명히 잘못된 일이며, 자기 자신의 삶에도 이롭지 않습니다.

스기타 창간호에 사쿠라이 씨는 소설을 싣게 되었는데, 이 잡지에 담고자 하는 생각은 어떤 것일까요?

사쿠라이 비평·역사·문학·운동을 잇는 장소가 지금까지 없었기 때문에, 이 잡지는 아주 귀중하다고 생각합니다. 게다가 필자들 중에는 보수/혁신, 우익/좌익으로 단순히 나눌 수 없는 분들도 계시니까, 그러한 시점 역시 소중하게 여기면서, 혐오에 맞설 수 있는 진지를 만들고 싶습니다.

스기타 저도 마지막으로 한 말씀 덧붙이자면, 이미 표면 위로 드러나 있는 헤이터들에게 단호히 항의하는 최전선에서 활동하고 계신 나카자와 씨 같은 분들의 역할이 있는 한편, 매저리티인 '보통 사람들' 속에 잠재해 있는 헤이터, 다시 말해 방심하면 그쪽으로 기울어질 수도 있는 사람들—앞서 말씀드린 저의 친척의 사례나 저 자신 역시 그렇습니다만—에 대한 접근 역시 중요하다고 생각합니다. 그 점에서 저는 가와무라 씨가 말씀하신, 일본 근대사에 뿌리를 둔 탈아론(脱亜論)·정한론(征韓論)·아시아주의에 대해 역사적으로 거슬러 올라가 다시 사유할 필요가 있지 않은가 싶습니다.

예컨대 후쿠자와 유키치(福沢諭吉)를 읽어 보면, 서구에 대한 대항의식과 중국에 대한 경계·공포가 공존하는 이중성이 나타나고, 그 속에서 일본을 어떻게 '독립'시킬 것인가를 논합니다. 그가 말한 실학(実学)은 오늘날의 이공계나 실용주의적 학문을 뜻하는 것이 아니라, 국가의 독립에 기여하는 학문을 의미했지요. 이런 역사적 맥락이 연면히 이어져 오며, 그로부터 잠재적 헤이터가 재생산되는 것은 아닌지 생각하게 됩니다.

이를테면, 돌봄 노동의 영역에서는 잘 알려진 '감정 노동'이란 말이 있습니다. 이 개념을 확산시킨 앨리 러셀 혹실드(Arlie Russell Hochschild)는 『벽 너머의 주민들: 미국 우파를 덮고 있는 분노와 탄식(壁の向こうの住人たち―アメリカの右派を覆う怒りと嘆き)』(岩波書店, 2018)*이라는 책을 썼습니다. 배경은 미국에서 가장 가난한 주 가운데 하나로 불리는 루이지애나인데, 루이지애나주는 멕시코만에 면해 있어 자연은 풍부하지만 유전 개발로 인한 공해가 극심해 일본의 미나마타를 연상케 하는 곳입니다. 가스 공사로 생긴 큰 구덩이에 사람이 떨어져 사망하는 일까지 벌어지는 그런 지역임에도 주민들은 모두 우파 쪽에 휩쓸려 자신들이 사는 곳을 파괴하는 환경 정책을 추진하는 사람에게 투표합니다.

혹실드는 리버럴 성향이지만, 그곳에 오랫동안 드나들며 왜 사람들이 그런 선택에 휘말리는지를, 실제로 그들과 친구가 되어 현지조사를

---

* 역자 주: 이 책의 원제는 *Strangers in Their Own Land*이며, 한국어 번역판 정보는 다음과 같다. 앨리 러셀 혹실드 저, 유강은 역, 『자기 땅의 이방인들: 미국 우파는 무엇에 분노하고 어째서 혐오하는가』(이매진, 2017).

통해 탐구합니다. 그녀가 이 책에서 쓰고 있는 건 교양 없는 바보들이 속고 있다는 게 아니라, 여러 모순을 안고서도 결국 우파 쪽으로 들어가 버린다는 겁니다. 이를 그녀는 '딥 스토리(deep story)'라고 부릅니다. 사실 여부와는 별개로 당사자에게는 '진실처럼 느껴지는 이야기'가 각 개인들 안에 존재하며, 그 깊숙한 층위로 들어가지 않는 한 좌·우, 리버럴과 보수는 결코 연결될 수 없다는 것이지요. 그런 이야기를 그녀는 르포르타주로 쓴 겁니다.

반혐오의 공동전선은 좌파나 우파, 보수나 리버럴 속에서도 어떻게든 만들어 갈 수 있지 않을까 하고 저는 생각합니다. 이런 문제를 더 큰 틀에서 대범하게 사유해도 되지 않을까요. 적극적인 유토피아적 이상이랄까, 긍정적인 서사와 이념을 더 많이 말해도 좋다고 생각합니다. 리버럴과 보수, 우파와 좌파가 '여기까지라면 반혐오를 위해 함께할 수 있다'고 하는 공동전선의 장이 좀 더 있어도 좋지 않을까.

일본은 거슬러 올라가 보면 대륙과 반도, 남과 북에서 다양한 민족과 인종이 흘러들어온 곳이었어요. 그렇게 다민족적이고 잡종적인 일본 열도의 모습도 있었다고 한다면, 탈아론이나 정한론에 뿌리를 둔 배타적·배외주의적 내셔널리즘과는 다른 이념과 이야기를 만들어 가는 것도 필요하지 않을까요. 유토피아를 말하는 것을 두려워하지 말고, 휴머니즘을 두려워하지 말자고나 할까요.

오늘은 여기에서 마무리하겠습니다. 오늘 함께해 주신 여러분, 감사합니다.

— 2019년 7월 6일, 호세이대학출판국에서

'우리'의 해저드맵을 갱신하기
누가 "누가 인터넷에서 배외주의자가 되는가"라고 묻는가

구라하시 고헤이 倉橋耕平

들어가며

이 잡지의 기획을 듣고 기고를 제안받았을 때, 편집위원인 스기타 씨로부터 전달받은 주제는 '누가 인터넷에서 배외주의자가 되는가'라는 것이었다. 그러나 나는 곰곰이 생각했다. 이 질문은 왜 필요한 것일까? 나는 여러 번 이 질문을 받아 왔다. 물론 내가 알고 있는 것들은 전달한다. 하지만 무엇을 위해 알고 싶어 하는 걸까? 그 이유로 생각해 볼 수 있는 것은, 현 정권의 지지자가 누구인지, 그 지지자들은 어떤 사람들인지, 왜 인터넷에서 배외주의 담론이 두드러지게 나타나는지, 그리고 이에 대한 대응 방안을 어떻게 모색해야 하는지를 알고자 하기 때문일 것이다.

그중에서도 특히, (이 잡지의 제목이기도 한) "'대항언론'을 어떻게 해야 하는가"라는 질문이 가장 많은데, 이 질문은 또한 나를 가장 곤혹스럽게 한다.

내가 『역사수정주의와 서브컬처(歷史修正主義とサブカルチャー)』(青弓社, 2018)에서 쓴 것은, 역사수정주의가 상업주의적 담론 속에서 전개되었고, 그들을 비판하는 아카데미즘과는 '게임'(지적 프레임) 자체가 너무나 다르다는 점이었다. 다시 말해 역사와 사실을 둘러싼 이른바 '좌우'의 대립에는 근본적인 어긋남이 존재하며, 역사를 정면으로 다루는 작업과 더불어 전혀 다른 발상과 처방이 필요하지 않을까 하는 문제의식이었다.

그렇게 주장해 왔음에도 불구하고 어째서인지 나에게 질문을 던지는 사람들은 같은 '언론의 장'에서 그들을 '논파하는 것'에 집착하고 있는 듯 보인다. 하지만 이는 아직 언론에 대한 희망과 기대가 사라지지 않았다는 하나의 증거이며 환영할 만한 일이라 생각한다.

그러나 그동안 일정한 연구 성과를 발표해 왔고, 이 의뢰를 받은 시점으로부터 반년가량 지난 지금 마음속에 품고 있는 것은, '대항'이나 '대처'를 둘러싼 물음 자체가 이미 '뒤처진 것'이 되어 버린 게 아닐까 하는 불안이다. 다시 말해 지금 이 물음을 공유하고자 하는 '우리' 쪽의 해저드맵(피해 예측 지도) 자체가 업데이트되지 못한 것이 아닌가 하는 우려가 있다는 것이다.

따라서 이 글에서는 물음을 한 단계 메타 레벨로 끌어올려, "누가 '누가 인터넷에서 배외주의자가 되는가'라고 묻는가"라는 물음을 설정하고, 담론의 배치에 대한 우리의 이해를 다시 성찰하고자 한다.

이 글은 우선 헤이트 스피치와 접속되는 배외주의자가 누구인지에 대해 최신 사회조사를 활용해 인터넷과의 관계를 중심으로 정리해 보고자 한다. 이미 많은 이들이 지적한 것처럼 최근에는 배외주의와 미디어의 관계를 묻는 연구가 축적되어 왔다.[1] 나는 그것들을 종합하여 현실을 더 깊이 파악하고자 한다. 이를 참조함으로써 드러나는 것은 배외주의의 특징뿐만 아니라 '좌파'가 상정하는 '적'에 대한 현상 인식의 오류이다. 이러한 점을 바탕으로 이른바 '넷우익' 혹은 '배외주의자'로 불리는 사람들의 담론 실천을 의미 차원에서 검토하고자 한다. 이와 같은 작업을 통해 혐오에 맞서기 위한 공통의 기반을 어떻게 마련할 수 있을지에 대한 아이디어를 여러분과 공유하고자 한다.

1. 누가 인터넷에서 배외주의자가 되는가

누가 인터넷에서 배외주의자가 되는 것일까. 최신 조사 결과를 바탕으로 그 경향을 제시해 보고자 한다. 이를 위해 참고하는 것은 필자도 참여한 공저 『넷우익이란 무엇인가(ネット右翼とは何か)』(青弓社, 2019)에 실린 나가요시 기쿠코(永吉希久子)의 논문 「넷우익이란 누구인가: 넷우익의 규정 요인(ネット右翼とは誰か—ネット右翼の規定要因)」이다. '넷우익'에 대해서는 선행 연구를 통해 전체 사용자 중 2% 미만인 소수의 행위자에 불과하다는 사실이 이미 밝혀진 바 있다. 그러나 조사 규모가 작은 경우, 2%는 수십 명 정도의 샘플밖에 되지 않는다는 문제가 있었다. 이러한 문제점을 해소하기 위해 나가요시는 2017년에 실시된 약 8만 명 규모의 데이터를 분석 대상으로 삼아 넷우익의 규정 요인을 탐색했다. 이 연구에서는 '중국·한국에 대한 부정적 태도'와 '온라인상에서의 의견 표명 및 토론 활동'을 보이는 사람들을 편의적으로 '온라인 배외주의자'로 정의하고, 여기에 '보수적 정치 성향'을 추가로 지닌 경우를 '넷우익'으로 분류하여 분석하고 있다.

우선 위의 두 요건을 충족하는 온라인 배외주의자는 전체 샘플의 3%

에 달한다. 이는 '넷우익'의 두 배에 해당하는 수치다(넷우익은 1.5%). 그리고 온라인 배외주의자는 자민당이나 아베 신조(安倍晋三) 총리에 대한 호감도는 그다지 높지 않지만, 반중·반한 운동에 대한 호감도를 높게 보이는 정치 성향을 가지고 있다. 그러나 넷우익이 자신을 '보수'라고 인식하는 것과 달리 온라인 배외주의자는 '어느 쪽이라고도 할 수 없다'를 선택하는 경향이 있었다.

그렇다면 어떤 사람이 온라인 배외주의자가 되기 쉬운가. 속성별로 보면, 40~50대 남성이 상대적으로 온라인 배외주의자가 될 가능성이 높다. 학력이나 가구 소득과의 상관성은 확인되지 않았으며, 정규직 노동자보다는 경영자나 자영업자의 경우 온라인 배외주의자가 되기 쉬운 것으로 나타난다. 아울러 정치적 효능감(유권자 개개인이 정치 변화를 만들어 낼 수 있다고 느끼는 감각)과 권위주의적 태도는 낮고, 전통적인 가족관을 중시할수록 온라인 배외주의자가 되기 쉬운 것으로 나타났다. 그리고 (예상한 대로라고도 할 수 있는데) 미디어 이용이 큰 영향을 미치며, SNS나 소속 단체·조직의 정보, 온라인 입소문을 활용하는 경향은 높은 반면, 인터넷의 '요약 사이트'나 블로그는 온라인 배외주의자에게는 크게 영향을 주지 않는다. 주의해야 할 점은, 나가요시가 "원래 가지고 있던 배외적 사고 때문에 미디어를 이용하는 것인지 미디어를 이용하기 때문에 배외주의적 성향이 생기는 것인지"에 대해서는 이 조사 결과만으로는 판단하기 어렵다고 유보하고 있다는 점이다.

이 점에 대해서는 다른 선행 연구의 성과를 빌릴 수 있다. 쓰지 다이스케(辻大介)는 「인터넷 이용은 사람들의 배외 의식을 높이는가(インターネットの利用は人びとの排外意識を高めるのか)」라는 논문에서, 통계 분석의 쌍방향 인과 모델을 바탕으로 이 인과 효과를 추정한 바 있다.[2] 지면 제약상 결론만 간단히 설명하자면, 인터넷 이용은 (특히 중국·한국

에 대한) 배외적 인식을 강화하는 방향으로 통계적으로 유의미한 영향을 미치는 것으로 나타났다. 그러나 배외 의식이 강한 사람일수록 인터넷을 많이 사용하는가 하는 점은 유의미하지 않았다.

한편 인터넷 이용은 반(反)배외주의적 인식을 강화하는 데에도 인과적 영향을 미치는 것으로 나타났다. 즉 인터넷 이용은 반배외주의적 의식을 지닌 사람들에 대해서도 선택적 접촉(selective exposure)을 통해 유사한 방식으로 해당 인식을 더욱 강화할 가능성이 있음을 쓰지의 연구는 보여준다.[3] 이러한 결과로부터 예상되는 사태는, 배외-반배외라는 두 극으로 분화되어 가는 여론일 수도 있다는 것이다.

또한 쓰지는, 기타무라 사토시(北村智)와의 공저 논문에서 일본과 미국의 비교 분석을 수행하였다. 이들에 다르면 미국에서는 연령, 에스니시티(백인), 가구 소득이 배외적 태도와 관련되는 것으로 나타난다. 반면 일본에서 관찰되는 태도의 양극화는 미국에서는 인터넷 뉴스를 접하더라도 동일한 방식으로 나타나지 않았다(다만 조사 지역이 리버럴 성향이 강한 뉴욕이라는 점은 유보). 한편 모바일 기기를 통해 인터넷을 이용하는 경우에는 일본과 미국 모두에서 양극화 효과가 확인되지 않았다. 이러한 결과는 미디어의 성격 차이와 사회적 맥락의 차이에 따라 귀결이 달라질 수 있음을 시사한다.[4]

위와 같은 통계 분석과 함께 중요한 것은, '왜 이러한 배외주의적 경향이 두드러지게 나타나게 되었는가'라는 점이다. 일본의 정치 이데올로기를 실증적으로 분석한 엔도 아키히사(遠藤晶久)와 윌리 조우(ウィリー・ジョウ)에 따르면, 일본의 좌우 이데올로기는 1983년부터 2010년에 가까워질수록 정책 공간의 중앙으로 수렴해 갔다(자민당과 공산당의 이데올로기 편차가 작아짐).[5] 그렇게 되면 기회 구조(opportunity structure)로서, 그 정책 공간의 양극이 비게 되고 급진적이고 대안적인 정당이 등장한다. 이 분석을 고려한다면 그중에서도 '일본제일당(日本第一党)'이나 'NHK로부터 국민을 지키는 당(NHKから国民を守る党)'은 두 당의 당수(사쿠라이 마코토(桜井誠), 다치바나 다카시(立花孝志))가 인터넷을 통해 유명해진 인물이기 때문에, 이데올로기의 배치와 인터넷이라는 담론의 기회 구조 또한 무시할 수 없는 부분이 있다.

매스미디어, 특히 텔레비전은 시청률 확보를 위해 최대공약수를 겨냥하기 때문에 지나치게 극단적인 의견은 잘 등장시키지 않는다. 반면 인터넷에서는 오히려 포퓰리즘적이고 반(反) 기성 체제적인 요소를 지닌 주장이 부각되기 쉬울 것이다. 실제로 극우 정당은 애국심과 배외주의(소수자 차별)를 호소하는 경우가 많으며, 그 지지자들은 (우파) 권위주의(권위적 지위에 있는 인물에 대한 복종), 내셔널리즘, 배외주의적 경향을 보이고 있다.[6]

2. 좌우의 양극화와 언어의 분리

사회조사를 통해 드러나는 것은 현 상황의 윤곽이다. 그러나 당연히 거기에서 파악할 수 있는 내용에는 한계가 있다. 배외주의와 반배외주의가 모두 집단적으로 양극화되는 양상을 보이고 있다면, 각각의 '필터 버블(filter bubble)'에 갇히게 될 것이다. 실제로 페이스북의 정보 확산 양상 역시 선택적 접촉이 발생함으로써, 이용자 네트워크가 과학적 뉴스와 음모론적 뉴스를 선호하는 두 개의 클러스터로 분화된다는 사실이 이미 밝혀져 있다.[7]

그러나 그것과는 별개로, 의미 수준에서 '그들'의 실천을 묻지 않으면 안 되는 지점도 존재한다. 예컨대 다음의 인용을 살펴보자.

- 예술이라고 주장하면 '표현의 자유'라는 이름 아래 혐오(증오) 행위가 허용되는가
- '일본국의 상징이자 일본 국민의 통합'인 천황이나 일본인에 대한 혐오 행위라고밖에는 할 수 없는 전시가 많았다
- 이번 전시와 같은 혐오 행위가 '표현의 자유'의 범위에 포함된다고는 도저히 이해하기 어렵다
- 좌우 어느 진영이든 간에, 혐오 행위는 '표현의 자유'에 포함되지 않으며, 허용될 수 없다

이 인용은, 올여름 '평화의 소녀상' 전시를 둘러싸고 '아이치 트리엔날레 2019(あいちトリエンナーレ2019)'*(예술감독: 쓰다 다이스케(津田大介))의 〈표현의 부자유전·그 후(表現の不自由展·その後)〉가 개막 사흘 만에 중지되었을 때, 『산케이신문(産経新聞)』이 실은 「【주장】 아이치의 기획전 중지: 혐오는 '표현의 자유'인가」(2019년 8월 7일)라는 기사에서 '혐오'라는 단어를 포함하는 문장을 발췌한 것이다.[8] '소녀상'을 '일본인에 대한 혐오'로 규정한다는 것은, 결국 혐오를 가하는 주체는 한국이라는 의미가 된다. 이것은 명백히 배외주의적 인식을 전제로 하고 있다고 말하지 않을 수 없다.

---

* 역자 주 : 아이치 트리엔날레 사건은 '아이치 트리엔날레 2019'의 전시 〈표현의 부자유·그 후〉를 둘러싸고 발생한 것으로, 일본의 표현의 자유, 검열, 역사 인식 논쟁을 크게 촉발한 문화·정치 사건이다. 〈표현의 부자유·그 후〉 전시는 과거 일본에서 검열·압력으로 공개되지 못했거나 철거된 작품들을 다시 보여주는 취지였다. 그 전시 작품 중, 위안부 피해자를 상징하는 '평화의 소녀상'과 일본 천황의 사진을 활용한 작품이 일본 극우 세력과 정치인의 강한 반발을 불러왔다. 이에 대해 아이치현 지사인 오무라 히데아키(大村秀章)는 '안전 문제'를 이유로 전시를 전면 중단하는 결정을 내렸다. 이 결정은 사실상 행정에 의한 검열이라는 비판을 받게 되었다.

‘헤이트 스피치’나 ‘혐오 범죄’라는 용어를 차별 조장을 고발하는 의미로 사용해 온 사람들에게는 『산케이신문』의 서술은 터무니없는 언어의 ‘오용’이라고 할 수 있다. 그러나 바로 여기에서 현대 우파의 가장 큰 특징이 드러난다. 그들은 언제나 말을 빼앗아 자기들에게 유리하게 다시 쓰려 한다.

이 점을 비난하기란 매우 쉽다. 그렇지만 이러한 우파의 담론 정치적 실천은 과연 어떤 방식으로 가능해지는 것일까. ‘헤이트 스피치’나 ‘차별’을 정의하기 위해서는, 역사적으로 열위에 놓여 온 소수자라는 특성이 필연적으로 전제된다.[9] 그럼에도 불구하고, 언어를 오용하면서까지 이 나라의 매저리티인 일본인 쪽에서 ‘일본인에 대한 혐오’라는 표현을 사용하는 것은 도대체 어떤 ‘실천적 의미’를 갖는 것인가.

어쩌면 이제는 같은 말을 쓰고 있다고 해도, 그 언어가 더 이상 서로 통하지 않는 상황에 이르렀는지도 모른다. 예컨대 앞서 언급한 엔도와 조우의 연구에서는, ‘보수/혁신’이라는 용어조차도 40대 이하 세대에서는 기존의 이데올로기 분포와는 다른 방식으로 사용되고 있으며, 이들 세대가 가장 ‘혁신’에 해당하는 정당으로 꼽은 것은 ‘일본유신회(日本維新の会)’라는 충격적인 조사 결과가 제시되었다.[10] ‘혁신’이라는 말은 현행 제도의 ‘개혁’을 의미하는 것으로 변모한 것이다. 이는 유권자들 사이에서 의미의 괴리가 있음을 시사한다.

앞서 언급한 트리엔날레 사례만 보더라도, 자민당 보수계 의원들로 구성된 ‘일본의 존엄과 국익을 지키는 모임(日本の尊厳と国益を護る会)’은 이를 두고 “예술과 표현의 자유를 내세운 사실상의 정치 프로파간다”(8월 2일)라고 단정하였다. 그러나 쓰지타 마사노리(辻田真佐憲)가 정확히 지적하듯이, “본래 프로파간다는 공적 조직이 수행하는 것”이며, 이번 전시는 정치적 의견(opinion)으로는 볼 수 있을지언정 결코 프로파간다라고 할 수는 없다.[11] 유사한 사례는 '위안부' 문제를 둘러싼 논쟁을 다룬 영화 〈주전장〉(미키 데자키(ミキ·デザキ) 감독)에 대해 우파 진영이 "그로테스크한 프로파간다 영화"라고 비판했던 경우에서도 확인할 수 있다.[12] 모두 언어의 오용인 것이다.

다시 '혐오'로 돌아가 보자. 이 역시 같은 맥락 속에 있다. 말이 지닌 역사적 맥락을 잘라 버리고, "일본인에 대한 혐오"라는 말을 자신들에게 유리한 방식으로 사용하고 있다. 그리고 프로파간다라는 말이든 혐오라는 말이든, 그 사용 방식은 어딘가 음모론적인 색채를 띠고 있다. '차별', '표현의 자유', '정치적 공정성' 또한 결코 동일한 의미로 사용되지 않으며, 이제는 '일본'조차도 더 이상 같은 나라를 지칭하지 않게 되어 버렸다.

유대인 차별 문제와 관련해 이야기하며, "언어를 진지하게 사용해야 하는 쪽은 언어를 믿는 쪽이고, 그들은 자신들의 언어가 경솔하고 모호하다는 사실을 잘 알고 있다"고 지적한 이는 사르트르였다.[13] 그들은 우스꽝스러운 논리로 상대의 진지한 태도에 대한 신뢰를 실추시키려 한다. 그렇기 때문에 맥락을 잘라내고, 과학보다 음모를 신봉한다. 그러나 바로 그러한 방식이 현실의 정치를 실제로 움직이고 있기도 하다.

이 사태를 비웃는 것은 쉽다. 그러나 물어야만 하는 것은, 그들의 담론 정치 실천 속에서 왜 말이 오용되는가 하는 점이다.

첫째로 생각해 볼 수 있는 것은 사회의 분단과 사고정지이다. 자극적인 말들은 '공허한 기표'로 기능하며 담론의 배치를 슬쩍 비틀어 놓는다. 그들은 특정한 단어가 올바르게 사용되는지에는 관심이 없다. 사용하는 언어에 명확한 정의가 필요하다고도 생각하지 않는다. 자기 진영을 공격하는 비판의 말을 잘라내어 그 효과를 상대화할 수만 있으면 된다. 지식을 갖지 않은 사람들이 받아들이는 말의 의미와 대상을

'모호하게' 만들 수 있다면 그것으로 족하다. 또한 그들은 자신들이야 말로 '피해자', '소수자'라고 주장하며, 동정을 끌어내기 위해서라도 '차별', '자유', '공정', '혐오'처럼 다수가 부정하기 어려운 보편적 가치를 수반한 언어를 사용한다. 그렇게 함으로써 자신들의 당파를 유지할 수 있으면 되는 것이다.

두 번째로 말의 의미를 다시 쓰는 방식을 통해 '새로운 정치적 주체'를 구축하려는 것이다. 사회적 약자 가운데서도 가장 타격을 받기 쉬운 노동자 계급이 신자유주의를 지지하게 되는 '대처리즘'의 모순을 분석한 스튜어트 홀은 다음과 같이 지적한다.

> '담론에서의 투쟁'이란 바로 담론의 접합과 탈접합의 과정으로 이루어진다. (…) 이러한 투쟁은 특정한 시점에서 어떤 중요한 어휘를 둘러싸고 이루어지는 효과적인 탈접합에서 비롯된다. 다시 말해 '민주주의', '법의 지배', '시민권', '국민', '민중', '인간'과 같은 중요한 어구들이 기존에 맺고 있던 의미상의 연결을 탈접합하고, 그 자리에 새로운 의미를 삽입함으로써 새로운 정치적 주체의 등장을 표상하는 것이다.[14]

특정 용어를 기존의 "의미상의 연결"(=문맥)로부터 분리하고, 여기에 "새로운 의미를 삽입"함으로써 새로운 민중을 만들어내려는 전략은, 언어의 '오용'이나 '전유'에서부터 시작된다. 이는 예컨대 '헤이트 스피치'나 '혐오 범죄'와 같은 새로운 용어나 개념을 통해 사람들의 인식의 틀을 확장하려는 실천과는 구별된다. 새로운 의미를 삽입하고 언어가 기존에 지니고 있던 의미를 '모호하게' 만들어 버린다면, 결과적으로 보편적 합의를 가정할 수 없게 된다.

그러나 홀에 따르면 이러한 이데올로기의 귀결은 "의미화를 둘러싼 정치"가 전개되는 특정한 역사적 국면에 의해 좌우된다. 다시 말해 의미화 그 자체가 사회적 실천인 것이다. 그리고 이데올로기는 "변화 가능하고 함축적인 언어가 지니는 '사회적 가치'를 착취함으로써 언어 체계 내부로 침투한다."[15] 따라서 홀에게 '투쟁'이란, "문제를 정의하는 방법, 논쟁의 용어, 용어에 수반되는 '논리'를 둘러싼 투쟁"인 것이다.[16]

문맥을 단절시키고, 그것을 중시하지 않아도 의사소통이 가능한 인터넷이라는 기술 환경은, 바로 이러한 담론 정치의 접합과 탈접합이 반복되는 투쟁의 장이 되고 있다. 그렇다면 이제는 대화가 불가능하다는 인식에서 출발해 '대항언론'의 구상을 모색해야 하는 것은 아닐까.

3. 혐오와 마주하기 위해

"누가 '누가 인터넷에서 배외주의자가 되는가'라고 묻는가"라는 물음을 던져본 것은, 이 물음을 던지는 '우리' 쪽이 질문의 방식 자체를 잘못 설정하고 있으며, 그 결과 우리 자신의 '위기'에 대한 인식을 갱신하지 못하고 있기 때문이 아닐까 하는 이유에서였다.

단독 저서를 출간한 이후 많은 사람들이 나에게 이렇게 물어 왔다. "좌파는 현 상황에 맞서기 위해 무엇을 해야 하는가." 몇 가지 소박한 아이디어를 내보았지만, 지금까지 드러난 바와 같이, 사회 구조의 전환, 가치관의 변화, 담론을 유통시키는 미디어의 변화 등은 오랜 시간에 걸쳐 지금의 상황에 이르게 된 것이므로 즉각적인 효과가 있는 대책을 얻기는 어렵다는 인식을 가지는 것이 오히려 더 중요하다.

그리고 이 글에서 살펴본 것처럼 인터넷과 배외주의의 관계는 배외주의와 반배외주의 어느 쪽으로도 확산될 수 있다. 그리고 정치적 이데올로기의 차원에서도 언어는 이미 서로 괴리되어 더 이상 어떤 합의 (consensus)도 전제할 수 없을 정도로 분단되어 있다. 특히 '넷우익'이나 '온라인 배외주의자'로 분석되는 경향을 지닌 사람들은 정책 공간의 우측 날개로 크게 기울어져 있기 때문에 그 거리감은 가장 크게 나타난다. 아울러 담론 정치를 둘러싼 실천 차원의 분석 역시 중요하다. '그들'은 언어를 올바르게 사용할 의지가 없다. 언어 사용의 레벨에서 전혀 다른 논리·장소·전략을 통해 '의미 부여를 둘러싼 정치'를 수행하고 있기 때문이다. 이는 역사수정주의든 배외주의든 마찬가지다.

바로 그렇기 때문에 헤이트 스피치에 대한 카운터 활동이나 법 제정의 중요성은 더욱 커지지만, 그것이 유일한 최선의 방책은 아니라는 점은 독자들도 이해하고 있을 것이다.

그렇다면 지금까지 지적해 온 내용을 바탕으로 이 글의 물음에 답한다면 무엇을 말할 수 있을까. 우선 담론 정치의 실천으로서, 대항하기 위한 기본 축 자체를 다시 점검할 필요가 있지 않을까. 크게 말해 보면, 그것은 "대항한다는 것은 무엇인가"를 재구성하는 작업이라고 할 수 있을 것이다. '그들'은 모호한 언어를 사용해 공격을 가해 온다. 때로 그것은 '혁신'이라는 외양을 두르고 나타난다. 이때 '공수의 역전'이 발생한다. 지금 '우리'는 무언가를 지켜내야만 하는 상황에 놓여 있다. 그것은 '보수적'으로 보일지도 모르지만, 반드시 지켜내야 하는 그 무엇을 위한 해저드맵을 갱신해야 한다. 그 다음에는 방법을 갱신해야 할 것이다. 그것이 "대항한다는 것은 무엇인가"라는 물음에 대한 힌트로 이어질지도 모른다.

1 永吉希久子(2019), 「ネット右翼とは誰か―ネット右翼の規定要因」, 樋口直人·永吉希久子·松谷満·倉橋耕平·ファビアン シェーファー·山口智美, 『ネット右翼とは何か』, 青弓社; 高史明(2015), 『レイシズムを解剖する―在日コリアンへの偏見とインターネット』, 勁草書房; 辻大介(2008), 「インターネットにおける「右傾化」現象に関する実証研究」, http://d-tsuji.com/paper/r04/(최종열람일 2019/09/06); 樋口直人(2014), 『日本型排外主義―在特会·外国人参政権·東アジア地政学』, 名古屋大学出版会 등을 참조.

2 辻大介(2017), 「インターネット利用は人びとの排外意識を高めるのか―操作変数法を用いた因果効果の推定」, 『ソシオロジ』63巻1号(通巻192号), 3-20쪽.

3 위의 글, 15쪽.

4 辻大介·北村智(2018), 「インターネットでのニュース接触と排外主義的態度の極性化―日本とアメリカの比較分析を交えた調査データからの検証」, 『情報通信学会誌』36巻2号(通巻127号), 99-109쪽.

5 遠藤晶久·ウィリー ジョウ(2019), 『イデオロギーと日本政治―世代で異なる「保守」と「革新」』, 新泉社, 181쪽.

6 遠藤·ジョウ, 앞의 책, 203-205쪽; 松谷満(2019), 「ネット右翼活動家の「リアル」な支持基盤―誰がなぜ桜井誠に投票したのか」, 『ネット右翼とは何か』, 67쪽.

7 Del Vicario, M., Bessi, A., Zollo, F., Petroni, F., Scala, A., Caldarelli, G., Stanley, H.E. and Quattrociocchi, W., 2016, "The spreading of misinformation online," *Proceedings of the National Academy of Sciences*, 113(3), pp. 554-559.

8 「【主張】愛知の企画展中止ヘイトは「表現の自由」か」, 『産経新聞』 2019.08.07., https://www.sankei.com/column/news/190807/clm1908070002-n1.html(최종열람일 2019/09/06)

9 堀田義太郎(2014), 「ヘイトスピーチ·差別·マイノリティ」, 「女性·戦争·人権」学会 二〇一四年度大会シンポジウム「表現·暴力·ジェンダー」; Deborah Hellman, 2008, *When Is Discrimination Wrong?*, Harvard University Press. (デボラ·ヘルマン, 『差別はいつ悪質になるのか』, 池田喬·堀田義太郎訳, 法政大学出版局, 2018).

10 遠藤·ジョウ, 앞의 책, 68쪽. 그러나 '일본유신희'는 '보수/혁신' 이라는 구분이 아니라 '좌/우'라는 구분을 사용해 조사할 경우, 모든 연령층에서 중도 우파라는 결과가 나온다(137쪽).

11 辻田真佐憲(2016), 「大炎上イラスト集『そうだ難民しよう!』そのシンプルすぎる世界観が覆い隠したものとは?」, 『現代ビジネス』 2016.01.29., https://gendai.ismedia.jp/articles/-/47635(최종열람일 2019/09/06)

12 倉橋耕平(2019), 「日本の右派が, 「言葉を誤用·流用」することの恐ろしさ「メディア·リテラシー」の右旋回」, 『現代ビジネス』 2019.06.25., https://gendai.ismedia.jp/aticles/-/65421(최종열람일 2019/09/06)

13　ジャン＝ポール・サルトル(1947=1956),『ユダヤ人』, 安堂信也訳, 岩波新書, 18쪽.

14　Hall, Stuart, 1982, "The Rediscovery of Ideology: return of therepressed in media studies," Gurevitch, M. Bennet, J. Currna, & J. Woollacott (Eds.), *Culture, Society and the Media*. Methuen. (발췌 번역, 藤田真文,「「イデオロギー」の再発見」, 谷藤悦史・大石裕 編(2002),『リーディングス政治コミュニケーション』, 一藝社, 215-248쪽. 일부 번역 수정.)

15　ホール, 앞의 책, 231쪽.

16　ホール, 앞의 책, 235쪽.

비뚤어진 안경을 바꾸라
'혐한'의 역사적 기원을 생각하다

가토 나오키 加藤直樹

1. '혐한'은 감정이 아닌 세계관

2018년 10월 징용공 판결 이후, 아베 정권의 한국 공격이 점점 거세지는 가운데 '혐한' 분위기가 일본을 덮어 갔다. 인터넷 미디어나 잡지는 한국을 때리는 기사를 대량 생산했고, TV의 와이드쇼도 한때는 매일같이 한국 소재를 다루면서 코멘테이터는 한국이나 문재인 정권을 격렬하게 비난하거나 조소했다.

매일 질리지도 않고 반복되는 보도는 실로 홍수와 같았지만 그 논조는 단순한 것이었다. 한국은 비정상적이며 수준 낮은 나라다, 한국은 반일 국가다, 한국은 일본을 얕보고 있다, 한국인은 사려가 부족하고 감정적이다, 그러니까 일본에 대적하려는 한국의 계획은 반드시 실패한다. 이런 메시지를 질리지도 않고 반복하고 있었다.

그러한 근거 없는 믿음의 격렬함과 집요함에는 현기증이 일 정도였다. 게다가 이러한 믿음은 어제 오늘 시작된 것이 아니다. 21세기 이후의 '혐한' 분위기 속에서 지속적으로 재생산되고 있는 것이다. 아니, 사실은 이러한 담론은 일본의 역사 속에서 반복적으로 나타난 바 있다. 그 근저에는 역사적으로 형성된 일본인의 조선관이 있다. 그것은 단순한 감정이 아니라 하나의 세계관이며 인식의 틀이다.

인간은 세계를 눈에 비치는 그대로 인식할 수 없다. 반드시 어떠한 기준이나 틀을 통해 편집된 세계를 현실로서 인식하는 것이다. 그것은 예를 들어 보자면 '안경'과 같은 것이다. 아무리 한국에 대한 최신 뉴스를 추적한다 해도, 아무리 현지 정보를 수집한다 해도, 이 안경을 벗지 않는 한 결국 같은 종류의 한국의 모습이 자동적으로 재생산된다. 이 안경을 쓰고 있는 한 모든 정보나 지식이 기존의 한국 인식의 올바름을 증명하고 있다고밖에는 생각하지 못하게 되니 말이다.

이러한 순환에서 빠져나오기 위해서는 그것을 만들어내는 안경에 주의를 기울이지 않으면 안 된다. 안경을 의심하고, 대상화하고, 안경 자체가 가시화되도록 해야 한다.

나는 이 '안경', 한마디로 '조선 멸시'는 세 가지 역사적 기원을 가진다고 생각한다. 존왕사상(尊王主義), 진보주의, 식민지 경험이 그것이다.

2. 존왕사상

첫 번째 존왕사상부터 살펴보자.

근대 국가는 내셔널리즘 운동을 통해 형성되었다. 일본의 경우 그것은 에도(江戶) 말기 존왕양이(尊王攘夷) 운동으로 나타났다. 근대적인 권력에 필요한 정통성을 그들은 천황을 통해 추구했으며, 종국에는 만

세일계(万世一系)인 천황을 정통성의 기원으로 삼는 대일본제국을 확립했다.

존왕 운동의 사상적 기원은 미토학(水戸学)이며 더 거슬러 올라가면 그 기원은 국학(国学)이 된다. 국학은 『고사기(古事記)』나 『일본서기(日本書紀)』 속에서 본래의 일본, 진짜 일본을 찾는 사상이었다. 에도 후기 일본에서 기기신화(記紀神話)*가 특별한 아우라를 가지면서 재생하여 새로운 일본을 만들기 위한 '신화'가 되었다.

애초에 『고사기』나 『일본서기』 자체가 8세기에 '일본'이라고 하는 새로운 나라를 만들기 위해 편찬된 것이었다. 그 가운데 중심이 되는 하나의 생각이, 조선은 일본을 신하로서 따랐다고 하는 신화 = 판타지였다.

7세기, 왜국의 왕들은 한반도의 세력 싸움에 깊이 관계되어 있었는데, 처음에는 고구려, 그 다음은 당과 동맹을 맺은 신라라고 하는 강력한 적과 직면하게 되면서 일본 열도를 중심으로 하는 새로운 아이덴티티를 창출하게 된다. '하늘(天)'과의 특별한 관계를 시사하는 '일본(日本)'이라는 국호를 만들고, 중국에서 하사받은 작위로서의 '왕(王)'이란 칭호를 버리고 스스로 '천황(天皇)'을 자임하게 되었다. '천황'은 '천자(天子)'나 '황제(皇帝)'로 경우에 따라 다르게 불리기도 했다. 즉 새로운 국가 '일본'은 중국과 견줄 수 있는 '제국'으로서 스스로를 규정했던 것이다.

---

* 역자 주: 일본의 고대 역사서인 『고사기(古事記)』(712)와 『일본서기(日本書紀)』(720)에 기록된 신화 체계를 가리키며, 일본 열도와 천황가의 기원을 설명하는 건국 신화를 포함한다. 특히 아마테라스 오미카미(天照大神)와 천손강림(天孫降臨), 진무천황(神武天皇) 신화 등 천황의 정통성과 국가의 기원을 정당화하는 서사로 기능해 왔다. 『고사기』와 『일본서기』 서적명을 따와 기기신화(記紀神話)라고 부른다.

중국이 그러했던 것처럼, 제국에는 그에 신하로 종속하는 '번국(蕃国)'과 그 '왕(王)'이 있어야 한다. 그래서 일본은 주변국에 일본에 대한 주종 관계를 요구한다. 당시 한반도를 통일한 신라에 압박당하고 있던 탐라(제주도)는 이 요구를 받아들였지만 신라와 발해는 거부했다. 그럼에도 중국은 대등한 이웃 국가이며 조선의 여러 나라는 신하국("이웃 국가는 당이며, 번국은 신라다"[1])이라는 판타지를 만들어냄으로써 당시 일본은 스스로를 제국으로 연출했다.

『고사기』나 『일본서기』의 편찬 목적 중 하나는 그러한 제국 일본의 신화를 꾸며내는 것이었다. 진구황후(神功皇后)가 '서방에 보물국이 있다'는 신의 가르침에 따라 한반도로 건너가 신라를 치고, 백제, 고구려를 복속시켰다고 하는 '삼한 정벌' 이야기는 이렇게 해서 만들어진 것이다.

조선 = 속국 신화는 에도 후기에 기기신화와 함께 부활한다. 그리고 그것은 실제로 조선을 정벌하고자 하는 구상으로 연결되어 간다. 농정학자(農政学者)인 사토 노부히로(佐藤信淵, 1769~1850)는 저서 『우내혼동비책(宇内混同秘策)』에서 전 세계를 지배하는 첫 걸음으로 조선을 공략할 것을 제창한다.[2] 조선인들을 '사랑으로 키워서(撫育)' '마음대로 부리고(駕御)', 조선을 '시나를 정벌하는 근간으로 삼자', 즉 중국 침략의 거점으로 해야 한다고 주장한다.

요시다 쇼인(吉田松陰, 1830~1859)은 노야마 감옥(野山獄)에서 형에게 보낸 편지에서 "조선 따위는 옛적 우리에게 신하로 종속되었지만 지금은 조금 뻣뻣하다"고 썼다. 본래는 속국인데 일본에 대해 오만하다고 조선을 비난하고 있는 것이다. 쇼인은 이어서 "진구황후의 아직 달성하지 못한 일을 달성"[3]해야 한다고 주장한다. 참고로 사토 노부히로도 요시다 쇼인도 조선 공략의 중간 거점으로서 독도를 주목했다.

이외에도 에도 막부 말기의 근왕가(勤王家)로서 히라노 구니오미(平

野国臣)나 마키 이즈미(真木和泉)도 정한을 주장했다.

그 후 '천황'을 내세운 신정부(메이지 정부)가 성립하자 일본은 그 사실을 전하는 국서를 조선에 송부한다. 하지만 그 국서에 종래의 '국왕' 대신에 '천황'이나 '칙(勅, 천자의 명령)'이라는 문자가 사용되었기에 조선 측은 반발하여 수취를 거부한다. 청 '황제'의 책봉을 받은 조선 '국왕'으로서는 일본 '천황'(=황제)을 인정하게 되면 일본의 아래에 조선이 있다는 것을 인정해 버리는 것이 되기 때문이다. 이에 대해 일본 측은 조선이 '황국을 멸시'하고 있다고 반발하여, '조선을 쳐야 한다'는 정한론이 일어나게 된다. 아래에 위치하는 것을 거부한 것이 일본에 대한 '멸시'라는 것이니 이야말로 오만한 논리다.

근대 일본의 권력의 정당성은 '만세일계'의 천황에 근거하고 있기에 메이지 이후 이러한 존왕론에 근거한 조선 속국 관념은 다양한 담론, 학문, 교육을 통해 근대 일본인의 조선관을 근저에서 규정해 갔을 터이다. 혐한 보도 속에 보이는 '한국은 건방지다', '일본을 얕보고 있다'라는 '위로부터의 시선'은 그 연장선상에 있다.

3. 진보주의

메이지 이후 존왕사상에서 유래하는 조선 멸시 위에 접목하듯이 등장한 것이 진보주의에 근거한 조선관이다. 고대 일본이 화이질서(華夷秩序)라고 하는 당시의 룰 속에서 조선을 낮은 위치에 두려고 한 것과 같이 이번에는 '진보'라는 근대 세계의 툴을 사용하여 조선을 낮은 위치에 두려 하게 되었다. 일본 근대의 이데올로그인 후쿠자와 유키치(福沢諭吉, 1835~1901)의 말을 중심으로 이를 보도록 하자.

'발전단계론'을 일본에 도입한 것이 후쿠자와 유키치이다. 그는『문명론의 개략(文明論之槪略)』[4]에서 문명은 '야만'-'반개(半開)'-'문명'이라는 '순서 단계'를 밟아가며 진행되는 것이며 그 정점에 서양이 위치한다고 말한다. 그리고 모든 국가는 서양을 목표로 할 수밖에 없다고 주장한다. 이 발전단계에 따라 모든 국가는 상대적으로 평가된다. 예를 들어 "반개라고 해도 이것을 야만과 비교한다면 이는 또한 문명이라고 말할 수밖에 없다"고 하면서, 중국은 서양과 비교하면 반개이지만 아프리카와 비교한다면 문명이란 식으로 설명한다.

이는 우리에게는 지금도 익숙한 세계관이다. 세계의 다양한 지역은 '뒤처졌다', '앞선다'는 식으로 서양을 정점으로 진보로 흐르는 일직선의 시간 축 위에 상대적으로 위치 지어지며, 서양에 비해 뒤처진 일본도 다른 나라들에 비하면 '앞서 있는' 것이 된다는 것이다.

후쿠자와가 조선과 만난 것은 1881년의 일이다. 일본에 온 조선의 지식인으로부터 조선의 상황을 들은 후쿠자와는 그에 대해 "30년 전의 일본"이라고 형용한다. 조선은 그 이후 시간 축 위에서 일본의 뒤를 달릴 뿐인 존재가 되었다. 그곳에는 일본이 마주하여 무언가를 배울 만한 타자성은 존재하지 않는다.

후쿠자와는 일본처럼 근대화를 목표로 하는 김옥균 등 개화파 관료를 지원한다. 하지만 그 주장은 "아시아 동방에 있어서 그 맹주의 자리를 차지하는 자는 우리 일본이다"[5], "무로써 이를 보호하고, 문으로써 이를 유도하고…… 어찌할 수 없는 경우에는 힘으로써 그 진보를 협박하는 것도 가능하다"[6]는 식으로 오만한 진보주의에 서는 것이었다. 하지만 일본의 군사력을 등에 업은 김옥균의 쿠데타, 갑신정변(1884)이 실패로 끝나자 후쿠자와는 마음대로 안 되는 조선에 대해 정나미가 떨어져서 그 이듬해 유명한 '탈아론(脫亞論)'을 발표한다.

조선 반도의 패권을 둘러싸고 청일전쟁이 발발하자 후쿠자와는 이를 '문명(문명과 야만)의 전쟁'으로 불렀다. 이러한 인식은 당시 일본인의 일반적인 자기인식이 되어 있었다. 당시의 신문 만평 그림에 이러한 것이 있다. 아기처럼 작은 조선인을 곁에 안은 일본 군인이 중국인 머리에 '문명'이라 쓰인 총탄을 쏘는 것이다.

진보주의는 말할 필요도 없이 '진보파'의 사상이기도 하다. 조선사 연구가인 가지무라 히데키(梶村秀樹, 1935~1989)는 메이지(明治)에서 쇼와(昭和) 시기 사이의 진보파 경제학자나 마르크스주의자들에 대해, 그들이 조선에는 내재적 발전 가능성은 없다고 하는 '조선정체론'에 이론적인 외피를 제공했다고 비판한다. 가지무라는 그것의 근본적인 원인을 "서양을 기준으로 두고 일본의 '봉건적' 요소, '특수성'만을 일면적으로 강조하는 방법론 자체"에 있다고 보았다. 서구에 뒤처져 있는 일본이라는 시점을 그대로 조선에 적용하면 조선은 "훨씬 뒤처져 있다"[7]는 도식이 되어 버린다는 것이다.

근대 이후의 일본을 아시아의 진보의 맹주로 보는 세계관은 후쿠자와 유키치로부터 마르크스주의자까지를 관통하는 완강한 것이며, 그 안에서 조선은 일본의 아래에 위치하는 것이 된다. 한국이 가지는 일본과의 차이를 모두 '한국은 일본보다 뒤처져 있다'고 하는 시간 축 위의 해석으로 밀어넣는 담론의 기원이 여기에 있다.

세 번째는 식민지 경험 그 자체이다. 그것은 민중 차원의 경험과 식민지 지배를 통해 형성된 권력 관계라는 이중의 의미에 있어서이다.

일본 민중의 식민지 경험에 대해 이 글에서 상세히 다룰 수는 없다. 하지만 예를 들어 청일전쟁하에서 동학 농민군 토벌에 동원된 병사들의 일기를 인용한 이노우에 가쓰오(井上勝生)의 『메이지 일본의 식민지 지배(明治日本の植民地支配)』[8]를 읽어보면, 화승총으로 무장한 동학 농

민군을 근대적인 화력으로 일방적으로 사살하는 경험에 대해 병사들이 "백발백중, 실로 유쾌한 기분"이라고 남기듯이 조선인에 대해 비인간성을 발휘하고 있는 모습을 잘 알 수 있으며, 미나마타(水俣)에서 조선으로 건너간 서민의 말을 기록한『구술 미나마타 민중사 5: 식민지는 천국이었다(聞書水俣民衆史 5 植民地は天国だった)』[9]를 보면, 조선인을 혹사하는 데 익숙해져서 "아, 이 녀석들은 바보다, 열등하다. 이 녀석들은 철저하게 굴려먹어도 좋다"고 생각하게 되었다는 식으로 기술되어 있다. 서민은 식민지 경험을 통해 조선인을 비인간적으로 다루는 방법을 배웠다. 식민지의 권력 관계가 서민들의 일상 세계에 조선인 차별을 낳은 것이다.

또 하나의 권력 관계란, 존왕사상이 판타지로 그린 조선 속국설과 후쿠자와가 기술한 "조선은 일본의 울타리(藩屛)"라는 주장이 식민지 지배의 완성에 의해 현실화되었다는 것이다. 더 정확하게 말하자면, 조선을 포기할 수 없는 '일본의 울타리', 즉 방벽으로 생각하는 의식이 식민지 지배에 의해 강고한 것이 되었다는 것이다. 이러한 의식이 만들어 내는 강렬한 집착은 21세기가 된 지금까지도 일본인의 의식에 크게 작용하고 있다.

4. 1945년 이후

1945년 일본은 전쟁에 패해 모든 식민지를 잃었다. 이 큰 전환을 경험한 전후 일본인의 조선에 대한 인식틀은 어떻게 되었을까? 나는 본질적인 단절은 발생하지 않았다고 생각한다.

그렇다, 상징천황제와 평화주의를 내건 전후 사회에서 진구황후의 이름이 사람들의 입에 오르는 일은 없어졌다. 하지만 그것은 단순히 잊혀졌을 뿐이다.

진보주의는 패전을 거치면서도 상처 없이 살아남았고, 오히려 전성기를 맞이한다. 교육칙어(敎育勅語)에서 군벌의 횡포에 이르기까지 일본을 패전으로 이끈 부정적인 요소는 모두 '반(半)봉건적', '봉건제의 잔상'이라는 식으로, 진보의 시간 축에서 과거로 밀어 넣는 방식으로 부정되었다. 한마디로 일본은 '뒤처져 있던' 것이며 '진보'가 아직 부족했었다는 것이다. '일본인이 자랑하는 '진보'가 조선이나 동아시아 사람들에게 무엇이었을까'라는 물음은 다케우치 요시미(竹内好)와 같은 일부의 사람을 제외하고는 제기되지도 않았다.

민중세계의 식민지주의는 '재일 한국·조선인'이라는 지위의 창출에 의해 계승되었다.

'일본의 울타리'로서의 조선은 '반공 전선 기지' 한국이라는 형태로 계승되었다. 한국전쟁 특수를 통해 경제적으로 부활한 일본은 한국에 군사적 부담을 떠넘기고 후방 기지로서 미국의 비호를 받으며 고도 경제 성장을 달성한다. 경제대국이 된 일본은 한국, 대만(그 후에는 중국)의 '기러기 편대형(雁行)' 발전을 견인한다.

그 정점은 1980년대였다. 'Japan as No.1'이 된 일본에서는 많은 이들이 지극히 자연스럽게 자국을 동아시아 진보의 맹주로 생각하고 있었다. TV에 비친 서울은 '아시아의 열기 넘치는 거리'로 소개되며 스튜디오의 코멘테이터는 '마치 20년 전 일본 같군요!'라며 감탄한다. 그것은 후쿠자와의 '30년 전 일본'과 자연스럽게 연결되어 있다. 일본과는 다르게, 고통을 겪으면서 민주화의 길을 걷는, 타자로서의 한국 사회의 모습은 일본인에게는 보이지 않았다. 전후 일본은 의식상으로는 여전히 동아시아의 제국이었다.

5. 1990년대 이후

하지만 1945년에 일어나지 않았던 단절이 1990년대 초 시작된다. 후쿠자와 유키치 이래 유지되어 온 근대 일본인의 동아시아관, 조선관이 처음으로 크게 흔들리기 시작했다. 1990년대 초 일본을 따뜻하게 감싸고 있었던 냉전 구조가 종언을 맞이했다. 그와 동시에 일본 경제는 길고 긴 정체기에 빠져들어 갔다.

한국의 변화는 이와는 대조적이었다. 경제의 글로벌화 속에서 세계 경제의 중심은 신흥국(많은 경우 구식민지 국가)으로 옮겨가는데, 그러한 변화 속에서 한국 자본은 글로벌 시장에서 상기(商機)를 확대하였고, 일본을 정점으로 하는 동아시아의 기러기 편대형 분업 구조는 해체되어 갔다. 민주화를 달성한 한국에서는 지성과 활력을 띤 시민사회가 성립하고 그곳으로부터 세계성을 지닌 독창적인 대중문화가 넘쳐나게 되었다.

이와 같은 전개는 일본인의 조선관을 정면으로 부정하는 것이었다. '20년 전 일본'이어야 하는 한국은 20년이 지나도 결국 일본처럼 되는 일 없이 오히려 일본과는 다른 채로 세계성을 획득해 나갔다. 최근에는 일본의 넷우익조차 '한국 문화는 모두 일본의 모방'이라고는 말하지 않게 되었다.

일본인은 150년 만에 처음으로 한국의 타자성을 인정하고 그를 통해 일본을 유일한 모델로 하는 단선적인 발전단계론을 부정하지 않으면 안 되는 사태에 직면하게 된 것이다.

게다가 민주화가 진행되는 한국으로부터, 보편적인 이치에 입각하여 근대 일본의 침략 행위를 비난하는 목소리가 들려오게 되었다. '문명'은커녕 당신들의 근대야말로 '야만'이 아니었던가라고.

이에 이르러 일본인은 격렬하게 부정하는 외침을 지르지 않을 수 없게 되었다. 그것이 1990년대 후반부터 지금에 이르는 역사 왜곡과 '혐한' 융성의 역사적 맥락이라고 나는 생각한다.

이와 같은 격렬한 부정은, 메이지 신정부의 국서를 거부한 조선에 대해, 녀석들은 '황국'을 멸시하고 있다며 격앙하여 정한론을 주장한 것이나, 1919년 3·1독립운동에 대해 '군중심리적 충동'이라거나 '부드럽게 대하면 기어오르고 위협하면 쭈그러드는 조선인의 성질'이란 식으로 보도했던 일본 미디어와 마찬가지로, '조선'이 타자성을 보였을 때 일본인이 언제나 발휘해 왔던 히스테리의 반복 양상을 보여주고 있다.

이 모습 속에는, 존왕사상에 뿌리를 든 오래된 조선 속국 관념이나, 후쿠자와 이래의 일본 중심적 진보주의(베스트셀러가 된 혐한 책 『유교에 지배되는 중국인과 한국인의 비극(儒教に支配された中国人と韓国人の悲劇)』[10] 이란 진보적 타이틀을 보라), 식민지 지배에 기인하는 노골적인 민족 차별부터, 식민지 이래로 일본의 울타리였건 역할을 거부하고 남북 화해의 길을 걸어가는 한국 리버럴파 정권에 대한 격렬한 증오에 이르기까지, 근대 150년에 걸쳐 형성되어 온 일톤인의 조선관이 거의 우스우리만치 재연되어 있다.

하지만 역사의 흐름은 멈출 수 없으며 시계의 바늘은 거꾸로 돌릴 수 없다. 일본인은 언젠가는 존왕사상, 진보주의, 식민지 경험을 통해 만들어진 '안경'을 버리지 않으면 안 될 것이다. 그럼에도 궁지에 몰린 인간만큼 무서운 것은 없다. 우리들이 '빨리 안경을 바꾸라'고 외쳐야만 하는 필요성이, 여기에 있다.

1 神野志隆光, 『古事記と日本書紀—「天皇神話」の歴史』, 講談社現代新書, 1999.

2 韓桂玉, 『「征韓論」の系譜—日本と朝鮮半島の100年』, 三一書房, 1996.

3 위의 책.

4 福沢諭吉, 『文明論之概略』, 松沢弘陽校注, 岩波文庫, 1995.

5 福沢諭吉, 「朝鮮の交際を論ず」, 『福澤諭吉著作集 第8巻』, 慶應義塾大学出版会, 2003.

6 福沢諭吉, 「時事小言」, 위의 책.

7 梶村秀樹, 『排外主義克服のための朝鮮史』, 平凡社ライブラリー, 2014.

8 井上勝生, 『明治日本の植民地支配—北海道から朝鮮へ』, 岩波現代全書, 2013.

9 岡本達明・松崎次夫編, 『聞書水俣民衆史 5　植民地は天国だった』, 草風館, 1990.

10 ケント・ギルバート, 『儒教に支配された中国人と韓国人の悲劇』, 講談社+α新書, 2017.

조선인의 시선에서 본
오키나와의 가해와 그 극복의 역사

오세종 吳世宗

1. 들어가며

오키나와(沖縄)에서 살았던 조선인에 대해서는, 오키나와전(沖縄戰)으로만 한정해 보아도 일본 정부는 물론이고 오키나와현조차 아직까지 공식적인 조사를 실시한 적이 없다. 이러한 공적 조사의 부재로 인해 생겨난 공백은, 예컨대 1976년에 오키나와현청(沖縄県庁) 원호과(援護課)가 발표한 오키나와전 관련 피해 보고가 보여준 것과 같은 형태로, 지금도 여전히 영향을 남기고 있다. 그 보고에 따르면, 오키나와전에서 사망한 일본군 군인·군속의 수는 9만 4,136명, 일반 주민은 9만 4,000명, 미군은 1만 2,520명으로 집계되어 있다. 그러나 조선인 '군부(軍夫, 군부대 노동자)'나 '위안부' 피해자 수는 '미상(未詳)'으로 처리되어 있는 것이다.[1]

오키나와전 당시 연행된 조선인 남성은 약 1만 명, 조선인 여성은 약 1,000~1,500명 정도였다는 추측이 있다. 또한 오키나와전을 기적적으로 살아남은 조선인 '군부'는 약 3,000명, '위안부'는 200~300명 정도라는 숫자를 믿는다면,[2] '군부'는 70~80% 이상이, 그리고 '위안부'는 50~70% 이상이 사망한 셈이다. 오키나와전에서는 오키나와 주민 네 사람 중 한 사람이 사망한 것으로 알려져 있지만, 그보다 훨씬 큰 피해가 있었을 수도 있는 것이다. 이런 점에서 '미상', 즉 "자세히 알 수 없다"는 표현은, 헤아릴 수 없는 피해가 있었음을 냉정하게 시사하는 말이라 할 수 있다.

이 원호과의 보고가 발표되기 직전에는 『오키나와현사 제9권 각론편 8 오키나와전 기록 1(沖縄県史第九巻 各論編八 沖縄戦記録一)』(류큐정부(琉球政府), 1971. 이하 『오키나와전 기록 1』)과 『오키나와현사 제10권 각론편 9 오키나와전 기록 2(沖縄県史 第十巻 各論編九 沖縄戦記録二)』(오키나와현 교육위원회(沖縄県教育委員会), 1974. 이하 『오키나와전 기록 2』)가 출판되었다. 이 『오키나와전 기록 1』과 『오키나와전 기록 2』가 중요한 이유는, 그 안에 수록된 오키나와 주민의 전쟁 체험 증언 속에 조선인과 관련된 내용이 다수 포함되어 있기 때문이다. 오키나와현청 원호과의 보고가 공표된 시기에는, 오키나와전 당시 조선인이 다수 존재했음이 어느 정도 알려져 있었다는 말이 된다. 물론 보고가 공표된 당시라면 조선인에 관한 조사가 불충분한 것도 어쩔 수 없었던 부분도 있을 것이다. 그러나 그 후 단 한 번도 '미상'의 실체를 밝히려는 공적 조사가 이루어지지 않았다는 점에서, 오키나와의 조선인은 공적으로 계속해서 비가시화되어 왔다고 말하지 않을 수 없다.

2. 오키나와가 지닌 가해의 측면

그러나 이처럼 공백으로 남겨진 조선인에 초점을 맞추면, 오키나와가 계속해서 짊어지고 있는 가해의 문제를 가시화하게 되고, 나아가 이는 부정적인 것이라기보다 동아시아와의 관계 속에서 오키나와라는 장소를 풍부하게 만드는 것임이 보이게 된다. 가해를 극복하려는 역사가 존재하기 때문이다.

말할 것도 없이 오키나와 역시 제국 일본의 피해자임에는 틀림이 없다. 1879년 일본 메이지 정부의 류큐 처분(琉球処分)에 의해 오키나와현으로서 일본에 편입된 것, 그 후로도 경제적으로 착취당해 온 것, 황민화(皇民化) 정책으로 인한 정치적·문화적 억압을 계속 당해온 것 자체가 오키나와에 대한 거대한 폭력이었다. 또한 미군 통치하에서도, 1950년대의 토지 수탈이나 캐러웨이 류큐 열도 고등변무관의 "오키나와의 자치는 신화다"라는 발언 등에서 보이듯, 이 땅은 계속해서 억압을 겪어 왔다. 지금도 일본 정부가 헤노코(辺野古)에 주일미군의 신 기지 건설을 강행하는 모습을 볼 때, 폭력은 오히려 더욱 강화되고 있다.

그러나 식민지로 편입되어 "일본 및 일본인이 되는" 것을 강요받았기에 발생하는 피억압자 측의 가해 또한 안타깝게도 존재한다. 오키나와전에 국한한다면, 조선인에 대해 오키나와 사람들 역시 폭력을 행사한 역사가 엄연히 존재하는 것이다. 지넨 조보쿠(知念朝睦)는 도카시키지마(渡嘉敷島)에 배속된 오키나와 출신 장교였는데, 세 명의 조선인 '군부'를 칼로 베어 처형했다고 스스로 증언을 남겼다. 지넨은 세 명의 조선인이 민가에서 쌀을 훔치고 여성을 강간했다는 의혹이 있다고 하여 살해했지만, 실제로는 그런 사실은 없었다. 조선인은 의혹만으로 처형된 셈이다.

게다가 지넨은 처형할 때, "야스쿠니에 모셔주겠다"고 "설득"한 뒤 베어 죽였다. 전쟁에서 죽은 조선인을 유족의 동의 없이 합사(合祀)하는, 현재의 야스쿠니 문제로 이어지는 일이 오키나와에서도 일어나고 있었던 것이다.

물론 병사뿐 아니라 학도병이나 방위대라 불린 조직에 편입된 오키나와 주민들도 가해자의 위치에 섰다. 학도병이었던 구시켄 히토시(具志堅均)는 다음과 같이 증언하고 있다.

우리들의 감각으로는 마치 당연한 것처럼 (조선인은) 노예 같은 존재라는 의식이 있었던 거겠지요. 삼등 국민이라는 식으로. 일본의 통치하에 있었기에, 대만·조선도 식민지라는 식의 시각이 있었으니까요. 일본 군대 밑에서 일하는 것이 당연하다는 생각은 있었지요. 그런 의식이 없으면 부릴 수 없으니까요.[3]

이것은 비교적 성실한 증언이기는 하다. 그러나 "부리다(使う)"라는 말은 노예처럼 사용한다는 의미이며, 그렇기에 조선인을 노예처럼 보았던 의식이 이 증언을 한 당시에도 지속되고 있었음이 드러난다. 조선인을 노골적으로 깔보는 발언도 남아 있다. 방위대 소속이있던 오시로 료헤이(大城良平)는 다음과 같이 증언한 바 있다.

조선인도 쓰기 나름입니다. 제 구역에서는 단 한 사람도 죽이지 않았습니다. (…) 일본군은 무턱대고 조선인을 죽이지는 않았다고 생각합니다. 누가 생각해 봐도, 자기 하인을 베어 죽일 일은 없지 않겠습니까.[4]

조선인을 '하인'이라고 노골적으로 말하는 대목을 보면, 전쟁 당시 뿐만 아니라 증언을 할 때까지도 여전히 지속되던 조선인 멸시를 거리낌 없이 드러내는 발언이라 할 수 있다. 덧붙여 말하자면, 일본군이 무턱대고 조선인을 죽이지 않았다는 부분 역시 사실과 다르다. 전시 중에 조선인들은 제대로 된 식사를 제공받지 못했고, 굶주림을 견디다 못해 쓰레기를 뒤지기도 했는데, 일본인 병사들은 이를 스파이 행위로 간주해 그들을 살해하기도 했다. 이 사실만 보더라도 "무턱대고 죽이지 않았다"는 발언은 사실이 아니다.

차별적인 시선으로 바라볼 뿐만 아니라, 실제로 조선인들을 일하게 하려고 구타한 오키나와인도 있었고, 더 나아가 일반 주민이 '위안부'와 성적인 관계를 가졌다는 증언도 존재한다. 이 몇 가지 사실만을 보더라도, 조선인 '군부'와 '위안부'에 대한 오키나와 측의 가해가 없었다고는 할 수 없다.

이 절을 마무리하며, 오키나와인과 조선인 사이의 가해/피해 관계가 극단적인 형태로 나타난 사건—1945년 8월 20일 구메지마(久米島)에서 일어난 조선인 학살 사건—에 대해 언급해 두고자 한다. 8월 15일 패전으로부터 불과 닷새 뒤, 구메지마에서 주민 학살 사건이 발생했는데, 이는 1970년대 초 일본 '본토'에서도 '오키나와의 미라이 학살 사건(沖縄のソンミ事件)'으로 불리며 널리 알려진 사건이다. 가야마 다다시(鹿山正)가 지휘하는 부대에 의해 섬 주민 20명이 직접 살해되었고, 식량을 배급받지 못해 굶어 죽은 사람까지를 포함하면 70명 이상이 희생되었다.

이때 구메지마에 거주하던 조선인과 그의 오키나와인 아내, 그리고 다섯 명의 자녀들이 모두 학살되었다. 살해된 조선인은 "다니가와 노보루(谷川昇)"라는 이름을 쓰던 구충회(具仲会)였다. 구충회는 1930년대 무렵에는 이미 오키나와에 건너와 있었던 것으로 추정되지만, 그것이 정확히 언제인지는 알 수 없다. 처음에는 오키나와 본도에 있었으나, 어느 시점부터 구메지마로 옮겨가 바늘을 팔기도 하고 냄비에 난 구멍을 땜질하는 일을 하기도 하며 생계를 유지하고 있었다.

이 조선인 일가 학살은 구메지마의 다른 주민 학살과는 다른 성격을 띠고 있다. 이 사건은 구메지마 주민들이 구충회라는 조선인이 미군의 스파이라고 가야마 부대에 밀고한 데에서 비롯되었기 때문이다. 요컨대 밀고한 주민이 있었고, 살해를 명령한 일본 군인이 있었으며, 그 명령을 실행한 아마미(奄美) 출신 병사가 있었고, 살해당한 조선인이 있었던 것이다. 이 사건의 배후에는 왜곡된 질서, 즉 식민지주의적 질서가 존재했다.[5]

특히 구메지마 주민이 조선인을 군에 팔아넘긴 것은 문제라 하지 않을 수 없다. 오키나와에서 오래 거주하며 이웃 주민들과 잘 알고 지내더라도, 조선인이라는 이유만으로 언제든 밀고의 대상이 될 수 있었기 때문이다.

이러한 가능성의 배후에는 폭력을 유발하는 차별적 시선이 있었고, 이는 구충회의 아내 미쓰(美津)의 어머니 역시 예외가 아니었다.

저에게는 조선인들이 어쩐지 더럽고, 지저분하며, 또 무서운 사람들처럼 여겨졌습니다. 나하(那覇)에서도 시골에서도, 조선인들은 당시 그렇게 여겨지고 있었습니다. / 미쓰가 조선인과 결혼하게 되어서 저는 부끄러워 얼굴을 들고 다닐 수가 없었습니다.[6]

이러한 조선인에 대한 부정적인 시선이 섬 주민들뿐만 아니라 미쓰의 어머니에게도 공유되고 있었던 것이다. 그리고 이는 구메지마에 한

정된 일이 아니었다.

제국 일본의 식민지주의적 질서란, 가장 정점에 천황이 있고, 그 아래에 장교 등이 있으며, 위계적으로 사람들을 밑으로 편입시켜 나가는 차별적인 질서를 의미한다. 물론 오키나와인들 역시 저항하면서 이 질서에 편입되어 간 역사를 가지고 있으며, 이 질서의 내부에는 복잡한 관계 양상이 존재하고 있다. 그러나 구메지마의 조선인 학살을 통해 보이는 것은, 그와 같은 식민지주의적 질서의 최하층에 조선인이 놓여 있었으며, 더 나아가 그것이 오키나와전 이전부터 형성되어 있었다는 점이다. 즉 복잡한 관계 속에서 유지된 이 질서에는 역사적 지층이 쌓여 있었던 것이다.

지금까지 인용한 소수의 증언만을 보더라도, 오키나와의 가해 사실은 드러난다. 가해 경험은 증언으로 남기 어려운데, 이는 때리고, 죽이고, 강간한 일들이 증언자의 입장에서는 부채가 되고, 이를 말함으로써 자신이 책임을 끊임없이 추궁받게 되기 때문이다. 그러나 오키나와 사람들이 스스로의 가해를 말하지 않는다면, 오키나와에서 살아간 조선인의 존재는 '미상'으로 남을 수밖에 없다. 따라서 피해자를 드러내기 위해서라도, 가해를 말하는 것이 오키나와에 남겨진 하나의 과제라고 생각된다.

3. 가해를 넘어: 1960년대 오키나와

그러나 오키나와에는 가해자의 입장을 넘어서고자 했던 역사가 있으며, 그 과정에서 조선인의 존재가 사람들의 증언을 통해 떠오른 것은 한일 관계의 마찰이 심화되고 있는 지금이야말로 상기되어야 할 사안이다.

이 글을 쓰고 있는 현재 한국과 일본의 관계는 최악이라고 불리며, 특히 일본 측의 역사 인식은 차마 눈 뜨고 보기 어려울 정도다. 그 때문에 '징용공' 문제나 '위안부' 문제도 해결의 실마리가 보이지 않고 있다. 그러나 이것은 지금 시작된 것이 아니라 '전후'부터 계속된 문제였다.

이 지속되는 식민지주의 문제의 주요 원인 가운데 하나는 두말할 필요도 없이 1965년에 체결된 이른바 한일협정에 있다. 협정 체결까지는 13년의 시간이 필요했는데, 그것은 일본 측 대표가 일본은 식민지 시기에 좋은 일도 했다고 발언하여 한동안 회담이 결렬되는 등의 사태가 있었기 때문이다. 교섭 단계에서부터 이미 역사 인식이 문제가 되었던 것이다.

그러나 이승만 대통령을 사임으로 이끈 1960년 4월 혁명 직후, 1961년 박정희가 군사 쿠데타로 정권을 장악하자 한국은 남북 간 체제 경쟁에서 승리하기 위해 역사 문제를 뒤로 미룬 채 한일협정을 강행 체결한다. 물론 이 체결에는 미국의 군사 전략이 크게 작용했지만, 지금까지도 역사 인식 문제가 해결되지 않고 남아 있는 데에는 이때의 일본 측의 역사 부정과 한국 측의 역사 문제 유보가 큰 원인으로 작용하고 있는 것이다.

한편 같은 시기 오키나와에서는, 스스로가 지고 있는 가해 역사를 극복하기 위한 움직임에 큰 진전이 있었다. 그리고 그 과정에서 조선인의 존재가 가시화되기도 하였다.

1960년대 오키나와의 역사를 말할 때 중요한 기둥 가운데 하나는 일본 복귀 운동이다. 복귀 운동은 오늘날에는 다소 부정적으로 인식되는 경향이 있다. 1972년 5월의 시정권 반환은 미군 기지의 운영 방식이나 일본의 미군 '배려 예산'(주일미군 주둔비 부담금) 등, 미국에게 큰 이익을 주는 것이 되었기 때문이다.

이와 관련해 오카모토 게이토쿠(岡本惠徳), 아라카와 아키라(新川明), 가와미쓰 신이치(川満信一) 등이 주장한 반(反)복귀론—복귀 반대라기보다 국가를 폐절해야 한다는 사상—이 급진적인 것이었던 점도 작용하여 복귀 운동에 대한 부정적 시선은 지금까지 남아 있는 듯하다.

그러나 복귀 운동을 세심히 따라가 보면, 이 운동이 아시아, 아프리카 국가들과의 국제적 연대를 모색하고 있었음을 알 수 있다. 다시 말해 복귀 운동은 오키나와와 일본의 관계에만 갇혀 있는 운동이 아니었다. 예를 들어 1963년 탄자니아 모시에서 열린 제3차 아시아·아프리카 인민연대회의에서는 "오키나와를 돌려달라! 국제공동행동 4·28 '오키나와의 날'"이 제안되어 승인되었다. 오키나와 대표단은 미군의 허가가 나오지 않아 출석할 수 없었지만, 오키나와에서 전개된 평화 요구 투쟁이 아시아, 아프리카에서도 알려지고 높이 평가받았다는 증거이다.

그뿐만 아니라 베트남 전쟁이 본격화되었던 1965년부터는 오키나와현 조국복귀협의회(沖縄県祖国復帰協議会, 약칭 '복귀협') 정기총회에서 베트남 전쟁 반대가 매번 결의되었다. 결의문을 미국에 보내는 등 복귀협은 전쟁 중지를 계속해서 호소했다.

베트남 전쟁 시기에는 미군의 폭격기가 오키나와에서 출격해 베트남으로 날아갔을 뿐만 아니라, '특수전'을 위한 훈련도 이곳에서 이루어졌다. 몇 해 전 미군 헬기 이착륙장이 건설된 다카에(高江) 마을에는 전쟁 당시 베트남의 전장을 본뜬 훈련장이 있었고, 이 마을은 '베트남 마을'이라 불렸다. 그 때문에 복귀협은 베트남 전쟁을 위한 훈련도 중단하라고 호소했다.

이처럼 오키나와의 복귀 운동은 아시아와 아프리카를 향해 열려 있는 운동이기도 했기 때문에 팔레스타인이나 북한 등 이른바 제3세계 국가들로부터 함께 투쟁하자는 연대의 메시지를 받았다. 오키나와를 '악마의 섬'이라 부르던 베트남도 연대의 메시지를 보내왔다는 사실은 복귀 운동이 보편적 평화를 지향하는 운동이었음을 말해준다. 이처럼 복귀 운동은 스스로를 외부로 향해 열고 제3세계와의 연대를 모색했기 때문에 자신들의 가해성과 마주할 토양을 만들어낼 수 있었다.

그 복귀 운동과 연동하듯 전개된 1960년대 오키나와의 또 하나의 중요한 운동으로 기록 운동을 들 수 있다. 기록 운동이란, 군인 증언 중심, 군사 사료 중심으로 이야기되던 오키나와전을 주민들의 증언을 다수 수집하고 그것을 통해 새롭게 재구성하려는 운동이다. 주민의 경험을 중심에 놓고 전쟁이 이야기되는 방식을 급진적으로 바꾸려 했던 이 운동의 성과는 『오키나와전 기록 1』, 『오키나와전 기록 2』로 결실을 맺었고, 이는 지금까지도 훌륭한 성과로 남아 있다.

이 운동에서 중요한 것은, 주민이 자신들의 전쟁 체험을 말하는 과정에서 조선인에 대한 증언이 많이 나타났다는 점이다. "그러고 보니……", "그곳에 조선인이 있었다……"라는 식의 이야기가 잇달아 드러난 것이다. 예컨대 다음과 같은 목격 증언처럼.

진지 구축의 경우, 조선 사람들이죠, 그들을 부려서 진지를 구축하도록 시키고, 이제 기계를 설치하는 단계가 되면 조선인들은 전부 쫓아내고 병사들만으로 그 대포를 발사할 수 있게 설치를 했었지요.[7]

물론 기록 운동은 조선인에 관한 증언을 얻는 것을 목적으로 한 것은 아니었다. 그럼에도 불구하고 그/그녀들에 관한 증언이 모인 것은 오키나와인들의 전쟁 체험과 조선인의 그것이 밀접하게 얽혀 있었기 때문이다. 자신들의 경험을 말할 때에 조선인에 대해 어쩔 수 없이 말할 수밖에 없는 상황이 오키나와전 시기에 있었던 것이다. 의도나 경위는 차치하더라도 그렇게 조선인에 관한 증언이 다수 모였다는 사실은 기록 운동의 눈에 잘 띄지 않지만 중요한 의의 가운데 하나라고 할 수 있다.

덧붙여 조선인이라는 존재의 가시화는 단순히 그/그녀들에 관한 증언이 모였다는 데 그치지 않고, 오키나와가 지닌 가해성 또한 다시 묻게 만드는 방향으로 작용했다. 1974년에 출판된 『오키나와전 기록 2』의 총론을 쓴 아니야 마사아키(安仁屋政昭)는 다음과 같이 적고 있다.

가해를 말할 때 간과해서는 안 되는 것은 아시아 민중에 대한 가해이다. 일본 제국주의가 아시아의 여러 나라를 침략해 그 민중들에게 큰 참화를 일으켰다는 사실은 자칫 잊히기 쉽다. 그 경우에 지배계급의 범죄는 말할 것도 없고 일본 민중의 가해 가담 또한 함께 추궁되어야만 한다.[8]

아니야가 여기서 말하는 "일본 민중"에는 오키나와인들도 포함되어 있다. 그렇다면 우리는 누구를 위해, 무엇을 위해 증언을 수집하는가를 다시 한번 생각해 보자는 취지의 아니야의 발언은, 조선인과 대만인의 존재를 출발점에 두고 기록 운동의 방식 그 자체에 대한 재검토를 촉구하며, 이 운동을 한층 더 심화시키기 위한 비판적 인식을 제시한 것이었다. 이 경우 '누구'에는 같은 피해를 입은 아시아 민중도 포함되어야 했으며, '무엇을 위해'란 오키나와의 가해 또한 시야에 넣어 역사를 되돌아보아야 한다는 뜻이었다. 다니야가 민중의 체험을 기록

할 때 조선에서 강제 연행된 '군부'나 '위안부', 혹은 주로 야에야마(八重山)로 연행된 대만인 노동자를 역사 서술에서 간과해서는 안 된다고 거듭 지적한 것도 이 같은 비판적 인식에 기반한 것이었다.

공적인 조사가 이루어지지 않아 계속해서 비가시화되어 왔던 조선인들은, 앞서 말했듯이 1960년대 중반 이후, 타자에게 열려 있던 복귀 운동의 사상을 토대로 삼아, 특히 기록 운동을 통해 드러나게 된다. 달리 말하면 오키나와인들이 자신들의 경험을 말하는 것은 오키나와 내부를 돌아보는 일이 되었고, 그것은 오키나와 내부에 있었던 아시아인, 즉 조선인의 발견으로 이어졌던 것이다. 그리고 이 사실은 스스로의 가해에 대해서도 비판적 시선을 갖도록 만들었다.

복귀 운동과 기록 운동의 경험은 오키나와가 지닌 아시아와의 연대 가능성을 보여주는 것이며, 지금도 계승되어야 할 사상적 자원이라고 생각된다. 자신의 역사 속에 아시아 사람들이 있으며, 그/그녀들의 역사와 자신들의 역사를 별개의 것으로 나누지 않고 서로 얽혀 있는 모습 그대로 받아들이는 그러한 역사관과 사상이 1960년대 운동 속에서 싹트고 있었기 때문이다. 그것은 민중의 입장에서 타자를 가시화하고 스스로의 책임과 마주할 계기를 만들어낸, 오키나와 고유의 놀라운 사건이었다. 이러한 경험에 근거한 공적 조사의 실시나 오키나와가 주축이 되는 한일 민중 사이의 연대 형성이 이루어지기를 기대한다.

원문 주석

1   오키나와현청 원호과의 정리 및 산출 근거에 대해서는, 아라사키 모리테루(新崎盛暉), 『오키나와 동시대사 제3권 소국주의의 입장에서(沖縄同時代史 第三巻 小国主義の立場で)』, 凱風社, 1992, 106쪽.

2   노조에 겐지(野添憲治)는 조선인 ‘군부’ 가운데 “전후 살아남은 사람은 약 3천 명 정도였습니다. 그 실제 수는 명확하지 않습니다. 위안부 생존자는 몇 명밖에 확인되지 않았습니다”라고 말하고 있다(노조에 겐지(野添憲治), 『유골은 외친다: 조선인 강제 노동의 현장을 걷다(遺骨は叫ぶ―朝鮮人強制労働の現場を歩く)』, 社会評論社, 2010, 158쪽). 또 아라사키 모리테루는 수용자 명부 등에 의거해 약 2,000명이 살아남은 수가 아닐까라고 언급하고 있다(아라사키 모리테루, 113쪽). 이와 관련하여 『오키나와 타임스(沖縄タイムス)』는 1991년 4월, 조선인 강제연행 명부 약 1,600명분이 국회도서관에서 발견되었다고 보도했다(『오키나와 타임스(沖縄タイムス)』 1991년 4월 1일 자 조간). 그 가운데 약 100명이 조선인 여성이었다. 1993년에는 1949년 10월경에 오키나와에서 한반도로 송환된 조선인 여성 147명의 명부가 발견되었다 (『오키나와 타임스』 1993년 4월 10일 자 조간). 또한 오키나와현 이토만시(糸満市)에 평화의 비를 건설 중이던 1994년, 후생성(厚生省)이 오키나와현에 연행되어 전사한 조선인 명부를 건넨 바 있다. 합계 421명의 명부였다. 이와 관련해 『류큐신보(琉球新報)』는 오키나와로 연행된 조선인 ‘군부’ 2,815명분의 명부를 1999년에 입수했다 (『류큐신보』 1999년 6월 22일 자 조간). 또한 기쿠치 히데아키(菊池英昭), 『구 일본군 조선반도 출신 군인·군속 사망자 명부(旧日本軍朝鮮半島出身軍人·軍属死者名 簿)』(新幹社, 2017)에는 ‘오장(伍長)’, ‘대위’, ‘소좌(少佐)’ 등의 계급을 제외하면, 오키나와에서 사망한 조선인 군속 280명에 관한 기록이 있다. 말할 것도 없이 이러한 명부들은 전체 가운데 일부에 불과하다. 이와 관련된 연구로는 오키모토 도키코(沖本 富貴子), 「오키나와의 조선인: 수치의 검증(沖縄の朝鮮人―数値の検証)」(『지역연구 (地域研究)』 no.21, 2018년 4월호)이 탁월한 성과이다. 오키모토는 실재하는 자료를 토대로, 현재까지 총 3,463명이 오키나와에 연행되었다는 사실을 확인한 바 있다.

3   名護市教育委員会文化課 市史編さん係編, 『名護市史叢書』, 1985, 35-36쪽.

4   沖縄県教育委員会編, 『沖縄戦記録二』, 782쪽.

5   한편 1930년대의 아마미에서는 세계적인 설탕 가격 폭락에 대한 구제를 요구하는 주민들과, 이를 이용해 군사기밀 보호를 위한 주민 통제를 꾀하려는 군의 의도가 교차하고 있었다(도리야마 아쓰시(鳥山淳), 「1930년대 전반 아마미에서 교차하는 구제와 군기보호(1930年代前半の奄美で交錯する救済と軍機保護)」, 『남도문화(南 島文化)』 第四一号, 2019년 3월). 구충회 일가의 살해를 실행한 아마미 출신 병사는 이러한 통제를 내면화했을 가능성이 있다.

6   沖縄県教育委員会編, 『沖縄戦記録二』, 810쪽.

7   琉球政府編, 『沖縄戦記録一』, 640쪽.

8   安仁屋政昭, 「総論」, 沖縄県教育委員会編, 『沖縄戦記録二』, 1113쪽.

불관용의 늪에서 벗어나기 위해
아마미야 가린(雨宮処凜) 씨 인터뷰

[인터뷰어] 스기타 슌스케 杉田俊介

'제로 톨러런스'의 말기적 사회를 맞이하여

스기타 슌스케 아마미야 씨는 2000년대 로스트 제너레이션(약칭 '로스제네')* 논단 시절부터 좌우 논진을 잘 알고, 밑바닥이라고 해야 할까, 아래쪽에 있는 사람들도 잘 알고, 정치인이나 우익의 거물 같은 위쪽 사람들도 잘 알고 있는 분입니다. 다양한 입장의 현실을 알면서도 지속적으로 최전선에서, 로스제네 세대로서는 가장 저널리즘적인 자리에서 활동하며 발신하고 계십니다.

2011년 동일본 대지진이 있었고, 원전 폭발 사고가 있었고, 탈원전 운동이 있었고, 혐오 시위와 그에 대한 '카운터 활동'이 있었고, 국회 앞 SEALDs(Students Emergency Action for Liberal Democracy-s, 자유와 민주

---

* 역자 주: 이 책 36쪽 주석 참조.

주의를 위한 학생 긴급행동)*로 대표되는 민주주의 운동이 있었고, 그런 가운데 2019년 현재 혐오 상황이 나날이 악화되어 진흙탕 싸움이 되어가고 있습니다. 무엇이 진실이고 무엇이 거짓인지, 가짜뉴스가 일상적으로 난무하는 상황에서 더 이상 한일 관계가 갈 데까지 갈 수밖에 없는 상황으로 가고 있는 것이 아닌가 하는 생각이 듭니다. 아마미야 씨는 그런 상황을 최전선에서 항상 보고해 왔다고 생각합니다.

저 같은 경우도 2000년대 반빈곤 운동이나 로스제네 논단에서 출발한 사람인데, 개인적으로는 장애인 개호(介護) 일을 하다가 번아웃되거나, 잡지 『프리터즈 프리(フリーターズフリー)』(2007년 창간)의 내부 붕괴가 있거나 하여, 지진 이후의 상황에 잘 대응하지 못했다는 생각이 듭니다. 하지만 그것은 단순히 개인적인 문제라기보다는 지진을 전후한 사회운동에서 잘 연결하지 못한 부분이 있는 것이 아닌가 싶습니다. 비정규직 문제나 반빈곤 운동의 성과가 지진 이후 탈원전 운동에서 혐오 시위 등에 대한 카운터 운동, 혹은 SEALDs로 상징되는 민주주의 운동(전후민주주의를 다시 되살리려는 국민적 운동) 등으로 연결되지 못하고 단절되어 버렸습니다. 혐오 문제가 점점 더 극단화, 복합화되면서도 획일화되는 가운데, 그 부분을 다시 한번 생각해야 한다고 생각합니다.

이미 복합적인 혐오 상황이 전개되고 있고, 처음에는 재일코리안에 대한 차별을 주장하는 재특회가 등장했습니다. 그 후 사가미하라(相模原)의 우에마쓰(植松) 청년 사건을 필두로 장애인 차별과 우생학 사상에 의한 혐오 범죄가 발생합니다. 또한 여성 차별, 여성혐오, 성차별 등도 점점 쟁점이 되어 거의 매일같이 새로운 문제적 발언이 나오고,

---

* 역자 주 : 2015년 일본 아베 신조 정권의 안보법안(전쟁법) 강행에 반대하며 조직된 대학생 중심의 시민 운동 단체.

그것들이 마구 뒤섞인 채 끓어오르는 느낌입니다. 이런 상황 속에서 아마미야 씨가 혐오 상황의 핵심을 어떻게 보고 계신지 여쭤보고 싶었습니다.

아마미야 가린 신간의 제목이 『이 나라의 불관용의 끝에서(この国の不寛容の果てに)』(大月書店)입니다만, '불관용', '제로 톨레랑스'라는 것이 저에게는 지난 십여 년을 바라보는 데 있어 큰 키워드가 되고 있습니다. '박탈감'이라는 말도 있습니다만 '불관용'이 좀 더 폭넓게 파악할 수 있어요. 혐오도 그렇고, 외국인 차별도 그렇고, 생활보호 대상자나 빈곤층에 대한 공격도 그렇고요. 공무원 공격에 이어 생활보호자 공격이 나왔을 때, 이 흐름은 정말 위험하다고 생각했어요. 복지를 받는 것 자체가 특권이다, 이런 식으로 말하는 것을 보면서요. 그런 게 특권이라는 비판이 나오는 것은 이제 말기증상이라고 생각합니다. 더군다나 지금은 '장애인은 특권으로 보호받고 있다'는 식의 이야기가 나오고 있지 않습니까.

상징적인 것이 2016년도에 나온 '빈곤 때리기(poor-bashing)'입니다. 생활보호대상자 가정의 여고생 집에 애니메이션 굿즈가 있다든가, 천 엔짜리 점심을 먹었다든가, 그 정도의 일이 크게 논란이 되었지요. 그 이후, "네가 정말 의심할 여지 없이 순수하고 바르고 아름다운 빈곤층인지 증명해 봐라!"라는 식의 말들이 연이어 나오면서, 이건 정말 갈 데까지 가는구나 싶었습니다. 저출생·고령화로 사회보장비가 없으니까 생명을 선별하는 것도 어쩔 수 없다는 식의 말을 정치인이나 유명인들이 하고 있고요. 아소 다로(麻生太郎) 재무성 장관의 '먹고 마시기만 하면서 아무것도 하지 않는 환자의 의료비를 왜 내가 내야 하느냐'는 발언이나, 인공투석에 대한 하세가와 유타카(長谷川豊)의 발언 같은 것들 말이죠. 그런 끔찍한 불관용이 서서히 퍼져 나가고, 점점 더 용인되고 있는 시대인 것 같습니다.

스기타 우리와 같은 로스제네 세대, 취업 빙하기 세대와 SEALDs의 젊은이들로 상징되는 새로운 세대와의 단절이 강조되기도 했습니다. 로스제네 세대는 말투가 '어둡다'고 한다든지(웃음). 대지진 이후에는 반차별 운동과 같은 정체성 정치나 국민운동적인 민주주의 회복이 중심이 되면서, 비정규직 문제, 경제 문제, 빈곤 문제는 다소 부차적인 문제가 되어 버렸습니다. 그러나 지금 아마미야 씨가 말한 '불관용'이라는 단어를 키워드로 삼을 때, 그 사이의 연속성이 보입니다.

반차별로서의 반혐오를 말할 때, 예를 들어 그야말로 '희망은 전쟁'이라고 말한 아카기 도모히로(赤木智弘) 씨와 같은, 로스제네 세대를 상징하는 존재는 왠지 잊혀지는 느낌이 듭니다. 여성이나 소수자들이 혐오당하거나 차별받는 것은 인권의 문제인 것은 물론 민주주의의 근간과 관련된 일이며, 사회 질서를 지키는 데 있어서도 용납될 수 없다는 논리가 있을 때, 거기서 자칫 잘못하면 프리터나 비정규직의 현실은 다수파 사람들이 주장하는 '자기책임'으로 남게 됩니다. 그러니까 혐오의 문제와는 별개의 문제로 이야기되어 버립니다. 마이너리티는 정체성이나 인권을 쟁점으로 삼아 투쟁할 수 있지만, 별다른 특징이 없는 매저리티 남성들은 자신의 어려운 처지를 호소할 수 있는 공적인 통로가 없는 것으로 간주됩니다.

이에 비해 '불관용'이라는 단어는 혐오 문제인 동시에 생활보호자 공격이나 청년 세대의 비정규직 문제 등도 포함하고 있기 때문에, 그 단어라면 어쩌면 비정규직 프레카리아트나 혐오와 차별의 피해를 받고 있는 사람들과 연대할 수 있지 않을까 하는 생각이 들었습니다.

다만 2000년대 후반 로스제네 운동 때도 '자기책임'이라는 비난이 심했지만, 그때는 아직 생명의 선별까지는 가지 않았던 것 같네요.

아마미야 네, 그러지 않았어요.

스기타 '죽어 마땅하다'는 말까지는 나오지 않았던 것 같아요. 거기서 나온 자기책임론이나 자업자득론이 최근 들어 굉장히 강해졌다고 할까요, 한 단계 더 심해진 것 같은 느낌이 듭니다.

아마미야 2008년 발생한 리먼 쇼크의 영향으로 해고되었던 파견 사원 등 생활곤궁자를 구제할 목적으로 만들어졌던 연말 파견촌(年越し派遣村)은 2008년 말부터 2009년 초까지였는데, 2008년까지는 자민당이 굉장히 '자기책임'이라고 떠들다가, 해가 바뀌는 순간 '자기책임'이라고 말하지 않고 '사회안전망이 필요하다'고 말하기 시작했어요. 생생하게 기억하고 있습니다. 그때의 파견촌은 물론 의미가 있었고, 파견촌에 4,000만 엔의 기부금이 모였고, 자원봉사자도 1,000명 이상이 왔습니다. 하지만 자원봉사자 중에는 파견촌을 보고 '노숙자도 있잖아'라고 화를 내며 돌아간 사람도 있었습니다. 그게 가장 큰 문제였는데, 파견이 끊겨서 사흘 전에 노숙자가 된 사람과 그보다 더 오래 노숙을 한 사람을 선별할 필요가 어디 있느냐는 거죠. 하지만 그 당시에는 아직 세상 분위기가 '파견직에서 해고되어 힘든 청년은 어떻게든 지원해야 한다'는 논의가 주류를 이루었었고, 오랫동안 노숙을 하는 사람에게는 눈을 돌리지 않았습니다. 즉 정규직과 비정규직을 가르는 것처럼 '자기책임'의 선 긋기가 나타나면서, 파견직의 해고는 안타깝지만 노숙자는 자기책임이다, 이런 식이었죠. '도와 줄 가치가 있는 사람'과 '도와 줄 가치도 없고 노동의욕도 없는 사람'이라는 식으로 선별이 이뤄졌죠. 기부나 자원봉사를 하러 오는 사람들 중에도 그런 일이 있어서 이건 위험하다고 느꼈는데, 사회 전체에서 그것이 더 노골적으로 드러나게 되었습니다. 이제는 그런 인간 생명에 대한 선별이나 불관용이 당연시되는 분위기입니다.

2015년부터 매년 연말에 무료 급식소를 방문하고 있는데요. 하지만 고토부키마치(寿町)에는 500명 정도만 모여도 1,000명분의 연말연시 소바가 다 떨어지거든요. 30대, 40대 분들도 꽤 많고요. 하지만 미디어는 전혀 문제 삼지 않아요. 아니, 미디어는 애초에 그런 현장에 오지 않아요.

스기타 2000년대에는 아직 빈곤층이나 비정규직 노동자 등 사회적으로 배제된 사람들은 사회보장이나 안전망으로 사회적으로 포용해야 한다는 전제가 있었다고 생각하는데, 이제는 더 이상 사회적 포용이 아니라 불관용을 통해 문제 자체를 해결하자, 없었던 일로 만들자고 하는 것 같아요.

아마미야 네, 완전히 감각이 마비되어 버렸고, 거기에 익숙해져 있습니다. 우리 사회가 그것을 용인한 거구나, 하는 느낌.

'혼자 죽어라!'라는 '정의'

스기타 완전히 안 쓰는 말이 되어 버린 '로스제네'라는 단어가 최근 다시 주목받고 있습니다. '인생 재설계 제1세대'와 같은, 매우 불쾌한, 문제 자체를 덮어버리는 듯한 새로운 꼬리표를 붙이고 있지요. 역시 취업 빙하기 세대의 문제가 해결되지 못한 채 중년 이후가 되어 버린 상황이 있는 것 같습니다. 이를 상징하듯 최근 들어서는 40대 남성의 범죄가 눈에 띄게 많아졌어요.

아마미야 교토 애니메이션 방화 사건(京都アニメーション放火事件)*이라

---

* 역자 주 : 2019년 7월 18일, 일본의 대표적 애니메이션 스튜디오인 교토애니메이션

든가.

스기타 가와사키시(川崎市) 노보리토(登戸)에서 아동 살상 사건이 있었는데, 명백히 그 사건의 영향을 받아서 아버지가 은둔형 외톨이인 자식을 흉기로 수차례 찔러 살해한 사건이 있었어요. 그러한 사건들의 연장선상에서 교토 애니메이션 방화 사건도 어떤 영향 관계가 있었을지도 모릅니다.

아마미야 범인은 완전히 로스제네의 전형이라고 할까, '더 이상 잃을 것이 없다'고 말했었다고 하죠.

스기타 '청소년의 이유 없는 범죄'나 '14살의 마음의 어둠'이 아니라 '중년 남성의 너무도 알기 쉬운 범죄'인 거죠…….

아마미야 이미 중년이 되었는데 결혼도 안 했고, 처자식도 없고, 임금도 불안정하고, 앞날도 보이지 않고…….

스기타 우리 세대를 대표하는 말로 아마미야 씨의 "살게 해줘!(生きさせろ!)"는 말이 있었는데, 또 하나 아카기 도모히로 씨의 '희망은 전쟁(希望は戦争)'이라는 말도 있었지요. 지금은 '희망은 전쟁'이 아니라 그냥 전쟁이 일어나도 이상하지 않은 미묘한 상황입니다만……. 하지만 애초에 '희망은 전쟁'이라는 말은 아카기 씨 나름대로의 아이러니로, 자신과 같은 격차 사회나 빈곤의 피해자, 워킹 푸어를 방치한다면 차라리 전쟁이 일어나서 모두가 똑같이 불행해지는 것이 낫다고 생각한 것입니다. 하지만 사실은 그렇게 되지 않았으면 좋겠다는 문제 제기, 즉 아이러니였던 것이죠. 하지만 이제는 그것이 더 이상 아이러니

(京都アニメーション) 제1 스튜디오에 아오바 신지(青葉真司)가 방화를 저질러 대형 화재가 발생했다. 이 사건으로 36명이 사망하고 다수가 부상했으며, 일본 애니메이션 산업에 큰 충격을 남긴 참사로 기록된다.

가 아니게 되었습니다. 자신이 불행해지는 것보다는 자신보다 약한 사람들을 끌어들여 무차별적으로 살상하는 것이 가토 도모히로(加藤智大)의 아키하바라 사건(秋葉原事件) 이후 당연시되어 버렸어요.

아마미야 '불관용'에 대해, 지금 저 자신도 괴로운 지점이 교토 애니메이션 사건의 범인에 대한 이야기를 할 수 없다는 것입니다. 이미 6월의 가와사키시 노보리토 사건 당시부터 '죽고 싶으면 혼자 죽어라'라는 말이 엄청났잖아요. 그 후 네리마(練馬) 사건이 있었고, 교토 애니메이션 사건이 이어지면서 그 가해자에 대해 무언가 발언하는 것이 몹시 어려워졌어요. 조금이라도 가해자의 위치에서 사회 문제를 보려고 하거나, '그도 힘들었을 수도 있다'고 말하기라도 하면 모든 것을 잃을 수도 있다는 공포감이 커요. 그것은 범인을 절대 공감해서는 안 되는 괴물로 만들어야 한다는 뜻이고, 연예인의 마약이나 불륜 스캔들에 대한 조건반사적인 비난도 마찬가지입니다만, '혼자 죽어라'는 분위기에 대해 조금이라도 이의를 제기하면 그 사람 자체가 처절하게 공격을 당할 각오를 해야 합니다.

스기타 아키하바라 사건이 일어난 무렵까지는 물론 범죄는 용서할 수 없지만, 그 범죄는 시대의 병리나 구조적 문제가 드러난 것이기도 하기 때문에 그것을 풀어내면 사회가 개선되고 좋아질 것이라는 느낌이 아직 남아 있었습니다.

아마미야 아직 언론도 그런 식의 보도를 했었지요. 가토 도모히로의 노동 문제라든가, 가족 배경이라든가.

스기타 지금은 그런 관점이 없고, 가해자에 대한 압도적 불관용이라고 할까요, 인간 취급조차 하면 안 된달까요…….

'죽고 싶으면 혼자 죽어라'라는 말은 역시 중요한 말인데, 그건 한마디로 '안락사 권유'인 거죠. 주변에 폐를 끼칠 바에야, 세상과 사회에

도움이 되지 않는다면 안락사를 해야 한다고요. 안락사는 사형조차도 아닙니다. 사형의 경우 국가의 책임하에 죽음을 부여하는 것이기 때문에 국민도 어떤 책임과 부채감을 나누어 갖게 되는데, 누군가가 혼자서 알아서 죽어 주면 아무도 책임지지 않아도 되죠. 궁극적인 자기책임론의 종착역이 사형도 아닌 안락사의 권유이고, '혼자 죽어라'가 아닐까요.

아마미야 혼자서 아무도 모르게 사라져달라는 것이죠.

스기타 안락사라는 것은 장애인의 생명을 선별하는 우생사상과도 친화성이 높은 논리가 내포되어 있는 것인데, 지금은 뇌사자나 식물 상태라고 불리는 천연성 의식장애(遷延性意識障害)가 있는 사람뿐만 아니라 중증 장애인이나 치매 노인, 정신분열증 환자까지 그 대상이 되고 있습니다. 그만큼 안락사의 논리가 서서히 퍼져나가 마침내 은둔형 외톨이들에게까지 향하고 있다는 것입니다.

애초에 이게 혐오일까요? 혼자 죽으라는 것이 말이죠. 혐오라는 것은 그 정의상 다수자에 의한 소수자에 대한 차별 구조가 있고, 그것을 말하자면 유지하거나 강화하는 것이 헤이트 스피치이고, 차별 구조가 전제되어 있는 것이지만, 최근의 '혼자 죽어라'는 다수자라 할지라도 조금 실직 상태라든지, 은둔형 외톨이라든지, 그런 사람들에게까지 '죽어라'가 향하고 있습니다. 이것을 뭐라고 불러야 할까요.

아마미야 '혼자 죽어라'라고 공격하는 사람들은 범죄의 가해자들을 테러리스트라고 생각하고 있고, 거기에는 '세계를 방어해야 한다'는 공포심과 정의감이 있습니다. 그래서 자신이 하는 말을 전혀 문제라고 생각하지 않고, 그보다 자기 자식이나 '지켜야 할 것이 있다'는 식의 피해자 의식이 가장 강하지 않을까요.

스기타 그것은 박탈감 같은 것일까요?

아마미야 박탈감과도 조금 다른 느낌이 듭니다.

스기타 좀 더 자신들의 생활이 보호받아야 마땅하다는 것이겠죠.

아마미야 그런 사건도 주기적으로 일어나는 사회가 되었고, 중장년층 중에도 무차별 살인을 하고 싶은 사람이 일정 수 있다는 것은 어쩔 수 없는 일이니, 애초에 그런 사람들을 생각하거나 상상한다는 것이 무의미하다는 느낌이랄까요. 무차별 살인은 천재지변 같은 것, 지진이나 태풍 같은 것이니까라는 식으로.

스기타 어느 연예인도 그런 말을 했었죠. 교통사고로 일정 수의 사람이 죽는 것이 어쩔 수 없는 일이라고 한다면 중년의 이상한 사람이 살인을 저지르는 것은 교통사고와 같은 것이기 때문에 그것을 줄이기 위한 노력을 담담하게 계속할 수밖에 없다고요.

아마미야 감시 카메라 같은 걸로 예방적으로 대처하자는 거죠. 하지만 그게 지금 세상의 분위기가 아닌가 싶어요. "그런 사람들의 고통의 배경을 짐작하고 함께 생각해 보자고? 그런 거 할 시간 따위 없어."라고요. 해충 대책이라고 할까, 유해동물 취급을 하는 거죠. 같은 인간으로 보지 않아요. 같은 나라 안에서조차 같은 언어를 사용하는 같은 인간으로 보지 않는 일이 점점 더 많아지고 있어요. 그게 가장 무섭습니다. 은둔형 외톨이들은 말이 통하는 존재가 아니고, 어떤 지원이나 이해도 할 필요가 없으며, 그저 '혼자 죽어라'라고 말해두면 된다는 식이죠. 이제 이 나라의 불관용이 완성된 것 같다는 생각이 들었습니다.

스기타 소수자 차별이 아니라, 그것이 더 확대되어 뭐라고 해야 할지, 조금 다른 단계에 들어섰을지도 모르겠네요. 이 급진적일 정도로 압도적인 불관용을 뭐라고 불러야 할까요?

아마미야 적극적으로 '사라져 줬으면 좋겠다'라고 생각하고 있다는 느낌이 들어요. 사회가 멋대로 사람을 범죄자 예비군으로 간주해 버리

는 거죠. 경우에 따라서는 그 사람들을 위해서라며 '없애 주자'는 식이
죠. 거기까지 가면 이미 우에마쓰 사토시(植松聖)와 똑같아요. 장애인
엄마가 힘들테니 죽여 줬다는 식이죠. '생산성'이 없는 은둔형 외톨이
들에 대해서도 '죽여 주는 것이 가족을 위한 것 아니냐'고. 마치 '푸른
잔디회(青い芝の会)' 운동이 비판한 장애아 죽이기 같은 느낌입니다.

프레카리티(비정규성)의 전면화

스기타 최근에 아카기 도모히로 씨에 관해 생각하고 있는데요, 아카
기 씨가 논란을 불러일으켰던 키워드로 '희망은 전쟁' 외에도 '사회적
으로 강한 여성은 약자인 남성을 주부(主夫)로 부양해야 한다'는 발언
이 있었습니다. 그가 말하기를, 약자인 여성에게는 아직 결혼이라는
탈출구가 있지만, 약자인 남성에게는 결혼이라는 탈출구도 없기 때문
에 현대 사회에서는 약자 남성이 보다 더 약자의 위치에 놓이게 된다
는 거죠. 여러 가지 점에서 문제가 있는 발언이지만요.

최근의 아카기 씨의 발언을 보면, 기본적으로 자유주의적 재분배가
중요하다고 말하면서, 자신은 딱히 이성에게 인기가 있고 싶다거나 결
혼을 하고 싶은 것은 아니라고 하더라고요. 다만 아르바이트든 뭐든
평범하게 일해서 적당한 수입만 있다면 나머지는 자신의 취미 생활을
하면서 살면 된다고요. 하지만 생각해 보면 그는 지속적으로, 이건 기
도 리에(貴戸理恵)가 지적한 것이지만요, 인간으로서의 존엄성이나 승
인에 집착하고 있죠. 그가 쓴 논문의 제목이 「'마루야마 마사오(丸山眞
男)'를 후려치고 싶다」라는 것인데, 거기에 담긴 의미는 자유주의적인
전후민주주의의 평등의 주장에서 제외되어 버리는 자신들 같은 존재

가 있다는 것입니다. SEALDs가 마루야마 마사오 같은 전후민주주의의 복권을 주장한 것은 중요하지만, 그러한 서사에서 제외되는 다수파 비정규직 남성들도 있다는 것입니다. 이 사회의 마이너리티는 권력에 저항하거나 차별에 맞서 싸우는 것으로 존엄성을 얻을 수 있을지 모르지만, 그렇다면 비정규직 독신 매저리티 남성인 나는 어떻게 해야 하는가. 그런 논리가 있었던 것 같아요. '그럼 스스로 생각해 보라!'라는 생각도 듭니다만, 역시 현재와 같이 박탈감이나 피해의식이 너무 팽배해 버린 것의 근저에는 그런 문제가 있지 않은가 하는 생각이 들어요. '자유주의', '민주주의', '반차별'적인 주장들에 같이 올라탈 수 없달까, 오히려 '반차별'을 외칠 수 있는 사람들을 부러워한다고 할까, 그런 뒤틀린 심정이 있습니다. 이들 매저리티 남성은 '차별은 끔찍하다'고 말하는 #MeToo적인 공감의 고리에는 끼지 못하고, 그렇지만 현실적으로는 소외감이 있고, 비정규직으로 고통받고 있고, 전혀 행복하지도 않다. 그런 울분이 쌓여서 여성혐오나 여성 차별로 가 버리는 거죠.

비정규성 ≒ 프레카리티(불안정성)라는 단어가 핵심이 되는 것이 아닐까 싶습니다. 완전히 사어가 되어 버렸지만, 프레카리아트라는 개념이라면 마이너리티나 프롤레타리아트가 아니더라도 비정규직이나 은둔형 외톨이, 니트족 남성에게도 사용할 수 있는 거죠. 혼자 죽으라든가, 일종의 불관용적인 혐오를 당하고 있음에도 불구하고 매저리티인 남성이기 때문에 저항도 반역도 할 수 없고, 인간으로서의 권리도 주장할 수 없다. 주장을 하기 위한 언어가 없다. 아마미야 씨가 주목하는 불관용이라는 단어는 경제 문제와 반차별이나 정체성 문제를 연결할 수 있는 개념 중 하나라고 생각하지만, 프레카리티라는 단어도 잘 활용한다면 뒤틀린 박탈감에 시달리고 있는 다수파 사람들을 설명할 수 있는 말이 될 수 있지 않을까 싶어요. '인생 재설계 세대', 즉 사회의 구조적 불안정을 개인의 도전으로 재맥락화하는 찬탈의 언어가 아니라, 프리터 운동, 반빈곤 운동 속에서 가능했던 개념을 다시 한번 제대로 다듬어 나가면 좋지 않을까요.

아마미야 거의 99%가 프레카리티 상황이 된 것 같다는 생각이 듭니다. 대담집(『이 나라의 불관용의 끝에서』)의 서문에도 썼지만, 12년 전에는 이쿠타 다케시(生田武志) 씨를 비롯해서 '의자 뺏기 게임'이라는 비유가 제기되었었죠. 10명 중 3명은 반드시 정규직에서 빠지게 되니 의자를 늘리라는 것이었죠. 하지만 지금은 이미 4명이잖아요, 비정규직이 4할이니까. 그래서 지금은 의자 뺏기 게임의 의자를 이미 국가가 치워 버렸고, '일하는 방식 개혁(働き方改革)'*을 내걸어 비정규직이라는 단어를 없애겠다고 하면서 '의자 따위는 이제 사치다, 땅바닥이면 충분하다'고 하고 있습니다. 게다가 그 땅도 가라앉아 침수되고 있는 것 같고요. 불안정성을 주장해 봤자, '아니, 정규직인 이쪽도 힘들다'면서 서로 누가 더 불행한가를 겨루는 경쟁이 되어 결국 아무것도 안 남아 버리죠. 일자리도 점점 AI로 대체되는 등 예상치 못한 상황으로 가고 있는 것 같기도 하고요. 제 머릿속 풍경은 그런 느낌입니다.

스기타 AI 문제가 반드시 노동 문제와 함께 이야기되잖아요. 기계가 인간의 일자리를 빼앗아간다는 불안감이죠. 한편으로는 이민자 문제가 있고, 이민 노동자의 유입으로 인해 국내 실업이 더 늘어날 거라고 말하죠. 외부에서 오는 것에 대한 두려움과 그런 비정규성, 불안정성이 결합되어서 논의와 운동이 새로운 단계로 접어들고 있습니다. 물론

---

* 역자 주 : 아베 정부가 추진한 핵심 정책 중 하나로, 노동시장의 구조조정 정책을 통해 저출생·고령화에 기인하는 만성적인 노동력 부족을 해소하고 선진국 최하위 수준에 있는 노동생산성을 제고하는 것을 목표로 한다. 내용적으로는 장시간 노동 관행을 시정하고, 정규직과 비정규직 간 격차를 해소하는 데 중점을 두었다.

이미 일본에는 많은 이민이 있지만, 상황이 또 한 단계 더 진행되어 혐오를 더 강화할 수도 있는 상황이 되고 있습니다.

지금과 같은 글로벌 경제 시대에는 프레카리티도 일종의 소수자 속성 중 하나가 아닐까 생각합니다. 예를 들어 아카기 씨 같은 사람도 사회적 약자라고 할 수 있지 않을까요. 여성 차별이 있듯이 프레카리아트 차별도 분명히 존재하니까요.

아마미야 그렇군요, 아카기 씨는 결코 자신을 약자라고 말하지 않는다는 말이군요.

스기타 아마 말하지 않을 겁니다. '나는 약자가 아니다'라고 말할 것 같아요, 잘 모르겠지만요.

아마미야 그것이 로스제네 남성의 가장 큰 약점입니다(웃음). 그렇게 말할 수 있다면 얼마나 많은 문제가 해결될까요!

스기타 그렇군요, 죄송합니다(웃음). 그리고 매저리티 남성으로서의 죄책감도 있어요. 여성이나 장애인에 비한다면 특권을 누리고 있다고요.

아마미야 특권이 아니죠. 특히 40대가 되면 정규직 남성과의 차이가 벌어지는 것을 잘 알 수 있으니까요.

스기타 장애학에서는 '사회 모델'이라그 해서, 장애는 자기책임이라기보다는 장애인이 자유롭게 움직일 수 없도록 설계된 사회 쪽에 책임이 있다고 말합니다. 이전까지는 자기책임(가족 책임)으로 재활과 의료를 스스로 해결해야 하는 것으로 인식되어 왔습니다. 그 연장선상에서 말하자면, 예를 들어 골절된 사람은 일종의 '파트타임 장애인'이잖아요. 혹은 임신 중인 여성도 마찬가지입니다. 휠체어를 밀고, 유모차를 밀고 하는 것이 유사한 배리어프리의 문제가 되는 것이죠.

반대로 말하면 지금의 신자유주의적 상황에서는 장애나 질병, 인종이나 성 문제 등 다양한 소수자 속성이 복합화, 다원화, 개별화되고 있기 때문에, 자신이 사회적으로 배제되거나 곤경에 처해 있다는 것을 인정할 수 없다는 남성의 이상한 자존심을 좀 더 바꾸어 나가야 합니다. '남자의 프라이드'와 '인간으로서의 자존감'은 역시 다른 것이라고 생각합니다. 남자의 프라이드는 실패나 약함을 인정하지 않고 강한 척하는 것을 말하지만, 인간의 자존심은 '약한 나여도 괜찮지 않은가. 원래가 그런 것이니까'라는 식으로 한계가 있는 자신, 약하고 수동적인 자신을 나름대로 인정하는 것이죠. 강함과 약함이라거나, 정상이냐 장애냐라거나, 그런 구분을 넘어서 자기 자신에 대한 존엄성을 가지는 것입니다. 오히려 적절한 자존감이 없기 때문에 이상한 프라이드에 집착하여 쎈 척을 하는 것입니다.

비정규 이민자, 비정규 노동자, 비정규 일본인을 연결한다

아마미야 이민자 문제라면 아카기 씨 같은 사람이 어떻게 반응할지 굉장히 궁금합니다. 결국 지금 '유효 구인 배율'이 좋아졌다고는 해도, 그 구인의 60%는 월급이 10만 엔대라는 보고가 있어서 놀랐는데요. 즉, 20만 엔 이하, 15만 엔 정도로 무한정 쓸 수 있는 사람만 구하고 있다는 거죠. 게다가 이 부분을 통째로 이민자로 대체하려고 하는 듯이 보입니다. 값싼 노동력만을 대량으로 원하는 것이기에, 그렇게 되면 프리카리아트의 공포는 크다고 생각해요. 언어화할 수는 없어도 피부 감각으로 느끼고 있기 때문에 거기서 이상한 혐오가 또 생겨나지 않을까. 아카기 씨는 이 문제에 대해 어떻게 생각하고 있을까요?

스기타 저도 잘 모르겠습니다만, 궁금하네요. 한번 가서 물어 볼까

합니다.

아마미야 그 지점이 문제예요. 아카기 씨가 OK하는 액수, 먹고살 수 있을 만큼의 금액이 얼마인지 모르겠지만, 얼마 전에 구리타 류코(栗田隆子) 씨의『작은 목소리의 페미니즘(ぼそぼそ声のフェミニズム)』(作品社)을 읽었는데, 그녀가 생활이 어느 정도 안정될 수 있는 액수로 말한 것이 세후 15만 엔이더군요. 어, 15만이라고? 깜짝 놀랐는데요, '아르바이트든 정규직이든 단순 노동으로 간주되는 일을 8시간씩 하고 (도쿄의 월세 감각으로) 월 15만 엔을 받았다면 나는 지금과 같은 활동을 하고 있었을까' 하고 그녀는 자문하고 있었어요. 이 금액대가 바로 외국인 노동자로 편입되는 사람들과 가장 많이 부딪히는 지점이지 않습니까?

스기타 지금은 자유주의자들의 선의에서 나온 혐오 같은 것이 문제가 되고 있는데, 예를 들어 자유주의적인 입장에서 이민자 수용에 반대하는 사람들도 있잖아요. 일본은 이민자들의 노동 환경, 생활 환경이 너무 열악하기 때문에 우선은 환경을 정비하는 것이 우선이고, 당분간은 차단하는 것이 좋다는 주장이죠.

아마미야 받아들일 자격이 없다는 말도 있지요.

스기타 이민자가 들어오면 국내 실업자가 더 많아지고, 서로가 더 낮은 급여의 노동력으로 이용당하는 상황이 점점 더 악화될 거라고요. 그런 논리에서 이민을 중단해야 한다는 입장도 있습니다. 그러나 그것은 일본이 이미 이민 사회이며, 다국적의 사람들이 공존하는 사회라는 사실을 보지 못하게 만들어 버립니다. '받아들인다/받아들이지 않는다' 식의 통치자 관점과는 다른 차원에서 현실은 움직여 왔고, 지금도 움직이고 있습니다.

혹은 포스트페미니즘이라는 말이 있는데, 요컨대 페미니즘의 과제는 이미 어느 정도 달성되었기 때문에 더 이상 사상으로서의 페미니즘으로 남성을 비판하거나 여성의 권리를 주장하는 것은 의미가 없고, 반감만 준다는 젊은 여성들도 늘어나고 있습니다. 그런 포스트페미니즘의 흐름 속에서, '여자력(女子力)'이라는 단어가 상징하는 것처럼, 일도 잘하면서 똑똑하게 여성으로서 내면과 외면을 모두 갈고 닦는 아주 강한 여성상이 나타나기도 합니다. 그것은 신자유주의적인 요구와 논리가 잘 맞아서, 아베 신조(安倍晋三) 씨가 말하는 '여성 총 활약 사회'처럼, 여성들이 자주적으로 활약하게끔 장려하면서 특정한 방향으로 유도하고 있는 느낌입니다.

그에 비해 구리타 씨의 『작은 목소리의 페미니즘』은 그런 엘리트 여성도 아니고, 커리어우먼도 아니고, 아름다운 여성도 아니고, 그러한 모든 기준에서 제외되어 아무것도 남지 않은 사람이 겨우 붙잡은 것, 그것이 페미니즘이라고 말합니다. 그렇게 멋지지 않은, 반짝반짝 빛나지 않는 페미니즘은 역시 소중하다고 할까, 중요하다고 생각해요. 엘리트 여성과 비엘리트 여성을 분단하지 않고 다양한 입장의 여성들이 손을 잡기 위한 페미니즘이라고 생각합니다.

무슨 말을 하고 싶은가 하면, 모치즈키 히로키(望月優大) 씨의 『두 개의 일본(ふたつの日本)』(講談社現代新書)이라는 책이 있습니다. 그 마지막 부분에서 모치즈키 씨는 '불법 체류자'라는 말은 굳이 쓰지 않고—'불법 체류자'라고 하면 범죄자 이미지가 강하기 때문에—'비정규 이민자'라는 말을 쓰는데요, '비정규 이민자'가 처한 입장과 '비정규 노동자'가 처한 입장은 상당히 비슷하다고 합니다. 예를 들어, 지금 출입국관리소에 수용되어 있는 비정규 이민자들은 무기한으로 수용되어 있고, 언제 가석방될지도 알 수 없다고 말합니다. 그것은 파견 노동자가 계약 갱신을 받을 수 있을지 어떨지 모르는 상황과 비슷하다는 것입니다. 비정규성이란 바로 그런 것이라고요. 불합리한 '위'의 결정에 의해 이

일, 이 생활이 언제까지 지속될 지 알 수 없다. 아마도 모치즈키 씨는 일부러 노동 문제와 이민 문제를 연결시키고 있는 것 같습니다. 비정규, 프레카리티라는 말을 통해서요. 많은 문제들에서 '외국인의 문제는 일본 국민의 문제와 무관하다'고 상상력이 단절되는 경우가 많은데, 이를 연결하기 위해 '비정규'라는 단어를 사용하고 있습니다.

따라서 '반차별'이라는 말도, '국민'이나 '시민'이라는 말을 단위로 하면 그 자체가 아무래도 어떤 점에서는 일종의 격차나 차별을 재생산하게 됩니다. '국민'이 아니고 '비국민'이라거나, 저 놈은 제대로 된 '시민'이 아니라거나 하는 식으로요. 그렇다면 좌파적 말로 '인민(people)'이랄까요, 비정규 노동자, 비정규 이민자, 비정규 일본인을 포함하여 인민으로 포괄할 수 있기 때문에, 이들을 연결하기 위한 논리를 만들어 가지 않으면 '반차별'이라는 단어 자체에 포함되어 있는 일종의 선별성을 근본에서부터 끊어낼 수 없습니다. 리버럴한 선의에 입각해 평등을 말할 때는 그로부터 빠져 버리는 부분이 있어서—아카기 씨는 그런 부분에 민감한데요—그런 부분을 포섭해 가지 않으면, '반차별'이란 주장을 해도 자신의 문제는 전혀 해결되지 않고, 자신의 괴로운 상황은 아무것도 바뀌지 않는다고 느끼게 됩니다.

아마미야 여성의 입장에서 보자면, '여자가 일하니까 남자가 비정규직이 된다'는 식의 논조도 꽤 있었던 것 같아요. 여성의 빈곤은 오래전부터 있었던 문제이고, 제가 프리터였을 때는 굳이 '활약' 같은 건 하지 않아도 상관없으니, 조금씩 술집 이외의 아르바이트를 하면서 한 달에 25만 엔 정도만 벌면 괜찮다는 식으로 생각했었어요. 그런데 일반 아르바이트로는 15만 엔도 벌기가 힘들고, 사회로부터 비난을 받는 게 너무 싫었어요. 부모에게도 주변 사람들에게도 '언제까지 그런 일을 하느냐'는 말을 듣는 것이요. 일하고 있는데, 왜 이렇게 질책당하고,

인정받지 못하는 거지, 하고.

스기타 남성의 경우로 이야기하자면, 결혼하지 않고 독신이면서 딱히 엘리트 회사원도 아니고 그렇다고 사회운동을 하는 것도 아니지만, '그래도 재미있게 살고 있잖아'라고 말할 수 있는 모델을 별로 만들어내지 못했다는 점을 말할 수 있을지도 모르겠습니다.

아마미야 예를 들어 도라상(寅さん)* 같은 느낌일까요? 도라상은 떠돌이 보부상이니까 궁극의 프리랜서이자 자기책임이네요.

스기타 네. 그래도 도라상에게는 지역 네트워크가 있어서 그곳에 포함되어 있는 느낌은 듭니다. 그에게는 가벼운 발달장애랄까 지적장애가 있는 것 같은 느낌은 들지만, 그래도 저렇게 살아갈 수 있잖아, 슬픈 일, 힘든 일도 있지만……이라는 식의 모델이기 때문에 괜찮아요. 마초가 아니지요.

남자도 혼자서 고양이와 함께 살면서 행복해도 괜찮다는 거죠. 팬케이크나 타피오카 사진을 인스타그램에 올리며 즐겨도 되는 거죠. 그런데 그러한 삶의 모델이 별로 없지요. 보수적이고 가부장제적인 남성성, 혹은 자유주의적이고 세련된 규범적 남성성 모델은 존재하지만, 거기서 탈락했을 때에도 참고할 수 있는 남성성의 모델이 필요합니다. 오타쿠라든가, 초식남이라든가, 혹은 저도 '비모테'**라는 하나의 모델을 제시했지만(『비모테의 품격(非モテの品格)』), 더 다양한 변주가 있어도 좋고, 스토리가 있어도 좋다고 생각해요. 독신으로, 화려한 인생은 아니지만 그래도 나름대로 재미있지 않냐는 중년 이후 남성들의 삶의 방

식 말이죠.

아마미야 지금은 어느 정도 재미있게 사는 독신남이라고 하면 매니악한 취미를 가지고 사는 사람 정도밖에는 떠오르지 않아요.

스기타 『카이지(カイジ)』라는 만화의 스핀오프로 『1일 외출록 한초(1日外出録ハンチョウ)』(講談社)라는 만화가 있어요. 삼십대 중반 정도의 별다를 것 없는 아저씨들이 맛집을 가거나, 여행을 하거나, 함께 방에서 뒹굴뒹굴하는 것을 즐긴다는 설정인데, 이런 작품이 꽤 드물다는 생각이 들었어요. 눈에 안 띄고, 직장인으로 일할 능력도 없는 데다 여성과의 교류도 전혀 없는 삶이지만, 아저씨들끼리 사이좋게 놀고, 느긋하게 지내는 이야기입니다. 그런 것이 꽤 귀중한 게 아닐까 하는 생각이 들었습니다.

아마미야 남성들 스스로가 그런 것이 허용된다고 생각하지 않는다고 할까, 젊은 여자를 불러내지 않으면 안 된다고 생각하는 것 같아요. 여성을 남자들끼리 주고받는 공물 같은 것으로 여기는 감각을 가진 사람이 많기 때문이죠. 거기서 벗어날 수 있다면 정말 좋은 일이지요.

스기타 셀프 네글렉트나 셀프 스티그마라는 말이 있듯이 셀프 헤이트 같은, 단순한 자기혐오가 아니라, 자신이 남성성의 요건을 충족시키지 못했기 때문에 자신을 미워하게 되는, 거기서 나오는 뒤틀림이 있는 것이 아닐까 싶습니다. 굳이 억지로 자기긍정 같은 걸 하지 않아도 된다고 생각하는데요. 나는 그다지 별 볼 일 없는 인생이고, 엉망이고, 별로 긍정할 수는 없지만, 뭐, 엉망이라고 해도 나름대로 적당히 자신을 존중하려고 한다. 그런 작은 자기존중의 마음을 매일매일 쌓아가지 않으면, 어떤 일이 생겼을 때 쉽게 혐오에 휩쓸려서 암흑에 빠지게 되는 것 같아요.

'비폭력'이라는 말을 많이 하는데, '내 안에 어떠한 혐오 감정이 있어서도 안 된다'고 생각하는 것이 아니라, 그것이 '있다'면 우선 '있다'고 인정하는 것이 중요하다고 생각합니다. 내면에 존재하는 폭력이나 혐오를 인정하면서 그것을 넘어서는 것, 벗어나는 것이 중요하다고 생각합니다. 그런 식으로 사람이 '서서히 변해 가는' 과정 자체를 존중하는 분위기랄까, 문화가 중요한 것 같아요. 지금 특히 인터넷 공간이 그렇습니다만, 조금이라도 차별적인 감정이나 여성혐오적인 요소가 있으면 순식간에 공격의 대상이 되어서 철저하게 두들겨 맞지요. 그래서 그건 숨길 수밖에 없죠. 하지만 '비폭력'은 어디까지나 '과정'이라고 생각합니다. 완전히 '비폭력적인 인간'이란 이 세상에 단 한 명도 존재하지 않습니다. 그 점은 여성도, 성소수자도, 장애인도 마찬가지라고 생각합니다. 혐오와 차별의 감정을 극복해 나가는 과정이 비폭력이라고 생각합니다. 한 개인의 그런 노력을 더 인정하고 존중하는 것이 중요하다고 생각합니다.

귀여워도, 진지하지 않아도 좋다

아마미야 반혐오나 반차별에 동참하는 '의식 있는' 사람이라도, 뭐랄까, 인터넷 속어로 '반짝반짝 여성(キラキラ女子)'*이나 혹은 '리얼충 여성(リア充の女子)'**에 대한 편견을 가지고 있는 사람, 많지 않나요? 아

주 무의식적으로 바보 취급을 한다고 할까요? 특히 인터넷 공간에서 두드러지는데, 자기 멋대로 판단하고 내려다보면서 '인간으로 보지 않는 느낌'이라고 할까요, '저 애들은 팬케이크만 먹으면 만족한다'라는 식의 굉장히 조악한…… 그런 것들은 무섭습니다. 리버럴 진영 안에서도 '리얼충 여성'이나 나이트 풀에서 셀카 찍는 여성은 벌레보다 못한 존재로 취급하는 것 같다는 느낌이 듭니다. 왜 그러한 편견이 무자각적으로 있는 걸까 하는 생각이 많이 들어요.

스기타 얼마 전에는 '팬케이크녀', 최근에는 '타피오카녀'라든가, 인스타그램 사진만 신경 쓴다든가.

아마미야 그런 여성들은 바보 취급해도 좋다는 감각이 일부에서 공유되고 있습니다.

스기타 아마미야 씨는 한편으로는 직장 내 괴롭힘이나 성희롱을 비판하면서도, ''90년대 서브컬처 여성의 스위치가 켜지면 여러 가지를 허용해 버린다, 그런 내 안의 모순을 어떻게 생각해야 하는가'라고도 쓰셨죠. 이것은 상당히 중요한 문제가 아닐까 싶습니다.

아마미야 그렇게 생각합니다. 지금도 드라마 〈전라 감독(全裸監督)〉*, 하고 있지 않나요? 보지는 않았습니다만(웃음).

스기타 예전에 우먼리브 운동의 다나카 미쓰(田中美津) 씨가 쓴 글에서요, 남녀 평등을 강하게 주장하면서도 좋아하는 남자가 오면 그 때

삶을 누리는 사람을 가리킨다. 주로 인터넷 문화에서, 온라인 활동 중심의 삶과 대비되는 '현실에서 잘 지내는 사람'을 가리키는 말로 '인싸'와 유사한 의미를 지닌다.

* 역자 주 : 〈전라 감독(全裸監督)〉의 원작은 모트하시 노부히로(本橋信宏)의 논픽션 『전라 감독 무라니시 도오루 전(全裸監督 村西とおる伝)』이며, 야마다 다카유키(山田孝之) 주연으로 2019년 Netflix에서 드라마가 공개되었다. 드라마에서는 1980년대 어덜트 비디오(AV) 업계의 제왕으로 군림했던 무라니시 도오루의 반생을 그린다.

까지 책상다리로 있다가도 바르게 고쳐 앉거나 매니큐어를 바르기도 하고요. 그런 귀여운 여자도 되고 싶고, 그러면서도 역시 남녀 평등도 이루고 싶다고. 그런 모순이라고 할까, '혼란'을 체현하면서 살아가는 것이 우먼리브이고, 그런 혼란과 갈등을 말로 표현하거나 행동으로 옮기는 것이 좋다고 말합니다. 보편적으로 옳은 사상이나 이론이 있어서 거기에 따르는 것만이 좋은 것은 아니라는 주장인데요. 아마미야 씨의 서브컬처 여성 문제에서도 그런 '혼란'을 느꼈습니다.

아마미야 그런 서브컬처적인 것들 속에서 제 20대의 감성이 길러졌고, 그것이 지금도 저의 정체성이 되어 있는 부분이 있어요. 어떤 의미에서 저도 당시 화려한 외모의 여자아이들을 굉장히 싫어했고, 그런 사람들이 이해하지 못할 것이라 생각한 서브컬처에 과도하게 빠져든 면이 있었어요. 꼬여 있다고 해야 하나, 여러 가지 뒤틀림이 있었습니다. 그런 부분을 저 스스로도 정리하고 싶다는 생각은 있습니다.

스기타 리버럴하고 보편적인 올바름과 귀여운 것을 좋아하는 감정, 서브컬처적이고 오타쿠적인 욕망 같은 것들이 모순되면서도 어딘가에서 양립할 수 있는 방향으로 만들어 가지 않으면 점점 숨이 막힐지도 모르겠어요. 이 부분이 어렵네요.

아마미야 다나카 미쓰 씨의 그 이야기는 완전히 당연한 것이라고 할까, '권리'와 '예쁘고 싶다'는 것은 전혀 대립되는 것이 아니잖아요. 연합적군(連合赤軍) 사건*에서는 화장을 하고 있다거나 예쁘게 꾸몄다는

---

* 역자 주: 공식 명칭은 '연합적군 아사마 산장 사건(連合赤軍あさま山荘事件)'. 일본의 학생 운동권 가운데 혁명좌파와 적군파(赤軍派)가 결합한 '연합적군' 조직원들이 1972년 2월 19일부터 28일까지 일본 나가노현(長野県)에 위치한 '아사마 산장'에서 산장 관리인의 아내를 인질로 삼은 채 10일간 경찰과 대치한 사건. 경찰 진압 후 연합적군이 사상 단결을 구실로 적군파 대원 중 12명을 구타를 포함한 잔학한

이유로 여성이 살해당하지 않았습니까? 그건 정말 가장 나쁜 예죠.

차림이나 행동이 가벼워 보이면 혼나는 그런 부분이 예전에도 운동 속에 있었고, 지금도 있는 것 같아요. 그래서 저 같은 경우는 일부러 '고딕 로리타(Gothic Lolita)' 복장을 입었던 측면도 있고요. 겉보기에 바보 같아 보이는 옷을 입으면서도 사회에 대해 제대로 된 생각을 말할 수 있다는 것이 제 자신에게는 큰 의미가 있었어요.

스기타 그렇군요. 로스제네 때는 마쓰모토 하지메(松本哉)* 씨 등의 '아마추어의 난(素人の乱)'이나 교토의 '쿠비쿠비 카페(くびくびカフェ)' 등 다소 우스꽝스럽고 그저 고타쓰에 둘러앉아 잡담을 나누는 것처럼 보이는, 유머러스하다고 해야 하나, 진지하지 않은 것도 꽤 있었지요.

아마미야 탈원전이나 반혐오 운동에서는 우스꽝스러운 운동을 할 수 있는 여지가 조금 없어졌다는 생각이 들었어요. 운동이 '올바름'만을 추구하게 되었다고나 할까요. 10년 전만 해도 다들 술 마시면서 시위를 했었는데, 어느 순간부터 딱 못하게 되었어요. 술을 마시면 화를 내는 사람도 있고요. "아니 말이지, 원래 술 마시려고 시위를 하는 거 아니야?" 같은 분위기는 3·11 전에는 많이 있었어요.

스기타 데모도 이벤트 행사장 정리처럼 규율이 강해졌지요.

아마미야 네, 축제가 아니게 되었어요. 어떤 의미에서는 질서를 교란하기 위해 그러던 부분이 있었는데, 완전히 의미가 달라져서 '아, 진지

방법으로 살해한 것이 드러나 일본 국민들에게 큰 충격을 주었으며, 이는 일본 좌익 변혁운동의 쇠퇴를 가져온 중요한 요인 가운데 하나로 평가된다.

* 역자 주 : 마쓰모토 하지메는 일본의 좌파 운동가, 고물상. 2000년대 '빈민 대반란 집단(貧乏人大反乱集団)' 활동에서는 빈민신문을 발행하는 등 거리 퍼포먼스를 펼쳤으며, '아마추어의 난(素人の乱)' 활동에서는 라디오 스튜디오와 리사이클샵을 결합한 기묘한 형태의 활동을 통해 주목을 끌었다.

해졌구나'라는 생각이 들었어요.

스기타 아마미야 씨는 '레이와 신센구미(れいわ新選組)'[*]가 극단 같달까, 어벤저스 같다고 말씀하셨잖아요. 그건 중요한 지적입니다. 당수인 야마모토 다로(山本太郎) 씨는 젊은 개그맨 시절에 비트 다케시(ビートたけし)의 프로그램 등에 출연하곤 했어서 저는 지금도 그때의 인상이 강해요.

아마미야 진지한 사람이지만, 실은 진지한 것만이 아닌 면이 재미있잖아요.

스기타 '댄스 고시엔(ダンス甲子園)'이었나, '메로린Q(メロリンQ)'라고 하는 개그가 기억에 남아요. 역시 그런 연극적 감각, 진지하지 않은 코미디와 매우 진지한 정치적 요구가 하나로 합쳐진, 우스꽝스러우면서도 재밌는 그런 부분이 있어요. 그런 것들은 최근 잃어버린 감각일지도 모르겠네요.

아마미야 참의원 선거, 비례대표의 '특정 쿼터'에 장애인을 두 명 넣는 것도 시스템을 역이용한 궁극의 장난이라고 할까, 궁극의 예술 같은 것이니까요.

스기타 정말 혁명적이었지요. 장애인 지원을 해 온 사람으로서는 정말 혁명적인 일이죠. 레이와 응원단 중 한 명인 '사쿠라카이(さくら会)'의 가와구치 유미코(川口有美子) 씨에게 저는 많은 신세를 졌어요. 저는 근위축성 측색 경화증(ALS) 환자를 계속 간병하고 있었어서…….

아마미야 그랬었군요.

---

[*] 역자 주 : 레이와 신센구미(れいわ新選組)는 2019년 야마모토 다로의 주도로 창당한 일본의 진보 성향 소수 정당. 주요 정책으로 소비세 인하, 장애인·저소득층·비정규직 보호 강화, 탈원전, 평화헌법 중시, 사회복지 확대와 기본소득 논의 등이 있다.

스기타 그 연수로 '사쿠라카이'에 가서 가와구치 씨에게 많은 도움을 받았어요. 선거 때 미디어에도 가끔씩 가와구치 씨의 모습이 뒤쪽에 비치는데, 조금 재미있었어요(웃음).

가난하고, 우울하고, 병을 앓고 있어도 서로를 지원한다

스기타 마지막으로 아마미야 씨, 앞으로 사회 상황은 어떻게 될 것 같습니까? 혐오에 혐오가 더해져서 분열이 점점 더 깊어지고, 결국 우리 부모님 세대 정도의 고령자분들조차도 넷우익이 되고……. TV의 와이드쇼를 보고 있으면 한국과의 관계는 이제는 갈 데까지 갈 수밖에 없다는 식으로 선동하는 경우가 많습니다. 인터넷에 접속하지 않는 사람들이 그런 식의 방송을 끊임없이 접하다 보면 자연스레 혐한에 물들 수밖에 없다는 생각이 들어요.

아마미야 『이 나라의 불관용의 끝에서』의 구마가야 신이치로(熊谷晉一郎) 씨와의 대담에서도 말했지만, 언젠가는 저나 반혐오 활동을 하는 사람들은 점점 '병자' 취급을 받거나 '반사회적 인격장애' 같은 그런 범주에 속하게 되지 않을까 하는 생각이 듭니다. 체포될 수도 있겠지만, 아주 부드럽게, 본인을 위해 병원에 격리한다는 그런 식으로 말이죠. 그게 최악의 예상이라고 할까, 최악의 미래입니다.

스기타 반일이라든가 비국민이라든가 하는 카테고리가 질병으로서, 교정 대상, 치료 대상이 된다는 말씀이시군요. 그럴 수도 있겠죠.

아마미야 지금 텔레비전을 봐도 한국을 마구잡이로 비난하는 사람들만 나오고, 냉정한 토론, 제대로 된 토론은 전혀 기대할 수 없어요. 스기타 씨 같은 분도 단정적으로, 한마디로 말하는 사람이 아니잖아요. 그런 사람의 이야기는 점점 듣지 않게 됩니다. 점점 더 묻히게 되는 거죠.

스기타 지금의 증오가 어디까지 갈지 상상할 수 없어요. 모두가 갑자기 이성을 되찾아서 괜찮은 사회가 될 거라고는 생각되지 않아요.

아마미야 결국은 '한일 개전(開戰)'처럼 되는 건가요?

스기타 현대의 선진국 간의 전쟁은 어떤 형태를 취하게 될까요? 중동이나 아프리카권에서는 영원히 계속되는 내전 같은 형태라고 생각하는데……. 그런 부분에 우리는 상상력이 부족한 것일지도 모릅니다.

아마미야 일본 정부를 비판적으로 보는 사람이 점점 일본에 남아 있을 수 없게 되겠죠. 지금 무서운 것은, 문재인 대통령이 저의 『살게 해줘!(生きさせろ!)』(太田出版, 2007)의 한국어 번역본*을 애독서로 꼽아 주셨는데, 그것이 보도되었어요. 그러자 제 트위터로 엄청나게 비판이 쏟아졌어요. 왜 문재인 대통령이 『살게 해줘!』를 읽었는가 하면, 한국도 일본과 상황이 똑같고, 한일 양국의 고용 상황이 너무 심각하기 때문이거든요. 그런 이야기에는 전혀 관심을 두지 않고 '한국에서는 대통령이 반일운동가의 책을 읽는다!'라는 식의 비난이 쏟아져서 정말 무서웠습니다. 일본의 여론은 전혀 믿을 수 없고, 저한테도 언제 무슨 일이 벌어질지 모른다는 생각이 들었어요.

스기타 '아이치 트리엔날레 사건'**도 있었고, 반혐오를 위한 『대항 언론』이라고 하면 온라인에서 집단적인 공격을 받거나 항의 전화가 빗발치는 것 아닐까 하는 생각도 들었어요(웃음). 규모가 작은 출판사까지 공격이 와도 이상하지 않아요.

---

* 역자 주 : 아마미야 가린 저, 김미정 역, 『살게 해줘!: 프레카리아트, 21세기 불안정한 청춘의 노동』, 미지북스, 2017.

** 역자 주 : 이 책 79쪽 주석 참조.

그다지 밝은 이야기는 아니지만(웃음), 아마미야 씨가 '레이와 신센구미'에 대해 쓴 르포를 읽으면 오랜만이라고 해야 하나, 축제 같은 느낌이 들어요.

아마미야 사가미하라 장애인 살상 사건에서 범인 우에마쓰가 '장애인은 불행밖에 낳지 않는다'고 주장하며 저지른 것에 대한 엄청나게 밝은 답변으로서, '레이와 신센구미' 정당 소속 장애 당사자 비례대표 후보 두 명이 국회의원에 당선되는 일이 있었습니다. 뭐라고 해야 할까요, 드디어 한 가지 증명할 수 있었다는 느낌이라고 해야 할까요? 장애인은 불행만을 낳는 존재가 아니며, 단지 '존재'함으로써 어쩌면 점점 더 주변과 세상이 바뀔 수 있기 때문에, 그것이 지금 우리들의 거의 유일한 희망일지도 모릅니다. 장애인은 생산성이 없다고 하는 불관용의 말들에 대해 그들의 존재 자체가 하나의 카운터가 되고 있다는 것이 정말 기뻤습니다. 임기가 6년이나 되니까 세상이 조금이라도 달라졌으면 좋겠어요. 장애인 당선과 관련해 일부 이상한 혐오 발언도 있지만, 국회 내 장애인 배리어프리 상황이 개선되는 등 비교적 긍정적으로 받아들여지고 있어서 다들 희망을 갖고 바라보고 있다는 것을 알 수 있었습니다. 지난 몇 년 동안 어두운 소식만 들려오는 가운데, 정말 반가웠습니다.

스기타 여성 의원이 구마모토 시의회에서 목캔디를 먹으면서 발언을 했다는 이유만으로 비난을 받거나 아이를 데리고 왔다는 이유로 비난받았던 사건도 굉장히 중요한 일이었죠. 그 사건도 의회를 여성의 시선으로 바꾸는 효과가 있었어요.

아마미야 자신이 늙거나 병에 걸리면 그 다음에는 어떻게 해야 할지 등에 대해 다들 조바심이나 불안, 두려움이 있고, 그것이 상당히 혐오와 불관용의 원동력이 되고 있는 것 같아요. 그런 의미에서 장애인이

저렇게 활약할 수 있다는 것은 비장애인들에게도 큰 안도감을 주는 것 같습니다.

스기타 저출생·고령화가 진행되고 있는 나라들 가운데서도 일본은 고령자의 사회운동이 극히 적은 나라이기 때문에 앞으로는 그 부분이 관건이 될 것 같습니다. 고령자가 어떻게 하면 의식이 각성될 것인지가 중요하지요. 휠체어를 타고 국회에 들어가는 등의 장애인들의 활동이나 공공의 힘이라는 것은 노인들에게 힘이 될 수도 있을 테니까요. 많은 장면들에서 장애인과 노인이 분단되어 있는 경우가 많지만요.

아마미야 노인이 안락사하거나 자살하거나, 혐오에 빠지지 않고 살 수 없는 사회는 최악이에요.

스기타 그 점에서도 젠더 차이가 있다고 해야 하나, 여성 쪽이 더 앞서가고 있지요. 여성은 이미 우에노 지즈코(上野千鶴子) 씨가 『혼자만의 노후(おひとりさまの老後)』(法制研究院, 2007)에서 쓴 것처럼 생존 전략을 만들어 왔지만, 고립된 노인 남성의 비참함이라는 것은…….

아마미야 그렇군요. 쓰레기집이거나 고독사거나…….

스기타 예전에 고령자 남성에 대한 의식조사나 통계를 찾아본 적이 있는데, 놀라울 정도로 젊은 사람들의 의식과 다르지 않더라고요. 나이가 들어도 여성과 어떠한 형태의 성적 관계가 있고, 아내의 보살핌을 받을 수 있는 삶이 행복하다고 합니다. 파트너를 잃으면 남성은 급격히 무너지고 행복도가 엄청나게 떨어지죠. 하지만 여성은 남편이 죽어도 의외로 떨어지지 않았어요. 그동안 쌓아온 여성들 간의 친구 관계나 지역 커뮤니티와의 관계가 나름대로 있기 때문입니다. 비교적 지역에도 뿌리를 내리고 즐겁게 지내는 여성들이 많아요.

아마미야 남성들이 그런 자신의 삶을 위험하다고 생각하지 않는 게 이상하지 않나요? 그래서 또다시 결혼을 하려고 하지 않습니까? 좀 더 제대로 자립해서 친구를 사귀는 방향으로 바뀌지 않는 건 이해하기 어려운 일이에요.

스기타 선택의 여지가 없다고 할까, 자발적으로 그러한 선택지를 만들어 오지 않았다고 할까요? 예를 들어 남자의 독신 생활에서, 그렇게 고액 연봉을 받는 것도 아니고, 특별히 화려하진 않지만 나름대로 취미가 있어서 즐겁다거나, 누구에게도 인정받지 못해도 자기만족으로 괜찮다거나, 그런 라이프 스타일을 남성들이 제대로 찾지 못하고 있다면 지금부터라도 더 만들어 가야 합니다.

아마미야 오타쿠 남성은 취미로 연결되기 때문에 노후는 안심일지도 모르겠네요.

스기타 그렇죠. 혈연관계도 아니고, 태어난 곳에서 맺어진 지연도 아닌 '취미연(趣味緣)'이 은근히 중요하죠.

아마미야 네, 그게 제일 좋죠.

스기타 그것이 나카지마 다케시(中島岳志) 씨가 말하는 '토포스', 자기 자신이 머물 수 있는 자리 같은 것이죠. 비록 뿌리내릴 수 있는 내셔널리즘이 없더라도 '패트리'(patri-, 향토)라는 것은 취미로 연결되는 것일 수도 있고, 그런 연결고리를 만들어 나가지 않으면 외로움에 지쳐서 결국 혐오에 휩쓸려 버리죠. 노인이 되는 것을 염두에 두면서 반혐오의 네트워크를 넓혀 나가야 합니다. 젊은이들이나 아직 건강한 사람들의 반혐오뿐만 아니라, 늙어서 몸을 움직일 수 없게 되어도 반혐오를 계속할 수 있게 된달까요(웃음). 하지만 그것이야말로 장애인들이 앞장서서 계속해 온 것이기 때문에 다시 한번 배울 점이 많다고 생각합니다.

아마미야 그리고 자기 자신을 소중히 여길 수 있는가 하는 기본적인 부분이 중요한 것 같아요. 칼날을 자기 자신에게 돌리는 방식으로 살고 있는 사람들이 너무 많으니까요. 자기책임이라든가, 자업자득이라든가.

스기타 로스제네 문제가 젊은이들의 문제였던 시대에서, 이제는 중장년층과 노년기까지를 포함하는 로스제네 문제를 생각해야 합니다. 평생 로스제네인 셈이죠.

아마미야 애초에 고령까지 얼마나 많은 사람이 살아남을 수 있을까 하는 점도 있잖아요. 40대에도 사망하는 사람이 꽤 있고, 30대에도 자살하는 사람이 많으니까요.

스기타 인생의 말기라고 하면 이미 60대 정도의 이미지이죠. 그렇게 오래 살 수 있을 것 같지 않아요.

아마미야 그래도 십 수 년은 더 남았어요. 그동안 어떻게 하면 큰 탈 없이 삶을 이어갈 수 있을까요. 우울증에 걸리는 사람도 많잖아요.

스기타 다들 병에 걸리면서, 어떤 종류의 장애를 가지면서, 가난해지면서도 서로를 지지하고 사회와도 싸워 가는, 대단하지는 않아도 새로운 운동 스타일을, 취업 빙하기의 저주를 받은 세대로서 계속해야 합니다.

아마미야 그렇군요. 인생에 안정기 따위는 없는 세대네요. 20대 때부터 계속 헐떡헐떡하다가, 이제는 늙어서 비틀비틀하게 되는 거죠.

스기타 다들 정신이 병들고, 우울하고, 의존증에다가, 온몸이 성한 데가 없는 상태에서 운동하는 스타일이 당연시되는 게 아닌가 싶어요. 젊은이들의 똑똑하고 용감한 운동과는 또 다른 형태로, '아마추어의 난' 같은 우스꽝스러운 것들도 다양하게 개발해야 할 겁니다. '레이와' 의 전략에도 그런 부분이 있지요. 오늘은 감사했습니다.

아마미야 감사합니다. 재미있었습니다.

— 2019년 8월 30일, 신주쿠에서

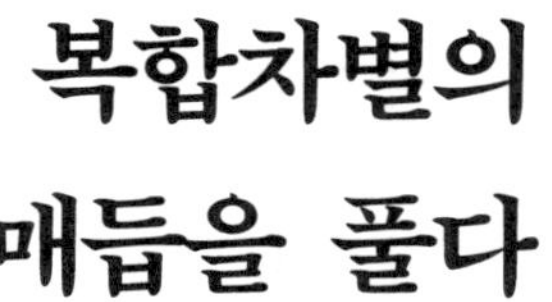

제2부

복합차별의
매듭을 풀다

—『대항언론』 제2호

들어가며

2019년 12월, 본지 제1호는 '혐오 시대에 맞서다(ヘイトの時代に対抗する)'라는 기치 아래 간행되었고 다행히도 많은 독자들에게 환영받았습니다.

입장과 관점은 저마다 다를지라도, 인간의 존엄을 훼손하고 모욕과 복수심을 증폭시키는 '혐오'를 용납하지 않는 것.

민족이나 출신, 언어와 종교, 성별이나 장애 유무 등을 기준으로 서로의 가치를 매기는 것이 아니라, 이 세상에 태어난 모든 인간이 어떠한 유보도 없이 평등한 존재라는 사실을 인정하는 것.

차별과 격차로 가득 찬 사회를 바꾸어 나가기 위해서는, 무엇보다 이 '평등'이라는 사실을 받아들이고, 그 위에서 문제가 어디에 있는지 명확히 파악하고, 지속적으로 언어화하여 드러내는 것이 필요하다는 것.

출구가 보이지 않는 혼란 속에 전 세계가 빠져드는 듯한 2021년, 이 제2호를 독자 여러분께 전하며 우리는 이러한 생각을 더욱 확신하게 됩니다.

—

2020년은 무엇보다도 신종 코로나바이러스의 해였습니다.

수많은 대재해를 겪은 '헤이세이(平成)' 시대가, 여전히 수습되지 않은 후쿠시마 원전 사고 처리의 현실과 정치의 황폐화, 그에 수반한 혐오와 냉소주의, 무력감이 만연한 풍경 속에서 막을 내린 것이 2019년.

수많은 기만을 방치한 채, 누구도 책임을 명확히 하지 못한 상태에서 제2차 아베 정권이 퇴진한 것 역시, 결정적으로는—여러 존경할 만

한 언론 활동이 있었음에도 불구하고―우리의 민주주의가 거둔 내재
적 승리와는 거리가 멀었고, 오히려 글로벌한 기후·환경 위기와 무관
하지 않은 감염병의 확산이 계기가 되었습니다.

그리고 지금 오랜 보수 정당 지배의 대가를 치르고 있는 것은 애초
에 투표권조차 부여받지 못한 국내 거주자들만이 아니라, 매저리티인
유권자 자신, 노동자 자신이기도 합니다.

자국의 근현대사에 대해 책임을 지려 하지 않은 채 강대국의 파워
게임과 신자유주의의 슬롯머신에 운명을 맡겨 온 정치인들. 그럼에도
자신에게 분배될 몫을 기대하며 그들을 계속 선택해 온 '국민'들. 다른
사회의 가능성을 제시하기는커녕, 기성 권력에 대해 파문 하나 일으키
지 못하는 미디어들.

그 결과가 바로, 누구도 목소리를 들어주지 않아 그저 고립을 견디
는 수밖에 없는 이민·난민, 홈리스, 그리고 전체 취업자의 40%에 육박
하는 비정규직 노동자 계층을 포함하는 수많은 사람들의 방치―다시
말해 국내적 '기민(棄民)'이 아닐까요.

일자리를 잃고 서서히 빈곤으로 내몰리고 있는 한 사람 한 사람에
대한 돌봄이야말로 정치에 요청되고 있음에도, 정작 국정을 움직이는
이들의 입에서는 좀처럼 그런 말들을 들을 수가 없습니다.

우리의 입법·행정·사법부 내에 살아 있는 타자에게 말을 건네려는
의지, 희망을 말하려는 의지가 이토록 희박한 이유는 무엇일까요.

인간은 그저 추상적인 숫자, 자원, 표밭에 불과한 존재일 뿐일까요.

'긴급사태'하에서 더욱 분명하고도 잔혹하게 드러나는 것은, 이것이
바로 '우리들의 민주주의의 문제' 그 자체라는 사실입니다.

이미 40년 이상에 걸쳐 신자유주의적 가치관을 내면화하도록 요구
받아 왔으며, 자본주의 시스템을 넘어서는 미래도, 연대하려는 의지마

저도 점점 잊어가고 있는 '우리'들.

그 과정에서 상실된 것이 '사회'라는 영역 그 자체라면, 여기서 다시 한번, 한 사람 한 사람의 정치적 주체성을 쟁취하기 위한 지혜와 기술을 필사적으로 배워야 하는 것이 아닐까요.

이번 제2호가 신종 코로나를 직접적인 주제로 삼기보다는, 다양한 '우리'들 사이의 상호이해를 가로막고 있는 '복합차별'의 현실을 가시화하고, 이해하며, 풀어내는 데 초점을 맞춘 것 역시 바로 그 때문입니다.

자본주의와 남성 중심주의, 레이시즘, 식민주의의 복합적 폭력을 해체하는 일이 지금처럼 전 세계적으로 동시적인 과제가 된 적은 없었을 것입니다.

이 호에 실린 모든 글들은 지금 일본어서 살아가는 사람들에게 절실한 문제를 다루고 있으며, 2020년대의 세계를 긍정적으로 살아가기 위한 프로그램, 새로운 '대항언론'의 가능성을 보여 주고 있을 것입니다. 각자의 현장에서 살아가는 '우리'들이 서로의 문제에 상상력을 기울이고, 손을 내밀 수 있도록 하는 말들—.

물론 이번 호에서 본격적으로 다루지 못한 문제들도 적지 않으며, 그것들은 다음 호 이후의 주제가 될 것입니다.

2021년 2월

『대항언론(対抗言論)』 편집사무국

[공동토의] 문학은 지금 무엇에 '대항'해야 하는가?

온유주 温又柔

기무라 유스케 木村友祐

스기타 슌스케 杉田俊介

사쿠라이 노부히데 櫻井信栄

『나와 당신 사이』로부터

스기타 슌스케 최근에 '재일조선인 문학을 읽기 시작하기 위한 북리스트(在日朝鮮人文学を読み始めるためのブックリスト)'라는 좌담회를 열었습니다(『대항언론』제1호 수록). 그 자리에서 『나 또한 시대의 일부입니다(わたしもじだいのいちぶです)』(강윤이(康潤伊)·스즈키 히로코(鈴木宏子)·단노 기요토(丹野清人) 편저, 日本評論社, 2019)의 공저자이기도 한 재일 문학 연구자 강윤이 씨와 함께 북리스트를 만들었는데, 그 목록에 유미리(柳美里)의 『JR 우에노역 공원 출구(JR上野駅公園口)』(河出書房新社, 2014)가 포함되어 있었습니다. 이 리스트를 선정한 것은 아직 전미도서상을 수상하기 전이었어요. 게다가 온유주 씨와 기무라 유스케 씨의 좌담이 결정된 이후에, 온유주 씨가 『루로우판의 지저귐(魯肉飯のさえずり)』(中央公論新社, 2020)으로 오다 사쿠노스케상(織田作之助賞)을 수상하셨습니다. 축하드립니다.

『대항언론』에도 어쩌면 순풍이 불어오고 있는지도 모르겠습니다(웃음). 물론 우리는 아직 아무것도 아닌 존재이지만, 분명 기무라 씨에게도 머지않아 무언가 있지 않을까 하고…….

기무라 유스케 제 마음의 소리를 들어 주셔서 감사합니다(웃음). 우리 위에 얹혀 있던 무거운 짐을, 온유주 씨가 치워 준 느낌이 들어요.

스기타 아쿠타가와상(芥川賞) 후보에도 올랐던 기무라 씨의 신간『어린아이의 성전(幼な子の聖戦)』(集英社)이 2020년 1월에 출간되었고, 온유주 씨의『루로우판의 지저귐』도 같은 해 8월에 간행되었습니다. 참고로 어제(2020년 12월 26일) 아오야마 북센터(青山ブックセンター)에서 호시노 도모유키(星野智幸) 씨와 온유주 씨, 기무라 씨의 토크 라이브가 있었는데, 호시노 씨의 새로운 경지를 보여주는 장편소설『잘 속는 사람(だまされ屋さん)』(中央公論新社) 역시 올해 10월에 출간되었습니다. 그리고 같은 10월에, 기무라 씨와 온유주 씨의 왕복서간집『나와 당신 사이: 지금, 이 나라에서 산다는 것(私とあなたのあいだ―いま, この国で生きるということ)』(明石書店)도 나왔죠.

『대항언론』 1호는 온유주 씨께 에세이(「부드러운 '가시'와 '올바름'의 떨림(やわらかな「棘」と,「正しさ」の震え)」)를 기고받았고, 그 글이『아사히신문(朝日新聞)』에 소개되는 등 화제가 되었죠. 같은 호에는 호시노 씨를 인터뷰한 글(「분할통치에 '가담하지 않기' 위하여(分断統治に「加担しない」ために)」)도 실렸습니다. 이러한 흐름들이 합쳐져 오늘 이 자리를 마련할 수 있었습니다. 진심으로 감사하게 생각합니다.

온유주 저야말로 잘 부탁드립니다.

스기타 돌이켜 보면, 동일본 대지진 이후의 10년, 즉 2010년대는 혐오적인 것들에 의해 끊임없이 언어를 빼앗겼던 시간들이었습니다. 포스트트루스라는 말이 있지만, 그 말조차 미온적으로 느껴질 정도입니다. 권력을 가진 쪽은 어떤 거짓말이든 태연하게 내뱉는 반면, 사회적으로 약한 위치에 있는 사람들은 살아남기 위한 사소한 거짓말조차 허용되지 않습니다. 늘 감시당하고, 언행을 검열받으며, 오히려 권력 쪽이 만들어 낸 페이크를 강요당하게 됩니다. 이른바 '재일 특권'이라든지, 생활보호 부정 수급, 이민자·난민의 범죄율이 높다는 주장 등이 바로 그런 페이크들입니다. 지진과 신종 코로나는 결코 모든 사람을 평등하게 덮치지 않았고, 오히려 재난의 순간에야말로 차별과 불평등이 노골적으로 드러났습니다.

더 나아가 여성의 사회 참여나 다문화 공생과 같은 말들 역시 본래의 의미를 훼손당하고 전유되어 왔습니다. 이에 맞서 사실과 증거를 축적해 나가는 일은 물론 중요합니다만, 그것만으로는 현실에 충분히 접근하지 못하는 것처럼 느껴지기도 합니다. 왜 인간은 이토록 쉽게 거짓과 증오에 사로잡히는 것일까요. 그러한 욕망의 핵심에 끝까지 다가간다는 것은 무엇을 의미하는 것일까요.

원래 『대항언론』은 정치적 논문과 인터뷰가 더 큰 비중을 차지할 예정이었는데, 활동을 이어 가는 과정에서 문학과 예술, 비평 역시 **동시에** 큰 비중을 차지하게 되었습니다. 그 배경에는 편집위원들이 본래 문학 공부를 한 사람들이라는 것도 있지만, 그보다도 사실과 거짓이라는 대립을 넘어서는 창조적 픽션의 힘이 지금 이 시점에서 중요하다고 느끼게 되었기 때문입니다. 픽션은 곧 거짓을 의미하지 않습니다. 사실과 거짓의 이분법을 넘어선 표현, 그러니까 '허실피막(虛實皮膜)'*의

---

* 역자 주 : 에도 시대 조루리(浄瑠璃) 작가 지카마쓰 몬자에몬(近松門左衛門)이 주창한 예술론으로, 예술의 진실은 현실과 허구 사이 미묘한 경계에 있다고 하는 주장.

언어를 통해서만 말해질 수 있는 영역의 '진실'이 존재합니다. 인간의 올바름과 증오, 진실과 허위, 나아가 피해와 가해까지도 종합적으로 그려낼 수 있는 픽션의 힘. 눈사태처럼 무너져 내리는 현실에 맞서기 위해서는, 바로 그러한 힘이 지금이야말로 필요하지 않을까요.

실제로 온 씨와 기무라 씨의 소설에는 단순히 머리로 이해하거나 감정적으로 공감하는 것만이 아닌, 독자인 우리를 신체와 욕망의 차원에서 변화시키는 힘이 있습니다. 흔히들 말하듯, 즉각적인 효과를 내는 백신이라기보다는 한약처럼 우리의 체질과 지성의 작동 방식 자체를 서서히 개선해 나가는 힘이 예술과 소설, 사상의 언어에는 있다. 그러한 픽션의 언어 또한 '대항언론'이 될 수 있을 것이다—그런 감각이 점점 더 강해졌습니다.

사쿠라이 노부히데 저 역시 이번 공동 토론을 준비하면서, 온 씨와 기무라 씨의 작품 중 단행본으로 나온 것들은 모두 읽어 보았습니다. 읽고 나서 가장 먼저 든 생각은, 두 분의 작품에서 오늘날 일본 사회의 매저리티가 지닌 민낯이 보인다는 점이었습니다. 최근 작품을 예로 들면, 온유주 씨의 『루로우판의 지저귐』에는 고스펙이지만 구제 불능으로 저속하고, 자신의 우월성과 욕망이 시키는 대로 행동하는 어처구니없는 남성이 등장해 주인공 모모카(桃嘉) 씨가 참혹한 일을 겪게 됩니다. 기무라 씨의 『어린아이의 성전』에서는 매저리티 남성들이 선거전에서 악랄한 책략을 꾸밉니다. 사회적·정치적 매저리티의 민낯, 그 추한 부분이 리얼하게 그려진다는 공통점이 있습니다.

하지만 곰곰이 생각해 보면, 저 자신 또한 분명한 일본인이며 시스젠더 남성이고, 체격도 큰, 이른바 매저리티 측에 속하는 사람입니다. 『루로우판의 지저귐』에 등장하는 세이지(聖司)라는 인물을 보며, "나 역시 예전에는 저런 사람이었을지도 모른다"는 생각이 들었습니다. 그러니까 저는 "이런 사람이 있지", "정말 끔찍하지"라고 쉽게 말할 수가 없습니다. 나 역시 그랬을지도 모르고, 스스로 떠오르는 기억도 있기 때문입니다. 또 만약 제가 지방에서 태어났더라면, 『어린아이의 성전』에 등장하는 남자들과 비슷한 행동을 했을지도 모릅니다. 저 자신과 그 사람들 사이에 선을 긋고 "이 사람은 나쁘다"고 일방적으로 비난할 수가 없는 거죠. 그런 의미에서, 일본 사회를 구성하고 있는 매저리티의 모습을 다시금 성찰하는 계기가 되었습니다.

왕복서간집 『나와 당신 사이』도 읽었습니다. 마음에 깊이 와닿는 문장이 많아, 지금의 문학계에서 매우 귀중한 책이라고 느꼈습니다. 이번에 먼저 여쭙고 싶은 것은, 이른바 '표준'이나 '규범'을 비판하는 두 분의 서간이 매우 반듯한 일본어로 쓰여 있다는 점, 이 역설을 어떻게 받아들여야 할 것인가 하는 점입니다. 기무라 씨의 소설에는 『이사의 범람(イサの氾濫)』처럼, 어떤 인물이 등장해 감정도 생명력도 아닌 어떤 에너지가 결말을 향해 질주해 가는 작품이 있고, 온 씨의 소설 역시 기존의 일본어 문학에서는 거의 다뤄지지 않았던 외국어의 문제가 전면에 등장하는 등, 단선적인 이야기로만 끝나지 않는 면이 있습니다. 그렇게 '표준'과 '규범'에 얽매이지 않는 두 분의 서간이, 이 책에서는 매우 반듯하고 아름다운 일본어로 쓰여 있는 것입니다. 이 역설을 어떻게 이해해야 할지, 우선 그 점을 여쭙고 싶습니다.

온 기무라 씨와의 서간에만 국한되지 않고, 사쿠라이 씨께서 지금 말씀하신 역설은, 일본어로 글을 쓰는 한 제게 늘 따라다니는 문제라고 생각합니다. 예컨대 일본어는 일본인만의 것이 아닙니다. 그 사실을 일본어로 말하려 할 때의 저는, 그야말로 일본어는 일본인의 것이라고 굳게 믿고 있는 사람들에게도 전달될 수 있는 일본어로 써야만 합니다.

제가 일본어의 독자로 있을 때에는, 예컨대 사키야마 다미(崎山多美)

나 이양지(李良枝)처럼 언어의 차원에서 독자를 교란시키는 유형의 작품들에 끌리지만, 다른 한편으로 저에게는 방금 사쿠라이 씨께서 말씀하신 것처럼 '반듯하고 아름다운 일본어'를 쓰고 싶은 마음 또한 분명히 존재합니다. 제 머릿속에 있는 것은 사실 번역을 통해 읽었던 줌파 라히리(Jhumpa Lahiri), 줄리 오쓰카(Julie Otsuka), 이윤 리(Yiyun Lee) 같은 작가들의 작품입니다. 인도, 일본, 중국에 뿌리를 두고 그것을 소재로 글을 쓰면서도, 이들 작가들은 단정한 문체와 읽기 쉬운 문장으로 작품을 써 내려갑니다. 그러나 겉보기에 매끄럽게 읽히는 영어 안에는 "백인과는 다른 사고방식"이 표현되어 있습니다. 그 대표적인 존재가 토니 모리슨(Tony Morrison)이라고 생각하는데, 그녀는 흑인이자 여성으로서 자신의 세계를 표현해 왔습니다. 이에 비해 세상의 백인 남성들은 자신들의 가치관이 곧 세계 전체의 보편적 가치라고 굳게 믿고 있습니다. 토니 모리슨은 그러한 사람들이 아무 의심 없이 자기들 것이라고 여겨 온 영어를 당당하게 구사해, 그들이 상상조차 하지 못했던 세계를 표현해 냅니다.

제 경우를 말씀드리자면, 작품을 받아들이는 독자 가운데 아마도 열이면 아홉 이상이 일본인일 것이라는 조건 속에서 소설을 써야 합니다. 그렇기 때문에 우선은 그들을 입구에서 초대해 안쪽으로 끌어들인 뒤, 겉으로 보기에는 막힘없이 매끄럽게 흐르는 듯 보이는 문장 안에 사실은 전혀 다른 삶을 살고 있거나, 이질적인 사고를 살아가는 사람들이 존재하고 있다는 사실을 전하고 싶습니다.

특히 이번 기무라 씨와의 왕복서간에서는, 현재 일본 사회의 '온당하다'고 말할 수 없는 여러 상황들에 대해 서로의 마음을 분명히 전달하는 것이 가장 큰 목적이었기 때문인지, 표준적인 언어에서 벗어난 문체로 쓰는 것은 처음부터 전혀 염두에 두지 않았습니다.

　기무라 사쿠라이 씨가 말씀하신 의미에서의 갈등은, 이 서간집에 관해서는 저는 전혀 느끼지 않았습니다. 구체적인 타자가 존재하는 서간 교환이었고, 온유주 씨의 말을 온전히 받아들이고, 그에 대해 제대로 말로써 응답하고 싶다는, 그 점에 집중했습니다. 아마도 온 씨의 말을 어떻게 받아들일 것인가에 필사적이었기 때문일 것입니다. 온 씨를 향해 답장을 쓰는 일에도 매번 온 힘을 다했습니다. 이 서간집의 언어는 제 입장을 주장하거나 설명하기 위한 언어가 아니었습니다. 단정하고 아름다운 문장을 쓰겠다고 의식했던 것도 아닙니다. 눈앞의 타자의 말에 어떻게든 응답하려 애쓴 결과로서 언어의 모습이 이렇게 되었다는 것이, 저의 실감입니다.

　스기타 저는 '반듯하다'고는 느끼지 않았는데요. 예컨대 온유주 씨의 소설에는 일본어와 중국어, 대만의 언어가 공존하고 있고, 기무라 씨의 소설에는 날것 그대로의 도호쿠(東北)**어**와 일본어가 나란히 존재합니다. 이번 왕복서간은 서간이라는 형식의 성격상, 그러한 복수의 언어가 교차하는 소설의 문체와는 다르지만, 대신 소설과는 또 다른 긴장감이 있습니다. 만약 두 분이 모든 것을 공감으로만 채웠다면, 그야말로 반듯해졌을 겁니다. 하지만 이 서간에는 언어와 언어 사이에 공감과 선 긋기가 지그재그로 교차하고 있고, 말로 다 표현할 수 없는 망설임과 침묵이 곳곳에 균열처럼 지나갑니다. 자세히 읽어 보면 그런 긴장감이 분명히 느껴집니다.

　예컨대 호시노 씨의 『잘 속는 사람』에서는, 서로 다른 입장의 여성들이 한 방에 모여 다양한 논의를 나누는데, 일견 분리주의적으로, 혹은 자매애(sisterhood)적으로, 여성들이 같은 감각을 공유하는 것처럼 보이면서도, 자세히 읽어 보면 묘사문 속에 미세한 균열과 단층, 침묵이 새겨져 있습니다. 공감을 중시하면서도, 공감할 수 없는 지점에는 분명히 미시적인 선을 계속해서 긋는 것이죠. 온 씨와 기무라 씨의 왕복서간도 마찬가지라 할 수 있는데, 이것은 서간 형식이었기에 가능했던 표현이 아니었을지요.

온 저는 '단정하다'거나 '아름다운 일본어'라는 표현으로 규정되는 문체를 꼭 부정해야 한다고는 생각하지 않습니다. 왜냐하면 저에게는 품위를 지키며 타자와 마주하고 싶은 마음이 있기 때문입니다. 타자와 정중하게 마주한다는 의미에서 '반듯하고 아름답다'고 말해 준다면, 그것은 기쁜 일입니다. 다만 아마도 사쿠라이 씨께서는 '유통되기 쉬운 언어', '소비되기 쉬운 언어'라는 의미에서 '아름다운 일본어'라고 말씀하신 것일 테니, 그 점을 전제로 왜 그것을 긍정하느냐는 질문을 받았다고 생각하고 우선 답했습니다.

더 솔직히 말씀드리자면, 지금 기무라 씨께서 말씀하신 것처럼 서간을 주고받는 동안에는 정말로 필사적이었습니다. 언어 실험을 하거나 문체적으로 흥미로운 일을 해 보겠다는 여유는 전혀 없었어요. 서로가 긴장감을 유지한 채로, 매번 자신의 전부를 담은 언어를 그때그때 써 내려갔습니다. "기무라 씨, 조금 더 남부 방언을 넣어줘요"라든지 하는 것은 생각할 여유도 없었고요(웃음). 그건 소설을 쓸 때의 태도와는 꽤 달랐어요. 기무라 씨를 향해 글을 쓰는 일을 통해, 지금의 일본 사회를 살아가는 사람들, 일본어를 사용하며 살아가는 사람들에게도 말을 건네고자 했습니다. 그것만으로도 벅찼습니다.

퀘스처닝 매저리티(questioning majority)

스기타 교차적인 복합차별을 염두에 두면서도, 매저리티로서의 '우리'가 어떻게 내부로부터 변화해 갈 수 있을 것인가. 그것이 『대항언론』 1호의 출발점이었습니다. 저는 1호의 「권두언」에 그 점에 대해 썼습니다. 하지만 이후의 활동 속에서 점차 변화도 생겨났습니다.

예를 들어 얼마 전에 저는 『나와 당신 사이』에 대한 서평을 썼습니다(「구석으로서의 최첨단(片隅としての最先端)」, じんぶん堂, https://book.asahi.com/jinbun/article/13928286). 짧지만 고투하며 쓴 서평이었는데, 이 글을 쓰는 과정에서 저는 제 안에서 일어난 최근의 변화를 마침내 말로 정착시킬 수 있었다는 느낌을 받았습니다.

시스 헤테로 남성인 제가, 한 페미니스트 여성과 마주했다고 가정해 보겠습니다. 그 자리에서 남성 특권에 대한 비판을 듣고 '이 사람의 말은 옳다'고 느낍니다. 어떤 데이터를 보더라도 남성 특권이 존재한다는 사실은 부정할 수 없습니다. 그러나 동시에 이런 생각도 듭니다. 그 관계에 머무르는 한, 순수한 피해자인 여성이라는 존재와 순수한 매저리티인 나라는 관계의 구도는 결코 움직이지 않는다. 오히려 '순수한 매저리티'라는 속성이 고정되어 버립니다. 그렇게 되면, 도망칠 곳을 잃은 남성들은 피해자 의식에 빠져 흑화하게 됩니다. 그렇다면 순수한 피해자 의식과 순수한 매저리티로서의 자기반성은, 실은 상보적인 구조를 이루고 있는 것은 아닐까.

물론 남성 특권이라는 구조적 문제 자체는 사라지지 않습니다. 그러나 그것만으로는 설명되지 않는 부분이 있습니다. '우리'라는 큰 주어로 말할 때, 논의는 적과 아군, 매저리티와 마이너리티의 대립으로 끝나기 쉽습니다. 하지만 나와 당신이라는 2인칭적 관계에 서게 되면, 선 긋기는 필연적으로 중층적이고 복합적이 됩니다. 그때그때 구체적인 상황에 맞게 선을 다시 그어야 합니다. 속성상으로 매저리티일지라도, 예컨대 언어 사용의 차원에서는 메이저가 아니라 마이너일 수도 있습니다. 서평을 쓰면서 저는 비로소 그 점을 납득할 수 있었습니다. 그 계기를 두 분의 서간집으로부터 얻었다고 느낍니다.

온 스기타 씨가 "'다수파' 내부에도 다양한 선이 그어질 수 있으며, 무수한 층위가 교차하고 있다"고 평해 주신 글을 읽고, 저희 시도의 본질을 선명하게 언어화해 주셨다는 생각에 큰 격려를 받았습니다.

더 거슬러 올라가면, 『대항언론』 1호에서 제게 에세이를 의뢰해 주셨지요. 그때 보내 주신 「권두언」을 읽고, 거기에 담긴 말의 섬세함에 이 의뢰는 받아들여야겠다고 마음이 움직였습니다. 솔직히 말하자면 처음에는 약간의 경계심도 있었습니다(웃음). '대항언론'이라는 말은 아무래도 강렬해서, 강한 희망의 힘으로 혐오적인 것을 봉쇄하려는 이미지가 떠올랐기 때문입니다. 거기에 제가 쉽게 편승해도 괜찮은가 하는 생각이 들었거든요. 하지만 그 「권두언」은 그런 것이 아니었습니다. 알기 쉬운 적을 비판하며 증오의 연쇄를 강화하는 것이 아니라, 거짓된 대립의 틀 자체를 해체하고 바깥을 향해 언어를 열어 가려는 강한 의지를 느꼈습니다.

최근 몇 년 사이, 아마도 제2차 아베 정권 시기(2012~2014년) 무렵부터였을 겁니다만, 저는 외출할 때 우울해지는 일이 늘었습니다. 1호에 기고한 에세이에도 썼습니다만, 패밀리 레스토랑이나 카페에서 잠시 쉬고 있으면, 옆자리에 앉은 사람들이 아무렇지 않은 얼굴로 "요즘 외국인이 늘어서 무섭다"라든가 "'폭풍 쇼핑(爆買い)'하는 사람들뿐이야"라는 식으로 특정 국가에 대해 험담하는 것을 종종 듣게 됩니다. 무서운 것은, 그 사람들이 자신의 발언이 '차별적'이라는 자각을 전혀 갖고 있지 않아 보인다는 점입니다. 일본을 되찾자는 슬로건을 외치며 여당으로 복귀한 정권이 국가 수상을 내게 되면서, 그 영향으로 일본인이나 일본을 위협한다고 여겨지는 것들은 공공연히 부정해도 되는

듯한 분위기가 인터넷 바깥으로까지 넘쳐흐르게 된 것은 아닐까, 그런 생각을 자주 했습니다.

그래서 『대항언론』에 무언가를 써달라는 요청을 받았을 때, 그렇다면 이런 상황 속에서 '외국인'인 나는 어떻게 해야 안심하고 살아갈 수 있을까 하는 불안과 초조함에 대해 써야겠다고 곧바로 생각했습니다. 다만, 제가 이를테면 "이런 일본은 싫다"거나 "차별적 발언을 악의 없이 하는 사람들이 정말 무섭다"고 주장한다면, 그것은 지극히 '옳은' 말이 됩니다. 그 누구도 이의를 제기할 수 없는 '옳은 말'을 나 자신이 하게 되는 것이라는 느낌이 들었어요. 물론 '옳지 않은' 일이 곳곳에서 발생하고 있으니 '옳은 말'을 계속해야만 합니다. 하지만 '외국인'이자 '여성'인 제가 그런 방식으로 일본인이나 남성을 몰아붙이는 것은, 어쩌면 "알기 쉬운 적을 비판해 증오의 연쇄를 강화하는" 일이 될 가능성이 있지 않을까 하고 생각했습니다.

스기타 씨가 방금 말씀하신 것처럼, 저는 저 자신이 '순수한 피해자'인 것처럼 행동함으로써, 저와 대면하는 사람들의 숨을 곳을 빼앗고 싶지는 않다고 생각합니다. 일본인이든 시스 남성이든, 자신들에게 무자각적인 권력이 있다는 사실을 인정하고 괴로워하면서, 우리의, 아니, 저의 문제를 자기 자신의 문제로서 받아들이고 온 힘을 다해 곁으로 다가와 주려 하는 양심적인 사람들을 저는 많이 알고 있습니다. 그럴 때 저도 모르게 "좀 더 노력해야지!"라고 강한 말로 질타하고 싶어질 때도 있습니다(웃음). 하지만 제가 반대의 입장이라면, 그런 태도로 압박을 받는 것은 역시 버거운 일일 것이라고 생각합니다. 내성이 있어 견뎌 내고 남아 주는 사람도 있겠지만, 이렇게 성가신 일에 더는 관여하고 싶지 않다며 문제 자체를 피하려 할 수도 있겠지요. 그렇게 되면 함께 문제를 고민해 줄 사람들이 또 줄어들게 됩니다. 그런 비극적인 결과를 낳지 않기 위해서, 눈앞의 사람과 제대로 손을 맞잡기 위해서, 제가 절실히 느끼는 이 '옳음'에 대한 욕구와 위화감에 대해 어떻게 말해야 하는가……. 이러한 물음은 지금까지 이어지고 있고, 기무라 씨와 서간을 주고받는 동안에도 절대로 놓치고 싶지 않다고 생각했습니다. 요컨대 이 서간을 주고받는 동안, 저는 일본인이 아니며 여성이라는 이유로 스스로를 마이너리티의 대표라는 고정된 위치, 순수한 마이너리티의 위치에 두는 것은 절대로 피하고 싶었습니다. 그렇게 해 버리면 일본인 남성인 기무라 씨를 순수한 매저리티의 위치에 세워 버리게됩니다. 그게 아니라, 제 안에 있는 매저리티성과 기무라 씨 안에 있는 마이너리티성을 서로 맞부딪쳐 가며 서로 마음을 더 열어 가고 싶었습니다. 그런 마음이었습니다.

스기타 매저리티 남성에게도 여러 얼굴이 있습니다. 예를 들어 온유주 씨의 소설에 등장하는 세이지처럼, 이른바 승자 집단에 속해 있으면서 무신경하고, 자신의 '옳음'을 의심하지 않는 유형의 매저리티도 있습니다. 호시노 씨의 『잘 속는 사람』에 등장하는 야사시(優志)는, 리버럴한 이념을 깊이 체화한 나머지 타인의 입장을 앞질러 짐작하며 마이너리티의 말을 전유해 가는, 그런 매저리티 남성입니다. 또 기무라 씨의 작품에서는 종종 사회의 구석에서 울분을 느끼며 필사적으로 갈등하다가, 결국 폭력으로 치닫고 마는 유형의 매저리티 남성들이 그려집니다.

우리는 매저리티를 하나의 얼굴로 상상하기 쉽지만, 그것 역시 위험하며, 실제로는 그 안에도 여러 층위가 존재합니다. 매저리티 남성 내부에도 몇 가지 긍정적인 레이어를 설정해 보는 편이 더 바람직하지 않을까요.

찬탈이나 문화적 도용의 위험은 있지만, 예컨대 퀴어 커뮤니티에서는 '퀘스처닝(questioning)'이라는 말을 사용해 왔습니다. 끊임없이 자기 자신을 되묻고, 시행착오를 거듭하는 것. 온 씨는 '노이지 마이너리티(noisy minority)'라는 개념에 주목하고 계시는데, 침묵하는 다수(silent majority)의 무감각에 맞서, 그러한 무감각을 의심해 나가는 '퀘스처닝 매저리티(questioning majority)' 또한 가능하지 않을까요. 그것은 원죄처럼 자신을 전면 부정하며 끝없이 반성하는 것과는 다릅니다. 매저리티라는 위치 자체는 움직이지 않더라도, 그 안에 다양한 흔들림이 있다면, 긍정적인 측면까지 포함해 그것을 언어화할 필요가 있지 않을까요.

기무라 '퀘스처닝 매저리티'라……. 즉, 다수파에 속해 있으면서도 끊임없이 스스로를 질문하고 되묻는 태도라는 말이군요. 굉장히 중요하다고 생각합니다.

제가 왕복서간에서 반복해 온 질문은, '나는 정말로 이해하고 있는가'라는 것이었습니다. 온 씨가 일상에서 겪고 있는 편견과 차별은 매우 심각합니다. 제가 매일 무풍(無風) 상태라 느끼며 살고 있는 이 현실 세계를, 온유주 씨는 늘 맞바람이나 옆바람을 맞으며 살아가고 있습니다. 같은 시간, 같은 공간 안에 있어도 맞는 바람이 전혀 다릅니다. 온유주 씨의 이야기를 들으며 그런 현실이 존재한다는 사실을 알게 되었고, 너무나 부당하다고 분노하면서도, 동시에 그렇게 온 씨에게 공감을 표하는 나라는 사람은 과연 문제를 제대로 이해하고 있는 것인가, 다시 묻게 됩니다. 저와 같은 위치에 있는 남성들은 여러 국면에서 이런 질문을 스스로에게 계속 던져야 한다고 생각합니다.

한편 조심해야 할 점도 있습니다. 앞에서 온 씨가 남성들을 강하게 비판하면 이해자들마저 물러나 버릴 수 있다고 말씀하셨는데, 온 씨의 "이건 싫다"는 위화감과 분노의 목소리를 우리가 억눌러서는 안 된다는 점입니다. 즉, 이해하는 척하거나 혹은 온 씨의 말의 올바름을 지적하는 것을 통해서, 오히려 온 씨의 목소리를 지워 버릴 위험도 있기 때문입니다. 우리가 암묵적으로 온 씨에게 배려를 강요함으로써 말이지요. 온 씨가 자신의 '올바름'에 대해 신중하고자 하는 마음은 존중되어야 하지만, 그렇다고 우리가 거기에 안심하고 편승해 버리는 것은 옳지 않습니다. 이러한 보이지 않는 억압의 위험성까지도 함께 질문해가는 '퀘스처닝 매저리티'는 중요한 키워드일지도 모릅니다.

스기타 더 정확한 표현이 있을지도 모르겠습니다만…….

온유주 아니요, 기무라 씨가 말한 것처럼 끊임없이 자신에게 질문해야 한다는 감각을 표현하기에 '퀘스처닝 매저리티'는 아주 좋은 키워드가 될 것 같습니다.

또 아까 기무라 씨가 "온 씨의 분노의 목소리를 우리가 억눌러서는 안 된다"고 말한 점도 매우 중요하다고 느꼈습니다. 설령 단어 하나, 문구 하나까지 같은 말을 하고 있다 하더라도, 그것을 어떤 위치에서 발화하느냐에 따라 의미가 전혀 달라질 수 있다는 점에 대해서도 우리는 신중할 필요가 있습니다. 예를 들어 일본에서 흔히 마이너리티로 간주되는 제가 "마이너리티가 매저리티에게 자신의 옳음을 일방적으로 강요하는 것은 바람직하지 않다"고 주장하는 것과, 일본인이자 남성으로서 지금 일본에서 가장 '특권적'이라고 여겨지는 위치에 있다고 여겨지는 기무라 씨가 같은 말을 하는 것에는, 역시 큰 차이가 있습니다. 설령 매저리티 남성 내부에도 다양한 얼굴이 있다는 전제가 있더라도 말입니다. 이처럼 완전히 동일한 주장을 하더라도, 위치에 따라 그 울림은 달라집니다. 말하는 쪽도, 듣는 쪽도 그 점을 늘 의식해야 합니다. 이러한 문제의식은 왕복서간에서도 여러 차례 서로 확인해 왔고, 그런 의미에서의 '퀘스처닝'은, 제 안에도 기무라 씨 안에도 분명 존재했다고 생각합니다.

가해 / 피해의 중층성

스기타 예컨대 여성의 #MeToo에 대해 남성도 #MeToo라고 목소리를 보낼 자격이 있는가, 하는 질문이 있습니다. 여러 입장이 있을 수 있겠지만, 저는 "말할 수 없다"고 생각합니다. 아니, 말하지 않는 편이 낫다고. 남성들은 여성과는 다른 #MeToo를 시도해야 하지 않을까요. 예를 들어 공감이나 분노가 아니라, 남성으로 존재한다는 것이 부끄럽다는 감각에 대한 #MeToo라면 어떨까. 이런 상황에서 남성으로 있는 게 부끄럽다는 #MeToo 말입니다.

그런 고민을 하지 않으면, 고통을 수반하지 않는 '스마트한' 반성과 응원의 포즈로만 끝나고 맙니다. 경제적으로도 문화자본적으로도 여유가 있는 일부 남성들이, 다른 남성들을 상대로 그 위에 서기 위해 일부러 반성하는 모습을 연출하는 경우가 흔합니다. 그것은 위험한 함정입니다. 실제로 기무라 씨가 강조해 오신 것도, 겉보기에는 이해심 많은 것처럼 보이는 관념적인 이해와, 어떤 현실을 몸으로 살아 내는 사람의 경험 사이에 존재하는 보이지 않는 낙차 또는 틈새를 응시하고, 귀 기울여야 한다는 점이었습니다.

온 씨와 기무라 씨의 서간집에는, 지금 이 나라에서 벌어지고 있는 수 없이 많은 이상한 일들이 시시각각 기록됩니다. 그리고 그 자체가, 현대의 복합차별적 상황을 현재진행형으로 묻는 작업이 되고 있지요. 성차별, 국적·민족 차별, 장애인 차별, 경제계급의 문제, 그리고 인간과 동물·자연의 문제—여러 차별과 폭력이 복잡하게 얽혀 있습니다. 하지만 이 역시 자신의 위치를 묻지 않은 채 고통 없이 표층적 반성만을 한다면 얼마든지 말할 수 있겠지요. 이것도 차별, 저것도 차별, 하고요. 그러나 차별과 차이가 복합적으로 교차하는 이 난감한 자신의 삶을 하나하나 점검해 가는 작업은 그렇게 쉬운 일이 아닐 것입니다.

예를 들어 저는 원래 프리터론에서 출발해 글을 쓰기 시작했고, 장애인 활동지원 일을 하기도 했습니다. 그러면서 남성으로서의 저 자신의 형편없음이나 비참함에 대해 생각해 왔습니다. 그래서 비정규 노동, 장애, 젠더 문제에는 관심이 있었지만, 저 자신이 이른바 '정규' 일본인이라는 사실에 대한 비판적 자각, 즉 국적이나 민족 문제에 대해서는 오랫동안 둔감했습니다. 지금도 마찬가지입니다. 차별 문제가 다양하고 복합적이라고 해도, 한 사람 한 사람이 지닌 감도의 우선순위는 저마다 다르지요. 바로 그렇기 때문에, 자기 안의 차별과 피차별의 중층성을 성찰해 나가야만 합니다. 자신의 욕망과 신체, 생활을 건너뛰어 버리는 것은 매우 위험하다고 생각합니다.

온 이건 구리타 류코(栗田隆子) 씨의 저서 『작은 목소리의 페미니즘 (ぼそぼそ声のフェミニズム)』(作品社, 2019)에 나온 표현인데요, 머리를 쓰다듬는 것과 머리를 때리는 것은 사실 매우 닮아 있습니다. 예컨대 저는 일본 사회에서 일본 국적을 갖지 않았다는 한 가지 점으로 인해 마이너리티로 분류되기 쉽습니다. 그런 저에게 "힘들겠군요", "불쌍하다", "나는 네 편이야", "차별은 최악이야" 같은 말들을 해 주는 사람들은 꽤 있어요. 그런데 그들은, 예를 들어 기무라 씨가 망설이면서도 계속 생각하기를 멈추지 않아 준 것처럼, 제가 일본인이 아니기 때문에 놓이게 되는 위치라든지, 저에게 그러한 위치를 강요하는 구조를 정말로 보려고 하고 있을까요. 어쩌면 그 사람들은 저를 동정하거나 이해를 표함으로써, 자신이 진보적인 사람임을 주변에 증명하고 싶어서 저 같은 마이너리티를 이용하고 있는 것일지도 모릅니다. 안타깝게도 그렇게 의심하고 싶어지는 경우가 사실 꽤 많아요. 여성도 있지만, 압도적으로 남성에게 더 많은 것 같습니다. 그들은 모두 마이너리티의 편

에 서 있는 자기 자신을 무척 사랑합니다(웃음). 제 경험상, 이해자의 얼굴을 한 그런 사람과 마주할 때 느끼게 되는 괴로움은, 예를 들어 "일본에서 나가라"라고 비난받을 때의 괴로움과는 또 다른 차원입니다. 분명하게 적으로서 다가오는 상대에게는 "시끄러워"라고 말하며 정면으로 싸울 수 있습니다. 하지만 "나는 당신 편이에요", "'내가 말하는 대로만 하면 당신은 안전해요"라는 식으로 부드럽게 다가오면, 저도 모르게 거기에 휩쓸려 버릴 것 같거든요. 이 사람의 선의나 호의를 무시하면 안 된다고 느껴 버리기 때문에.

그런데 곰곰이 생각해 보면, 누구나 본래 대등한 존재여야 하잖아요. 예컨대 일본 사회에서 제가 충분한 '자리'를 부여받지 못하고 있을 때, 이미 일본 사회 한가운데에 떡하니 자리를 차지하고 있는 다수파 사람들이, "어이구, 불쌍해라. 너도 여기 있게 해 줄게"라고 허락하는 구도는 역시 뒤틀려 있지요. 더구나, "너에게 자리를 줄 수 있는 우리는 관용적이지?"라는 듯이, 저에게 노골적으로 '감사'를 기대하기까지 하면요. 정말 질려요. 저는 노골적인 차별이나 배외주의만이 아니라, 그렇게 겉보기에는 관용의 형태를 취하지만 머리를 쓰다듬는 척하면서 억누르는 방식을, 일본인이 아닌 데다 여성이기 때문인지, 자주 겪어 왔습니다. 그런 것들을 제 안에서 명확히 언어화해서 생각해 보고 싶었어요. 그런 저에게 기무라 씨는 '머리를 쓰다듬'는 것이 아니라 처음부터 끝까지 긴장감을 유지하며 철저히 함께해 주셨습니다.

스기타 기무라 씨는 자기 안에, 여성의 몸을 은밀히 성적으로 훔쳐보는 듯한 시선이 있다고 쓰셨지요. 그리고 그것이 일본 이외의 아시아의 여러 나라에 대한 우월의식과도 이어져 있다고요. 실제로 남성의 성욕 문제는, 아마도 기무라 씨의 거의 전 작품을 관통하는 주제이기도 합니다. 남성의 성욕이 지닌 일종의 처치 곤란함이라고 할까…….

기무라 전 작품이라니요.

온 전 작품을 정독한 스기타 씨가 그렇게 말하는 것이니(웃음).

기무라 숨겼다고 생각했는데…….

사쿠라이 (웃음)

온 알 사람은 다 알아요(웃음).

스기타 거의 전부라고 해 두지요. 그 지점을 조금도 얼버무리지 않고, 끈질기게 마주하며 나아가는 것. 그런 게 역시 소설가의 태도라고 생각합니다. 많은 사람들은 그런 번거로운 욕망의 문제는 깨끗이 잘라내고, 현대 사회의 남성 특권성을 세련되게 분석하고 비판하고 말지요. 그러나 기무라 씨는 리버럴한 의식도 분명 가지고 있으면서도, 그와 동시에 어찌할 수 없는 남성의 성욕 문제라든지 여성의 몸을 힐끗 훔쳐보게 되는 무의식의 문제처럼, 자기 안에 있는 문제와 인내심 있게 마주하면서, 나의 신체와 욕망이 어떻게 변할 수 있는지를 한 걸음씩 시행착오하면서 나아갑니다.

사쿠라이 저는 신주쿠 니초메(新宿二丁目)의 게이바에 술을 마시러 간 적이 몇 번 있습니다. 가게에 들어가면 그 안에 있던 사람들이 일제히 저를 빤히 보더군요. 처음에는 이유를 잘 몰랐는데, 그게 값을 매기는 시선이었나 하고, 이 서간집과 작품을 읽으면서 떠올렸습니다.

기무라 그때 처음으로, 자신이 '값이 매겨지고 있다'는 감각을 경험하신 건가요?

사쿠라이 네, 그때 처음 맛봤습니다. 그런 일이 있었지 하고 생각났어요.

스기타 이건 뭐라고 표현해야 할지 좀 어려운데, 2년쯤 전에 제가 치한을 당한 적이 있어요. 지금까지 그런 경험이 없었는데, 밤늦게 전철을 타고 있는데 어떤 남성이 제 옆에 슬쩍 앉더니 어깨에 팔을 둘러요.

'어? 뭐지' 하고, 정말 깜짝 놀랐습니다. 무슨 일이 벌어진 건지 전혀 이해가 안 됐어요.

기무라 그럴 만하죠. 친구인가 싶기도 하고.

사쿠라이 저도 중학생 때 있었어요. 아침 출근 시간에 주오선(中央線)에서 어떤 아저씨가 제 사타구니를 만졌습니다.

스기타 중년 남성인 제가 이제 와서 그런 경험을 하게 될 거라고는 한 번도 상정해 본 적이 없었어요. 그 남성은 싱글싱글 웃으면서 말없이 저를 만졌습니다. 순간적으로 손을 뿌리치지도 못했고, 자리에서 일어나지도 못했어요. 곧 목적지 역에 도착해서 재빨리 전철에서 내렸습니다만, 그 사람이 게이였는지도 확실히 알 수 없습니다. 애초에 전철 안에서 내가 그런 대상이 될 수 있다는 것 자체를 생각해 본 적이 없었어요. 제 '몸이 움직이지 않는'다는 것에 대해 몹시 놀랐습니다. 하지만 여성들에게는 이런 일이 일상입니다.

온 그렇죠. 값을 매기듯 보거나 성적인 대상으로 응시당하기도 하고, 성추행뿐 아니라 무서운 일을 당하기도 하지요. 저는 키도 크지 않고 약해 보이는 편이라서 그런지, 붐비는 곳에서 일부러 부딪혀 오는 사람이라든지, 혀를 차는 사람도 겪은 적이 있습니다. 여성들끼리 이런 이야기를 하면 "알아 알아~ 정말 싫지~"하고 공감하게 되거든요. 아마 그런 짓을 하는 사람들은 힘으로 찍어 누를 수 있는 상대를 골라서 하는 거겠죠. 그래서 가끔은 쎄 보이는 인상의 한국 배우 마동석 같은 얼굴로 태어났더라면 좋았었는데 싶기도 해요(웃음). 아니, 마동석까지는 아니더라도 남성 친구들은 같은 통학길, 같은 장소를 매일 오가면서도 한 번도 그런 경험은 없었다며 놀라곤 해요. 같은 세계에 살고 있는데도 남녀가 보게 되는 풍경이 이렇게 다를 수 있나 싶습니다.

그런 의미에서, 평가당하는 일은 여성 쪽이 압도적으로 많은 것은 틀림없지만, 상황이 바뀌면 반드시 그런 것만도 아니에요. 대학생 때 중국의 어느 지방을 여행한 적이 있는데, 그때 일본인 관광객들과 함께 식사하고 있었어요. 밥을 먹는데 옆자리 여성들이 "저 사람 몇 점인 것 같아?" "음, 40점쯤?"이라고 말하기 시작했습니다. 세상에, 남성 웨이터들을 채점하고 있더라고요. 충격이었습니다. 물론 카페나 레스토랑에서 "방금 그 사람 멋있지 않았어?" 정도라면 흔한 일이지만, 그때는 분명 선을 넘었다고 느꼈습니다. 아마도 중국 내륙지방에서 나온 듯한 순박한 분위기의 아이들이 일하고 있었고, 그렇기에 그녀들은 그들을 내려다보며 값을 매겼던 것이죠. 지금 떠올려도 화가 납니다. 게다가 그런 일은 일본으로 돌아오면 여성으로서 자신들이 남성들에게 수도 없이 당해 온 것이잖아요. 그런데도 어째서 다른 아시아 사람들에게는 그렇게 할 수 있는지, 이해가 되지 않았습니다.

스기타 그런 뒤틀린 상황들이 일상 곳곳에 있습니다. 아까 제 이야기의 경우도, 게이로 보이는 남성이 가해자이고 제가 피해자라고 단순히 말할 수 있을까요. 혹은 제 지인 중에 게이 남성에게 성추행을 당하거나 성적 피해를 입기 쉬운 사람들이 있습니다. 그런 경험을 다수파 남성은 어떻게 언어화해 가야 하는가.

우선 일본에는 매우 강한 성차별 구조가 있으니, 두 단계가 필요하다고 저는 생각합니다. 한편으로는, 속성으로서의 남성과 여성, 성적 소수자 사이에 현저한 불공정과 격차가 존재한다는 사실을 인정해야 합니다. 다른 한편으로는, 특정한 속성 하나로 한 인간 전체를 환원해 버릴 수는 없습니다. 속성 = 인간은 아닙니다. 인간을 한 속성만으로 덮어 버리는 것 역시 하나의 폭력이 될 수 있습니다. 왜냐하면 한 인간 안에는 차별과 피차별, 가해와 피해가 중층적으로 교차하기 때문입니다. 속성에 대한 차별을 분명히 비판하는 '올바름'과 함께, 인간의 그

러한 복잡함을 응시하며 곁에 서고자 하는 '온당함(まっとうさ)'—이런 두 단계로 된 인식이 필요하지 않을까요.

예를 들어 대학에서 시간강사로 가르치면서 설문을 받아 보면, 울분이 쌓인 젊은 남학생들 가운데에는 SNS 등에서 "남성이 얼마나 차별자이자 가해자인가", "남성이 얼마나 특권을 누리고 있는가" 같은 비난의 말을 많이 듣고서는 자신을 과도하게 책망한 끝에 더욱 뒤틀려 버리는 사례를 종종 보게 됩니다. 정치적 올바름은 물론 중요하지만, 그것이 곧 너의 인간성 자체에 대한 전면 부정은 아니라는 점을 어떻게든 전하고 싶어요. 그렇지 않으면, 흑화되지 않을 수 있는 사람들까지도 결국 흑화되고 말아요.

온 요즘은 특히 SNS의 한계를 자주 느낍니다. 기무라 씨와의 편지에서는 서로가 살아 있는 몸을 가진 존재임을 의식함으로써, 서로의 경험을 차분히 주고받을 수 있었습니다. 복잡하고 모호해서 아직 저 자신도 잘 언어화하지 못하고 있는 것들을, 그 흔들림까지를 포함해 충분히 시간을 들여서 말로 옮길 수 있었어요. 그런데 특히 트위터처럼 140자 단위로 끊어지는 짧은 문장을 쌓아 가는 방식에서는 그런 여유를 갖기가 쉽지 않습니다. 트위터 같은 도구를 쓰면 스기타 씨가 말한 의미에서의 '올바른' 말은 아주 하기 쉽습니다. 반대로 말하면, '올바른' 말만 하면 좋아요를 많이 받을 수 있고, 그 때문에 어딘가 인정받는 듯한 착각에 젖을 수도 있어요. 그러면 그게 기분이 좋아서, 더 원하게 됩니다. 그러다 보면 『대항언론』 1호 인터뷰에서 호시노 도모유키 씨가 "희망 의존증"이라고 설명했던 상태가 됩니다. 더 강한 자극을 주는 '희망'이 없이는 자기 자신을 유지할 수 없게 되는 것 같은 상태 말이지요. 물론 당장이라도 말해 두어야만 하는 '올바른' 말이 있을 때는, 즉효성이라는 의미에서는 매우 편리하기에 저도 트위터를 활용합니다. 그러고 보니 올해 도지사 선거 때는, "투표하고 싶으면 귀화해라", "너네 엄마네 나라로 돌아가라"라며 저를 집요하게 괴롭히던 온갖 사람들에게 사쿠라이 씨가 단호하게 대응해 주셔서 정말 든든했습니다.

사쿠라이 온 씨를 집요하게 괴롭히던 계정을 향해 "닥쳐, 익명 찌질 계정. 평생 그렇게 숨어서 지내라"라고 일갈한 뒤, 트위터에 신고해 정지시킨 적도 있었습니다. 요즘은 제가 리트윗하는 것 자체가 헤이트 스피치를 더 확산시키는 게 아닐까 싶어서, 팔로워들에게 헤이트 스피치를 읽게 만들 수 있는 리트윗은 되도록 하지 않으려고 합니다.

스기타 SNS에서는 옳고 그름, 적과 아군 같은 이분법적 감정의 공감으로 결속되는 경우가 많습니다. 그러다 보니 중층적인 논의가 어렵죠. 물론 흑이냐 백이냐 하는 것이 필요한 국면도 있지만, 그것만으로 흘러가면 그것 또한 괴롭습니다. 정치와 인터넷이 이처럼 불가분의 관계가 된 이상, SNS의 기본 구조나 플랫폼 차원에서 근본적으로 설계 방식 자체를 되묻는 일이 필요할지도 모르겠습니다.

'온당함'을 추구하다

온 SNS 등에서 퍼붓는 악의적인 말이나 차별적인 언어를 듣고 마음의 상처를 입었을 때, 무엇이 나를 구하거나 치유해 주는가를 생각해 보면, 저의 경우는, 결국 언어입니다. 돌이켜보면 SNS 이전부터도 그랬습니다. 아마 저는 잔인한 말로 인해 마음이 꺾일 때마다, 그것과는 다른, 나를 구해 주는 말을 찾아서 어찌어찌 지금까지 살아남아 온 것 같아요. 특히 문학의 말은 제게는 생명줄 같은 것입니다. 그렇기에 『대항언론』이 문학과 예술에서 다시 한번 가능성을 찾으려는 것이, 체감으로 잘 이해됩니다.

스기타 정치적 올바름과 '온당함'이라는 말의 대비가『나와 당신 사이』에 몇 차례 나오지요.

온 사실 이건 스기타 씨의 영향이에요.

스기타 네? 정말요?

온 아마 기무라 씨와의 서간이 제7장에 접어들 무렵이었을 거예요. 스기타 씨의『도라에몽론(ドラえもん論)』(Pヴァイン, 2020)을 읽게 되었습니다. 저는 어릴 적부터 후지코 F. 후지오(藤子·F·不二雄)의 작품에 강하게 끌려 왔거든요. 그 책에서 스기타 씨는 '윤리'라는 말을 사용해 노비타(のび太, 한국어판 이름은 노진구)의 '온당함'에 대해 이야기합니다. 다들 알다시피 노비타는 정말 못난 아이입니다. 겁도 많고, 틈만 나면 낮잠을 자고, 공부도 운동도 못하고요. 잘생긴 것도 아니죠. 이런 표현은 별로 좋아하지 않지만, 여러모로 '스펙이 좋지 않은' 아이입니다. 그런데 노비타가 시즈카 양(しずかちゃん, 한국어판 이름은 신이슬)과 결혼할 때, 시즈카의 아버지가 이렇게 말하죠. "그 청년은 타인의 행복을 바라고, 남의 불행을 슬퍼할 수 있는 사람이다. 그것이 인간에게 가장 중요한 일이란다."(「노비타의 결혼 전야(のび太の結婚前夜)」,『도라에몽(ドラえもん)』25권, てんとう虫コミックス) 스기타 씨는 이 말에 주목하며, '인간에게 가장 중요한 일'이란 말하자면 인간으로서의 '온당함' 같은 것이라고 쓰셨습니다.

스기타 네, 그런 이야기를 썼죠.

온 타인을 일방적으로 재단하는 '올바름'과는 다른, "타인의 행복을 바라고 남의 불행을 슬퍼"하는 '온당함'이 노비타라는 소년의 본질이라는 것. 이 스기타 씨의『도라에몽론』, 아니 '노비타론'에 저는 깊이 마음이 움직였습니다. 연민이나 손쉬운 공감이 아니라, 어디까지나 타자인 타인의 슬픔과 불행으로부터 눈을 돌리지 않는 태도. 혹은 나만 행복하면 다른 사람들이 불행하든 말든 상관없다는 것이 아니라, 나 아닌 사람들이 행복할 수 있을 때 비로소 나 역시 진정으로 안심할 수 있다는 감각. 그런 인간이야말로 사실 이 사회에서 가장 온당한 존재가 아닐까 하고, 다시금 생각하게 되었습니다. 그런데 그러한 온당함을 지닌 사람들이, 지금의 사회에서는 너무나 보상받지 못합니다. 왜 살아 있는 존재로서 온당한 사람일수록, 더 힘들고 고통스러운 쪽으로 내몰리게 되는 걸까요. 마음씨가 곱고 성실하게 살아가는 사람들이 정당하게 보상받는 세상, 그런 사람들이 안심하고 살아갈 수 있는 사회가 되었으면 좋겠다고, 기무라 씨와 서간을 주고받는 내내 계속해서 생각했습니다.

기무라 왜 온당함이 보상받지 못하는 사회인가. 저 역시 그 점을 늘 느끼고 있습니다. 다만 아무리 온당하지 못한, 참혹한 상황 속에 있다고 하더라도, 저는 소설가로서 타인의 감정을 유인하는 말을 쓸 수는 없습니다. 누군가를 공격하기 위한 냉소적인 언어를 사용하지 않는 것과 동시에, 어떤 '올바름'에 편승해 그것을 힘으로 사용하지 않도록 조심하고 있습니다.

하지만 예를 들어 선거 국면에서, 타인의 마음에 다가갈 수 있고 정책적으로도 합당하며 구체적인 주장을 하는 후보가 있다고 할 때, 제 나름대로 그런 인물을 응원하는데, 결과적으로는 낙선하고 마는 경우가 많습니다. 온당한 사람이라 온당한 방식으로 선거전을 치르면, 전술에만 능한 정치가에게 패하고 마는 것이죠. 온당함이 사람들에게 가닿지 않습니다. 후보자의 성실함이나 인간적으로 정말 신뢰할 수 있는가 하는 점에는 중점을 두지 않아요. 얼마나 비열한 방식이든 간에 이

긴 사람이 큰소리를 치지요. 소박한 의문일지도 모르지만, 도대체 이게 무슨 일인가 싶습니다. 그런 딜레마를 늘 느낍니다.

방금 온 씨가 말한 '온당함'이라는 말을, 저 역시 서간에서 쓰고 있습니다만, 동시에 제 감각이나 언어가 온당하다고 지나치게 믿어서는 안 된다고도 생각합니다. 아, 나 자신도 조금 위험한 건 아닐까, 하고 늘 의심하면서, '온당함'이라는 말을 사용하고 있습니다.

스기타 이른바 정치적 올바름(correctness)과 온당함―오에 겐자부로(大江健三郎) 씨가 끈질기게 붙들어 온 'decency'와도 같은 것―은 미묘하게 다른 개념일지도 모릅니다. 어떤 속성이나 집단성에 기초한 올바름은 물론 중요하지만, 하나의 올바름이 인간 사회 전체를 덮을 수는 없습니다. 올바름은 내 편과 적, 가해와 피해를 분할하지만, 한 인간의 내부에는 가해와 피해, 우위와 열위 등이 복합적으로 얽혀 끊임없이 흔들리지요. 그러한 복잡함을 지워 버리지 않고, 섬세하게 응시할 수 있는 것, 그것이 온당함(으로서의 'justice')일지도 모릅니다.

그러한 의미에서는 완전히 올바른 인간 같은 것은 이 세상에 없습니다. 단 한 사람도. 다만 온당하고자 계속해서 노력하는 인간이 있을 뿐입니다. 이는 올바름 따위는 존재하지 않는다, 전적으로 올바른 사람 따위 어디에도 없으니 무엇을 해도 된다는 배 째라 식의 태도와는 근본적으로 다릅니다. 온당하고자 하는 것은, 요즘 말로 하자면, 복합적 차별 상황을 현실로서 받아들이면서, 그 안에서 갈등하고 분열되고 혼란스러워하며, 자기 자신을 조금이라도 더 나은 쪽으로 계속 바꾸어 나가는 일일 것입니다.

『대항언론』 1호에서도 강조했듯이, 루쉰은 '몸부림(挣扎, 쩡자)'이라는 말을 썼습니다. 이는 곤란한 현실 앞에서 몸부림치고 발버둥치고 참고 견디면서, 그럼에도 끝내 맞서 나아간다는 뜻을 담고 있습니다.

혹은 다케우치 요시미(竹内好)는 그것을 '저항'이라 했고, 다케다 다이준(武田泰淳)은 '인내(我慢)'라고 했습니다. 전적으로 온당한 인간이란 세상에 존재하지 않고, 구체적 상황을 초월한 완벽한 레지스탕스의 방법이 미리 존재하는 것도 아닙니다. 그야말로 노비타라는 인물도 끊임없이 자신의 약하고 못난 모습, 실수에 크게 좌절하면서도, 세상을 비뚤어지게 바라보지 않고, 타인을 냉소하지도 않으며, 어떻게든 앞을 보며 살아가려 합니다.

온 그렇지요. 게으름을 피우며 편하게 가려고 한다거나…….

스기타 참고로 도라에몽 쪽에도 약함이 있습니다. 『잘 속는 사람』의 야사시처럼, 노비타를 늘 앞질러서 보호해 버리죠.

온 그게 또 도라에몽의 정체성이 되기도 하고요.

스기타 부권적 강요를 패터널리즘(paternalism)이라 하지요. 도라에몽의 경우는 모성적 억압, 즉 마터널리즘(maternalism)이라고 할 수 있겠죠. 그런 도라에몽의 약함과 노비타의 약함이 얽혀서, 어떤 의미에서는 공의존(codependency)적인 관계를 만들고 있어요.

하지만 덴토무시 코믹스(てんとう虫コミックス)나 영화 원작인 『대장편(大長編)』을 계속 읽어나가다 보면, 노비타와 도라에몽은 그런 공의존에서 벗어나 자립하고, 시행착오를 거치며 더 온당한 사람이 되고자 노력하는 모습을 보입니다. 카뮈가 쓴 『시지프 신화』처럼, 조금 나아졌나 싶으면 다시 원래 자리로 굴러떨어지고, 그 과정을 끝없이 반복하면서도 두 사람의 관계는 조금씩 변화해 갑니다. 계속 애쓰는 이들의 관계성, 그것이 우정인 것이지요.

온 씨는 어릴 때 일본어 공부도 겸해서 『도라에몽』을 보기도 하고 읽기도 했다고 쓰셨지요.

온 일본어 공부라는 면도 분명 있었죠 하지만 그보다는 그냥 너무

좋아했다는 쪽이 더 큽니다. 스기타 씨의『도라에몽론』을 읽고 확신하게 되었는데,『도라에몽』의 세계에서는 무슨 일이 있더라도 노비타는 끝까지 살아갑니다. 자이안(ジャイアン, 한국어판 이름은 만퉁퉁)과 스네오(スネ夫, 한국어판에서는 왕비실)에게 괴롭힘을 당하고, 학교에서 0점을 맞아 벌을 서기도 하고, 좋은 일보다 나쁜 일이 훨씬 더 많지만, 그래도 노비타는 너무도 당연하다는 듯이 살아가지요. 덴토무시 코믹스를 계속 읽다 보면, 사람이 살아가는 데는 어떤 조건도 자격도 이유도 전혀 필요 없고, 어쨌든 태어났으면 아무리 못났더라도 살아가 보는 거지라고 생각하게 될 정도예요. 하지만 중요한 점은, 노비타가 단순히 자신의 못났음에 대해 '이게 나니까 어쩔 수 없다'며 체념하고 합리화하는 인물이 아니라는 것입니다. 스기타 씨가 분석하셨듯이, 노비타는 형편없지만 그럼에도 불구하고 "계속해서 더 나아지려" 합니다. 있는 그대로의 자신을 긍정하면서도, 동시에 지금보다 조금 더 나은 자신을 꿈꾸죠. 이를 위해 제법 노력도 합니다. 그 노력은 보상받을 때도 있고 그렇지 않을 때도 있지만, 그럼에도 노비타는 절망하지 않아요. 그러한 정신을, 저는 어린 시절에 탐독했던『도라에몽』을 비롯한 후지코 F. 후지오의 작품들로부터 배운 것 같습니다.

스기타 그 말, 정말 공감합니다. 참고로『도라에몽』은 최근에는 페미니즘적으로 비판받는 일도 많죠. 인생의 목표가 이성애적 결혼으로 설정되어 있다든지, 노비타가 시즈카의 목욕을 몰래 엿본다든지, 주요 인물은 모두 남자아이들이고 시즈카가 홍일점이라든지 하는 점에 대해…….

온 시즈카에 대한 성희롱 문제는 요즘 자주 거론되고, 저 역시 그때마다 고민하게 됩니다. 성희롱이 아니라도, 덴토무시 코믹스 초기에는 예컨대 도라에몽의 비밀 도구로 아빠와 엄마가 뒤바뀌어 아빠가 앞치

마를 두르고 밥을 하고 엄마가 담배를 피우며 신문을 읽는 장면을 본 노비타가 "이건 이상해, 원래대로 되돌리자"고 말하는 장면도 나오지요. 지금의 감각으로는 뭐가 이상한지 잘 모르겠지만요(웃음). 그런데 그런 노비타가 장기 연재의 후반부로 가게 되면, 여러모로 변화한 모습을 보여요. 여성에게만 가사를 떠맡겨서는 안 된다고 말하는 데키스기(出木杉, 한국어판 이름은 박영민)의 말에 자극받아서 스스로 청소와 빨래를 적극적으로 나서서 해 보기도 합니다. 시대의 흐름 속에서 변화한 작가의 가치관이 작품에 반영된 것이지요. 데즈카 오사무(手塚治虫)든 하세가와 마치코(長谷川町子)든 미야자키 하야오(宮崎駿)든, 앞으로도 불후의 명작으로 읽힐 작품들에는 지금의 가치관으로 보면 터무니없는 내용이 들어 있는 경우가 많습니다. 그러나 어떤 표현자도 그 시대의 정치성과 가치관으로부터 완전히 자유로울 수 없다는 사실을 잊은 채, 현대를 사는 우리가 마치 우리 자신은 거기서 자유로운 듯 일방적으로 단죄하는 것은 그다지 품위 있는 일이라 말하기 어렵습니다. 오히려 후지코 선생님과 그런 말을 하는 사람들이 같은 시대를 살았다면, 더 깊이 생각한 쪽은 과연 누구였을까, 하고 생각해 보기도 해요.

스기타 앞서 이야기한 '인간의 복잡한 중층성'을 잘라내 버리는 폭력 또한 비록 차별은 아닐지라도 아주 무서운 것입니다. 이는 작품을 어떻게 읽을 것인가의 문제와도 맞닿아 있습니다. 예컨대 『도라에몽』에서 자이코(ジャイ子, 한국어판 이름은 만퉁순)라는 인물의 존재는 중요합니다. 자이코에게는 '우먼리브(Women's Liberation)'적인 고고함이 있고, 또 연재가 진행될수록 성장해 나갑니다. 『도라에몽』은 동시에 그런 여성의 성장을 그려 넣고도 있는 것이죠. 어떤 한 측면만을 보고 "그 작품은 낡았고 옳지 않다"고 즉단해 버리는 사람은, 작품과 작가에 대한 존중이 부족하다고 생각합니다.

가령 수십 년 뒤에 동물의 권리나 로봇의 권리가 더 중요해진다면, 『도라에몽』에 대한 평가는 또 크게 달라질지도 모릅니다. 사실 도라에몽은 장애를 지닌 로봇이기도 하지요. 귀를 쥐에게 물려서 잃었고, 그것으로 인해 여자친구에게 비웃음을 사고 차별받은 경험을 트라우마로 안고 있습니다.

온 작품을 어떻게 읽을 것인가 하는 문제와 동전의 양면처럼 붙어 있는 것이, 작품이 어떻게 읽히는가라는 문제라고 생각하는데요, 저는 데뷔 이후 줄곧 제 소설이 '주제'만으로 읽히는 데 대해 거부감을 느껴 왔습니다. 일본 사회에서 지금까지 가시화되지 않았던 이민의 목소리를 들어야 한다거나, 비일본인의 내면을 우리는 더 알아야 한다는 식으로 크게 칭찬받을 때마다, 아, 내 작품은 정치적 '올바름'의 기준으로만 평가받고 있구나, 하고 복잡한 심정이 듭니다. 그런 식으로밖에는 읽히지 않는 작품을 써 온 제 자신이 소설가로서 미숙하다는 사실을 뼈아프게 실감하면서, 더 노력해야겠다고 생각하게도 되고요. 물론 저는 제가 쓰는 소설 속에, 그동안 가시화되지 않았던 사람들의 존재를 드러내고 싶고, 비일본인으로 일본에서 성장한 제 현실감을 표현하고 싶습니다. 하지만 처음부터 절대적으로 '올바른 것'을 쓰기 위한 수단으로 문학을 이용하는 태도는 제게 금하고 싶습니다. 이는 과거의 작품을 깊이 읽지 않은 채 현대적인 판단으로 표면만 잘라내어 읽는 독법과도 통하는 문제라고 생각합니다.

아, 도라에몽 이야기로 신나게 말하다 보니, 아주 중요한 이야기까지 와 버렸네요(웃음).

스기타 (웃음).

이양지를 어떻게 계승할 것인가

온 저는 일본인이 아니고, 남성도 아닙니다. 그런 의미에서 "일본 사회는 일본인이면서 남성인 이들에게 유리하다"는 사실을 비교적 쉽게 인식할 수 있는 위치에 있습니다. 그것은 더 나아가, "일본인 남성은 특권에 젖어 있다"고 단정적으로 말해 버릴 수도 있는 위치이기도 합니다. 하지만 소설을 통해 "그러니 너희는 반성해라"라고 쓰는 방식은, 저는 분명 맞지 않다고 생각합니다. 예를 들어 『루로우판의 지저귐』에 대해, 앞서 사쿠라이 씨가 말씀하신 것처럼 말해 주는 남성들도 꽤 있습니다. "내가 세이지를 비난할 수 있는가", "내 안에도 그런 인간이 있다는 사실을 깨달았다" 하고요. 다만 한편으로는, 세이지에게 끌렸던 모모카 쪽이 일방적인 피해자인 것처럼 읽히는 방식으로는 쓰고 싶지 않았습니다. 이 점은 저와 같은 세대 여성인 담당 편집자와도 여러 차례 깊이 논의했던 부분인데, 세이지와 같은 남성의 결혼 상대가 됨으로써 자신의 사회적 정체성을 획득하려 했던, 그런 교묘함이 모모카 안에도 분명 존재했다는 점을 함께 써야 한다고 생각했습니다. 물론 세이지가 압도적으로 우위에 놓인 상황이 배경으로 존재합니다만, 그러한 구조 자체를 의심하지 않았던 시기의 모모카의 가치관까지를 함께 고려한다면, 일본인과 대만인, 남성과 여성을 나란히 놓고 전자만을 항상 '악'으로 그리는 것은 역시 불공정하다고 느껴요.

스기타 예를 들어 데뷔작인 「호거호래가(好去好来歌)」(『복이 오는 집(来福の家)』, 集英社, 2011 수록)에는 지금 다시 읽어도 가슴에 꽂히는 장면들이 그려져 있습니다. 일본과 대만, 중국, 일본어와 대만어, 중국어의 경계에서 억눌려 살아가는 주인공 소녀가, 자신에게 가장 가까운, 소중한 사람을 상처 입히는 가해적인 말을 반복적으로 내뱉어 버리는 장면들이죠.

예컨대 연인인 무기오(麥生)에게 일본인이면서 왜 그렇게 올바른 중국어를 하느냐고 말해 버린다든지, 또는 어머니에게, 친구들 앞에서 이상한 말, 대만어 같은 건 하지 말아 달라고 말해 버리는 장면들. "왜 엄마는 평범하지 않아? 다른 사람들처럼 평범한 일본인 엄마를 원했는데"라는 말까지 하고야 말죠. 다시 말해, 자기 안에 있는 복잡한 가해성을 응시하는 것에서부터 온 씨는 작가 활동을 시작했다고 생각합니다. 자신이 가장 듣고 싶지 않았던 말을, 가장 소중한 사람을 향해 내뱉어 버리는 것. 그것은 정말로 무서운 일입니다.

온 씨는 학생 시절에 이양지(李良枝)를 연구하셨다고 들었습니다. 저는 이양지 작품 중에는 「해녀(かずきめ)」(1983)라는 초기 작품을 좋아합니다. 아쿠타가와상을 받은 「유희(由熙)」보다 앞선 작품이지요. 관동대지진 당시처럼, 일본인에게 죽창으로 찔려 살해될지도 모른다. 그와 같은 살벌한 공포가 생생하게 각인되어 있는 작품입니다. 동시에 이양지의 작품은 자기 내부의 폭력성 또한 그려내지요. 데뷔작 「나비 타령(ナビ·タリョン)」(1982)에서도, 주인공은 주머니에 돌멩이를 넣고 다니면서, 무슨 일이 생기면 일본인들에게 반격하겠다고 생각하며, 자기 안에 살의가 존재한다는 사실을 자각해 나갑니다. 다시 말해 피해와 가해, 공포와 공격성이 독처럼 순환하고 있지요.

재일조선인 문학, 재일코리안 문학을 읽다 보면, 자살인지 사고인지 병사인지 분간하기 어려운 방식으로 젊은 나이에 죽어 가는 사람들이 많다는 점이 늘 마음에 걸렸습니다. 작품 속에서도, 실제 삶에서도 말입니다. "죽창에 찔린다"는 표현은 실제로 찔린다는 의미뿐 아니라, 상징적인 차원도 포함하고 있는 것이 아닐까 생각합니다. 정확히 무엇때문인지도 모른 채, 사태에 떠밀리듯 죽임을 당하는 것. 그것이 '일본 사회'의 폭력이자, 어쩌면 '일본 문학'이라는 제도의 폭력인 것 아닐까. 그 점을 내부로부터 날카롭게 그려낸 선구적 작가 가운데 한 사람이 이양지였다고 저는 생각합니다.

온 네, 맞습니다. 물론 저는 제 자신의 가해성에 대해 항상 민감하고자 합니다. 하지만 그보다 먼저, 특히 이양지가 그려 낸 것처럼 작가 자신의 분신이라 할 수 있는 재일코리안들이 왜 그렇게까지 내몰려야만 했는지, 어째서 그런 상황이 반복해서 만들어지는지를 사회의 문제로서 집요하게 묻지 않으면 안 된다고 생각합니다. 문학을 '올바른' 것을 쓰기 위한 수단으로 쓰고 싶지 않다는 앞선 말과 모순되는 것처럼 들릴 수도 있겠지만, 문학이 인간을 그리는 것이라면, 이 사회로 인해 살아가는 것이 고통스러운 인간을 그리기 위해서는, 사회의 문제로부터 눈을 돌려서는 안 된다고 생각합니다.

그동안 너무나 많이 타인에게 상처받아 왔으니, 그런 자신이 조금쯤 타인을 상처 입힌다 한들 용서받아야 마땅하다는 식의 태도를 가진 마이너리티를 만날 때면, 정말 싫거든요. 고백하자면, 저 역시 과거에는 그런 태도로 제 주변의 이른바 매저리티, 일본인들을 대했던 시기가 있습니다. 하지만 타인에게서 상처를 받았다고 해서 타인을 상처 입혀도 되는 것은 아니라는 사실을 깨닫고 나서는, 그런 과거의 제가 부끄러워졌습니다. 그렇다고 해서, 그러한 지점까지 내몰린 마이너리티들을 무작정 부정하기에는 어딘가 망설임이 남습니다. 그건 마이너리티의 문제에 무관심한 다수의 매저리티의 책임이기도 하기 때문입니다. 조금 전에 스기타 씨가 말씀하신 것처럼, '일본 사회'의 가혹한 폭력에 노출된 사람들이, 죽임을 당하기 전에 죽여 버리겠다고 작은 돌을 주머니 속에 숨기게 될 때, 그 돌을 손에 쥐게 될 때까지 무슨 일이 있었는가, 그녀를 그토록 내몰리게 한 것의 정체는 무엇인가 하는 점을 한

편의 소설로서 표현해 보고 싶다는 것이, 아마도 제가「호거호래가」를 쓸 때 품고 있던 생각이었어요.

스기타 그렇군요. 분명 이양지도 그런 의지를 가지고 있었을 거라고 생각합니다.

온 바로 그렇기 때문에 저는 그 작품에서, 일본과 일본 사회, 더 나아가 자신의 부모의 언어인 중국어에마저 소외감을 느끼며 신경이 곤두서 있는 대만인 여성 주인공이, 중국어를 능숙하게 구사하는 일본인 남자친구가 하필이면 자신의 대만인 어머니에게 북경 중국어로 아무렇지 않게 말을 걸고, 게다가 곧바로 일본 여권을 꺼내어 보이는 순간을 견디지 못하고 분노하는 장면을 썼던 것이라고 생각합니다. 주인공이 자신에게 분노를 쏟아내는 것을 본 일본인 남성은, 그럼에도 불구하고 그녀를 이해하려 애씁니다. 집필 당시에 의식했던 것은 아니지만, 아마 그것은 제 바람이 반영된 결과였을 것입니다……. 제가「호거호래가」를 쓴 것은 다름 아닌 이양지의「유희」에 촉발되어서였습니다만, 제가 존경하는 작가와 저 자신의 가장 큰 차이점이 무엇일지를 나중에 가서 생각해 보았을 때, 그것은 '재일'이라는 속성, 일본인(한국인, 대만인)과는 다른 조건을 살아가는 주인공들을 긍정적인 존재로서 통째로 긍정해 주는 타인을 작품 속에 쓰고 있는가, 쓰고 있지 않은가라는 지점이라고 느꼈습니다. 몇 해 전에 이양지를 추모하는 모임이 열려 감사하게도 저도 초대받아서 갔는데, 그 자리에 모인 사람들의 얼굴을 보며, 그녀 주변에는 참으로 풍부한 인간관계가 있었구나 하고 가슴이 뜨거워졌습니다. 하지만 서른일곱이라는 짧은 생을 숨 가쁘게 살다 간 그녀가 남긴 소설들을 읽다 보면, 놀라울 정도로 고독한 인물들만이 등장합니다. 모두 훌륭한 작품들이지만, 읽고 있으면 숨이 막힐 정도로 외롭고 쓸쓸합니다. 그래서 저는 문득, 이양지 작품 속 인물들에게는 왜 제게 있어서의 기무라 유스케 같은 친구가 없을까 하고 생각하기도 했어요(웃음).

사쿠라이 저는 재일코리안 소설가들이 대체로 고독하다는 이미지를 가지고 있습니다. 이카이노(猪飼野) 근처에 있다면 같은 지역에 산다는 이유로 연결되기도 하지요. 하지만 도쿄는 워낙 넓고, 재일코리안 공동체도 오사카보다 적습니다. 그래서 고립된 상태에서 글을 쓰고 있다는 인상을 받습니다.

온 네. 거기에 더해, 이것은 아마도 '일본 문학'의 문제로 논의되어야 할 사안이라고 생각하는데, '재일'로서 글을 쓰는 한, 그 삶의 양상을 표상의 차원에서도 늘 비극적인 것으로 물들이지 않으면 일본의 이른바 '문단'이라는 공동체에서는 환영받지 못한다는 중압감을 그들은 느껴 왔던 것은 아닐까요. 요즘은 그런 경향이 많이 줄었다고 생각하지만, 이양지가 활동하던 시기에는 아직 그런 분위기가 강하지 않았나 하는 생각도 들어요.

스기타 그러고 보니 제가 비평의 대상으로 삼아온 인물들은, 강렬한 자기혐오와 자기부정을 지닌 경우가 많습니다. 미야자키 하야오도 그렇고, 나가부치 쓰요시(長渕剛)도 그렇고요. 자기혐오 속에서 그것을 어떻게든 예술로 승화시키며, 자신의 작품과 삶을 갱신해 나가는 사람들이지요. 그래서 저는 이양지에게 끌리는 한편, 매저리티 남성의 위치에서 이양지의 텍스트를 읽는 것의 어려움 또한 느낍니다. 의식하지 못하는 사이에, 살인인지 사고인지 병사인지도 분간되지 않는 방식으로 누군가를 죽이고 있는 것은 아닐까. 상징적인 차원의 죽창으로. 그런 생생한 감각이 제게 다가오기 때문에요.

온 누가 이양지를 죽였는가……. 이양지는 너무 정직했던 것일까요. 『각(刻)』이라는, 「유희」에 앞서 발표된 장편 작품이 있는데, 그 안에서

이양지는 "반복 연습이다. 내가 말하는 언어는 언제나 타인의 언어를 인용, 반복한 것에 불과하다"라고 씁니다. 즉, 완전히 순수한 자기 자신의 말이란 존재하지 않는다고 단언하고 있는 셈이지요. 그렇기 때문에 무엇을 말하든지 간에 언어를 발화하는 행위 그 자체가 이미 자기 자신에 대한 배신이 된다는 절망을 근저에 두면서, 그럼에도 불구하고 끝까지 자신의 언어를 모색하고 있습니다. 그 점에 매번 깊이 감동하게 됩니다. 이양지를 다시 읽을 때마다, 언어라는 것에 대해 이렇게까지 철저히 결벽함을 유지하는 자세는 도대체 어디에서 비롯되는 것일까 하고 생각하게 됩니다. 그리고 사실 바로 이 지점이야말로, 제가 이양지에게 가장 강하게 끌리는 이유이기도 합니다. 데뷔 당시부터 많은 주목을 받았고, 「유희」로 아쿠타가와상을 수상한 이후에는 일본 문단에서도 더욱 소중히 여겨졌을 터인데, 그런 환경 속에서 그녀는 더 능숙하게, 말하자면 좀 더 '요령을 부리며' 처신할 수도 있었을 것입니다. 그러나 그녀는 그렇게 하지 않았습니다. 유작이 된 「돌의 소리(石の聲)」를 읽으면, 심상 풍경을 포함해 장면 하나를 묘사하는 데 있어서 단 한 글자라도 부정확하게 쓰지 않겠다는 집념마저 느껴집니다. 이양지의 이러한 언어에 대한 결벽성은 정말로 숭고하다고 생각합니다.

스기타 '이양지의 정신을 어떻게 계승할 것인가'라는 문제군요.

온 저는 좀 더 뻔뻔하게, 그리고 오래 살아남아서 글을 계속 쓸 생각입니다(웃음).

국경을 넘는 '따뜻함'

사쿠라이 저는 지금 전문학교에서 일본어와 한국어를 가르치고 있습니다. 학생들 가운데에는 일본식 이름을 가진 중국인도 있고, 한국의 민족명을 가진 일본인도 있으며, 한국에 뿌리를 둔 학생들도 적지 않습니다. 『루로우판의 지저귐』이 그리고 있는 이야기가 더 이상 특수한 사례가 아닌 시대가 이미 도래한 것이지요. 평소에 외국 출신자와 접할 기회가 많지 않은 일본인들도, 그런 현실을 꼭 알았으면 합니다.

특히 주인공(모모카)의 어머니인 유키호(雪穗) 씨는, 정말 눈물이 나요……. 저는 유키호 씨가 제 어머니였으면 좋았겠다는 감상까지 품었습니다. 지금 생각하면 꽤나 불경한 감상이었다고 느끼지만요……. '일본은 남성이고 아시아는 여성'이라는 식의 식민주의적 이미지를 무의식중에 답습해서, 이 사람이 나의 어머니였으면 좋겠다는 순진한 감상을 품어 버린 셈이니까요.

온 어떤 의미에서 유키호가 어머니였으면 좋겠다고 느끼셨나요?

사쿠라이 글쎄요……. 저희 어머니는 지방(나가노현(長野県))의 유서 있는 가문 출신으로, 정말로 '전형적인 일본인' 같은 분입니다. 해외에 대해서는 거의 모르고, 유키호 씨에게서 느껴지는 그런 정이나 따뜻함은 별로 느껴지지 않거든요. 그것은 어쩌면 대륙적인 것일 수도 있을 것 같은데, 생각해 보면 제가 한국어를 공부하고 유학을 간 것도, 바다 건너 다양한 뿌리를 지닌 사람들과 인간적인 관계를 맺고 싶었기 때문이었는지도 모릅니다. 문학을 연구하고 글을 쓰게 되는 동기에는 사회적 환경뿐 아니라 가정 환경도 크게 작용하니까요.

온 그렇군요. 하지만 아마도 사쿠라이 씨께서 느끼신 유키호 씨의 '따뜻함'은, 단지 그녀가 대만인이라는 이유만으로는 설명되지 않을 것이라고 생각합니다. 물론 일본어가 능숙하지 않기 때문에 딸에 대해 품고 있는, 말로 표현되지 않는 감정이 넘쳐흐르는 부분 같은 건, 유키호가 일본어가 당연하게 통하는 일본인 어머니가 아니기 때문에 생겨나는 것이기도 하지요. 하지만 저는 유키호의 그처럼 깊은 애정의 이유를, '대만인이기 때문'이라고 쓰고 싶지는 않았어요. 설령 대만인 남성과 결혼해 대만에서 아이를 키웠었더라도, 자기 자신과 딸 사이에 분명한 선을 긋고, 그 아이가 자유롭고 당당하게 살아가기를 바랐을 어머니의 모습으로 저는 유키호라는 인물을 상상했었어요. 바로 그렇기 때문에 모모카 역시 유키호의 사랑을 올곧게 받아들일 수 있었던 것이겠지요. 이런 어머니는 일본인 중에도 분명히 있고, 반대로 대만인이라 해도 전혀 정이 없는 사람도 있지요(웃음). 그럼에도 불구하고 사쿠라이 씨께서 "유키호가 우리 어머니였으면 좋았겠다"고 말씀해 주신 것은, 솔직히 말해 무척 기쁩니다. 그 소설은 '전형적인 일본인'인 남편 앞에서 늘 위축되어 있던 모모카가, 일본인이 아닌 자신의 어머니와, 그 원류에 있는 대만 이모들의 따뜻함에 의해 구원받고 다시 일어서는 이야기였으니까요.

일본의 부조리와 마주하기

스기타 이번 단행본에 수록되지 않은 「오카몬메라(おかもんめら)」(『스바루(すばる)』 2011년 2월호)와 「해 뜨는 나라 한가운데(ひのもとのまなか)」(『스바루』 2014년 2월호)까지 포함해 기무라 씨의 소설을 통독하고 왔습니다.

온 두 작품 다 숨은 걸작이에요. 특히 「해 뜨는 나라 한가운데」는 제목부터 도발적이고, 정말 대단한 작품이죠.

스기타 이 두 작품도 빨리 단행본으로 나왔으면 좋겠네요.

기무라 아이고……. 감사합니다. 스스로는 잊고 싶은 건지, 두 작품다 다시 읽어보지 않았어요.

스기타 기무라 씨의 데뷔작 『괭이갈매기 트리하우스(海猫ツリーハウ
ス)』(集英社, 2010)를 읽어 보면, 마지막에 주인공이 갑자기 거대한 파
도에 휩쓸리는 장면이 나옵니다. 또 무쓰 반도(陸奥半島)를 무대로 한
「행복한 수부(幸福な水夫)」(『스바루』 2010년 2월호, 이후 2017년 미라이샤
(未來社)에서 단행본화)에서는 마지막에 원자력 개발의 폭력성을 되묻는
장면이 있죠. 더 나아가「오카몬메라」에서는 국가와 자본에 의한 도쿄
만의 포위와 해양 오염이 모티프가 됩니다. 마치 도쿄만에 미나마타병
(水俣病)이나 근미래의 후쿠시마 상황이 겹쳐지는 듯한 느낌입니다.

이 작품들은 2011년 대지진 이전에 쓰였음에도 불구하고, 마치 지
진과 쓰나미, 원전 공해를 예언한 것처럼 보이는 내용이어서 놀라웠습
니다. 어떤 예감 같은 것이 있었던 건가요?

기무라 아니요, 그런 건 전혀 없었습니다. 다만 제가 소설을 쓸 때
마음이 움직이는 지점은 사회 속의 모순이나 격차 같은 것과 맞닥뜨릴
때입니다. 그건 지진 이전부터도 그랬어요. 이시무레 미치코(石牟礼道
子)의 『고해정토(苦海浄土)』를 읽고 큰 충격을 받은 것도 컸다고 생각합
니다. 애초에 『괭이갈매기 트리하우스』에서 고향의 방언을 사용해 소
설을 쓴 것도 『고해정토』의 영향이었고요. 그래서 지진 이전부터 자연
스럽게 국가 폭력과 사람들이라는 주제로 마음이 향했던 것 같습니다.

즉, 지진 이전에도 사회적 모순이나 격차에 눈길이 머물러 있었던
거죠. 계속 이상하다고 느끼고 있었습니다. 하지만 그것을 직접적으로
소설의 소재로 다뤄서는 안 된다는 감각 역시 제 안에 늘 있었어요. 섣
불리 다뤄서는 안 된다는 의식이 강했고, 오히려 사회 문제에 대해 직
접 언급하지 않는 것이 문학의 방식이라고 생각했습니다.

그런데 제 고향을 포함한 도호쿠(東北) 지역에서 그렇게 큰 재해가

일어났습니다. 쓰나미는 물론이고 원전 사고의 영향도 엄청났죠. 저는 원전에 대해 그동안 무엇을 말해 왔느냐 하면—「행복한 수부」에서는 분명 언급하긴 했지만—그다지 많은 말을 하지 않은 채로 넘겨 왔습니다. 롯카쇼무라(六ヶ所村)에 있는 핵연료 재처리 공장은 아오모리(青森)에서는 이제는 당연해진 일상의 일부이고, 핵 시설의 존재를 비판하면 "그럼 그걸로 생계를 유지하는 사람들은 어떻게 하느냐"라는 반론이 돌아옵니다. 그렇게 쉽게 비판할 수 없는 상황이 있었어요. 거의 화제조차 되지 않았습니다.

그러다 보니 저는 아무 말도 할 수 없었고, 결국 침묵했을 뿐이었습니다. 그렇게 현실을 추인해 버린 셈이죠. 침묵을 통해 가담한 것과 같은 형태로요. 그래서 원전 사고가 일어났을 때, '나는 정말 아무 책임도 없다고 말할 수 있는가'라는 생각이 들었습니다. 그런 후회도 있었고, 도호쿠를 비롯한 지방에 원전이 집중되어 있다는 중앙과의 격차, 후쿠시마에서 만든 전기를 도쿄에 사는 우리가 쓰고 있다는 사실을 몰랐다는 점, 나는 도호쿠 출신이지만 피해 당사자는 아니라는 점 등, 지진을 통해 드러난 수많은 사회적 모순뿐 아니라, 도호쿠에 무관심했던 저 자신에 대한 죄책감까지도 직면하게 되는 나날 속에서, 제 안에는 복잡한 감정이 점점 쌓여 갔습니다.

그 응어리가 임계점에 달해서 쓰게 된 것이 「이사의 범람」(『스바루』 2011년 12월호. 이후 2016년 미라이샤에서 단행본화)입니다. 그 작품은 지진이 일어난 해가 끝나기 전에 발표되었죠. 지금 생각하면 말도 안 되는 일입니다. 그렇게 큰 재해를 소설로 쓰기에는 너무 빨랐어요. 이전의 제 문학관으로 보면, 거의 파렴치하다고 느껴질 정도였습니다.

스기타 그렇군요. 그런 소설가로서의 갈등이 있었군요.

기무라 그렇지만 피해를 입은 고향에 가서 제 눈으로 보고 듣고 느낀

것들, 그리고 단순히 말로 표현할 수 없는 응어리가 분명히 제 안에 있었습니다. '그것들을 전부 없었던 일로 하고 예술적으로 뛰어난 문예 작품을 지향한다는 게 과연 무엇일까'라는 생각이 들었습니다. 그때까지 굳게 믿어 왔던 문학관을 근본적으로 다시 묻게 되는 의문도, 지진 이후 제 안에 생겨났습니다.

그런 의미에서 보면, 지진 이후 저는 소설가로서의 의식 자체가 바뀌었다고 생각합니다. 이전이라면 다루지 않았을, 시사적이고 현재진행형인 소재를 소설 안에 던져 넣지요. 설령 그로 인해 소설의 형식이 무너진다 해도 상관없다는 마음으로요. 그러한 파열과 파괴까지를 포함해서 소설로 만들고 싶었어요. 그렇다고는 해도 소설로서 어떻게든 성립되도록 만들고 싶다. 그런 미지의 갈등을 끌어안게 되었습니다. 그런 흐름 속에서 『성지 Cs(『聖地Cs)』(新潮社, 2014)라는 소설도 썼습니다. 피폭된 소를 죽이지 않고 살리려는 후쿠시마의 목장을 한 여성이 도우러 가는 이야기입니다.

스기타 걸작입니다.

기무라 다만 그런 스타일을 자신의 '특기'처럼 만들어 버리는 것도 싫었습니다. 그것 역시 이상하다고 느꼈거든요. 진재 이후의 참혹함과 부조리를 상징하는 장소는 분명 많습니다. 그것 하나하나를 소설로 쓸 수 있었다면 도호쿠 출신 작가로서 그럴듯했을지도 모르지만, 그렇게는 되지 않습니다. 자신의 내적 동기와 연결되지 않으면 쓸 수 없어요. 『이사의 범람』이라면 폭력적인 '삼촌'과 '도호쿠'이고, 『성지 Cs』라면 '동물의 생명'입니다. 그런 자신의 근원에 있는 것들과 연결되지 않은 채 소재나 재료로만 쓰면 거짓이 되지 않을까 생각했습니다. 진재 피해자들의 고통을 훔쳐 자신의 공적으로 삼는 일이 될 수도 있고요. 현실의 여러 문제에 대해, 작가로서 어떤 거리를 유지해야 하는가. 그것이 정말 어렵습니다. 지금도 계속 고민하고 있습니다.

예를 들어 '모자 피난(母子避難)'을 한 사람들이 있습니다. 아이에게 방사성 물질을 쐬게 하고 싶지 않아서 도망친 것이죠. 생물체로서, 어머니로서 당연한 선택입니다. 하지만 한편으로, 그들이 방사성 물질에 대한 과도한 공포를 부추긴다는 비판도 받았습니다. 후쿠시마의 피폭 수준은 체르노빌보다 낮은데 굳이 피난할 필요가 있느냐는 식이죠. 저선량 피폭의 위험은 '없다'고 확정된 것도 아닌데 말입니다. 그럼에도 위험을 말하는 것이 곧 후쿠시마 차별 문제로 취급되며 비판받습니다.

그러나 근본적인 문제는, 본래 세상에 흩뿌려져서는 안 될 것이 흘러넘쳐 버렸다는 점입니다. 이전에는 허용되지 않았던 방사성 물질의 수치가, 지진 이후에는 당연한 것처럼 허용되고 있습니다. 연간 1밀리시버트였던 피폭 한도가 연간 20밀리시버트까지 허용되는 식으로, 기준 자체가 완화됐죠. 그런 상태 자체가 애초에 이상하지 않느냐는 질문이 먼저 있어야 합니다. 그런데도 그런 어머니들이 비난받고, 점차 지원이 끊기며, 고향으로 돌아갈 수밖에 없도록 치밀하게 몰아붙여집니다. 도쿄로 피난한 한 어머니는 후쿠시마에 남은 남편에게서 생활비 지원이 끊겨 일을 여러 개 겸하며 어렵게 생활비와 아이 학비를 마련하고 있었는데, 스트레스 때문인지 왼쪽 반신이 움직이지 않게 되고 그 와중에 주거 지원마저 끊겼다고 합니다. 그래서 정신적으로 내몰린 끝에, 지원자에게 "제가 죽어도 아이들에게 돈이 전달되게 해주세요"라는 말을 남기고 자살했다고 합니다. 이 경위는 『지도에서 지워지는 마을: 3·11 이후의 '말해서는 안 되는 진실'(地図から消される街—3·11後の「言ってはいけない真実」)』(아오키 미키(青木美希), 講談社現代新書)에 상세히 기록돼 있습니다.

그렇게 내몰린 어머니들의 목소리를 저는 소설의 형태로 전혀 건져

올리지 못했습니다. 논픽션에서는 일부 다뤄졌을지 모르지만, 들리기는커녕 귀 기울여지지 않는 목소리, 소설이 따라가지 못한 목소리가 현실에는 너무나 많습니다.

스기타 원전은 안전하다는 거대한 거짓말은 통용되는데, 현지에서 어린아이를 안고 앞길이 막막해져 갈팡질팡 도망치는 사람들의 작은 목소리는 무참히 짓눌려 버립니다. 그런 부조리한 불공정이 노골적으로 존재하죠. 그리고 진재 이후의 그런 부조리가 그대로 지금의 코로나 대응으로 이어졌습니다.

기무라 맞습니다. 원전 사고 이후 방사성 물질은 도호쿠에서 간토권(関東圏)까지 날아갔지만, 일본 전체에 균등하게 퍼진 것은 아니었습니다. 국책기업 칫소(チッソ)가 흘려보낸 수은으로 인해 발생한 미나마타병의 피해 지역도, 구마모토현(熊本県)과 가고시마현(鹿児島県)에 걸친 야쓰시로해(八代海)(시라누이해(不知火海)) 주변이죠.

하지만 신종 코로나 바이러스 감염은 일본에 사는 모든 사람에게 영향을 미치고 있습니다. 코로나 감염 확산 자체는 천재일 수 있지만—엄밀히 말하면 자연 개발로 인해 야생동물의 바이러스를 인간계로 끌어들인 인재이기도 하지만—그 확산을 부추긴 것은 감염이 수그러들지 않았는데도 여행과 외식을 장려한 'Gc To 캠페인'을 펼친 정부입니다. 사람의 생명보다 경제 활동을 우선시하는 정치 구조는 미나마타병에서 원전 사고까지 변하지 않았고, 그 구조가 지금 홋카이도(北海道)에서 오키나와(沖縄)까지 감염 확대와 의료 붕괴를 초래했습니다. 국책으로 인해 피해자가 생겨도, 그동안은 많은 이들에게는 지방 어딘가에서 벌어지는 남의 일이었던 것이, 이제는 전국에 있는 모든 사람에게 닥치게 된 것이지요. 생활과 정치는 무관하다고 생각했던 사람들에게도, 정부 비판을 다른 논점으로 비틀어 조롱하던 '넷우익'이라 불리는 사람들에게도, 예외 없이요.

그런데 정부는 무엇을 하고 있느냐 하면, 올림픽을 어떻게든 개최하고 싶어서 사태를 키우고 싶지 않은 건지, 거의 아무것도 하지 않고 방치하고 있는 것처럼 보입니다. 중소기업은 망하든 말든 방치해 두고, 감염 거점으로 지목된 음식점도 체력이 없어서 버티지 못하면 망해도 상관없다는 식이죠. 그 결과, 비정규직이나 외국인 노동자처럼 평소부터 약한 위치에 있는 사람들이 가장 먼저 해고되고 있습니다. 다른 일을 찾고 싶어도 이런 상황에서는 일자리 자체가 없습니다. 도움을 요청하기 어려운 여성들의 자살도 급증하고 있습니다.

이건 완전히 인재죠. 원전 사고도 결국은 쓰나미 대비를 소홀히 한 인재였다면, 코로나 대책을 게을리한 것도 인재입니다. 지진 복구 과정에서도 올림픽으로 화제를 돌려 불리한 것은 숨기고, 올림픽 공사를 병행해 복구를 지연시켰죠. 게다가 복구 방식 역시 해안을 무조건 콘크리트로 덮는 방향으로 갔습니다. 결국 대형 건설사를 배불리기 위해서였겠죠. 여기에 경제적 이권과 정치인들에게 유리한 계산이 작동하고 있다고 생각합니다. 그런 일이 지금의 코로나 사태에서도 벌어지고 있습니다. 같은 구조가 반복되고 있는 겁니다. 이 나라는 아무것도 변하지 않았습니다.

스기타 이권을 배제한 인권이라는 사고가 철저히 무시되고 있습니다. 인권이 늘 이권과 묶여 있죠. 인권은 일본 열도에 거주하는 모든 사람에게 차별 없이 행사돼야 하는데, 정치와 기업이 중간에서 착복하고, 이권 없이는 아무것도 내놓지 않습니다.

기무라 정말 그렇습니다. 말씀하신 대로입니다. '인권'이라는 말이 무엇보다 중시돼서, 정치인도 그 말을 들으면 두려움을 느껴야 마땅할 텐데, 왜 이 나라에서는 '인권'이라는 말이 그만큼의 힘을 갖지 못하는 걸까요.

동물의 생명에 대한 시선

스기타 한 가지 든 생각은, '온당함'이라는 말은 기본적으로 인간으로서의 '온당함'을 뜻하지만, 이는 인간에서 그치지 않고 더 확장될 수 있는 것이 아닐까 하는 점입니다.

이쿠타 다케시(生田武志)라는 사람이 있습니다. 오랫동안 오사카 가마가사키(釜ヶ崎)에서 일용직 노동 등을 하면서 노숙자 지원을 해 온 분입니다. 저는 원래 『프리터즈 프리(フリーターズフリー)』라는 잡지에서 이쿠타 씨와 함께 활동하고 있었습니다. 이쿠타 씨는 예전부터 동물에 관한 책을 쓰고 싶다고 말해 왔고, 그것이 『생명에 대한 예의(いのちへの礼儀)』(筑摩書房, 2019)로 간행되었습니다. 이 책의 제목은 기무라 씨의 『성지 Cs』에서 가져온 것입니다. 그런 의미에서도 인연을 느낍니다.

그렇다면 '온당함'과 '예의'는 어디까지 겹치고, 어디까지 겹칠 수 없는 것일까요. 20세기 후반에 공장식 축산 체제가 확립되면서, 동물들은 현재 아마도 지구가 탄생한 이래로 최악의 고통과 존엄 박탈을 강요받고 있습니다. 동물의 상황을 아는 것은 지옥 순례와도 같다고 이쿠타 씨는 쓰고 있는데, 그만큼 압도적으로 비참한 상황이 존재합니다.

하지만 다른 한편으로는, 애완동물보다 더 친밀한 '반려 동물'들, 가족으로서의 동물들이 존재합니다. 거기에는 현기증이 날 만큼 거대한 간극이 있습니다. 그렇다면 인간과 동물의 관계에 거대한 지각 변동이 생기는 가운데, 애초에 생명에 대한 '예의'란 무엇일까요. 동물과 마주하는 온당한 방식이란 어떤 것인가. 동일본 대지진과 신형 코로나 바이러스 이후의 역사 속에서, 인간이라는 동물은 그런 질문에 직면하고 있습니다.

온유주 씨가 서평을 쓰셨던 수나우라 테일러(Sunaura Taylor)의 『짐을 끄는 짐승들: 동물 해방과 장애 해방(荷を引く獣たち—動物の解放と障害者の解放)』(スナウラ·テイラー 저, 今津有梨 역, 洛北出版, 2020)이라는 책이 있습니다. 저자는 장애 당사자 여성으로, 어린 시절부터 동물 권리 운동을 실천해 온 사람입니다. 동물의 권리와 장애인 차별 두 가지 모두를 교차적으로 사유하는 사람은 아직도 많지 않습니다. 한편에는 피터 싱어 같은 공리주의자가 동물의 권리라는 이름 아래 장애인 말살 사상을 전개하고 있습니다. 공리적 계산으로 생각하면, 중증 장애인 한 사람을 돕는 돈으로 더 많은 동물을 도울 수 있다. 그쪽이 선이다라는 논리로 말입니다.

수나우라 테일러가 제시하는 것은 싱어적 사고와는 전혀 다른, 장애인과 동물을 동시에 살리기 위한 사상입니다. 그녀는 예를 들어 동물 차별과 장애인 차별을 관통하는 말로서 능력주의(에이블리즘, ableism)라는 말을 사용합니다. 동물 차별을 극복하지 않는 한, 사실은 능력주의 또한 극복될 수 없다고. 에이블리즘이라는 말에 상당히 특별한 의미를 담고 있는 것이죠. 이는 과거 뇌성마비 당사자들의 '푸른잔디회(青い芝の会)'가 이른바 '정상인(健全者)' 문명이라는 문명 자체를 급진적으로 비판했던 것과 같은, 스케일이 큰 이야기이기도 합니다.

예를 들어 『짐을 끄는 짐승들』에는 장애 동물에 대한 이야기가 자주 등장합니다. 우리는 멋대로 이렇게 믿고 있습니다. 동물의 세계는 생존 경쟁이 치열하니, 장애가 있는 동물은 버려지고 도태될 것이라고. 그러나 실태를 조사해 보면 의외로 그렇지 않습니다. 한쪽 다리나 한쪽 손이 없는 등의 장애가 있는 동물들을, 동물들의 무리는 의외로 서로 보완하며 함께 살게 합니다. 그것이 인간적인 의미에서의 공감인지 사랑인지 우정인지, 그것은 알 수 없지만, 어떤 '살려 내는' 원리가 작동하고 있습니다. 물론 그대로 죽게 두거나 버려지는 동물도 있지만, 그것만이 전부는 아닙니다. 이것은 놀랄 만한 일입니다. 장애 차별과 동물 차별을 넘어서는 어떤 원리, 능력주의를 넘어서는 원리가 동물 세계에도 관통하고 있는 것입니다. 거기에는 인간의 상상을 넘어서는 어떤 '온당함', 생명에 대한 '예의'가 있는 것이 아닐까요. 이것은 상당히 충격적인 사고방식이며, 오늘 이야기해 온 복합차별 시대의 '온당함'을 생각하는 데에도 중요한 시사를 준다고 생각했습니다.

이것은 기무라 씨가 소설 속에서 계속 묻고 있는 주제이기도 하죠. 인간과 동물의 관계—기무라 씨가 실제로 함께 살고 있는 고양이들은 물론, 재해 지역에 굶주린 채 남겨진 소들, 그리고 『괭이갈매기 트리하우스』 마지막에 나오는 괭이갈매기들. 기무라 씨는 동물과 인간의 관계를 줄곧 물어 왔습니다. 게다가 단순한 공생이나 공존이 아니라, 인간이 어떤 국면에서 동물로 변신하고, 변신하는 가운데 인간과 동물이 기묘한 연대를 형성하는 비전으로서 말입니다.

『나와 당신 사이』에서도 인상적인 것은, 장애인의 몸이나 다리가 없는 비둘기 같은 장애 동물을 마주했을 때 기무라 씨가 느끼는 당황, 당혹의 방식입니다. 남성적 성욕의 문제에 대해서는 그나마 반성이 작동하지만, 장애인의 몸이나 장애 동물에 대해서는 마치 허를 찔린 듯 극도로 당황해 말조차 나오지 않지요. 그 정도로 근본적인 충격이 있습니다. 그런 충격과 함께 있는 '온당함', 혹은 생명에 대한 '예의'야말로 앞으로 중요해질지도 모른다는 예감이 들었습니다.

기무라 애초에, 생명에 '계층' 같은 것이 있을까요. 생명에 '등급' 같은 게 있을지……. 이 점을 늘 의문으로 생각합니다.

'동물'이라고 지칭하는 순간, 우리 인간 안에는 이미 자동적으로 상대를 내려다보는 감정이 생겨나는지도 모릅니다. 제 안에도 그런 감각은 있습니다. 집에서 기르는 고양이들에 대해, 저는 '대등한 관계'라고 생각하며 돌보고 귀여워합니다. 하지만 고양이들을 귀여워하는 태도 안에조차 그런 감정이 작동하고 있을지도 모릅니다. 내려다보는 감정이 제 안에도 전혀 없지는 않을 거라고 생각해요. 밥을 준다고 해서 내가 더 위라고는 생각하지 않습니다. 그런데도, 역시 뭔가가 있는 건 아닐까 하고요. 그래서 집 안에서 가끔 고양이와 눈이 마주치면, 그 고양이가 도대체 나를 어떻게 보고 있는지, 그것을 상상해 보려고 합니다. 늘 그러는 건 아니지만요.

온 『어린아이의 성전』에도 그런 모티프가 있죠. 타자의 시선으로부터 질문받는 것, 물음을 되돌려받는 것.

기무라 상대의 눈을 통해 나 자신을 본다, 그렇게 조금 상상해 봅니다. 그러면 비로소 타자로서의 고양이가 거기에 있다는 감각, 타자의 존재가 지닌 무게를 상상할 수 있을 것 같습니다. 그런 감각을 잃지 않으려 합니다.

결국 인간은 무의식적인 '생명의 서열화'에 근거해 동물의 생명을 이용하고 있다고 보아야 겠죠. 거역할 수 없는 동물들을 사육하고, 죽이고, 식품으로 가공합니다. 하지만 본래 그러한 생명의 무게에 위아래가 있을 리 없습니다. '고귀한 생명'도 '비천하고 열등한 생명'도, 둘다 '없다'. 그런데 우리는 다른 생명을 조작할 수 있는 커다란 힘을 가져 버렸습니다. 그래서 현대 문명은 그렇게 동식물을 이용함으로써 성립하고, 그것을 당연한 것으로 여기며 조금도 가책을 느끼지 않고 계속 이용하고 있지요. 하지만 사실 타자의 생명을 공업 제품처럼 이용하는 것에는 애초에 정당성의 근거가 없는 것이 아닐까요.

'생명의 서열화'는 인간과 동물의 관계에만 한정되지 않습니다. 인간들 사이에서도 속성이나 능력으로 제멋대로 상대를 가치 매기고, 그 사람이 살아 있다는 것 자체를 깎아내리는 상황이 엄연히 존재합니다. 거기에는 역시 근거 같은 건 아무것도 없는데도요. 뭐, 생명에 위계를 매기기 위한 근거가 제시된다 한들 그걸로 납득하겠느냐 하면, 저는 절대로 받아들이지 않겠지만요(웃음). 애초에 '무엇 무엇이기 때문에' 그 사람을 멸시해도 된다거나, 인권을 제한해도 된다는 논거의 어디에 정당성이 있다는 겁니까? 마음대로 움직이지 않는 몸을 가지고 태어난 사람, 혹은 지적장애나 정신적 장애가 있는 사람은, 건장한 사람이 살아가기 위해 설계된 사회 안에서는 매우 살기 힘들 겁니다. 그런 장애가 있는 사람들은 일에서 왕성한 성과를 올릴 수 없을지도 모릅니다. 하지만 어떤 사람이 살아서 거기에 존재한다는 것, 그 사실에 대해 좋다 나쁘다 같은 '평가'는 애초에 불가능하다고 생각합니다. 그렇죠, 누구도 평가 따위 할 수 없을 겁니다. '무엇 무엇이기 때문에 고귀하다' 든지 '존귀하다'든지, '무엇 무엇이기 때문에 비천하고 열등하다'든지, 애초에 그 '무엇 무엇이기 때문에'라는 평가 기준을 들이대는 것 자체가 이상하지요. 평가하는 그 사람은, 도대체 무슨 자격으로 그러느냐는 거죠.

위도 아래도 없이, 그저 생명이 거기에 있다. 나와는 다른 생명이 거기에 있다는 무게를 그저 받아들이고, 놀라움을 느끼는 것. 우선 사고의 토대에 그것이 있어야 하고, 그 위에서 나와 타자 사이의 차이나 구조적 격차, 혹은 무의식적 차별 같은 것, 생각해야 할 것들을 생각해 나가는 게 중요하다고 봅니다. 저는 그런 장소에서 이 사회의 여러 가지 일들, 지금도 이 사회에서 일어나고 있는 여러 이상한 일들을 되묻고 싶습니다. 글을 쓰는 사람으로서 제가 무엇보다 먼저 발 딛고 있는 것은 그런 감각입니다. 그러한 관점에서 보면, 왜 사람이 사람을, 혹은 사람이 동물을, 태연하게 구별·차별하는 것이 허용되는 걸까, 하고 불가사의하게 느낍니다. 정말 불가사의합니다. 그뿐이에요.

어제 호시노 도모유키 씨와의 토크 라이브에서 온유주 씨는, 살아 있는 몸을 지닌 나와 살아 있는 몸을 지닌 타자가 서로 마주하고 싶다고 말씀하셨죠. 그것이야말로 기본에 있는 것이지요. 정말 그게 중요하다고 생각합니다.

온 나와 마찬가지로 생명을 지닌 존재들이 부당하게 짓밟히는 그런 상황에 대해, 기무라 씨는 살아 있는 몸을 지닌 존재로서 당황합니다. 저는 기무라 씨의 그 감수성을 진심으로 존경합니다. 저는 기무라 씨와 달리, 기본적으로 자기 생각만 하는 이기주의자입니다. 일본에 거주하는 외국인의 처우라든가 여성 차별처럼 자신에게 직결되는 문제에는 어느 정도 민감할 수 있지만, 장애의 문제나 동물의 권리에 대해서는 매우 둔감했습니다.

기무라 씨와의 교류를 통해 이쿠타 씨의『생명에 대한 예의』를 알게 되었고, 닭·돼지·소가 인간에게 효율적으로 먹히기 위해 얼마나 희생되고 있는지라는 문제를 이제야 제 나름대로 조금씩 생각하기 시작하던 차에, 운 좋게도 수나우라 테일러의『짐을 끄는 짐승들』과 만날 수 있었습니다. 이 책을 읽고 있으면, 인간 중심·비장애인 중심이라는 잣대로만 세계를 보아 왔던 나 자신을 깨닫게 되어, 말 그대로 당황하게 됩니다. 장애인과 동물을 동시에 살리기 위한 사상에 관한 책이지만, 지금 스기타 씨가 설명해 주신 것처럼, 에이블리즘에 기반한 생산주의·효율주의 아래에서 생명의 가치가 서열화되는 것이 지닌 위험성은 비장애인들 사이에서도 무관한 일이 아님을 깨닫게 해줍니다. 이 깨달음은 기무라 씨가 계속 말씀해 온, '생명에 계급이 있는가, 있다면 도대체 누가 그런 근거를 부여하는가'라는 의심과 명백히 이어집니다. 그 런 의심조차 품지 않는 사람이 압도적으로 다수를 차지하는 사회에서, 한 번이라도 그 의심을 가져 버렸다면, 그 지점을 어떻게 계속 생각해 나가야 하는가.

기무라 이 세계에서 도대체 누가 생명에 가치를 매기고 있는가. 의식 을 집중하고, 시선을 벼리며, 그 점을 생각해야 합니다. 그런 '누군가' 에 맞서, 대항해 나가지 않으면 안 된다고 생각합니다.

온 그래요. 애초에 이 상황을 바람직하다고 생각하는 건 누구인가, 라는 것이죠.

스기타 홈리스 분들은 동물과 함께 사는 경우가 많죠. 자본과 국가와 가족이 인간을 정규/비정규로 나누어 버릴 때—정규 노동자, 정규 일 본인, 정규 가족 같은 식으로—인간과 동물의 동반자적 관계는 정규적 인 것과는 다른 가능성을 열어줍니다. 이쿠타 씨는 그것을 노숙자와 동물의 공투(共鬪)라고 부릅니다. 공투 속에서 인간 쪽도 동물 쪽도, 어 떤 미지의 것으로 변용해 가고, 서로 함께 변해 간다고요.

세계를 잘게 분단해 가는 것, 기무라 씨가 말한 '등급'의 선을 긋는 것, 그것이야말로 혐오의 힘이라고 생각합니다. 그런 선 긋기가 얼마 나 무의미하고 어리석은가. 그것을 배우고 아는 것이 생명에 대한 예 의이며, 타자에 대한 온당함일지도 모릅니다.

각각의 '짐승 길', 대항의 장소

스기타 호시노 씨도 『잘 속는 사람』에서, 다양한 국적과 속성을 지닌 사람들이 어수선하게 드나드는, 말하자면 비정규적인 가족의 가능성을 그리고 있습니다. 어제의 토크 라이브에서는 20년 뒤, 30년 뒤의 가족의 모습으로 쓰셨다고 말했어요.

기무라 대단한 상상력이죠. 바라보는 시간 폭의 넓이에 압도됩니다.

스기타 기무라 씨에게도『길사람들의 불타오르는 초상(野良ビトたちの燃え上がる肖像)』(新潮社, 2016)이라는 작품이 있습니다. 홈리스 남성과 다양한 난민들이 생활을 공유하면서 어떤 거대한 폭력에 대항하는 비전이 그려져 있고, 온 씨의 작품에서도 국적과 국경을 넘어선 새로운 가족관계가 그려져 있습니다. 그런 비전을 제시하는 것이 아마 20년 단위, 30년 단위로 서서히 효과를 발휘하게 되지 않을까 싶습니다.

기무라 씨와 온 씨는 '철견 헤테로토피아 문학상(鉄犬ヘテロトピア文学賞)'의 심사위원도 맡으셨죠. 저는 '헤테로토피아'라는 말이 좋습니다. 유토피아와 디스토피아는 서로 반전되어 버립니다. 애초에 디스토피아에 사는 사람들은 자신이 유토피아에 살고 있다고 믿고 있으니까요.

그에 비해 헤테로토피아는 국가 단위가 아니라 더 작고 구체적인 장소이며, 이 사회의 모순을 응축해 드러내면서 그것을 반전시키는 가치관이나 가능성을 잠재적으로 품고 있는 장소라고 생각합니다. 헤테로토피아는 '혼재향(混在郷)'이나 '이타향(異他郷)'으로 번역되기도 합니다. 복수의 타자들과의 혼재적인 관계성, 자연스럽지 않은 어수선함, 잡다함이 당연한 것으로 허용되는 장소. 그런 헤테로토피아적인 것을 온 씨와 기무라 씨는 표현해 왔습니다. 상상력의 씨앗을 뿌려 왔어요.

거기에 도달하려면 수십 년 단위의 시간이 걸릴지도 모르지만, 교차적이고 복합적인 관계가 당연해진 헤테로토피아적인 잡다한 장소 속에서, 타자에 대한 '온당함', 생명에 대한 예의를 어떻게 배우고 몸에 익혀갈 것인가. 그것이『대항언론』의 과제이기도 하다는 생각이 듭니다.

기무라 문자만 보면『대항언론』의 '대항(対抗)'은 '카운터(counter)'라는 이미지가 되죠. 큰 차별이 몰아치는 지금의 상황에 대해 "그건 틀렸다!"라는 반론을 던지는 이미지가 떠오르고, 그런 기대도 하게 됩니다. 그런데 활동으로서의 중요성이 조금씩 바뀌어 왔다고 처음에 스기타 씨가 말씀하셨지요. 소설이나 문학, 예술의 중요성을, 처음 상정했던 것보다 더 중요한 것으로 생각하게 되었다고.

문학이나 예술은 작품으로 결실을 보려면 역시 시간이 걸립니다. 물론 지금 눈앞에서 몰아치고 있는 차별 상황에 대해, 거기에 제동을 걸기 위해 강한 말을 던지는 것, 그것도 중요합니다. 하지만 그것과는 다른 방향도 생각할 필요가 있다는 뜻일까요.

호시노 씨가 『잘 속는 사람』을 20년 후의 일을 생각하며 썼다고 말했다는 것, 그것은 곧 작품이 지닌 의미를 진정으로 이해받기까지 그 정도 시간이 걸릴 수도 있다는 각오로, 매우 긴 시간 단위로 사물을 생각하며 쓰고 있다는 뜻이겠지요. 무언가를 바꾸려면 시간이 걸리고, 독자가 변해 가는 데에도 시간이 걸린다는 것, 그 사실을 받아들이는 각오로 쓰고 있다. 각오라기보다, 작품을 미래의 사람들을 위해 바쳤다고 할까요. 소설은 독자 안에서 천천히 뿌리내리고, 언젠가 꽃피기 위한 씨앗이 될 수도 있습니다. 스기타 씨가 문학이나 예술 쪽에서 중요성을 발견한 것도, 그런 의미가 아닐까 생각합니다.

스기타 그렇다고 생각합니다. 솔직히 말하면, 호시노 씨의 『잘 속는 사람』을 읽었을 때—그런 감정을 느낄 자격도 없지만—정말 질투했어요. 즉, "이건 『대항언론』에서 하고 싶었던 일이다!" 하고. 매저리티 남성들도 자기 문제를 내성하면서 변해 간다. 여성이나 마이너리티에 속한 사람들 역시 다양한 어긋남과 차이를 품으면서 스스로를 변모시킨다. 서로 대등하고 잡다한 관계성 속에서 인간이 변해 간다. 그리고 그것을 가능하게 하기 위한 헤테로토피아적인 장소를—단순히 공상 속의 장소도, 절망적인 디스토피아도 아닌 형태로—소설가로서의 상상력을 한계까지 발휘해, 픽션으로 만들어 낸다. 그런 미래의 비전이 이 소설에는 있다고 느꼈습니다. 물론 온 씨와 기무라 씨의 소설에서도 거기에 공명하는 것을 느낍니다.

온 그렇군요. 지금 이야기를 듣고 있자니,『잘 속는 사람』에 그려진 세계는 바로 이 『대항언론』이 추구하려는 경지를 훌륭하게 소설화한 것처럼 느껴지기 시작했습니다.

스기타 우리 활동의 중점도 미세하게 변하고 있습니다.『대항언론』의 '대항'은 처음에는 정치적 올바름에 기반한 카운터라는 의미가 강했습니다. 즉효성이 필요한 부분은 분명히 있습니다. 반드시 있어요. 하지만 아까 말한 루쉰의 '몸부림'처럼, 복합차별적 상황 속에서 우리 안의 가해와 피해, 차별과 피차별의 중층성을 응시하며, 서서히 체질을 개선하면서 저항해 가는 것도 필요하다고 생각합니다. 2단 구성이죠.

단기적·장기적 양면이 없으면, 혐오의 시대에는 대항할 수 없습니다. 산문적인 시간의 시련에 지지 않고, 끈질기게 지속해 나가야 합니다. 호시노 씨도 제1호 인터뷰에서 시간이 걸리지만, 어딘가에서 역류할 거라고 말했습니다. 그 역류의 포인트를 향해, 말을 조직해 가고 싶습니다.

기무라 싸우는 방식을 바꿔야 할지도 모르겠네요. 즉효성만을 추구하다 보면, 결과가 나오지 않았을 때 결국 절망해 버립니다. 강한 기대는 강한 절망으로 뒤집히기 쉽습니다. 그러지 않기 위해서는, 무언가를 바꾸는 데에는 매우 긴 시간이 걸린다는 사실을, 각오라기보다 몸으로 받아들여야 합니다.

온 정말 그렇습니다. 몸으로 받아들이고, 장기전을 각오하고, 시간이 걸리는 것을 두려워하지 않는 것이 중요하다고 생각합니다. 그리고 소설가의 입장에서 말하자면, 아무리 노력해도 소설을 쓰는 데에는 어쩔 수 없이 그만한 시간이 걸리는 법입니다. 그렇게 해서 어떻게든 완성시킬 수 있었던 내 소설을, 나와 같은 시대를 살아가는 비평가들이 지금의 사회적·정치적 맥락에 비추어, 그 속에 심어져 있는 내가 미처 깨닫지 못했던 희망의 씨앗 같은 것을 길어 올리며 평가해 주는 것은, 역시 무척 격려가 되는 일입니다. 물론 지금 제가 이렇게 생각할 수 있는 것은, 오늘 내내 스기타 씨와 사쿠라이 씨가 저와 기무라 씨가 지금까지 써 온 소설을 그런 방식으로 마주해 주고 있음을 느꼈기 때문이기도 합니다.

스기타 비평가이기 이전에 우리는 한 사람의 독자이기도 하죠. 책을 읽는 일이 즐겁다는 것은, 단순히 소비적으로 재미있다는 것 이상으로 더 복잡한 것이어서, 때로 당황하거나 침묵하게 되기도 하면서 천천히 감각과 사고가 바뀌어 가게 되는 그 과정 자체가 즐거운 것이고, 앞으로는 그렇게 천천히 가치관을 바꾸어 가게 되는 경험의 즐거움이 더욱 중요해질 거라고 생각합니다.

온 '천천히'가 정말 중요하다고 생각합니다. SNS의 영향으로 지금 당장 효과가 있는 말을 하지 않으면 무언가를 말했다는 기분이 들지 않는 듯한 풍조가 있고, 실제로 저도 절망이 계속되다 보면 SNS에서 "좋아요!" 수를 천, 만 단위로 모으는 그런 말들에서 자꾸 희망을 찾고 싶어지기도 합니다. 하지만 앞서 기무라 씨가 말씀하신 것처럼, 강한 희망은 강한 절망으로 뒤집히기 쉽습니다.

스기타 씨는 오늘 몇 번인가 루쉰의 '몸부림'에 대해 언급하셨는데, 저희 왕복서간에서도 초반에 루쉰을 언급하고 있습니다. 기무라 씨의 편지(제7편)에 "우리 사회는 서로 잡아먹기를 허용할 정도로 도덕의 밑바닥이 빠져 버린 게 아닐까요?"라는 물음이 있었고, 그러한 흐름에서 연상한 것이죠. 당시 중국의 상황을 루쉰도 '사람이 사람을 잡아먹는 상태'로 비유하고 있습니다. 그런 상황을 배경으로, 중국의 한 지식인이 사람이 사람의 고기를 먹는 따위는 미친 짓이라고 깨닫고, 아직 인육을 먹지 않은 아이들도 있을 테니 그런 아이들을 구하라고 외칩니다. 더 이상 사람을 잡아먹지 말라고 외친 인물은 동시대 사람들에게 광인 취급을 받았지만, 그 일을 쓴 루쉰의 『광인일기(狂人日記)』는 지금까지도 여전히 읽히고 있지요. 그로부터 백 년이 훨씬 지난 일본에서, 그 말에서 힘을 얻는 제가 있습니다. 진정 힘 있는 말은 긴 시간에 견디는 것이구나 하고 새삼 느낍니다. 거꾸로 말하면, 겉보기에는 즉효성이 있는 듯한 말은 의외로 수명이 짧습니다.

도덕의 밑바닥이 빠진 현실에 대항하기 위해서는, 서두에서 스기타 씨가 말한 것처럼, 문학과 예술의 힘이 지금이야말로 필요합니다. 그러니 역시, 몸으로 단단히 생각하고, 시간을 들여 언어와 마주하고 싶다고 생각합니다. 이번에 기무라 씨와 함께 이렇게 『대항언론』에 합류해 우리에게 가장 소중한 것이 무엇인지 확인할 수 있어서 정말 좋았습니다.

스기타 공동전선 같은 투쟁적 비유보다는, 무장해제 지대를 늘려간다는 느낌일까요. 그런 진지를 안식처나 소굴 같은 것으로 여러 곳에 만들어 가야 합니다.

온 각자 '짐승 길'*을 고독하게 열심히 걷다가, 가끔씩 호숫가에서 어깨동무하자, 같은 느낌일까요(웃음).

스기타 서로의 차이를 전제로 하면서도, 비판적일지라도 근본적으로

---

* 역자 주 : '짐승 길(獸道)'이란, 야생동물들이 다니며 자연스레 생겨난 길로, 통상적으로 사람이 잘 다니지 않는 길을 비유적으로 일컫는다.

신뢰하며, 공존뿐 아니라 공영을—공존공영의 길을 이 지상에 만들 수 있다면 좋겠다고 생각합니다. "땅 위에는 길이 없다, 걷는 사람이 많아지면 그것이 길이 된다"라고 루쉰이 말했듯이요.

온 그런 길이 있고, 그런 장소가 사실은 얼마든지 있다고 믿고 싶네요. 그것만 믿을 수 있다면, 오늘이라는 하루를 어떻게든 살아남을 수 있을 것 같아요. 『대항언론』 1호 「권두언」을 받아 보았을 때, 그런 장소를 어떻게든 여러분이 만들려고 한다는 것을 느꼈습니다.

사쿠라이 그렇게 말씀해 주시니 감사합니다. 「권두언」은 반 년 정도 모두가 함께 고민하며 쓴 글입니다. 목차를 만드는 것보다 시간이 더 걸렸어요.

온 아까 여기 오기 전에 다시 읽어 봤는데, 새삼 명문이구나 하고 감동했습니다. 지금 우리가 어떤 혐오의 시대를 살고 있는지, 그것을 자각하는 사람은 그렇게 많지 않은 것 같습니다. 그 사실을 깨달은 사람들이 먼저 무엇인가를 해야 합니다. 어떻게든 그 길, 방법을 찾아가고 싶네요.

스기타 처음 우리가 예상했던 것 이상으로, '대항'이라는 말도 또 변화하고, 복수화되어 온 것 같습니다. 다종다양한 '대항'의 스타일이 이 잡지 안에, 말 그대로 어수선한 무수한 길로서, 동시에 다양하게 뻗어가면 좋겠다고 느낍니다. 애초에 대항이란 무엇을 의미하는가, 그 점을 시행착오해 나가기 위해서도, 앞으로도 힘을 보태 주시기를.

오늘 정말 고맙습니다.

— 2020년 12월 27일, 호세이대학출판국에서

협력: 아카시쇼텐(明石書店) 아카세 도모히코(赤瀬智彦) 씨

제국의 타임라인
'히로시마 타임라인'과 포스트콜로니얼 멜랑콜리아

케인 주리안 ケイン樹里安

1. '가깝게 느껴졌다'가 반인종주의로부터는 '멀다'고?

이 글의 목적은 NHK 히로시마(広島) 지국의 트위터를 이용한 프로젝트인 '히로시마 타임라인(広島タイムライン)'에 투고되어 문제가 된 게시물 및 그 게시물에 달린 특정 댓글군을 분석하기 위한 관점을 제공하는 데에 있다. 문제의 게시물이란 다음과 같다. 차별 선동적이기 때문에 읽을 때는 주의가 필요하다. 아래에 인용한다.

조선인이다!

오사카 역에서 승전국이 된 조선인 군중이 기차에 올라탄다!

"우리는 승전국 국민이다! 패전국은 나가라!"

압도적인 위력과 박력.

고함을 치며 초만원 열차의 창문을 있는 대로 부순다.

그리고는 먼저 앉아 있던 승객을 끌어내고, 깨진 창문을 통해 동료들 모두가 쏟아져 들어왔다!

너무 억울해서 눈물이 멈추지 않는다.

패배한 퇴역병은 같은 일본인을 밀쳐내고, 승전국 국민 일행은 승객을 창밖으로 내던졌다.

아무도 저항할 수 없다. 분하다……!

2020년 8월 20일, '슌(シュン)'의 계정으로 위 게시물이 투고되었다. 이 게시물에는 곧바로 비판의 댓글이 달렸고 NHK 측은 해명에 나섰다.

순차적으로 확인해야 할 사항이 많으며 또한 위 게시물의 문제점에 대해서는 이 글 3절에서 상세히 논하겠지만, 여기서는 우선 아래 사항만 확인해 두고자 한다.

대면 상황이든 온라인 공간에서든 대량의 헤이트 스피치가 유포되고 있으며, 고이케 유리코(小池百合子) 도쿄도 지사의 관동대지진 조선인 학살 희생자에 대한 추도문 거부 및 그 근거로 제시된 '조선인'과 '폭동'을 연결 짓는 황당무계한 '트릭'이 존재하는 현대 일본 사회에서, 하필이면 공영방송인 NHK가 식민지를 경영한 대일본제국과 소수자가 처한 사회적 위치의 압도적이며 폭력적인 비대칭성에 대한 비판적 성찰을 일절 하지 않은 채 차별 선동적인 게시글을 투고한 것은 즉시 비판받아 마땅하다. 그것은 '히로시마 - 타임라인'이 과거를 참조하는 방식을 취하고 있다고 할지라도, 또 '피폭 경험의 계승'을 목적으로 내세운다고 하더라도 면책되는 것은 아니다. 인종차별이 존재하는 사회에서, 아니 인종차별이 실제로 이 사회에 존재한다는 것을 반복해서 말해야만 하는 사회에서(下地 2018; 梁英聖 2020; ケイン 2020a; ケイン 2020b) 반인종차별의 자세는 양보할 수 없는 마지노선이었고, 지금도 여전히 그렇다.

이제 순서에 따라 확인해 보자.

먼저 확인해야 하는 것은 '히로시마 타임라인'을 비판하든 혹은 굳이 옹호하려 하든 간에, 이 프로젝트를 통해 당시의 상황, 즉 '1945년 히로시마에 원자폭탄이 투하된 8월 6일까지의 일상, 투하된 당일, 그리고 그 후의 일상'을 '가깝게 느끼게 되었다'는 것을 '히로시마 타임라인' 프로젝트의 의의로서—설령 종종 그렇듯 '개인적으로는'이라는 단서를 붙인다 하더라도—지적하는 것은 그다지 참신하지도 않고 예리한 지적도 아니며, 설령 옹호를 시도한다고 해도 아마도 유효하지 않다. 왜냐하면 그런 감상을 청중에게 품게 하는 것이 프로젝트의 목적이기 때문이다.

프로젝트의 목적에 대해서는 문제의 트윗이 올라오기 전에 방송되었던 NHK 프로그램(〈【BS1 스페셜】1945 히로시마 타임라인: 만약 75년 전에 SNS가 있었더라면(【BS1スペシャル】1945ひろしまタイムライン—もし75年前にSNSがあったら)〉 2020년 8월 6일(목))에서 반복적으로 보도되었다. 이 글을 쓰고 있는 필자의 자택 하드디스크 용량의 일부분을 차지하고 있는 NHK 방송의 '내용 설명'에는 "전시 중에 만약 SNS가 있었다면 당시 사람들은 무엇을 발신하고 있었을까요? 전시의 일상, 그리고 원폭이 투하된 날을 '트윗'을 통해 추체험합니다. 75년 전과 현재가 겹쳐지는 신 감각 프로그램"으로 표시되어 있다. 따라서 '가깝게 느껴졌다'고 사후적으로 지적하는 것은 문제의 투고 이전부터 진행되고 있었던 프로젝트의 취지 설명을 반복하는 것에 불과하다.

그러하기에 우리는 이렇게 물어야 한다. '왜 가깝게 느끼지만, 반인종주의와는 거리가 먼 프로젝트가 나타나서 사람들을 열광하게 만들었는가' 하고.

2. 애초에 '히로시마 타임라인'이란 무엇인가?

먼저 정리부터 하고 싶다. '히로시마 타임라인'은 그 정식 명칭이 〈만약 75년 전에 SNS가 있었더라면?: 1945 히로시마 타임라인〉이라고 불리는 NHK 히로시마 지국 프로젝트의 약칭, 혹은 '히로시마 타임라인'이라는 이름이 붙은 세 개의 트위터 계정 및 시계열적으로 연속되는 투고군과 사이트를 지칭하는 말이다(https://www.nhk.or.jp/hiroshima/hibaku75/timeline/index.html). 트위터는 소셜 미디어 중에서도 불특정 다수에게 공개되는 것을 전제로 하는 단문 투고 서비스(미니 블로그)이기에, 관계를 맺는 사람들을 처음부터 취사선택하는 지향성(아키텍쳐)을 가지는 SNS(Social Network Service)와는 엄밀히 말하면 다르다. 한편 서로 커뮤니케이션을 주고받는 계정에 제한을 거는 기능도 포함되어 있기에, SNS와 같은 이용도 가능하기는 하다. 하지만 적어도 '히로시마 타임라인'의 세 개의 계정은 기본적으로 불특정 다수에게 열람 가능한 상태로 현재진행형으로 운영되고 있다(이 글 초고 집필 시점).

운영 중인 세 개의 계정은 '이치로(一郎)', '야스코(やすこ)', '슌'으로 명명되어 각기 포스팅을 진행하고 있다.

'이치로'는 히로시마의 신문사에서 일하는 32세 기혼 남성, '야스코'는 소개지(疎開地)에서 전쟁에 나간 남편을 걱정하는 임신 중인 26세 여성, '슌'은 13살인 중학교 1학년으로 설정되어 있다.

이 세 개의 계정은 각각 실존 인물을 모티브로 하고 있다. 앞에서 말한 프로그램은 '이치로'는 세 명, '야스코'도 세 명, '슌'은 고교생을 중심으로 10대 다섯 명의, 히로시마와 연고가 있는 시민들이 문장을 작성하고 있다고 자랑스럽게 소개하고 있다.

문장을 작성하는 멤버들은 실존 인물이 남긴 일기나 수기, 다양한

'추체험', 예를 들어 '슌' 계정의 경우라면, 나막신을 신고 20킬로그램의 쌀가마를 나르며 '슌짱 역', '동생 역'을 즉흥적으로 연기하거나, '군인칙유(軍人勅諭)'를 노트 세 장에 옮겨 적거나, 혹은 '본인'들을 인터뷰하는 등, 다양한 방식을 채택하면서 '일기+α'의 형태로 투고를 작성하고 있다. TV 프로그램에서는 '슌' 계정을 담당하는 다섯 명이 극작가인 야기누마 아키노리(柳沼昭德)의 지도 아래 '일기를 바탕으로 당시의 리얼한 감정'을 탐구하는 모습이 그려졌다. 야기누마는 "어떤 것이 리얼리티가 있는지 생각해 보길 바란다"거나 "일기에 적혀 있는 것을 그대로 옮기는 것은 간단하다. 중요한 건 그 사이를 어떻게 메울 것인가 하는 부분이 아닐까"라고 조언한다.

따라서 위 계정은 실존 인물을 모티브로 하고 있지만, 사실상 계정을 관리하는 극작가를 포함한 복수 인물의 아바타이며, 실존 인물의 일기와 수기에 각색을 입히면서 투고하는 수법이 채택되고 있었던 것이다.

'슌' 계정을 담당하는 사람 중 한 명은 그러한 방식에 대해 다음과 같이 말한다.

슌짱 일기의 가장 큰 특징은 감정이 잘 드러나지 않는다는 점이라고 생각해서 (장면이 전환된다) 트위터에는 우리 나름대로 (…) 슌짱이 생각했던 감정이 들어가 있기 때문에 (장면이 전환된다) 읽기 편하고 이해하기 쉬운 게 아닌가 생각해요.

트위터에 투고된 문장은 철저하게 구축된 것이다. 프로그램 안에서 구체적인 예로서 묘사되고 있듯이, "쌀을 날랐지만 무겁지 않았다"라고 담담하게 기록된 일기가, 이 일기를 참조하고 '추체험'과 인터뷰를 거치며 '동생의 시선을 느끼고 있기에 무겁지 않은 척을 하는 형이 오랜만에 쌀을 먹게 될 것을 기대하고 있기' 때문에 '쌀을 날랐지만 무겁지 않았다'라는 뜻을 지니는 문장으로 창의적으로 재구축된다. 이처럼 '당시의 리얼한 감정'이란 것이 '일기'르부터, 말하자면 '직수입'되어 트위터에 게시되는 것이 아니라, 극작가와 다섯 명의 청년들의 손에 의해 다양한 방식으로 구축되어 발신된 것이다. 또한 NHK의 스태프들이 어떻게 관여하고 있었는가 하는 점은 매우 중요한 논점이라고 생각하지만 거의 보이지 않게 처리되어 있다.

애초에 미디어가 보여주는 것은 현실 자체를 있는 그대로 반영하는 것이 아니라, 어디까지나 구축된 것이 '현실'로 비춰지고 있다고 생각해야 할 것이다. 하지만 '실제 인물의 실제 일기'가 기준점이 되고 있기 때문에 트위터 열람자는 어딘지 모르게 '직수입'된 것이라고 상상하고 있었던 것으로 보인다.

왜 이런 방식을 채택한 것일까? 그 이유는 내레이션을 통해 프로그램 초반에 설명되어 있다. 다양한 방식어 의한 재구성/창조가 행해진 이유는 '히로시마 타임라인'이 '목표로 하는 것이 젊은 세대에게 와닿는 트윗'이기 때문이다. 따라서 '와닿지' 않을 것이라 여겨지는 트윗은 애초에 투고하지 않게 된다.

한편 '이치로' 계정이라면 '죽통에 담긴 생맥주', '야스코' 계정이라면 체형 변화와 쓸쓸함의 토로, '슌' 계정이라면 ('적국 언어'였던) 영어를 학교에서 배우는 경험 등 소소한 일상이지만 모티프가 되는 인물에게는 아마도 중요한 경험의 단편들이 적극적으로 소개되고 있다. 정서적 공감에 호소하기 쉬운 포인트는 그야말로 '와닿을' 개연성이 높기 때문에 적극적으로 (트위터의 1회 투고 한계인) 140자 이내로 담아 포스팅하는 스타일이 채택되었을 것이다.

그렇게 구축된 정서적 공감성이 높은 하나하나의 투고가 '이치로@
히로시마 타임라인'이라는 계정명으로 연속적으로 투고되었다. 말 그
대로 히로시마와 연고를 지닌 '인물'의 생활 타임라인을 통해 지극히
인간적인—그러나 타인에 의해 재구성/창조된—'리얼한 감정'의 연쇄
를 열람자는 보게 된다.

열람자의 손에 쥐어진 스마트폰이나 태블릿 단말기, PC상에서는 세
계정의 개별 트윗이 개별적으로 열람되기도 하지만, 2020년을 살고
있는 실재하는 인물들의 생활 타임라인과 교차하며 표시되어 그들의
손가락과 눈에 닿는다.

극작가를 포함한 여러 사람에 의해 운영되는 계정이 마치 '그 당시
를 살았던 사람'처럼 현현하고, 다른 수많은 사람들의 삶과 타임라인
이 교차하면서 함께 자신의 손가락과 눈에 닿는 경험이야말로 '히로시
마 타임라인'에 올라온 '가깝게 느껴졌다'라는 감상과 코멘트의 핵심
이 되는 신체적 경험이다. '75년 전과 지금이 겹쳐지는 신감각'이라는
시도로서 자리매김되는 이 프로젝트는 말 그대로 '신체적 접촉'을 수반
하는 것으로 구성되었던 것이다.

프로그램 방송에서도 언급되었던 바와 같이, 이 프로젝트는 도중부
터 코로나19의 감염 확산으로 인해 적절하게 원격으로도 진행되었다.
방송에서는 '자유가 제한'되는 팬데믹 상황이 전시하 상황과 유사하여
당시를 떠올리기 쉬워졌다고 말하는 시민들의 목소리가 다루어졌다.
그것은 열람자들에게도 마찬가지였다고 생각된다. 즉 각각의 계정 속
의 사람에게도 열람자에게도, 화면을 통해서이기는 하지만, 문맥은 다
르다고 해도 자유가 제한되었던 비상시의 '당시'과 '지금'이 교차한다.
신체적 접촉을 수반하는 경험으로서 '히로시마 타임라인'은 현현하고
있었던 것이다.

왜인지 '신체적 거리'가 아닌 '사회적 거리'라는 명칭이 사용되거나 '3밀'(밀폐, 밀집, 밀접)이라는 말에 의해 신체적 접촉을 극도로 기피할 수밖에 없었던 일상 속에서, 화면 너머의 '신체적 접촉'으로부터 각 계정 유저의 '상황'을 상기하는 일상이 그곳에는 있었던 것이다. 그 한가운데에 '히로시마 타임라인'은 놓여 있었다. 그렇기 때문에 세 개의 계정을 각각 10만이 넘는 이용자가 팔로우했을 터이다(2020년 11월 25일 최종 확인).

이윽고 프로그램은 8월 6일을 맞이하여 각각의 끔찍한 장면들이 나열되며 '클라이맥스'를 맞이하게 된다. 각자의 안부와 그 후의 일상이 타임라인상에서 계속될 것임을 선언하고 프로그램은 종료된다.

그리고 '그 후의 일상'인 2020년 8월 20일에 '슌'의 계정에 이 글의 모두에 소개한 '문제의 게시물'이 올라왔다.

3. 즉각적인 비판과 해명

해당 게시물에 대해 즉시 트위터를 포함하는 소셜 미디어에서 '차별을 조장'하는 게시물이라는 비판이 잇따랐다.

전문가의 비판도 계속되었다. 대표적인 것은 9월 16일(수) 『아사히 신문(朝日新聞)』에 게재된 네 명의 글이다. 미즈노 나오키(水野直樹) 교토대학(京都大学) 명예교수는 '조선인'은 '난폭'하고 '불법'이라는 잘못된 집단적 기억이 남게 되었다고 지적하면서, 조선 반도(한반도)의 식민지화 및 주민의 전쟁 동원 등의 역사적 경위를 생략한 채 '선동적인 내용'을 트윗한 문제점을 짚는다. 사진 저널리스트인 야스다 나쓰키(安田菜津紀)는 '차별의 역사를 알기 위해' 당시 조선인에 대한 차별을 그릴 필요성이 있는 경우도 있다는 점을 지적하면서도, '주석 없이 트윗하는 폐해'의 위험성 및 NHK의 책임을 지적한다. 또한 기타무라 사에(北村紗衣) 무사시대학(武蔵大学) 준교수는 애초에 극작가가 관여한 프로젝트임에도 '연극으로서도 성립되지 않는다'는 논점을 제기한다. 즉 차별적 언행을 하는 계정을 다른 계정이 제지하는 등 취할 수 있는 대처 방식은 존재했었다는 것이다. 그리고 사토 다쿠미(佐藤卓巳) 교토대학 교수는 '역사적 사실보다도 폭넓은 국민의 공감과 감동을 얻기 쉬운 피해자 시점의 이야기가 우선시'되어 온 최근 언론의 전쟁 특집과 상통하는 문제점을 지적하고 있다(「〈전쟁 기획〉 복안(複眼)적 시점을 통해서만: '차별 조장과 비판, NHK 히로시마의 SNS가 묻고 있는 것'」, 『아사히신문』 오사카판, 2020년 9월 16일, 28면).

한편 『현대 비즈니스(現代ビジネス)』에서는 쓰지타 마사노리(辻田真佐憲)가 NHK의 '이중적 발언'을 비판한다(〈'조선인이다!!' 트윗 논란… '히로시마 타임라인' 최대의 문제는 이것이다: 매우 유감스러운 NHK의 '이중적 발언'〉 https://gendai.ismedia.jp/articles/-/75116?page=3). 쓰지타가 지적하고 있는 것은 2020년 8월 24일 '히로시마 타임라인 블로그'에 게재된 "6월 16일과 8월 20일의 트윗에 대해"라는 문장에 대해서이다(https://www.nhk.or.jp/hibaku-blog/timeline/434538.html). 쓰지타는 애초에 '히로시마 타임라인'이 히로시마에 거주하는 10대 젊은이들에 의해 현대식으로 각색되고 창작된 것이 신선함과 대중적 관심을 끌어낸 요인이며, NHK도 처음부터 이 점을 전면에 내세웠음에도 불구하고, 문제가 발생하자 해당 글이 '원전 그대로'라며 창작성을 부정하고 차별 선동의 책임 주체가 마치 자신들이 아니라는 듯이 프로젝트를 다시 정의하는 듯한 논리를 편 것을 '이중적 발언'이라고 비판한다. 이상의 다섯 명의 비판은 정곡을 찌르고 있다고 판단된다.

종종 지적되는 바와 같이 현대 사회에서 인종차별적이라는 것은 지극히 부끄러운 일로서 우선 인식된다. 그렇기 때문에 '(나는 인종적 마이너리티 친구가 있기 때문에) 인종차별주의자는 아니다'라든가 '그들은 (있지도 않은) 특권을 가지고 있기에 일본인이야말로 피해자다'와 같이 말하면서 '인종적·민족적 차이'를 조준해 특정한 사람들을 하위에 두고 배제하는 제반 관행이 대면이든 온라인 공간이든 간에 발생하는 데에 인종차별의 문제점이 있다. 인종차별은 코로나19 감염병 시기 사이타마(埼玉)시에서, 감염 확산을 방지하기 위한 목적으로 사이타마현 내 유치원에 마스크 배부를 실시할 때, '차별의 의도는 없었'지만 사이타마 조선초·중급학교 부속유치원(埼玉朝鮮初中級学校付属幼稚園)이 처음부터 제외되어 있었던 일(https://kanaloco.jp/news/social/entry-303343.html)이나, 고이케 유리코 도쿄도 지사의 조선인 학살 희생자에 대한 추도문 거부 및 그 근거로서 '조선인 학살 부정설', '조선인 폭동' 등의 황당무계한 트릭이 사용(加藤 2019)되는 것처럼 다양한 형태로 나타난다.

억압받는 사람들이 실제로 존재하는 상황에서 위의 해명문처럼 '히로시마 타임라인' 측이 '피폭 경험의 계승 주체'라는 것을 다시 한번 언명한다고 해서 차별 선동 행위가 면책되는 것은 아니다.

그러나 이러한 지적과 더불어 아직 논의해야만 하는 사항이 있다. 문제의 게시글이 올라온 이후에야말로 진정한 문제가 응축되어 나타난다.

4. '좋은 관객'

문제의 게시물이 올라오고 다양한 비판이 쏟아지는 가운데 트윗은 계속되었다. 그러자 실존 인물 및 제작자들의 아바타인 '슌'의 계정으로 '격려'의 메시지가 계속해서 올라왔다. 상세한 부분은 생략하지만, '앞으로도 계속해달라', '앞으로도 기대할게' 식의 격려 메시지가 속속 도착하였던 것이다. 마치 '고난을 이겨내려 하는 '슌짱' 및 계정을 담당하고 있는 10대 젊은이들'을 격려하는 듯한 '따뜻한 메시지'에야말로 우리가 직면해야 할 문제들이 담겨 있다.

본고의 필자가 격려의 메시지들을 보면서 순간적으로 생각한 것은 '분단'이라는 단어였다. '분단'이라는 단어가 순간적으로 떠오를 정도로 문제의 게시글을 비판하는 측과 옹호하는 측 사이의 거리감에 당혹감을 느낀 것이다.

그렇지만 '분단'이라는 단어는 주의해서 사용해야 한다. 왜냐하면 종종 사회 문제를 '굳이 신경 쓰지 않아도 되는 사람들'(ケイン 2020a; ケイン 2020b; ケイン·上原編 2019), 즉 특권적 매저리티(다수자)의 위치에 놓여 있는 사람들이 그 '마법의 단어'를 구사하기 때문이다.

마치 '자연 현상처럼 피할 수 없는 것'인 양, 심지어는 '가해 행위를 하는 쪽도 피해를 당하는 쪽도 도긴개긴'이라는 식의 (비대칭성을 은폐하는) 말 바꾸기, 더 나아가 '화를 내고 있는 양쪽과 자신은 아무런 관계가 없다'는 주장 (본인이 '이성적'이며 '조감하는 시점'을 지닌 것과는 본래 무관함에도 어째서인지 그렇게 말하곤 하는) 속에서, '분단'이라는 말은 쉽게 채택된다.

따라서 '분단을 극복하자'라는 표현에는 주의하는 것이 좋다. '분단'이라는 것을 '극복하는' 주체는 도대체 어떠한 사회적 위치에 있으며, 어떠한 자원을 가진 사람들인가, 애초에 '분단'되는 상황을 발생시킨 경위는 어떠한 것이었던가, 실은 '넘어선다'는 말에 '피해자는 감내하라'는 식의 가해자를 편드는 강제성이 내포되어 있는 것은 아닌가 등

등, '넘어서기' 이전에 멈추어 서서 성찰해야 할 일들이 산적해 있다.

하지만 문득 뇌리를 스치는 '분단'이라는 까다로운 단어가 말 그대로 까다로운 것이기에 초점은 좁혀진다. '분단'이라는 단어는 그것을 입에 올리는 자의 사회 문제나 차별 현상에 대한 의도적/비의도적인, 말하자면 '관객성'을 지시하기 때문이다. 그것은 사회 문제 혹은 차별 현상을 눈앞에 두고, 그 눈앞의 현상을 단지 '미디어 콘텐츠로만 소비하려는 태도'와 연속된다. 그리고 우리들이 '히로시마 타임라인'을 향해 투고된 '격려'로부터 느끼는 것이야말로 이 '관객성'에 다름 아니다.

여기서 당장 주의해야 할 것은 관객이란 애초에 수동적인 존재가 아니라는 것이다. 극장을 떠나거나, 잠을 자거나, 오로지 자신의 방식으로 영상표현과 스토리성을 계속 해석하거나, 자기가 동경하는 배우의 출연 장면에 모든 집중력을 쏟아붓거나 한다. 이러한 점들을 포함하여 관객이란 애초에 능동적인 존재인 것이다.

따라서 위에서 말한 '관객성'이라는 것은 사회 문제나 차별 현상에 대한 수동적인 태도를 반드시 의미하는 것이 아니다. 오히려 사회 문제나 차별 현상을 눈앞에 두고, 그 눈앞의 현상을 단지 '미디어 콘텐츠로서만 소비하려는 태도'란, 예를 들어 Youtube에서 동영상을 보려고 할 때 흘러나오는 몇 초에서 몇십 초의 광고를 보지 않으려고 그동안만 '시선을 돌리는' 능동적인 행위와 유사하다고 볼 수 있다.

즉 '슌'을 격려하는 사람들은 차별이나 사회 문제에 둔감하고 무관심하여 관객으로서 수동적이었던 것이 아니라—그런 사람들도 있었을지 모르지만—, 오히려 '슌'의 트윗에 풀리지 않게 얽혀 있는 차별성으로부터 능동적으로 '시선을 돌리는' 행위를 함으로써, 계속해서 '슌'이라는 미디어 콘텐츠를 즐기려고 했던 것이 아닐까 생각하게 된다.

따라서 '격려'하는 쪽에서 보자면, 비판하는 자들의 목소리도 전문가들의 지적도, '시선을 돌려야만 하는' '나쁜 관객'의 월권 행위인 것이다. 그렇기 때문에 그들은 '나쁜 관객'으로부터의 비판을 그저 지나치며 때로는 '반론'까지 하면서 '슌'과 그 '속의 사람'을 향해 '좋은 관객'으로서 계속 격려를 보내고 있었던 것이다.

NHK가 말하는 '피폭 체험의 계승이라는 프로젝트 본래의 목적'이 극작가의 지도를 포함하면서 '리얼리티'를 지닌 것으로 세상에 공개되고, 그 결과로 세상에 나타난 '좋은 관객'들. 그들이 수행하는 '피폭 체험의 계승'이란 도대체 어떠한 것일까.

그러나 여기서 우리는 다시 한번 멈춰 서야 한다. '비판을 행하는 우리'와 차별 문제에 가담하는 '좋은 관객'이라는 구분은 실은 위험하기 때문이다.

5. 무엇을 위탁해 버렸던 것일까?

이 글을 읽고 있는 사람들도 실은 '히로시마 타임라인'에 '문제의 게시글'이 투고되기 전까지는 트위터상에서 세 계정을 팔로우하거나, 혹은 리트윗하거나, '그렇구나, 생맥주는 대나무통에 담겨 있었구나', '편지가 오면 기쁘겠지, 알 것 같아', '영어를 배우기도 했구나, 의외인데'와 같이 투고 내용에 기반하여 상상력을 발휘하면서 트윗을 확산시켰던 것은 아닐까. 그들은 8월 6일의 트윗에 반응하여, 단문으로 표현된 피해의 끔찍함에 몸을 떨거나, 자기도 모르게 '거기서 빨리 도망쳐!', '괜찮아?'라고 물어보거나, 당시의 상황을 더 깊이 알기 위해 '히로시마 타임라인' 사이트에 접속해 업데이트된 기사를 확인하거나, '히로시마 타임라인' 관련 글을 올려 지식을 제공하는 수많은 사람들의 글을 검색하거나, 코로나19 상황에서도 영업을 하고 있는 서점에 들러 전쟁 특집 코너를 살펴보는 등 '히로시마 라임라인'과 함께 생활의 시간을 보내고 있지 않았을까?

그렇기 때문에 차별 선동적인 트윗이 올라왔을 때 '배신당했다'는 반응을 종종 볼 수 있었던 것일 터이다. 팬데믹으로 인해 강제된 것으로 느껴졌던 '화면 너머의 일상'에 그 정도로 '히로시마 타임라인'은 깊숙이 들어와 있었던 것이다.

우리는 무엇을 위탁해 버렸던 것일까?

'히로시마 타임라인'이 블로그에 게재한 해명문에서 '피폭 체험의 계승이라는 프로젝트 본래의 목적을 정확하게 달성하는 것'이 어려운 길이라는 것은 우리도 이해할 수 있다. 실제로 '계승'을 위한 새로운 시도가 요구되고 있으며, 또한 실제로 시도되고 있다는 사실도, 다양한 정도의 차이는 있다고 해도 우리는 경험이나 뉴스를 통해 어느 정도는 알고 있다. 그러하기에 우리들은 그러한 '계승'의 새로운, 그리고 유력한 '전달자'로서 '히로시마 타임라인'을 바라보고 있었던 것이다. 그리고 그 전달자를 손끝으로 접하면서 '당시의 리얼리티'를 몇 가지 짧은 문장을 통해 상상하고, 자신의 손가락과 안구 운동을 매개로 하여, 자신도 '계승'하는 신체로서 그곳에 존재하고 있었던 것이다.

그래서 '배신당했다'고 느꼈을 것이다. '계승'의 신체가 어느새 차별 선동적인 실천에 휘말려 들어갔기 때문에. 어디에선가 몸을 맡기고 있었던 '전승자'에 대한 신뢰가 무너지고, 자신도 모르게 차별에 휘말려 들어가고 있었다는 것에 대한 자각이 '배신당했다'라는 말에는 함축되어 있다고 생각된다. '이것은 차별이 아니다, 그런 의도는 없었을 터이다, 가깝게 느끼게 되었으니 의의는 있었던 것이다, 냉정해지자'라며, 자신이 사랑하는 미디어 콘텐츠를 옹호하고, '타임라인'과 차별 선동에 대한 자신의 관여를 부인하든, '배신당했다'며 분노를 표출하든, 우리들은 각자 '계승'에 관여하고 있었던 것이다. (사족이지만, 그렇다고 해서 '모두가 '계승'하려고 했던 것 아니냐, 결국 이쪽이나 저쪽이나 다 똑같다'는 이야기가 되는 것은 물론 아니다.)

이러한 것들을 확인한 후에, 그럼에도 불구하고, 우리가 무엇을 위탁하고 있었는지에 대해 논의를 진행해야 한다.

마쓰오 고이치로(松尾浩一郎)·네모토 마사야(根本雅也)·오구라 야스지(小倉康嗣) 등이 꼼꼼하게 논하고 있는 것처럼 '피폭 체험의 계승'이란, 무엇인가는 전경화하고 무엇인가는 후경화하는 작업이며, 더군다나 권력에 휘둘리기도 하는 지극히 복잡한 행위이다. 1990년대 후반부터 '계승'이 중요한 주제로서 논해져 왔기 때문에, 지금 현재를 사는 사람들은 '피폭 경험'을 '계승'할 것을 음으로 양으로 요구받아 왔다. 그렇기 때문에 마쓰오 등은, 예를 들어『원폭을 응시하는 사람들: 히로시마 평화공원 8월 6일의 비주얼 에스노그라피(原爆をまなざす人びと—広島平和公園八月六日のビジュアル·エスノグラフィ)』(2019)에서, 계승의 '전달자'가 아니라 거꾸로 '수용자'에 착목하여 연구를 진행해 왔다. '원폭 피해의 실상 규명'이나 '차이화의 경험으로부터 어떤 가치와 행위가 창출되었는지, 거기에 어떤 의도나 판단이 있었는지 등에 대한 역사'를 둘러싼 다양한 담론을 참조하면서도, 실제로 8월 6일에 평화기념공원에 모이는 사람들이 어떠한 행위와 해석을 수행하고, 기도하며, 어떻게 그 당시를 회상하는가 하는 '계승'의 '수용자' 내면에 초점을 맞추었던 것이다. 자세하게는 위의 책을 읽어보기를 추천하지만, 그들이 제기하는 논점 가운데 하나는 '계승'의 '주체화 회로'(264쪽)의 다채로움과 복잡성이다. 즉 어떤 사람이 '계승의 주체'가 되는 프로세스와 실천의 복잡성의 내실로 눈을 돌릴 필요가 있다는 것이다.

어떠한 '주체화 회로'가 지금 존재하고 있고, 그리고 나는 어떠한 '회로' 안에 있는 것인가, 혹은 없는 것인가. 이 책이 던지는 질문은 '히로시마 타임라인'에 '전달자'의 역할을 맡겨 버린, 아니 마음속 어딘가에서 맡겨 버리고 있었는지도 모르는 우리들에게 깊숙이 파고든다.

사실 '히로시마 타임라인'이 등장하기 전부터 우리는 어떠한 '주체화 회로'에 휘말려 있었던 것은 아닐까?

6. 포스트콜로니얼 멜랑콜리아

더 이상은 제국이 아니다. 그 '상실'을 마주하지 못하고 다른 '강대국'과 어깨를 나란히 하지도 못한 채 탈식민지화(포스트콜로니얼) 이후 국민적 아이덴티티를 구축하는 과정에서 이민자와 그 후손의 존재를 비가시화하거나 열등시해 왔다. 폴 길로이는 이러한 제2차 세계대전 이후 영국의 집단적인 사회심리적 상황을 '포스트콜로니얼 멜랑콜리아'라고 불렀다(ギルロイ 2004; ギルロイ 1987/2002=2017). 파시즘과 싸웠다는 '영광의 기억'을 전경화하는 것이 역으로 부정적인 역사를 마주하는 것을 거부하거나 이민자나 그 후손을 비가시화하거나 열등하게 보는 것으로 이어진다고 길로이는 지적한다.

이러한 길로이의 지적은 한때 제국이었던 일본 사회에도 적용된다고 생각한다. 전쟁의 참화와 패전 그리고 점령. 그러나 전후 고도 경제 성장기를 맞이하고, 'Japan as No.1'으로 부활'을 달성했다고 하는 '영광의 기억'. 이 '영광의 기억'은 이미 수십 년 전에 막을 내렸음에도 불구하고 끊임없이 참조된다. 그 일례가 현대 일본 사회에서 나타나는 일련의 '니뽄 스고이(일본 대단하다)' 계욜의 미디어 콘텐츠의 증식(루

川 2016)이며, '신 이민 시대'라는, 마치 그동안 일본에는 이민자가 별로 없었던 것처럼 보이게 하는 단어의 등장일 것이다(ケイン 2019). 길로이가 영국 사회에 대해 지적한 포스트콜로니얼 멜랑콜리아, 즉 '영광의 기억'의 전경화와 이민과 그 후손의 후경화는 실로 형태를 바꾸면서 일본 사회에서 현재진행형으로 일어나고 있는 것이다.

경제적으로 부활을 달성했던 한때의 '잃어버린 제국'은 장기 불황으로 인해 다시 한번 사라졌다. 현대 일본 사회에서 '당시의 리얼리티'를 '되살리려는' 시도로서 '히로시마 타임라인'은 실질적으로는 '제국의 타임라인'의 시간 축 위에 있음에도 불구하고, 이민자와 그 후손에 대한 가해 행위 및 그 현대적 반복을 비가시화·후경화시킨 채 세상에 내던져졌다. 그러므로 일본 사회의 포스트콜로니얼 멜랑콜리아가 여실히 나타난 사례로서 '히로시마 타임라인'은 재사유되어야 할 것이다.

되돌아보자. "일기에 적혀 있는 것을 그대로 옮기는 것은 간단"하기 때문에 "중요한 건 그 사이를 어떻게 메울 것인가 하는 부분이 아닐까"라고 하는 극작가의 말과, 그 후에 클로즈업된 '슌짱' 계정 담당자 중 한 사람이 한 말, "트위터에는 우리들 나름의… 슌짱의 감정이 담겨 있다"라는 발언을.

75년 전과 현재의 '사이'를 메우기 위해 세심하게 재구성, 창조된 프로젝트가 불러들인 것은 현대 일본 사회가 끌어안고 있는 포스트콜로니얼 멜랑콜리아였던 것이다. 제국의 타임라인을 다양한 수법을 통해 '추체험'하는 가운데, 본래라면 빠뜨리지 말았어야 하는 것은, 모티브가 된 인물을 둘러싼 당시 일본 사회에 내재된 인종차별주의와 트위터가 있는 현대 사회에서 발생하는 현대적 인종주의에 대한 비판적 성찰이다.

현대 일본 사회의 포스트콜로니얼 멜랑콜리아를 주입하여 탄생한 프로젝트는, 그것이 자칭했던 것처럼 과연 '새로운 감각'이었을까? 포스트콜로니얼 멜랑콜리아와 대면하면서 '계승'의 '주체화 회로'가 나타날 때에야 비로소 '새로운 감각'의 시도라고 불러도 좋을 것이다.

7. 제국의 타임라인

'히로시마 타임라인'의 포스팅은 현재도 계속되고 있다(본고 작성 중인 2020년 12월 현재). '야스코' 계정은 일기가 끝나면서 그 포스팅을 사실상 중단했다. '이치로'와 '슌'은 계속되고 있지만, 특기할 것은 역시 '슌'의 그 후이다.

계속 흘러가는 트윗 중 하나를 계정의 프로필 바로 아래에 계속 게시하는 것을 고정 트윗이라고 한다. 현재 '슌'의 고정 트윗은 '★스태프의 안내★'로, '세 명의 일기를 통해 전달할 수 없었던 당시의 히로시마를 블로그에서 게재 중'이라고 하며 '히로시마 타임라인'의 블로그 기사를 링크를 걸어 소개하고 있다. 각각 '조선 반도에서 온 남성 이 씨', '동남아시아 유학생·미군 피폭자', '조선 반도에서 온 여성 박 씨'의 경험이 소개되고 있다. 보다 다성(多声)적인 '계승'의 모습을 모색하고 있다고 할 수 있을 것이다.

앞에서 인용한 쓰지타는 이 프로젝트의 계승 자체가 '희망'이라고 지적한다. 즉 반성을 포함하여 무엇을 계속할 것인가를 열람자가 지켜볼 수 있는 것이 '희망'이라는 것이다. 물론 종종 그렇듯이 '차별'이라는 지적을 받고 '불쾌한 마음이 들게 만들어 죄송합니다'라거나 '오해의 소지가 있는 표현을 써서 죄송합니다' 식의 형식적인 사과로 마무리하는 것이 아니라는 점을 굳이 '희망'이라고 부를 수 있을지도 모르겠다.

‘히로시마 타임라인’의 ‘슌’을 포함한 투고 글들은 잃어버린 제국의 타임라인이다. 그렇기에 75년 전을 ‘가깝게 느끼는’ 것이며 반인종주의로부터는 ‘먼’ 것이다. 식민지 제국 일본도 현대 일본 사회도 반인종주의로부터는 ‘멀기’ 때문에.

포스트콜로니얼 멜랑콜리아에 휘말리지 않고 ‘계승’하는 것. ‘인종적·민족적 차이’를 조준하는 차별을 항상 구체적으로 비판하는 것. 그것은 현대 일본 사회에서 역사를 뒤돌아볼 때에도, 현대 일본 사회에서 반인종주의의 자세를 유지하는 데 있어서도 중요한 자세이다. 제국의 타임라인은 그중 하나가 각인을 멈췄지만 포스트콜로니얼 멜랑콜리아에 비판적 개입을 하는 게시물이 올라올 때에야 비로소 ‘히로시마 타임라인’은 ‘희망’이 될 수 있을 것이다.

‘희망’을 만드는 것은 ‘슌’ 계정을 운영하는 다섯 명의 10대들에게만 주어진 과제가 결코 아니다. 극작가를 포함하여 NHK 히로시마 지국이 달성해야 할 과제다.

더군다나 왜 유일한 여성의 계정이 임산부라는 설정이었는지에 대해서는 방송에서 설명한 것보다도 더 많은 논쟁의 여지가 있는 것이며, ‘이치로’ 계정은 ‘오늘의 일면’이라는 당시의 신문기사—예를 들어, ‘일본인’이라는, 사실은 매우 복잡한 함의가 담긴 단어나 미군의 거동이 등장하는 기사—를 단순히 ‘직수입’하여 소개할 것이 아니라, 그 역사적, 인종주의적인 의미를 스스로 설명했어도 좋았을 터이다.

실제로 ‘관객’으로서 ‘히로시마 타임라인’을 바라보고 있었던 우리 자신이 이미 휘말려 있었을 ‘주체화의 회로’가 실은 포스트콜로니얼 멜랑콜리아에 빠져 있는 것은 아닌지를 확인하고, 그 회로를 차단하는 것. 그것도 또한 ‘희망’일 것이다. 그리고 이 글에서 반복적으로 기술한 '우리'라는 단어가 가상적으로 의미하는 연대감이나 공동체성이 후경화시키고 있는, 교차적 억압 구조 속에서 세분화된 '우리' 각자의 어려움과 구체적인 불평등·불공정을 만들어내는 사회적 구조에 비판적으로 함께 개입하는 것. 이것이 제국의 타임라인의 연장선상에서 살아갈 수밖에 없는 '우리'의 '희망'인 것이다.

8. 추억의 '히로시마 타임라인'

이하는 추기(追記)이다. 쓰이지 말았어야 했을 추기다.

'히로시마 타임라인'의 시간은 멈췄다. 2021년 1월 2일(토) 심야, 돌연 '히로시마 타임라인' 트위터 계정과 사이트가 폐쇄된 것을 알게 되었다.『대항언론』편집부에 메일을 보냈더니 즉시 추기를 쓸 수 있게 허락해 주셨다.

지금까지의 게시글은 모두 열람 불가 상태가 되었다(2021년 1월 5일 시점). '피폭 체험의 계승이라는 프로젝트 본래의 목적' 자체가 통째로 삭제되어 버린 것이다. 세 개의 계정에서 축적되어 왔던 게시글도, 문제의 투고가 있었던 '슌'의 고정 트윗에 소개되어 있었던 '조선 반도에서 온 남성 이 씨', '동남아시아 유학생·미군 피폭자', '조선 반도에서 온 여성 박 씨'의 경험을 기록한 기사 링크도, 그에 대한 사람들의 반응들도 삭제되어, 비가시화되어 버렸다.

삭제되기 직전의 '슌' 트윗은 "아아, 오늘로 1945년의 해가 저물어간다. 악몽의 해는 지나갔다. 일본의 국세가 뒤집힌 역사적인 한 해", "군벌이 마음대로 했던 오래된 일본. 아아, 내년부터는 신생 일본, 자유 일본으로 다시 태어나는 것이다"라고 쓰여 있었다고 한다. 이 문장은 애초에 참조했던 일기에는 존재하고 있었던 한 문장이 처음부터 삭제되어 있어서 화제가 되었다. 그 한 문장이란, "침략국 말로의 느낌이 한층 깊다"이었다고 한다(https://twitter.com/kounofusai/status/13447758 60696412161?s=21).

'침략국의 말로'를 묻지 못하고, 단지 '다시 태어난다'고 선언하고 그 직후에 삭제되어 버렸다. 포스트콜로니얼 멜랑콜리아가 깊이 새겨진 프로젝트의 마지막은, 그 삭제에 의해, 아이러니하게도 '악몽'이 아직 사라진 것이 아님을 우리들 눈앞에 들이민다. '히로시마 타임라인'은 그 자체가 잃어버린 제국의 타임라인에 다름 아니었음을 그 마지막 순간까지 온전히 인정하지 못한 채, 스스로의 무게감에 못 이겨 무너지고 말았다.

'좋은 관객'이었다고 생각되는 계정들은 '써도 비판, 사라져도 비판'이라는 취지의 트윗을 올림으로써, '히로시마 타임라인'을 비판한 사람들의 논의의 내용이 아니라 '관객'으로서의 자세에 대해 비난하고 있다.

하지만 문제는 '비판받았다는 점'이 아니라, 비판적 고찰이 충분히 이루어지지 않았던 사실에 있다. '피폭 체험의 계승이라는 프로젝트'의 흔적을 지워 버림으로써, 발에 걸린 돌부리의 소재를 밝히고, 검증하고, 다른 형식으로라도 가능했던 '계승'의 형태를 모색할 가능성을 스스로 닫아 버렸기 때문이다.

—

'히로시마 타임라인'은 그 후 'NHK 히로시마 핵·평화 특집: 알고 있다고 생각했지만 모르는 히로시마' 사이트에 부분적으로 옮겨졌다 (2021년 1월 25일 시점). 트윗의 일부는 옮겨졌지만 그것이 8월 1일에서 15일까지로 한정되었기 때문에, 문제의 8월 20일 트윗은 게재되어 있지 않다.

'히로시마 타임라인'의 부분적 말소라는 사건은 제국의 타임라인의 연장선 위에서 살아갈 수밖에 없는 '우리들'의 '희망'이 포스트콜로니얼 멜랑콜리아라는 '악몽'과의 대면 너머에 있다는 사실을 전해 준다.

참고문헌

ギルロイ・ポール(1987/2002=2017), 『ユニオンジャックに黒はない―人種と国民をめぐる文化政治』, 田中東子・山本敦久・井上弘貴訳, 月曜社.

ギルロイ・ポール(2004), *After Empire: Melancholia or Convivial Culture?*, Routledge

早川タダノリ(2016), 『「日本スゴイ」のディストピア―戦時下自画自賛の系譜』, 青弓社.

加藤直樹(2019), 『TRICKトリック―「朝鮮人虐殺」をなかったことにしたい人たち』, ころから.

ケイン樹里安(2019), 「「半歩」からの約束-WEBメディアHAFU TALK(ハーフトーク)実践を事例に」, 『現代思想(特集新移民時代―入管法改正・技能実習生・外国人差別)』.

ケイン樹里安・上原健太郎 編(2019), 『ふれる社会学』, 北樹出版.

ケイン樹里安(2020a), 「「人種差別にピンと来ない」, 日本人には大きな特権があるという現実」, 『現代ビジネス』(https://gendai.ismedia.jp/articles/-/73518)

ケイン樹里安(2020b), 「話題のナイキ広告で噴出…日本を覆う「否認するレイシズム」の正体―訴求力をもったことは何を意味するか」, 『現代ビジネス』(https://gendai.ismedia.jp/articles/-/77893?page=3)

松尾浩一郎・根本雅也・小倉康嗣 編(2018), 『原爆をまなざす人びと―広島平和公園八月六日のビジュアル・エスノグラフィ』, 新曜社.

梁英聖(2020), 『レイシズムとは何か』, ちくま新書.

下地ローレンス吉孝 (2018), 『「混血」と「日本人」―「ハーフ」「ダブル」「ミックス」の社会史』, 青土社.

辻田真佐憲(2020), 「「朝鮮人だ!!」ツイート炎上…「ひろしまタイムライン」最大の問題はこれだ」, 『現代ビジネス』(https://gendai.ismedia.jp/articles/-/75116?page=3)

아프로페시미즘과 '재일'의 사상을 읽다

다카하시 와카기 高橋若木

'블랙 라이브스 매터(Black Lives Matter, BLM)'는 흑인 차별의 특이성에 천착함으로써, 북미에서 기존의 반차별 운동이 지녔던 한계를 돌파하려 하고 있다. 본고는 '아프로페시미즘(Afro-Pessimism)'이라 불리는 일군의 이론가들을 다루면서, BLM이 체현하는 흑인성(Blackness)에 대한 천착이 갖는 의미를 밝히고자 한다. 이어서, 아프로페시미즘과 공명하는 측면을 지닌 것으로 보이는 김시종(金時鐘)의 사상을 고찰한다. 본고의 목적은 근대로의 포섭이 아니라 근대에 대한 비판을 지향하는 반(反)레이시즘의 의의를 오늘날 일본의 상황에 비추어 고찰하는 데 있다.

1. 아프로페시미즘과 다인종주의

2013년 7월, 전년도에 플로리다주에서 물건을 사서 집으로 돌아가던 흑인 소년 트레이본 마틴(Trayvon Martin)을 살해한 자경단원 조지 짐머먼(George Zimmerman)이 면책된 것에 항의하여, 세 명의 흑인 여성이 '블랙 라이브스 매터'를 결성했다. 이 구호가 미국 사회에 던진 충격에 관해, 우선 다음의 두 가지 점을 상기해 두자.

첫째, BLM은 다른 마이너리티들과의 직접적인 연대를 유보하는 슬로건으로서 충격을 주었다. 아시아계, 히스패닉계, 선주민계 등 다양한 비백인이 상호적이고 평등하게 연대해야 한다는 인식이 당연시되고 있었던 미국의 운동권에서, BLM은 1960년대 후반 이후 블랙 파워에서 이어져 내려오던 지하 수맥을 재부상시키며, 흑인 경험의 특이성을 전면에 내세웠다. 둘째, BLM은 보편적 인권에 흑인을 포섭하려는 매저리티의 휴머니즘을 거부함으로써 충격을 주었다. BLM의 참여자들이 보편적 인권에 기초한 모든 차별의 철폐를 당연한 것으로 주장한다 하더라도, 그들이 우선적으로 '블랙'에 집착한 점이 지닌 비평적 의미는 결코 잊혀져서는 안 된다. '블랙 라이브스 매터'는 통상적인 인권 규범 속으로의 포섭을 요구하는 표현이라기보다, 인권 규범의 구조적 파탄을 드러내는 비관적 문구이기 때문이다.

이러한 비관적 통찰과 흑인 차별의 특이성을 BLM과 동시대적으로 이론화해 온 이들이 바로 아프로페시미스트라 불리는 일군의 필자들이다. 이 글에서는 특히 『아말가메이션 스킴즈: 반(反)흑인주의와 다인종주의 비판Amalgamation Schemes: Antiblackness and the Critique of Multi-racialism』(2008)[1]에서 다양성을 핵심 가치로 삼는 반차별의 한계를 지적한 자레드 섹스턴(Jared Sexton)의 논의에 초점을 맞춘다.

섹스턴의 다인종주의(multiracialism) 비판은 다음과 같다. 다인종주의란, 흑인이 아닌 유색인종(People of Color, POC), 그리고 그녀/그들과 백인이나 흑인 사이에서 태어난 아이들의 다양성을 승인할 것을 정부와 사회에 요구하는 운동이다. 다인종주의는 1990년대 국세조사(国勢調査)의 인종 분류 항목을 둘러싼 논쟁을 계기로 두드러지게 등장했다. 이는 가계(家系)에 아프리카계가 한 명이라도 있으면 흑인으로 분류되는 관행에 반대하며, 보다 다양한 선택지를 요구했다. 또한 이인종 간 결혼의 증가와 흑인이 아닌 다인종적 인구의 증가가 백인지상주의를 약화시킬 거라고 상정했다. 다인종주의는 흑인 차별의 특이성에 천착해 온 블랙 파워의 전통을, 다인종주의적 다양성을 억압하는 보수적 배외주의자처럼 간주한다. 다인종주의는 "세계가 특별히 반흑인적이다"라는 것을 부정하는 동시에, "흑인은 특히 반세계적이라고 시사"[2]하는 것이다.

다인종주의의 담론은 또한, 백인과 흑인 사이의 성적 관계를 노예제 이래의 권력 관계를 넘어서는 개별적 로맨스로 다시 파악하려는 논의에도 뒷받침되어 왔다. 백인 노예주와 흑인 여성 노예 사이에 낭만적인 성적 관계가 존재했을 수 있음을 증명하는 것은, 다인종주의가 이상으로 삼는 다양한 개별성의 시대에 새로운 융화의 지평을 설정하는 데 기여하는 것으로 여겨진다. 이에 대해 섹스턴은, 인종적으로 다른 커플과 그 자손의 '건전함'을 강조하는 담론이, 성적 관계와 인종적 권력 관계의 얽힘을 고려하지 않으며, 퀴어적 욕망의 부정을 전제로 한다고 비판한다. 그는 "다인종주의의 주요한 정치적 효과는, 백인 우월주의가 지속되는 유산에 대한 근본적 도전도 아니고, 성적 레이시즘에 대한 대담한 비판도 아니라, 오랫동안 지속되어온 반(反)흑인주의 신념의 강화이며, 도덕 규범적 섹슈얼리티의 추진이다"[3]라고 말한다.

이러한 논의에서 섹스턴은 블랙 페미니스트들의 논의를 중시한다. 흑인 가족의 젠더 관계가, 노예 소유 사회의 가부장제에 대해 일종의 비판적 외부가 될 수 있음을 보여준 비평가 호텐스 스필러스(Hortense Spillers)의 논고는 아프로페시미즘의 지평을 예고했다.[4] 세이디야 하트

먼(Saidiya Hartman)은 흑인 여성 노예의 경험을 방대한 단편적 기록에서 하나의 서사로 재구성하고, 제도적 차원에서 노예 해방 이후에도 리버럴리즘 속에서 지속되어 온 노예제의 '사후세계(the afterlife)'를 개념화했다.[5]

섹스턴은 나아가 다인종주의가 아시아계 및 히스패닉계 노동자의 사회 통합이라는 현대 자본주의의 요구에 부응하는 것임을 강조한다. "다인종주의의 확대는 남북아메리카의 지역 통합과 환태평양 경제의 형성이라는 요소 속에서 볼 때 더욱 온전히 이해될 수 있다"[6]는 것이다. 또한 그는 "인종 혼합의 이미지가 신호를 보내고 지시하는 것은, 세계 규모의 화해라는 목표를 향한 역사적 적대 관계의 평화적 조정"이기 때문에, "자본주의 세계 시스템의 기본 원칙을 되묻거나, 반흑인주의의 다양한 신념을 쟁점화하지 않는 경향이 있다"[7]고 지적한다. 섹스턴이 다인종주의적 다양성의 이미지를 비판하면서 내세우는 것은, "흑인 포지션(positionality)의 특징인 구조화된 고립과 '절대적 유기(遺棄)'는 정치적 변혁의 장애물이 아니라 정치적 발명의 원천이 될 수 있으며, 또 그래야 한다"[8]는 특수성의 관점이다. 그는 '흑인'의 역사적·지리적 다양성과 그 경계의 다공성(多孔性)에도 불구하고, 의도적으로 '블랙'의 경험에 천착함으로써 자본주의의 현대적 이데올로기가 지닌 특질을 드러낸다. 섹스턴은 BLM 운동에 대해서도, 비흑인과의 안일한 연대를 경계할 것을 촉구한다.[9]

2. 커뮤니티, 퀴어, 팔레스타인

아프로페시미즘은 블랙의 특수성에 천착하는 BLM의 이론적 병행자이다. 그러나 BLM을 흑인 차별에만 항의하는 시위 운동으로 보는 이미지는 정확하지 않으며, 그것은 섹스턴의 의도와도 다르다.

첫째, BLM은 비일상적인 시위인 동시에 일상적인 커뮤니티 활동이기도 하다. 초창기 세 명의 발기인 가운데 한 명인 알리시아 가르자(Alicia Garza)는 대학 시절부터 성교육 운동과 대학 시설 노동자의 노동 문제에 참여해 왔고, 패트리스 컬러스(Patrisse Cullors)는 로스앤젤레스'버스 운전자 조합(Bus Riders Union)'에서 활동한 활동가였다.[10] BLM과 연계한 감옥 폐지 운동 역시 일상적인 사회 구조를 끈질기게 변화시키려는 시도이다. 현대의 감옥 폐지 운동에 대해, 앤절라 데이비스(Angela Davis)는 W.E.B. 듀보이스(W.E.B. Du Bois)의 노예제 폐지론을 언급하면서 다음과 같이 말했다—"사슬을 제거할 수는 있을지 모르지만, 이전까지 노예 상태에 있던 사람들을 민주 사회에 편입시킬 수 있는 제도를 만들지 않는 한, 노예제를 폐지했다고 말할 수 없다."[11]

둘째, BLM의 창설자 세 명 가운데 두 명은 퀴어 여성으로, 젠더 차별과의 투쟁은 처음부터 BLM의 모티프였다. 2014년에는 'Say Her Name(그녀의 이름을 불러라)' 캠페인이 흑인 여성 희생자를 운동 내에서 인정할 것을 요구했고, 2020년에는 흑인 트랜스젠더의 살해가 잇따르는 가운데 'Black Trans Lives Matter(블랙 트랜스 라이브즈 매터)'가 시작되었다. 이러한 움직임은 BLM에서도 본질적인 의미를 지닌다. 흑인 남성의 피해가 통계적으로 보아 압도적인 것은 분명하지만, 시스 젠더 남성만이 영웅적인 상징이 된다면 운동은 결국 남성의 중앙 본부에 종속된 형태로 수렴하고 만다. BLM이 분산적인 풀뿌리 운동이라는 것과 남성 중심주의를 거부하는 것은 불가분의 관계에 있다.

셋째, BLM은 다른 운동, 특히 팔레스타인 해방 투쟁과의 연대를 갱신했다. 현재의 국제 인권 규범과 그 주체들(유엔, 미국)은 제2차 세계대전에서 나치의 레이시즘에 승리했다는 자부심을 배경으로 한다. 그 때문에 이스라엘의 건국과 특히 1967년 제3차 중동전쟁 이후의 점령 정책의 희생자가 된 팔레스타인인들, 그리고 미국의 번영을 위해 유린당했던 흑인 노예와 그 후손들은 인권 구범의 구조적 이면(裏面)에 놓여 왔다. 2014년, 마이클 브라운(Michael Brown Jr.) 살해에 항의한 미주리주 퍼거슨의 흑인 주민들과, 같은 시기 이스라엘군의 가자 침공에 저항하던 팔레스타인 주민들은, 양측에 동일한 탄압 수단이 사용되고 있음을 깨닫고, 저항의 전술을 공유했다. 같은 해 팔레스타인의 고등학생들이 세인트루이스를 방문했고, 이듬해에는 BLM과 감옥 폐지 운동의 대표자들이 팔레스타인을 찾았다. 이후 BLM의 팔레스타인 연대 성명과 비디오 시리즈 'When I see them. I see us'가 공개되면서, 유대인에 대한 인권 침해로 비난받기 쉬운 팔레스타인 투쟁과의 연대를 과감하게 표명해 왔다.

　이상에서 보았듯이 BLM은 흑인 차별 외의 문제들에 무관심한 운동이 아니다. 그러나 동시에 이러한 활동들이 흑인의 경험이라는 특수한 위치로부터 재사유되고 있다는 점 역시 간과해서는 안 된다. 중요한 것은 특수성에 대한 인식을 희석시켜 'All lives matter(모든 생명은 소중하다)'로 양보하지 않으면서 연대를 만들어가는 논리이다. 다음 절에서는 그 단서를 미국의 팔레스타인계 비평가가 전개한 아프로페시미즘 논의에서 찾아보고자 한다.

3. 특이성에서 보편성으로

　팔레스타인계 비평가이자 사상사 연구자 자히 잘루아(Zahi Zalloua)

는 근간 『지젝의 인종론: 반(反)레이시스트적 미래를 향하여 *Zizek on Race: Toward an Anti-racist Future*』에서, 아프로페시미즘을 내세우는 프랭크 윌더슨이 팔레스타인과의 연대를 거부한 것을 비판하며, 같은 아프로페시미스트 가운데서도 자레드 섹스턴의 이론에서 가능성을 발견하고 있다.[12]

윌더슨은 「아프로페시미즘과 구원의 종말(Afro-Pessimism and the End of Redemption)」에서, 흑인과 팔레스타인인은 닮지 않았다고 지적하고 있다.[13] 출신이 말소된 노예무역의 후손인 흑인에게는 민족국가를 가질 수 있는 가능성이 없으며, 흑인은 '사회적 죽음'을 경유한 존재이다. 반면 팔레스타인인에게는 점령 이전의 삶의 역사가 있으며, 민족으로서 국가를 회복할 가능성이 있다. 또한 윌더슨은 '아랍인'들 안에 흑인에 대한 편견이 존재한다는 점을 개인적 경험담을 곁들여 비판한다. 이에 대해 잘루아는 다음과 같이 응답한다.[14] 첫째, 윌더슨은 팔레스타인인을 '아랍인'으로 일괄한 뒤 특유의 집단적 사유 방식을 상정하는 등 오리엔탈리즘에 빠져 있다. 둘째, 윌더슨은 BLM과 팔레스타인 투쟁의 연대가 신뢰할 수 없다고 암시하지만, 팔레스타인 투쟁과 흑인 해방 운동 사이의 연대의 역사는 그러한 의심에 대한 충분한 반증이 된다. 셋째, 최근 팔레스타인 투쟁에서 제기되는 것은 사실상의 다민족 국가(바이내셔널리즘, 1국가 2민족 해법)이며, 팔레스타인인은 흑인과 달리 (단일) 민족국가를 획득할 수 있다는 윌더슨의 논점은 빗나가 있다는 것이다.

잘루아는 윌더슨을 비판하면서도, 아프로페시미즘의 가능성을 포기하지 않으며, 섹스턴이 "흑인들의 다양한 견해"와 "흑인 존재의 관점"을 구별하고 있다는 점에 주목할 것을 촉구한다. 섹스턴은 "흑인성 범주의 구조적 위치에 주의를 기울이는 데서 비롯되는 감각은, 흑인으로 간주되거나 스스로를 흑인이라 생각하는 이들에 의해 형성될 가능성이 크지만, 그것이 흑인의 지적 실천에만 한정되는 것도 아니고, 흑인의 지적 실천에 본질적으로 그러한 감각이 내재되어 있는 것도 아니다"[15]라고 말한다.

"흑인성 범주의 구조적 위치"나, 거기에 "주의를 기울이는 데서 비롯되는 감각"을 논할 때 섹스턴이 참조하는 인물은 철학자 슬라보예 지젝(Slavoj Žižek)이다. 잘루아 저서의 주제이기도 한 지젝의 이론을, 이 글의 목적과 관련되는 범위에서 소개해 두자.

지젝은 마르크스주의와 정신분석을 결합시키면서 '증상(symptom)'이라는 개념을 중시한다.[16] 증상이란, 시스템의 일시적 일탈이나 우발적 사고로 보이는 문제가, 오히려 정상적인 작동에 의해 산출되고 있음을 의미한다. 예컨대 경제의 구조적 불황은 신자유주의라는 일시적 권력 배치가 낳은 일탈이 아니라, 자본주의가 피할 수 없이 내포한 문제라는 것이다. 이와 마찬가지로 레이시즘은 규범적으로 보면 근대적 휴머니즘으로부터의 일탈이지만, 구조적으로 보면 근대적 휴머니즘에 의해 산출된 문제이다. 지젝에 따르면, 시스템의 증상을 외부의 적이나 일탈이 낳은 문제로 규정하고, 그것을 제거함으로써 건전한 사회로 복귀할 수 있다고 상정하는 것 자체가 이데올로기의 기본 형태이다.

따라서 해방을 위해서는 근대 민주주의의 정상적인 작동을 시민 모두가 함께 회복하는 것이라기보다, 배제당한 일부 피착취자와 피억압자들, 그리고 그들과 나란히 행동하는 사람들에 의한 변혁이 필요하다는 결론에 이르게 된다. 마르크스주의에서 그러한 역할은 생산수단을 소유하지 않은 임금노동자(프롤레타리아)가 담당해 왔다.

그러나 역사는, 노동계급이나 소수자 집단에 속하는 개인이 반드시 혁신적인 것은 아님을 보여 주었다. 따라서 본질적으로 혁신적인 집단은 없으므로, 차별과 빈곤에 대한 대응은 노동자와 마이너리티가 서로 어떠한 혁신적 연대를 만들어낼 수 있는가에 달려 있다는 관점이 등장한다. 그것은 여러 문제의 당사자들이 백인 지상주의, 신자유주의, 보수주의와 같은 공통의 적에 맞선 대항관계 속에서 수평적 연쇄의 민주주의를 만들어 가기 위한 이론이다. 이러한 관점에서 지향되는 보편성은 '헤게모니적 보편성'이라 불린다.

아프로페시미스트들이 주장하는 흑인 차별의 결정적인 특수성과 같은 논점은, '헤게모니적 보편성'을 지향하는 민주주의 안에서는 인정되기 어렵다. 지젝은 이러한 '헤게모니적 보편성'의 민주주의를 다음과 같이 비판한다.[17] 과거 폴란드의 민주화 운동에서는 '연대'라 불린 노동조합이 사회주의 독재 정권을 무너뜨렸다. 그 과정에서 다양한 억압에 시달리던 사람들은 "'연대'는 우리 모두를 일컫는 말이다!"라고 느꼈다. 즉, 특정한 요소에 모두가 동일화했던 것이다. 이것이 민주주의의 '헤게모니적 보편성'이다. 그러나 사회에는 민주주의의 표준적 구성원으로서 시민사회 안에 자리를 차지할 수 없는 사람들, 다양한 연쇄 속에서 특수한 경험과 곤경이 말소되어 버리는 사람들이 존재한다. 그러한 사람들의 입장은, 아무것도 갖지 못했기 때문에 오히려 무언가를 가짐으로써 서로 분열되어 있던 사람들의 특수성을 넘어설 수 있는 위치가 되고, 사회 전체의 운명을 쥘 수 있는 경우가 있다. 이는 다시 말해, 변혁적 운동에 참여하는 다양한 입장의 사람들이, 전혀 자리를 갖지 못한 이들의 입장에 동일화하는 장면인 것이다.

4. 김시종과 '재일'의 사상

섹스턴과 잘루아는 앞서 개괄한 바와 같은 지젝의 이론에 근거해,

근대가 성립하기 위해 수탈·억압되어 온 특수한 위치로부터, 근대로의 포섭과는 다른 보편성을 열고자 한다. 이때 매저리티의 권리를 마이너리티에게도 부여하려는 선의의 매저리티와의 연대는, 일단 단절될 필요가 있다.

시인 김시종은 동아시아의 맥락에서 아프로페시미즘과 유사한 감촉의 언어를 발신해 왔다. 1976년에 김시종은 히타치 취업 차별 사건(日立就職差別事件)*에 항의하고 연대하기 위해 결성된 시민 네트워크 '민족 차별과 싸우는 연락협의회(民族差別と鬪う連絡協議会)'(약칭 '민투련')로부터 '재일 한국·조선인과 일본인의 공동투쟁'을 주제로 강연을 의뢰받는다. 이에 응해 행한 강연 〈'연대'라는 것에 대하여(「連帯」ということについて)〉[18]를 바탕으로, 김시종의 '재일' 사상의 일단을 확인하고자 한다.

김시종은 입을 열자마자 "나는 '연대'라든가 '차별' 같은 말을 그다지 입에 올리고 싶지 않다"[19]고 말한다. 물론 차별은 존재한다. "재일조선인의 무권리 상태를 아무렇지 않게 여기는 일본, 그리고 그 일본에 거주하는 다수의 일본인들이 지닌 조선인관"[20]에 대한 김시종의 분노는 격렬하다. 그렇다면 왜 그는 '연대'를, 거의 거부하듯이 되묻는 것일까. 김시종이 가장 먼저 말하는 것은, 재일 내부를 가로지르는 남북한의 분단이다. '재일 한국·조선인'이라는 호칭은 김시종에게, 재일 내부에 존재하는 국적과 정치적 신조의 다양성을 존중하는 듯 보이면서도, 실은 분단을 전제해 버리는 표현이다. '재일'의 주체성에 관한 김시종의 비

---

* 역자 주: 1970년 12월, 재일 2세 박종석(朴鐘碩)은 통명(일본명)으로 히타치 제작소에 지원해 입사시험을 통과하고 채용을 내정받았으나 나중에 국적을 이유로 채용 취소 통지를 받는다. 이에 1971년 박종석은 회사 측을 상대로 소송을 제기했으며, 제소로부터 4년 후인 1974년 승소했다 국적을 이유로 한 민족 차별 철폐 투쟁의 선구가 된 사건이다.

판적 질문은 재일 자신을 향해서도 가차 없이 던져진다. 그 말들은 동시에 식민지 지배에서 한국전쟁에 이르기까지, 재일 사이의 분단을 끊임없이 설정해 온 일본의 행태를 통감하게 만든다. 이 강연에 조금 앞서 1965년 체결된 한일기본조약에서, 일본은 한반도의 한쪽 국가와만 국교를 수립하고, 한국 국적을 취득할 경우 일본의 영주권을 부여하기로 합의했다. 이는 재일조선인들 사이에 또 하나의 분단을 새겨 넣는 조치였다.[21] 게다가 당시, 재일로서 일본에서 태어나 성장한 뒤 한국에 유학 중이던 서승(徐勝)과 서준식(徐俊植)이 공산주의 스파이라는 혐의를 받아 한국 경찰에 의해 인권을 유린당하는 구금 상태에 놓여 있었다. 하지만 '빨갱이'로 규정되어 있던 김시종은, 서씨 형제에 대한 혐의를 더 키우지 않기 위해서라도, 그들을 공개적으로 지원할 수 없는 입장에 놓여 있었다.

이처럼 몸이 찢기는 듯한 분단 상황 속에서, 김시종은 재일로서 다른 방식으로 통일을 살아 내려는 의지를 다졌다. 강연 〈전망하는 재일조선인상: 신경환 재판이 제기하는 것(展望する在日朝鮮人像—申京煥裁判が問いかけるもの)〉에서 김시종은 이렇게 선언한다. "뿌리를 '한데' 얽히며 살아가는 이 '재일'의 삶의 방식을, 분단 고착의 비극에 시달리는 나의 나라에 대한 유효한 전망의 증거로 삼고 싶다고 바라는 나에게는, 차별의 문제 따위는 부차적인 것일 뿐이다." "재일조선인에게 있어 '조선'이란 곧 '재일'인 것이다."[22] 이는 한반도의 남과 북, 각각의 국가와 관계를 맺고 있는 이들이 동일한 지역사회에서 살아가면서, 단지 일본의 민족적 마이너리티 가운데 하나로 환원되지도 않고, 한반도의 어느 한 국가와의 연관성으로만 환원되지도 않는, 또 하나의 통일된 '조선'을 창조적으로 구현해 나가고자 하는 전망이라 할 수 있을 것이다.

이러한 전망은 민족에 끝까지 천착하는 일종의 정체성 정치이면서도, 국민국가의 기존의 존재 방식을 총체적으로 되묻는 것이다. 김시종은 다음과 같이 말한다. "두 개나 되는 '조국'은 '재일'의 전망을 열어 주지 못할 뿐 아니라, 뜻있는 일본의 친구들의 지원이 있다 하더라도, '재일'의 실존은 근원적인 차원에서 구원될 수 있는 것이 아니다."[23] 언젠가 어느 하나의 '조국'으로 복귀하기까지의 임시 거처도 아니고, 그렇다고 혈통주의적 국적법과 동화를 강요하는 귀화 절차에 맞추어 일본의 일부가 되는 것도 아닌 '재일'의 디아스포라성은, 1970년대 이후 김시종만이 아니라 많은 재일들이 개척하고 기록해 온 태도이기도 하다.[24] 이는 일본의 전후민주주의를 근본적으로 재사유하고, 또 다른 보편성을 열어젖히는 시점이라 할 수 있다.

재일조선인과 흑인은, 근대를 위해 가해진 수탈의 규모, 타자화의 심도, 그리고 제도적 해방 이후에도 집중적으로 쏟아지는 혐오라는 점에서, 각각의 지역에서 구조적으로 유사한 위치에 있다. 이 말이 다른 마이너리티들은 그렇지 않다는 뜻이 아님은 최종 절에서 다시 언급할 것이다. 여기서 강조하고 싶은 것은, '재일'의 사상과 아프로페시미즘이, '조국'이나 현재 거주하는 국민국가에 굳이 완전히 착지하지 않은 채로 역사를 열어가려는 의지에 있어서 공명한다는 점이다. 그것은 각국의 리버럴한 국민문화가 지닌 근대적 휴머니즘으로의 포섭을 최종 목표로 삼지 않는 사상인 것이다.

5. BLM과 '재일'의 차이와 교차

물론 BLM과 '재일'의 운동 과제에는 차이가 있다. BLM이 보여 온 다양성에 대한 경계는, 재일이 일본 사회에서 놓여 온 상황에 그대로 적용되지는 않는다.[25] 일본에서는 다문화주의나 다양성이 규범으로서 성립한 적이 없기 때문이다. 고교 무상화(高校無償化)에서 조선학교 학생들만을 배제하는 현재의 차별 행정은, 한신 교육 투쟁(阪神教育闘争) 이래 이어져 온 문화적 민족 정화(文化的民族浄化)의 태도를 갱신하는 것이며, 일상적인 괴롭힘으로 인해 통학을 위한 교복으로서 치마저고리를 착용할 수 없게 만드는 일본 사회의 차별을 배경으로 하고 있다. 다른 마이너리티나 외국인이 일상적으로 경험하는, 신체적·문화적 차이에 대한 무례한 호기심이나 멸시와 조롱의 유치한 습관도, 재일조선인의 정체성에 대한 공격과 연속선상에 놓여 있다. 일본에서는 이러한 차별이 부끄러운 일이며 사회가 중단시켜야 한다는 최소한의 규범조차 확립되어 있지 않다.[26] TV 프로그램이나 서브컬처 작품을 보더라도, BLM이 탄생한 미국과 일본 사이에는 민족적 다양성이 긍정적으로 표현되는 정도에서 큰 차이가 존재한다. BLM은 리버럴하고 다문화주의적인 오바마 정권하에서도 지속되었던 흑인에 대한 폭력에 항의했지만, 일본 사회는 오바마적 리버럴리즘조차 만들어 본 적이 없다.

2013년 이후의 반(反)레이시즘 거리 운동이 '근대'를 떠맡아, 일종의 리버럴 휴머니즘에 기초한 매저리티의 당사자성을 강조해 온 것 역시 이러한 현상 인식에 근거한 전술이었다. 우리는 일본인을 포함한 비(非)당사자가 혐오의 표적이 된 마이너리티를 위해서가 아니라, 자신들이 속한 사회의 공정성을 위해 분노하는 것을 중시해 왔다. 또한 헤이트 스피치는 방화처럼 사회 전체를 훼손하는 것이라고 보고, 마이너리티를 위해서가 아니라 자기 자신의 이름으로 분노하게 되었다. 이는 다음과 같은 김시종의 문제 제기에 **부분적으로는** 응답하는 것이었다. 1974년, 고베(神戸) 부락연구회(部落研究会)에서 행한 강연 〈'차별' 속의 기점과 시점(「差別」の中の起点と視点)〉에서 김시종은 "설령 일본인

전체의 참회를 받아낸다 하더라도, 조선인의 문제는 여전히 조선인 자신의 문제로 남습니다"27라고 한 뒤, "일본인 자신이 올바른 자립을 이룬 그 속에서야말로, 비로소 재일조선인은 자유로울 수 있다는 점을 잊지 말아 주십시오"28라고 말한 것이다.

자립의 반대는 의존이다. 헤이트 스피치에 중독된 사람들을 보면, 차별이 마이너리티 의존증이라는 사실은 분명하다. 또한 헤이트 스피치에 반대한다 하더라도, 마이너리티를 매저리티의 양심적인 자기 이미지의 거울로 삼거나, 마이너리티를 제멋대로 대변하며 피차별자의 정당성을 빌려 쓰는 태도를 보인다면, 마이너리티에 대한 의존은 계속된다. 2010년대의 반혐오 운동은 이러한 의존 형태를 끊으려 했다. 마이너리티에 대해 잘 알지 못하더라도, 시민으로서, 인간으로서 차별에 분노해도 된다고 생각할 수 있게 된 것이다.29 반차별적인 매저리티가 '바람직한 마이너리티 상(像)'을 이야기하는 등의 태도 역시 피해야 할 함정으로 인식되었다.

그럼에도, '재일'의 사상과 아프로페시미즘의 교차를 사유하는 일은 일본의 반차별의 현재에 있어 여전히 중요하다. 아프로페시미즘의 문제 제기는 다문화주의뿐 아니라 리버럴 휴머니즘 그 자체를 겨냥하기 때문이다. 김시종이 말하는 '일본인의 올바른 자립'은 매저리티 시민의 당사자성만으로는 온전히 달성될 수 있는 것이 아니다.30 김시종은 "이 공투를 조직하려는 주체적 역량의 한쪽을 담당할 일본인은, 그로부터 무엇을 얻으려고 공투하려는 것인가. 단지 인도주의적인 휴머니즘적 감정에서만, 그곳에서 공투가 요구되고 있는 것일까"31라고 묻는다. 이 물음은 이미 살펴본 바와 같이, 통일된 '조국'을 예시(豫示)하려는 '재일' 디아스포라의 창조적 과제라는 관점에서 제기된 것이다. 그 과제는 마이너리티 집단으로서 매저리티로부터 권리를 보장받는 것만으로는 결코 달성될 수 없다. 따라서 김시종의 비판적 문제 제기는, 마이너리티를 일본인의 권리체계 안으로 가능한 한 포섭하고자 하는 양심적인 리버럴 내셔널리즘의 한계를 드러내는 것으로 읽혀야 할 것이다.

'재일'의 사상과 아프로페시미즘은 리버럴리즘이나 민주주의와 같은 근대적 틀에 대한 비판적 통찰에 있어서 서로 교차하고 있다. 이러한 교차는 아래에서 살펴보겠지만, 일본의 현 상황에서도 동시대적인 의의를 지닌다. 매저리티가 마이너리티의 다문화주의적 권리를 승인하는 것, 그리고 그러한 승인이 이루어져야 한다는 규범을 확립하는 일은 앞으로도 계속해서 과제로 남을 것이다. 그러나 마이너리티를 승인하는 매저리티의 국가라는 리버럴 내셔널리즘의 자기 이미지에는, 매저리티의 '자립'과 관련하여 몇 가지 한계를 갖는다.

6. 리버럴 내셔널리즘의 마이너리티에 대한 의존

리버럴 내셔널리즘이 보이는 '자립'의 한계로서 두 가지 점을 제시해 두고자 한다. 두 가지 모두 어떤 형태의 의존과 관련되어 있다. 첫 번째 의존은 헤이세이(平成) 말기, 아베 정권에 반대하던 일부 시민들 사이에서 천황이 리버럴 내셔널리즘의 새로운 상징으로 부상했던 현상이다. 일본에서 근대를 만들려는 시도가 천황에 의존하는 장면은, 메이지 유신에서 전후민주주의를 거쳐 헤이세이의 리버럴 내셔널리즘에 이르기까지 일관되게 반복되어 왔다. 천황에 대한 의존은, 그것에 기대어 구성되는 근대의 이면(裏面)으로 간주되는 사람들에 대한 의존이기도 하다. 반원전·반혐오 운동에 참여해 온 재일조선인에게는 지금도 참정권이 없다. 식민지 지배와 재일조선인에 대한 권리 박탈의 근거였던 천황에게 리버럴한 시민들이 표하는 공감은, 재일조선인의 인내에 또다시 의존하는 것이다.

두 번째 의존은 리버럴한 동기에서 제기되는 이민 수용 확대 반대론으로 나타난다. 2018년 출입국관리법 개정 논의 당시, 리버럴 진영 내부에서 이민 수용 확대 반대론이 제기되었던 일은 아직도 기억에 생생하다. 일본에 와도 인권은 존중되지 않고, 이미 국내에 있는 노동자들과의 마찰로 고통을 겪게 될 것이니 일본으로 오게 하지 말고, 먼저 각자의 나라에서 풍요로운 삶을 영위할 수 있는 글로벌 경제를 만들어야 한다는 것이 리버럴한 이민 반대론의 골자이다. 이는 외국인 노동력에 의존하면서도, 이민으로서 받아들이는 것은 부정하는 태도이다. 그 동기가 외국인에 대한 적의가 아니라 일종의 휴머니즘에 있다는 점은 분명하다. 따라서 리버럴한 이민 반대론에 휴머니즘으로 반박해도 효과는 없을 것이다. 리버럴한 이민 반대론에 대항하여 주장해야 할 것은, 이동의 자유에 관한 자기결정권과 이동한 사회에서의 정치적 자기표현으로 이루어지는 이민·난민의 정치적 주체성이다.[32] 인권이 존중되는 일본 사회라는 자기 이미지를 **'현존하는 구성원들만'으로** 지키려 하는 양심적인 매저리티에게 부족한 것은, 더 큰 관대함이 아니라, 근대 사회의 이면에서 작동하는 이민·난민의 정치적 주체성과의 연대이다. 아프로페시미스트들이 말하는 흑인의 정치, 그리고 김시종이 말하는 '재일'의 주체성은 바로 이러한 관점에서 이해되어야 할 것이다.

7. 매저리티의 '자립'

이 글에서는 마이너리티의 사상을 논의해 왔지만, 마이너리티 개개인에게 타인이 이러한 사상을 기대하는 것은 합당하지 않다. 김시종의 사상에 동의하지 않는 재일도 있을 것이고, 아프로페시미즘을 비판하는 BLM 참가자도 있을 것이다. 마이너리티의 본래성을 매저리티가 말하는 것은 원칙적으로 삼가야 한다는 인식은, 2010년대 반혐오 운동이 획득한 성과 가운데 하나다. 그러나 그로부터 더 나아가, 리버럴하고 반차별적인 매저리티에게도 존재하는 마이너리티에 대한 의존을 끊고 '올바른 자립'으로 나아가야 할 때에는, 마이너리티의 사상을 공공연하게 논의할 필요가 있다. 아프로페시미즘과 '재일'의 사상이 공명하며 오늘날의 일본 사회에 새롭게 제기하는 것은, 근대를 확립하려는 시도가 그 이면으로서 지니는 마이너리티 차별의 문제이자, 매저리티 사회에서 마이너리티로서 인권을 인정받는 차원을 넘어서는 흑인과 '재일'의 역사 창조적 역량의 문제이다. 필자 자신의 가설은, 매저리티의 휴머니즘에 기대지 않는 그러한 반차별의 주체성이 아이누에게서도, 피차별 부락에서도, 오키나와에서도, 그리고 BLM 내부에서 다면적으로 전개되고 있는 젠더의 영역에서도, 나아가 다양한 장애를 살아가는 사람들의 주체성에서도 발견될 수 있다는 것이다. 반동적 보수에 의한 마이너리티 차별에 근대를 대치시키는 일은 실천적으로는 앞으로도 중요할 것이다. 그러나 동시에 리버럴의 마이너리티 의존을 비판적으로 사유하는 것은 필수적이다.

인간은 존귀하다, 마이너리티도 인간이다, 그러므로 마이너리티도 존귀하다는 리버럴 휴머니즘의 삼단논법에만 의거하지 않고, 이 삼단논법이 은폐하는 **'복수(複數)의 특수한 이면'으로부터** 마이너리티 상호 간의 공명이 발생하는 것은 사회운동의 미시적 일상에서는 드물지 않다. 그러나 이러한 발명은, 자신들이 매저리티이며 이 사회는 자신의 사회라는 전제 아래에서만 양심적이려 하는 일본인 매저리티에 의해,

다시금 위의 삼단논법 속으로 용해되어 버린다. 그 삼단논법은 또다시 새로운 이면을 낳고, 어느새 마이너리티에게 의존하게 된다. 2010년 대의 민주주의 운동이 대체로 리버럴 내셔널리즘에 착지하고, 출입국 관리법 개정을 거쳐 일본 사회가 새로운 이민 의존에 빠져들고 있는 현재, 아프로페시미즘과 '재일'의 사상을 읽는 일이 특별한 의의를 지니는 이유도 여기에 있다. 일본에 있어 BLM의 동시대성은 아마도 이 지점에 있을 것이다.

이민 의존이란, 의존하면서도 그것을 부인하는 것이다. 따라서 '자립'이란 이민을 받아들이지 않는 것이 아니라, 부인을 멈추고 이민의 존재를 승인하는 것을 의미한다. 매저리티가 차별에 반대하는 것은 마이너리티를 위한 행동인 것만이 아니다. 또한 리버럴한 매저리티가 자신들의 사회를 마이너리티의 인권도 인정하는 '올바른 사회'로 유지하기 위한 것만도 아니다. 근대 세계의 총체를 묻는 BLM이나 '재일'의 사상에 필적할 수 있는 매저리티의 반차별이 있다면, 그것은 리버럴 내셔널리즘을 포함한 모든 다수자성이 언제나 마이너리티에 대한 의존을 통해서만 주체가 될 수 있음을 인식한 위에서 수행되는, 다수자성 그 자체와의 (자기)투쟁일 것이다.[33] 차별에 대해 자신의 이름으로 반대한다는 것의 의미를, 리버럴 내셔널리즘과는 다른 방식으로 발견하는 것이 '자립'의 조건이다.

원문 주석 ────────────────────────────────

1   Sexton, Jared. *Amalgamation Schemes: Antiblackness and Critique of Multiracialism* (Minneapolis: University of Minnesota Press, 2008). 자레드 섹스턴, 『아말가메이션 스킴즈: 반흑인주의와 다인종주의의 비판』(□ 번역).

2   위의 책, 229쪽.

3   위의 책, 1쪽.

4   Spillers, Hortense. "Mama's Baby, Papa's Maybe: An American Grammar Book," *Diacritics*, Vol. 17, No. 2, Culture and Countermemory: The "American" Connection (Summer, 1987): 64-81. 섹스턴은 위의 저서 제2장 「강제와 동의의 제 기준: 성적 폭력, 이종 인종 간 결혼 금지, 다인종주의적 미국의 제 한계」에서 스필러스의 다음 저작을 인용하고 있다. Spillers, Hortense. *Black, White, and in Color: Essays on American Literature and Culture* (Chicago: University of Chicago Press, 2003).

5   Hartman, Saidiya. *Scenes of Subjection: Terror, Slavery, and Self-Making in Nineteenth-Century America* (New York: Oxford University Press, 1997).

6   섹스턴, 앞의 책, 3쪽.

7   위의 책, 231쪽.

8   위의 책, 41쪽.

9   Sexton, Jared. "Unbearable Blackness," *Cultural Critique*, No. 90 (2015년 봄): 159-178.

10   버스 운전자 조합은 1994년 로스앤젤레스에서 창설되었으며, 로스앤젤레스 카운티 도시권 교통국이 대중교통 예산을 인종차별적·계급 착취적으로 배분하고 있다고 비판했다. 동 단체의 시위, 보이콧 캠페인, 연구 활동, 로비 활동을 취재한 2020년 다큐멘터리 작품 Bus Riders Union은 다음 URL에서 시청 가능하다. https://media burn.org/video/bus-riders-union/

11   Davis, Angela. *Freedom is a Constant Struggle: Ferguson, Palestine, and the Foundations of a Movement* (Chicago: Haymarket Books, 2016): 26.

12   Zalloua, Zahi. *Zizek on Race: Toward an Anti-racist Future* (London: Bloomsbury Publishing Plc, 2020). 자히 잘루아, 『지젝의 인종론: 반(反)레이시스트적 미래를 향하여』(미번역).

13   Wilderson, Frank. "Afro-Pessimism and the End of Redemption" (Duke University Franklin Humanities Institute). https://humanitiesfutures.org/papers/afro-pessimism-end-redemption/ (2020년 12월 4일 접속).

14   Zalloua, 앞의 책, 138쪽.

15   Sexton, Jared. "People-of-Color Blindness: Notes on the Afterlife of Slavery," Social Text 103, Vol. 28, No. 2 (Summer 2010): 54.
     한편, 섹스턴과 달리 '흑인임(being black)'과 '흑인적 포지션(black positionality)'의 차이를 인정하지 않는 윌더슨의 배경에는, 아마도 소련 붕괴 이후 남아프리카에서의 정치적 좌절이 자리하고 있는 듯하다. 인터뷰 "Afropessimism and the Rituals of Anti-black Violence" (Mail & Guardian, 인터뷰어: Zamanzele Nsele, 2020년 6월 24일, https://mg.co.za/article/2020-06-24-frank-b-wilderson-afropessimism-memoir-structural-violence/, 2020년 12월 5일 접속)에 따르면, 미니애폴리스에서

성장한 윌더슨은 1989년 남아프리카로 건너가 만델라의 ANC(아프리카민족회의)
에 가담했다. 그는 치안부대의 잔혹 행위를 기록하고, 게릴라에게 무기를 공급했으
며, 마르크스주의 도서관의 운영위원을 맡기도 했다. 당시 그는 은행과 광산을 국유
화하여 IMF와 세계은행의 지배에서 벗어나는 것을 목표로 했으나, 소련 붕괴와
ANC 내 온건 민주파의 승리로 그 희망은 좌절되었다. 아파르트헤이트에 승리했음
에도 불구하고 남아공 랜드(통화)의 가치가 계속 하락하는 것을 윌더슨은 경제학적
으로 이해하려 했지만, 미국으로 귀국한 뒤 훗날의 아프로페시미스트들과의 논의를
통해, 랜드 가치의 하락은 흑인 국가의 화폐(더 이상 백인이 아닌 화폐)라는 사실
자체에 있다고 생각하게 되었다는 것이다.

16 Zizek, Slavoj. *The Sublime Object of Ideology* (London: Verso, 1989): 1-92.
    (『イデオロギーの崇高な対象』鈴木晶訳, 河出文庫, 2015).

17 Zizek, Slavoj. Incontinence of the Void (Cambridge, MA: The MIT Press, 2017):
    244-245.

18 金時鐘, 「「連帯」ということについて」, 『在日のはざまで』, 平凡社, 2001, 186-208쪽.

19 金時鐘, 앞의 책, 186쪽.

20 위의 책, 198쪽.

21 이 글에서는 김시종의 '재일' 사상을 고찰함에 있어서, 필자가 평소 사용하는 '재일
    코리안'이 아니라, '재일조선인'이라는 총칭을 사용한다.

22 金時鐘, 앞의 책, 448쪽.

23 金時鐘, 앞의 책, 196쪽.

24 1970년대 이후의 '재일'에 대해서는 『'재일'은 지금: 재일한국·조선인의 전후 50년
    (「在日」はいま、—在日韓国·朝鮮人の戦後五〇年)』(青丘文化社, 1996)을 참조. 김시
    종에 견줄 만한 '재일' 사상의 결정적 표현으로는, 특히 김석범(金石範)의 『신편
    '재일'의 사상(新編「在日」の思想)』(講談社, 2001)을 참조할 것. 또한 여기서 언급한
    '디아스포라'란, 조국으로부터 흩어져 살아가는 민족의 존재 방식을 의미한다. 개념
    의 역사에 대해서는 하야오 다카노리(早尾貴紀)의 『희망의 디아스포라: 이민·난민을
    둘러싼 정치사(希望のディアスポラ—移民·難民をめぐる政治史)』(春秋社, 2020) 서
    장이 상세하다. 하야오는 고대 그리스와 유대인의 디아스포라에서 시작되는 개념사
    를 추적한 뒤, 디아스포라가 대체로 어떤 비극에서 비롯되어 반동적 배외주의를
    유발하는 경우가 많음을 지적하며, 국민국가를 넘어선다는 담론을 경솔하게 사용할
    수는 없다는 점을 강조하면서도, 디아스포라적 생존을 새롭게 긍정하려 한다.

25 한동현(ハン·トンヒョン)은 「외국인·이민: 포섭형 사회를 거치치 않은 배제형 사회
    에서 일어나고 있는 일(外国人·移民—包摂型社会を経ない排除型社会で起きているこ
    と)」(『헤이세이사【완전판】(平成史【完全版】)』, 河出書房新社, 2019)에서, 1980년
    대 인도차이나 난민 수용과 난민조약 비준도 일시적 대응에 그쳤고, 다문화주의
    적 인권 의식의 확립으로 이어지지 못했음을 지적한다. 또한 2012년의 출입국관리
    법·주민기본대장법 등의 개정도 신규 이민을 염두에 둔 치안 유지 관심에 의해 규정되
    었으며, 기술연수제도와 같은 '사이드 도어'를 통해 노동력 부족을 보완하면서도

권리를 지닌 이민으로서의 수용은 부정되어 왔음을 지적한다. 일본에서는 한 번도 다문화주의적 포섭이 기조가 된 적이 없으며, 배제를 요구하는 반동만이 강화되어 왔음을 보여준다.

26 량영성(梁英聖)은『레이시즘이란 무엇인가(レイシズムとは何か)』(筑摩書房, 2020)의 제4장에서, 반차별의 사회적 규범 의식이 공유되지 않았고, 그것을 보장하는 법제도 또한 미비한 일본에서는, "사회가 차별을 멈추기 위한 차별의 정의"(128쪽)가 없기 때문에, "마이너리티나 피해자의 고백에 과도하게 의존하는 경향"(129쪽)이 있다고 지적한다.

27 金時鐘,『在日のはざまで』, 367쪽.

28 위의 책, 372쪽.

29 2010년대 반헤이트 운동의 보편주의에 관해서는 필자의 다음 글을 참조. 高橋若木「「街の群衆」の普遍主義」(金子勝·伊東俊彦·伊多波宗周·高橋若木·竹田茂夫『社会はどう壊れていて,いかに取り戻すのか』, 同友館, 2014 수록).

30 매저리티에 의한 반차별의 함정과 그 돌파에 대해서는 필자의 다음 글을 참조. 高橋若木「非当事者による反差別—「ポリティカル·コレクトネス」から考える」(『ひとおもい創刊号2019』, 東信堂, 2019).

31 金時鐘,『在日のはざまで』, 207쪽.

32 이민·난민의 정치적 주체성에 관해서는,『대항언론(対抗言論)』제1호에 실린 필자의 글을 참조. 「収容所なき社会と移民·難民の主体性」,『対抗言論』, 法政大学出版局, 2019.

33 매저리티에 의한 권리체계로의 포섭을 넘어서는 마이너리티와, 마이너리티 의존을 끊고 '자립'하는 매저리티의 '필적(匹敵)'에 대해서는 사토 요시유키(佐藤嘉幸)와 히로세 준(廣瀬純)의『세 가지 혁명: 들뢰즈 = 가타리의 정치철학(三つの革命—ドゥルーズ=ガタリの政治哲学)』(講談社, 2017)이 참고가 된다. 사토와 히로세는 들뢰즈=가타리의 '분열 분석'을 "이해관계의 투쟁 한가운데에서 욕망의 투쟁으로의 분기 징후를 읽어내는 것, 또한 그에 의해 전자(이해관계 투쟁)에 대한 후자(욕망 투쟁)의 종속관계를 역전시키는 것"(313쪽)이라고 정의한다. 마이너리티는 집단으로서 매저리티에 필적하는 권리를 획득하는 '이해관계의 투쟁' 속에서, 마이너리티성에 대한 집착을 통해 다른 주체성으로의 '욕망의 투쟁'을 개시한다.『천 개의 고원(千のプラトー)』에서는, 이러한 '분열 분석적' 반차별이, "마이너리티에 의한 마이너리티성으로의 생성 변화(흑인이 흑인이 되는 것, 여성이 여성이 되는 것)"(195쪽)과 "만인에 의한 마이너리티성으로의 생성 변화"(209쪽)의 이중 운동으로 논의된다.

보이지 않는 백래시
장애가 있는 이들을 둘러싼 2010년대의 제 양상

쓰쓰미 다쿠야 堤拓哉

저는 세계를 증오하고 있었습니다

온전히 행복해지지 못하는 이 마음은

분명 그들의 행복 때문이며

저는 불행한 상태로 머물러 있어야단 한다고

– GOMESS 〈장애〉 가사에서 발췌 (2019년 4월 발매,『테루(てる)』수록곡)

1. 도쿄 올림픽을 계기로 주목이 고조되다

2010년대(이른바 '텐 년대')에 접어들면서, 서구 사회에 비해 늦기는 했지만 일본 사회에서도 다양성(diversity)과 지역 공생을 중시하는 가치관이 확산되었고, 장애가 있는 사람들의 존재에 전례 없는 관심이 집중되고 있다.

그 대표적인 사례로는 장애인 선수(파라 선수)들을 향한 시선을 들수 있을 것이다. 2020년 도쿄 올림픽·패럴림픽 개최가 결정된 것은 2013년 9월 7일이었다. 그 이전까지는 구니에다 신고(国枝慎吾) 선수의 활약으로 휠체어 테니스의 존재가 어느 정도 알려져 있었을 뿐, 비교적 인지도가 있던 종목은 휠체어 농구나 육상 경기, 수영 정도에 불과했다. 이 휠체어 농구, 통칭 '이스바스(イスバス)'에 대해서도 만화 『슬램 덩크(SLAM DUNK)』의 작가 이노우에 다케히코(井上雄彦)가 1999년부터 연재해 온 만화 『리얼(リアル)』을 통해 그 존재를 알고 있던 사람은 있었을지 모르나, 실제 휠체어 농구 선수의 이름을 알고 있는 사람은 거의 없다고 해도 과언이 아니었다. 그러나 이제는 '보치아'나 '골볼'과 같은 비교적 마이너한 장애인 스포츠(파라 스포츠) 종목에 대해서도 접할 기회가 생겼고, 2016년 리우데자네이루 패럴림픽에서 휠체어 농구 남자 일본 대표팀 주장을 맡아 '빅 셰프'라는 별칭으로 알려진 후지모토 레오(藤本怜央) 선수나, 유럽 팀에 소속되어 프로로 활약하고 있는 고자이 히로아키(香西宏昭) 선수 등의 이름을 들어 본 적 있는 사람도 있을 것이다.

어쨌든 장애인 스포츠와 장애인 선수에 특화된 인쇄 매체가 등장해, 어느 정도는 인지도 제고와 계몽에 기여해 온 것은 분명하다. 2017년 11월부터 2020년 1월에 걸쳐 사진가 니나가와 미카(蜷川実花)가 크리에이티브 디렉터를 맡은 '장애인 스포츠를 통해 미래를 추동하는 그래픽 매거진'을 표방한 『GO Journal』(본고 집필 시점 기준 총 4호 간행)이 발간되었고, 2017년 11월부터 2020년 3월까지는 슈에이샤(集英社)의 『주간 영 점프(週刊ヤングジャンプ)』와 종합 스포츠 잡지 『Sportiva』가 공동으로 편집한 『도쿄 2020 패럴림픽 점프(東京2020パラリンピックジャンプ)』(본고 집필 시점 기준 총 4호 간행)가 간행되었다. 이들 매체는 사진이

나 만화와 같은 시각 예술을 통해 장애인 스포츠와 장애인 선수에 접
근하고 있는데, 여기서 강조하고 싶은 점은 패럴림픽이 장애가 있는 사
람들의 예술·문화 진흥에도 영향을 미치고 있다는 사실이다.

　잘 알려져 있지는 않지만, 올림픽과 패럴림픽은 스포츠만을 찬양하
는 축제가 아니다. 리우데자네이루에서 열린 인계식에서는 의족 모델
GIMICO와 시각장애인 히야마 아키라(檜山晃) 등이 참여한 화려한 퍼
포먼스가 펼쳐졌다는 사실을 떠올려 보기 바란다. 올림픽 헌장에는 최
소한 선수촌 개촌 기간 동안에는 복수의 문화 이벤트 프로그램을 기획
해야 한다는 의무 규정이 있으며, 일본 역시 개촌 이전부터 다양한 예
술·문화 사업에 국가(후생노동성과 문화청)와 도쿄도가 보조금을 지원
해 왔다. 이러한 흐름 속에서 가장 두드러진 변화를 보인 분야가 바로
장애인 아트의 세계였다. 프랑스의 미술가 장 뒤뷔페(Jean Dubuffet)가
제창한 '날것의 예술/아르 브뤼(Art Brut)'라는 명칭을 내걸고, 지적·정
신 장애가 있는 이들의 작품을 모은 미술 전시가 활발히 개최되었다.
그 이전까지 일본에서는 정규 미술 교육을 받지 않은 작가의 작품을
'아웃사이더 아트'라 불러 왔고, 지적장애가 있었던 방랑 화가 '벌거벗
은 대장(裸の大将)' 야마시타 기요시(山下清) 정도가 아웃사이더 아티스
트로 알려져 있었을 뿐이었다. 그러나 예컨대 2010년부터 매해 도쿄
나카노(中野)에서 열리고 있는 아르 브뤼 이벤트 'NAKANO 거리 전체
가 미술관!(NAKANO街中まるごと美術館!)'에서는, 2010년 파리에서 개
최된 〈아르 브뤼 자포네(ART BRUT JAPONAIS)〉 전시에서 주목을 받
은 조현병 환자 스즈키 마리에(鮄万里絵)나 광범위성 발달장애(고기능
자폐 스펙트럼)가 있는 고쿠보 노리미쓰(古久保憲満) 등이 스타 작가로
조명되는 사례도 나타나고 있다. 다만 일본에서는 아웃사이더 아트와
아르 브뤼가 모두 '장애인 아트'라는 잘못된 인식 속에서 이해되고 있

으며, 그 미술적 가치가 충분히 평가받지 못하고 있다는 비판이 있다는 점은 유의할 필요가 있다(이마나카 히로유키(今中博之), 『아틀리에 인커브 이야기(アトリエインカーブ物語)』, 河出書房新社).

2. '다양성(diversity)'의 확산

그런데, 이들과 같은 장애인들이 그림을 그리는 등 예술 작품을 제작하는 장소는 주로 주간 활동을 중심으로 하는 통원 시설이나 입소 시설이다(『물음을 던지는 예술: 고보슈*의 도전(問いかけるアート―工房集の挑戦)』, さわらび舎). 특히 '작업소'라 불리는 취업계 통원 시설에서는 소액이지만 임금이나 공임(工賃)이 지급된다. 패럴림픽을 배경으로 장애인의 예술 작품 제작이 하나의 '작업', 즉 노동의 한 형태로 정착해 가고 있다는 점은 다양성의 확산과 근본적으로 맞닿아 있다.

애초에 '다양성(ダイバーシティ)'은 2010년대 일본에서 저출생·고령화로 인한 노동력 부족을 타개하기 위해 도입된 이념이었다. 이를 상징적으로 보여 주는 것이 2015년 10월 출범한 제3차 아베 내각이 내세운 '일억 총활약 사회(一億総活躍社会)'라는 구호이다. 장애인뿐만 아니라 싱글 맘, 건강한 고령자, LGBTs 등 다양한 형태로 '일하기 어려움'을 안고 있는 사람들이 일할 수 있는 사회를 만드는 것을 목표로 내세워 '일하는 방식 개혁(働き方改革)'**도 추진되었다. 물론 여전히 장애인

---

* 역자 주: 사이타마현(埼玉県) 가와구치시(川口市)에 있는 아틀리에와 갤러리를 병설한 장애인복지시설.
** 역자 주: 이 책 124쪽 주석 참조.

이 생산 활동에 종사하는 일은 결코 쉽지 않지만, 월 10만 엔 이상의 임금을 지급할 수 있을 정도의 높은 수익을 올리고 있는 작업소나 개인이 생각보다 적지 않은 것도 사실이다. 2012년 1월에 창간되어 다양한 현장에서 일하는 장애인들을 조명해 온 계간지 『고토노네(コトノネ)』(본고 집필 시점 기준 총 35호 발간)를 읽어보면 이 점이 잘 드러난다. 그와 동시에 임금 조건만이 장애인이 일하는 데 있어 중요한 요소는 아니라는 사실 또한 분명하다. 예컨대 농복연계(農福連携)의 시도에서는, 그동안 지원받는 존재로 여겨졌던 장애인들이 일손 부족을 겪는 농가와 농업을 지원하는 주체로 활약함으로써, 하루 종일 낮잠을 자며 지내던 이들에게도 '자리'가 마련되고 있다. 교토시의 NPO '스윙(SWING)'이 운영하는 취업계 통원 시설에서는 '거리 미화 전대 고미코로리(街美化戰隊ゴミコロリ)'와 같은 독창적인 활동을 통해 지역사회 참여와 소통에 중점을 두고 있다(기노토 마사유키(木ノ戸昌幸), 『정상성이 흔들리다(まともがゆれる)』, 朝日出版社).

이처럼 장애인의 스포츠, 예술·문화, 생산 활동에 대한 관심이 높아지고 있다는 사실은, 당사자들 또한 다양한 미디어에 등장하고 있음을 의미한다. 텔레비전에서는 2012년 4월 NHK E테레(Eテレ)의 프로그램 〈바리바라!~장애인 정보 버라이어티~(バリバラ~障害者情報バラエティ―~)〉의 방송이 시작되었다. 같은 해 8월에는 '패션', '연애', '미식' 등 일반 여성들이 선호하는 주제에 장애 당사자에게 필요한 정보를 더해 편집한 프리 페이퍼 『Co-Co Life☆여자부(Co-Co Life☆女子部)』(본고 집필 시점 기준 총 33호 간행)가 창간되었다. 2010년대를 풍미한 트위터와 인스타그램 등의 SNS, 유튜브와 같은 웹 서비스에서도 자신의 장애를 숨기지 않고 발신하는 사람들이 끊이지 않는다. 하나의 사례를 들자면, 2015년 12월 문자 기록을 수행하는 '블라인드 라이터'로 창업해 화제

가 된 시각장애인 마쓰다 마사미(松田昌美)가 유명하다.

더 나아가 도쿄대에서 교편을 잡고 있는 아카데믹한 당사자 논객들 역시 미디어와 업계의 '단골'이 되어 가고 있다. 축구 포메이션에 비유하자면 원탑은 구마가야 신이치로(熊谷晋一郎)일 것이다. 소아과 의사이자 뇌성마비 당사자인 구마가야는 이가쿠 쇼인(医学書院)의 '케어를 열다(ケアをひらく)' 시리즈에서 출간한 단독 저서 『재활의 밤(リハビリの夜)』으로 2010년 제9회 신초 다큐멘터리상(新潮ドキュメント賞)을 수상했다. 그는 아스퍼거 증후군 당사자인 아야야 사쓰키(綾屋紗月)와의 발달장애 공동 연구로도 알려져 있으며, 2015년부터 도쿄대 첨단과학기술연구센터 준교수로 재직 중이다. 그는 '자립'이라는 개념을 "혼자서 무엇이든 할 수 있게 되는 것이 아니라, 의존할 수 있는 대상들을 많이 갖는 것"으로 새롭게 해석했다. 그 밑으로는 시청각장애 당사자인 후쿠시마 사토시(福島智), 좌우 윙에는 시각장애인 호시카 료지(星加良司)와 난치병 환자인 오노 사라사(大野更紗)가 포진해 있다.

이처럼 축구에 빗대어 설명해 본 것은, 블라인드 축구 선수 등 시각장애인의 세계를 해설한 신서(新書) 『보이지 않는 사람은 세계를 어떻게 보고 있는가(目の見えない人は世界をどう見ているのか)』(光文社新書, 2015)로 알려진 미학자 이토 아사(伊藤亜紗) 등 비당사자의 활동에도 언급하고 싶어서이다. 같은 신서 계열로는, 『섹스와 장애인(セックスと障害者)』(イースト・プレス, 2016)을 저술한 사카쓰메 신고(坂爪真吾) 역시 인터넷 TV 서비스 'AbemaTV'를 중심으로 꾸준히 모습을 드러내고 있다.

3. 백래시의 시작

　지금까지 살펴본 바와 같이, 다양성이 존중되고 장애가 있는 사람들이 삶에서 겪는 어려움이 점차로 해소되고 있는 듯 보이는 한편으로, 장애 그 자체의 다양화를 사회가 따라가지 못하고 있다는 인상 또한 지울 수 없다. 이른바 장애의 유형, 다시 말해 새로운 범주들이 급격히 증가하고 있기 때문이다. 이는 크게 두 가지 경우로 나누어 생각할 수 있다. 하나는 의료 기술의 발전으로 인해 이전에는 존재하지 않았던 장애가 새로이 생겨난 경우이고, 다른 하나는 기존에 있었던 장애가 사회적으로 드러나기 시작한 경우다. 전자의 대표적인 예로는 인공호흡기를 장착해 가래를 흡인하는 등의 의료적 케어가 필요한 초중증 심신장애나 희귀 난치병을 들 수 있다. 과거에는 생존 자체가 어려웠던 생명을 이제는 살릴 수 있게 된 것이다. 후자의 경우로는 중증 자폐와 지적장애를 함께 지닌 중증 행동장애, 섭식장애나 적응장애와 같은 정신질환, 학습장애(LD)나 틱 장애 등의 발달장애를 들 수 있다. 이러한 변화는 초중증 심신장애아(장애인)의 부모가 돌아가신 이후의 삶 등을 촬영한 〈평범하게 죽다(普通に死ぬ)〉(2020), 중증 행동장애가 있는 이들의 지역에서의 자립 생활을 조명한 〈한눈팔기(道草)〉(2019), 희귀 난치병을 앓는 아이와 그 가족의 10년을 기록한 〈기적의 아이들(奇跡の子どもたち)〉(2017) 등의 다큐멘터리 영화가 최근 제작되고 있다는 사실에서도 확인할 수 있다.

　장애 유형의 다양화에 관해 말하자면, 지금까지 그래 왔듯이 하나하나 세심하게 대응해 나갈 수만 있다면 해결 가능한 문제라고 볼 수도 있을 것이다. 다만 이는 일본 사회가 장애가 있는 이들에 대해 지금까지보다 더 관용적인 태도를 지속적으로 유지할 수 있을 경우에만 가능하다. 왜냐하면 개별적으로 두터운 지원을 제공하려 할수록 필연적으로 비용이 발생하기 때문이다. 안타깝게도 이 사회에는 재정이 압박받는 가운데 사회보장비가 계속 증가하고 있다는 경제적인 문제가 가로놓여 있다. 이 문제를 하드웨어적 측면으로 본다면, 그와 같거나 혹은 그 이상으로 중요하게 다루어져야 하는 것은 소프트웨어적 측면, 즉 사람들의 인식과 사고방식의 문제일 것이다.

2019년 12월 23일 자 『마이니치신문(每日新聞)』의 보도에 따르면, 2014년 10월부터 2019년 9월까지 5년 동안 그룹홈 등 장애인 시설이 주민 반대로 인해 건설되지 못하는 등의 사례가 전국 21개 도·부·현(都府県)에서 총 68건 발생했다. 한편 그룹홈을 운영하는 사업체 수는 2010년 이후 7년 사이에 10배로 증가해 756곳에 이르렀다고 한다. 이는 2010년대의 동향과 경향을 상징적으로 보여 주는 뉴스라 할 수 있다. 부모의 집이나 입소 시설에서 지역사회(자립 생활)로의 이행이 진전되는 과정에서 발생하는 비장애인과의 마찰. TV에 나오는 장애인 운동선수들에게는 호의적인 시선을 보내면서도, 일상의 공간으로 들어오는 장애가 있는 사람들에 대해서는 "문제를 일으키지 않을까", "집값이 떨어지지 않을까"라는 등의 이유로 환영하지 않는 태도를 보인다. 겉으로는 잘 드러나지 않는 일반 시민들의 이러한 저항, 즉 장애인에 대한 차별을 여기서는 '보이지 않는 백래시(반동)'라 불러두고자 한다.

4. 돌봄 제공자의 피폐화

그럼에도 불구하고 장애인들이 지역사회로의 이행을 지향하는 이유는 2010년대에 들어서도 여전히 유효했다. 여기에서는 2013년 12월

『니혼게이자이신문(日本経済新聞)』에 실린 두 편의 기사를 살펴보고자 한다.

12월 4일 자 기사에 따르면, '오사카 장애아·장애인을 지키는 모임(大阪障害児·者を守る会)'의 조사 결과, 가정에서 장애아(장애인)를 돌보는 사람의 90% 이상이 어머니였으며, 이들 가운데 다수가 어떤 형태로든 건강상의 불안을 호소하고 있는 것으로 드러났다. 고령화가 진행될수록 주된 돌봄 제공자인 부모는 이전과 같은 수준의 돌봄을 유지하기 어려워진다. 장애가 있는 사람이 원가정에서 생활하는 한 이른바 '부모의 사후' 문제가 가로놓여 있는데, 지역사회에서 자립생활을 할 수 있다면 그 문제는 분명히 해결될 수 있다. 다만 부모의 존재를 오로지 돌봄 제공자로서의 역할과 기능으로만 환원하고, 부모의 자녀로부터의 분리와 자녀의 부모로부터의 독립을 일방적으로 추진하는 데에는 부작용이 있음을 함께 염두에 둘 필요가 있다(고다마 마미(児玉真美), 『죽이는 부모, 죽이도록 내몰린 부모(殺す親殺させられる親)』, 生活書院).

12월 13일 자 기사는 지바현(千葉県) 소데가우라시(袖ケ浦市)의 지적장애 아동 시설 '요이쿠엔(養育園)'에서 같은 해 11월, 직원의 학대를 당한 19세 남성 입소자가 의식불명 상태에 빠졌다가 병원에서 사망했다는 사실을 전하고 있다. 이 시설에서는 남성 직원 다섯 명이 11세에서 26세 사이의 남성 입소자 아홉 명에게 지속적으로 학대를 가해 왔다는 점도 밝혀졌다. 이들 직원들은 "지원이 잘 되지 않아 폭력을 휘둘러 버렸다" 등의 진술을 하며 학대 사실을 인정했다. 이후 조사 과정에서 추가로 직원 세 명의 폭행 사실이 확인되었고, 두 명에 대해서는 혐의가 제기되었다. 이 다섯 명은 2007년부터 요이쿠엔 및 관련 시설인 '고세이엔(更生園)'에서 입소자 위에 올라타거나 팔꿈치로 가격하는 등의 폭력을 행사해 온 것으로 알려졌다. 2010년대에 들어서도 구태의

연한 방식이 관행처럼 유지되는 입소형 시설이, 드러나지 않았을 뿐 여전히 적지 않게 존재할 가능성이 있다. 후생노동성 조사에 따르면, 2018년도 한 해 동안 장애인 복지시설 종사자 등에 의한 장애인 학대 사례는 전국에서 592건에 달했다. 다만 반대로, 입소형 시설이라 하더라도 이용자에게 지역 생활보다 더 안전하고 쾌적한 삶을 제공하고 있는 사례도 존재하기 때문에, 입소형 시설을 일률적으로 부정적으로만 평가할 수는 없다는 점 역시 함께 짚어 둘 필요가 있다(후쿠모리 신(福森伸), 『있는 그대로가 있는 곳(ありのままがあるところ)』, 晶文社).

한편 이 두 기사에서 공통적으로 떠오르는 문제가 있다. 그것은 지역사회 이행 이전 단계에서 이미 진행되고 있는 심각한 문제, 즉 부모나 돌봄 노동자와 같은 돌봄 제공자들이 신체적·정신적 여유를 상실해 가고 있다는 점이다. 이 문제의 근본적인 배경으로는 저출생·고령화와 만성적인 인력 부족을 들 수 있다. 부모에 의한 돌봄의 경우, 장애 당사자의 수명이 연장될수록 부모는 고령이 된 이후에도 돌봄에서 벗어나기 어려워진다. 그렇다고 시설이나 지역 자립 생활로 이행한다 하더라도, 장애 복지 서비스 이용자는 해마다 증가하는 반면 종사자 수는 이를 따라가지 못하고 있다. 돌봄 제공자의 인력이 충분히 확보되지 않는 이유로는, 높은 책임감이 요구되는 어려운 일이라는 이미지 탓에 이미 저출생이 진행된 이 사회에서 젊은 층이 해당 분야로 유입되지 않는다는 점 등 여러 요인이 지적된다. 인적 자원이 부족해지면 장시간 노동이 발생하는 등 노동 환경이 악화되고, 앞서 언급한 학대와 같은 사태가 발생할 가능성이 높아진다는 점은 어렵지 않게 짐작할 수 있을 것이다.

5. 장애인 예술의 응답

이러한 흐름 속에서, 차라리 돌봄의 대상인 장애인을 사회에서 말살해 버리면 모든 문제가 해결될 것이라는 경제합리주의적 사고에 기반해 이를 행동으로 옮겨 버린 한 청년이 있었다. 우에마쓰 사토시(植松聖)다. 우에마쓰는 2016년 7월 26일 새벽 2시경, 가나가와현(神奈川県) 사가미하라시(相模原市)에 위치한 지적장애인 시설 '쓰쿠이 야마유리엔(津久井やまゆり園)'에 침입해 입소자 19명을 흉기로 살해하고, 직원 3명을 포함한 27명에게 중경상을 입혔다. 그는 이 시설의 전직 직원으로, 사건 당시 26세였다. 우에마쓰는 2020년 1월부터 3월까지 열린 요코하마지방재판소(横浜地方裁判所) 공판에서 선고된 사형 판결에 항소하지 않았으며, 4월 1일 자로 사형수가 되었다. 범행 동기에 대해 그는 사건 직후 다음과 같이 진술했다. "의사소통이 되지 않는 사람은 행복을 만들어 낼 수 없다", "장애인은 주위를 불행하게 하므로 없는 편이 낫다", "안락사를 허용하는 법제가 필요한데 국가가 이를 인정하지 않는다", "일본을 위해 한 일이다."

여기서 중요한 점은, 이러한 우에마쓰의 발언에 대해 인터넷상에서는 공감하거나 전면적으로 부정할 수 없다고 여기는 의견이 적지 않았다는 사실이다. 이에 장애가 있는 당사자와 가족, 시설 종사자 등 관계자들은 '제2의 우에마쓰'의 등장을 두려워하며 다양한 행동에 나서기 시작했다. 특히 무대, 음악 등 예술을 통한 당사자들의 표현에 이전과는 비교할 수 없을 정도의 주목이 쏠렸다. 2017년 3월에는, 신체장애가 있는 구성원들이 30년 이상 신체 표현 활동을 이어온 '극단 다이헨(態変)'(주재자·김만리(金満里))이 〈니라이카나이: 생명의 분수령(ニライカナイ―命の分水嶺)〉을 본거지인 오사카에서 초연했다(도쿄 공연은 2018년

11월). 같은 해 7월에는 지적장애가 있는 구성원을 중심으로 결성되어 20년 넘게 활동을 이어오고 있는 대형 밴드 '살사 검테이프(サルサガムテープ)'가 신곡 〈원더풀 세계(ワンダフル世界)〉의 뮤직비디오를 유튜브에 공개하고, 해당 곡을 커버한 영상을 시청자들이 업로드하도록 요청하는 프로젝트를 진행했다. 이처럼 사건에 대한 명확한 응답으로서 이루어진 예술적 실천들에 공통된 테제는, 한마디로 말해 "장애인의 생명에 대한 긍정"이라고 할 수 있다. 장애가 있는 사람들은 결코 "주위를 불행하게 만드는" 존재가 아니라는 것이다.

나는 지금도, 내가 머물렀던 장애아 시설의 침대 위에, 살해된 19명과 나란히, 아무 감각도 없이 그대로 남겨져 있다.
그것은 '19명의 이름을 공개하지 않겠다'고 공적으로 발표된 순간 결정되었다. 그것은 마치 땅이 꺼지고, 깊은 나락으로 떨어져, 처음부터 이 세상에 존재하지 않았던 사람으로 묻혀 버린 것이나 다름없이.
— 김만리 (〈니라이카나이〉 도쿄 공연 당일 팸플릿 서문에서 발췌)

행복해지기 위해 태어난 거야
살아 있다는 게 너무나 좋아
— 살사 검테이프 〈원더풀 세계〉 가사에서 발췌 (2020년 1월 발매 『원더풀 세계』 수록)

그러나 장애가 있는 이들을 둘러싼 '잘 보이지 않는 백래시'는 이후에도 끊이지 않았다. 2020년 7월에는, 2019년 11월에 발생했던 두 사건이 뒤늦게 드러났다.
7월 23일, 의사 두 명이 교토시(京都市)에 거주하던 ALS 환자의 의뢰를 받아 약물을 투여해 살해한 혐의로 체포되었다. ALS 환자 하야시 유리(林優里) 씨(당시 51세)가 사망한 것은 전년 11월 30일이었다. 하야시 씨의 자택에서 위루 관을 통해 약물을 주입한 것은 센다이시(仙台市)의 의사 오쿠보 요시카즈(大久保愉一, 체포 당시 42세)와 도쿄도의 의사 야마모토 나오키(山本直樹, 체포 당시 43세)로, 이들은 주치의가 아니었다. 하야시 씨와 두 의사는 2018년 12월 트위터를 통해 알게 되었고, 사건 약 한 달 전부터 협의를 시작했으며, 일주일 전에는 하야시 씨가 야마모토 의사의 계좌로 130만 엔을 송금한 사실도 확인되었다. 안락사가 허용되지 않는 일본의 법체계에서, 피해자의 의사에 따르는 자살 방조는 6개월 이상 7년 이하의 징역 또는 금고에 해당한다.

7월 31일에는, 오사카시의 시영주택에서 혼자 살던 지적·정신장애인 남성이 자치회 임원으로부터 장애가 있음을 문서에 쓰도록 강요당한 뒤 자살했다며, 남성의 부모가 자치회 임원 두 명을 상대로 총 2,500만 엔의 손해배상을 청구하는 소송이 오사카지방법원에서 시작되었다. 전년 11월 중순, 남성(당시 36세)은 자치회에서 반장을 제비뽑기로 정하기 위한 후보 중 한 명으로 지명되어 자신을 제외해달라고 요청했으나 거부당했다. 이어 11월 24일 임원들과 면담한 자리에서 "장애가 있습니다", "돈 계산을 할 수 없습니다" 등의 문구를 문서에 쓰게 한 뒤 그것을 같은 층 주민 약 10가구에 보여주라는 말을 들었다. 다음 날인 25일, 그는 자택에서 숨진 채 발견되었다.

이 두 사건은 '자살'이라는 결과만 놓고 보면 개인의 책임 문제로 환원되기 쉽고, 의사나 자치회 임원의 영향은 쉽게 가시화되지 않는다. 그러나 교토시의 하야시 씨와 오사카시의 이 남성 모두, 장애로 인한 삶의 어려움이 죽음으로 이어졌다는 점은 부정할 수 없다. 이제는 '잘 보이지 않는 백래시'를 넘어, '보이지 않는' 백래시가 발생하고 있다고 말할 수 있을 것이다.

6. 백래시에 대한 대항

그리고 '보이지 않는 백래시'의 또 다른 양상으로는, 일본의학회의 인정을 받지 않고 '신형 출생 전 진단(NIPT)'을 실시하는 의료기관이 급증하고 있는 상황을 들 수 있다. 2019년 8월 19일 자 『마이니치신문』의 보도에 따르면, 미인증 의료기관은 최소 40곳에 이르며, 그 가운데 90%는 행정 처분 대상에서 제외되는 미용외과 등 산과·산부인과 이외의 진료과인 것으로 드러났다. 일본의학회의 지침에 따르면, 채혈 검사 전후에 전문가에 의한 상담이 이루어져야 하며, 검사 결과가 양성으로 나왔을 경우에는 양수 검사 등을 거쳐 결과를 확정하도록 규정하고 있다. 그러나 미인증 시설의 대다수는 상담이나 양수 검사를 실시하지 않은 채, 다운증후군 등 원래의 검사 대상인 세 가지 질환 이외의 항목까지 검사하고 있다는 것이다. 이는 산모의 권리와 장애인의 인권이 첨예하게 맞부딪히는 지점에서 이루어지는 생명의 선별이며, 앞으로 더욱 가속화될 가능성이 크다.

공생 사회라는 이름은 유명무실하고, '다양성'이라는 말만이 홀로 떠돌고 있다. 경제합리주의적 사고에서는 생산성이 곧 인간의 가치를 결정해 버린다(호리 도시카즈(堀利和), 『장애인은 왜 노동력 상품을 지양하려 하는가(障害者が労働力商品を止揚したいわけ)』, 社会評論社). 생산성 이외의 기준으로 장애인의 존재를 긍정하기 위해서는 '할 수 있는 것'을 찾아 키워주는 접근도 의미가 있지만, 그 이전에 '할 수 없는 것'을 소중히 여기는 시각이 부족한 것은 아닌지 돌아볼 필요가 있다. 예컨대 앞서 언급한 극단 다이헨은, 비장애인처럼 "걸을 수 없고", "뜻대로 움직이지 않는" 신체이기 때문에 오히려 표현 가능해지는 몸의 움직임을 추구함으로써 유일무이한 무대를 만들어낸다. 이는 결코 "사지가 불완전한 신

체장애인이 의족 등을 착용해 조금 걸을 수 있게 되었습니다"라는 식의 방향성(오토다케 히로타다(乙武洋匡), 『사지분신(四肢奮迅)』, 講談社)이 아니다. 그러한 접근은 결국 비장애인이 '보통'에 동화되는 퍼포먼스를 상품화하는 데 그칠 뿐이며, 경쟁 사회의 톱니바퀴 하나가 되어 편입되는 데서 끝나고 만다.

중요한 것은, 무언가를 하지 못하더라도 그 '있는 그대로'에서 출발하는 것이다. "왜 못하느냐"고 화를 내거나, 내 뜻대로 되지 않는다는 이유로 배제하지 않는다. 성급히 답을 찾으려 들지 말고, 있는 그대로를 바라보며, 사람의 마음(감정과 생각)을 상상해 보기.

살짝
빛을 비추는 방식을 바꾸어
마음을 비추어 낸다
새로운
깃발을 세우기 위해

- 이와사키 와타루(岩崎航), 「수액대Ⅱ(点滴ポールⅡ)」 수록 5행시 (2013년 7월 간행, 제1시집 『수액대(点滴ポール)』)

이는 장애가 있는 사람에게만 해당되는 이야기가 아니라, 모든 사람에게 똑같이 적용된다고 나는 생각한다. 물론 나 자신에게도. 그러기 위해서는 앞으로, 위로만 나아가는 대신 멈춰 서고, 뒤돌아보고, 때로는 되돌아가는 일을 잊지 말아야 한다. 백래시에는 우리 역시 '턴백(turn back)'으로 맞서자.

탈출구를 열다
'인간 이후'의 미래로

시노하라 마사타케 篠原雅武

1. 영면, 시체, 물질

2020년 12월 어느 날, 한 아티스트가 영면했다는 트윗을 보았다. 트위터 계정 당사자의 죽음을 그 가족이 알리는 트윗이었다. 왜 그녀는 영면했을까. 이유는 모른다.

그런 트윗이 요즘 많다. 어떻게 생각하면 좋을까. 우리 생활 현실의 기본을 이루는 부분이 무언가 깨어지고 있다는 징후라고 볼 수도 있을 것이다. 한 사람이 영면했다는 사적인 사실이 SNS라는 버추얼적인 영역에서 확산되어 많은 사람들에게 알려지게 된다. 하지만 그 영면이라는 사건이 발생하기 전에는 영면한 사람에 대해 모르는 사람들도 많다. 나 역시 이 아티스트에 대해 알지 못했다.

영면이란 이 세상에서 그 사람이 영면 이전에 유지하던 의식 상태, 즉 깨어있는 상태가 단절되어 버리는 것을 의미한다. 의식 상태의 발생을 가능케 했던 신체가 활동을 멈추고 의식이 단절되는 것이다. 그리고 그 의식 정지가 일어났음을 알리는 트윗이 트위터라는 버추얼 세계에서 영면한 당사자와는 다른 사람에 의해 발신되어 '리트윗'되는 경우도 있을 것이다.

하지만 영면은 단지 버추얼한 것만은 아니다. 그것은 리얼한 사건이기도 하다. 영면 이후, 그 이전에 유지도던 의식과 관계되어 있는 신체는 시체라는 물질이 된다. 시체는 현실이다.

몇 년 전 한큐(阪急) 다카라즈카선(宝塚線) 역 승강장에 멍하니 앉아 있었는데 '인명사고' 안내방송이 흘러나오기 시작했다. 문득 눈을 들어보니 승강장과 열차 사이에 신체가 쓰러져 있었다. 그 신체는 아마도 시체였을 것이다. 시체란 무엇인가. 그때까지 작동하고 있었을 심장의 박동과 의식 작용이 멈추고 그저 믈체가 되어 버린 몸이다. 의식은 사라져도 몸은 남는다. 그럼에도 몸이 깃들어 있어야 할 의식은 그것을 알지 못한다. 물체로서의 신체 주변에서 일어나는 소동을 알지 못한다.

영면 이전에 그 의식에서는 무슨 일이 일어나고 있었던 것일까. 영면의 도래가 스스로의 의지로 일어난 것이라면, 영면 이전의 의식에는 역시 의식을 거기서 멈춰 버리고 싶게 만드는 무언가가 생겨났을 것이고, 그 무언가는 어쩌면 그 개인으로서는 어찌할 수 없는 얽히고설킨 현실의 상황이 있어서 그 때문에 생겨났을지도 모른다.

영면 이전에 존재했을 터인 의식은 영면 후, 예전에 느꼈던 힘들고 복잡한 일들을 의식하지 않아도 되게 된다. 영면함으로써 의식화에 따르는 고통을 느끼지 않아도 되게 되는 것이다. 하지만 사실 거기서 도대체 무슨 일이 일어나고 있는 것일까. 멈춘 것은 '고통스럽다'고 생각하는 의식뿐만 아니라 현실적으로 고통스럽다고 느끼는 누군가이며,

그것은 반드시 항상 의식화되는 것은 아니다. '힘들다'는 감각을 없애고 싶은 누군가와는 또 다른 누군가가 사실은 있었을 텐데, 그 누군가는 그냥 사라진 것이 아니라 사실은 죽임을 당한 것이다.

시체는 사물이다. 사물로서 그것은 버려진다. 페트병이나 더 이상 사용되지 않는 iPhone처럼. 승강장 위에 누워 있는 인체. 그것은 시체로서 승강장에서 제거된다. 선로 위에 누워 있던 신체는 파손되어 있을 것이다. 손상된 신체는 다른 것들과 함께 지상에 버려져 있다. 이토 게이카쿠(伊藤計劃)의 2007년 작품 『학살기관(虐殺器官)』의 첫머리에 그려진 것은 바로 그것이다.

> 마을 광장에 구멍이 파여 있고, 많은 사람들이 피부가 타들어 가면서 연기를 내뿜으며 겹겹이 쌓여 쓰러져 있다. 고기가 타는 냄새와 머리카락이 타는 냄새. 어중간하게 타 버린 근육이 수축되어 모두 뱃속의 아기처럼 움츠러들어 있다. 근육의 수축을 못 견딘 뼈가 부러지기도 하고, 분명히 관절이 아닌 곳에서 휘어진 사지들도 있어서, 그 수축되고 구부러진 팔과 다리가 서로 얽혀 거미줄처럼 되어 있었다.[1]

물질로서의 신체의 상관관계. 그곳에는 흙이나 연기와 같은 비인간적인 요소도 포함되어 있지만, 시체의 구성요소인 머리카락이나 근육조차도 비인간적인 물질이다. 알랭 레네의 영화 〈밤과 안개〉가 떠올랐다. 그곳에서도 의식과 분리되어 시체가 된 신체가 대량으로 폐기된 가운데 불도저 같은 것이 움직이는 모습이 그려지고 있었던 것 같다. 시체는 그 안에서 작동하고 있었을 의식에서 벗어난 물질이지만, 선로나 승강장에서 그것은 사고의 원인으로 빈 깡통이나 자동차와 마찬가지로 철거되어 처리된다. 거기서 문제가 되는 것은 사고로 인해 정지된 철도 시스템을 어떻게 하면 원활하게 복구할 수 있느냐는 것일 뿐, 누구도 영면하기 전에 존재하고 있었을 의식의 내부에서 무슨 일이 일어났는지에 대해서는 관심을 두지 않는다. 영면 후 트위터라는 가상 공간에 새겨진 트윗은 일상세계의 원활한 작동이 회복된 후 망각되어 버리는 것에 대한 일종의 저항으로 볼 수도 있을 것이다.

2. 인간세계의 재물질화

시체는 사물이며, 게다가 그것이 일상의 얽히고설킨 상황의 끝에서 일어난 '영면'의 산물인 한, 이것 역시 인위적인 산물이라고 할 수 있을 것이다. 역 승강장에 누워 있는 물질. 이 또한 승강장에 새겨진 인간 신체라는 물질의 일부이다. 이산화탄소, 플라스틱, 방사성 물질의 축적은 지구의 모습을 바꾸어 놓았는데, 그 축적 속에는 시체도 포함되어 있는 것일까?

근대 이후 공공권이나 글로벌한 이동과 교환의 영역 같은 제도적 세계가 성립되었고, 서양은 이를 '문명화'라는 이름으로 세계 전역으로 퍼뜨렸다. 일본, 중국, 인도 등 비서구 국가들도 이를 받아들여 편리하고 쾌적한 생활영역을 형성하고 복지국가 시스템을 형성하여 모두가 평등하고 풍요로워질 수 있다는 믿음을 가지게 되었지만, 1990년대 후반부터 기후 변동이 문제시되었고, 2000년에는 지질학자들이 '인류세'라는 세계의 기본 설정의 붕괴에 관한 학설을 제창하게 되었다.

디페시 차크라바르티(Dipesh Chakrabarty)가 말하는 것은 기후 변동 등으로 불안정화되어 가는 상황에서 우리는 자신의 생존 조건을 '행성'적

으로 생각할 수밖에 없다는 것을 깨닫고 있다는 것이다. 그래서 행성을
경제적 글로벌화의 무대로서의 '지구(globe)'가 아니라 '우리 발밑에 놓
여 있는' 지면으로서의 땅, 즉 행성으로 생각할 수밖에 없게 되었다는
것이다. 차크라바르티는 다음과 같이 말한다.

> 인간이 이윤과 자신의 물질적 번영을 위해 지구와 생명권에 더
> 많이 작용하면 할수록 인간은 내가 '행성'이라고 부르는 것과 만나게
> 된다. 그것은 장·단기의 지질적, 생물학적 과정을 하나로 묶어 '지구
> 시스템'을 형성할 뿐만 아니라, 다세포의 복잡한 생명체를 지탱하는
> '크리티컬 존'을 형성한다.[2]

크리티컬 존(Critical Zone). 이것은 인간 사회보다 더 깊은 곳에 있는,
행성적인 영역 위에 덮여 있는 피부와 같은 것으로, 2018년경부터 활
발하게 논의되기 시작했다. 그 주창자 중 한 명인 브뤼노 라투르(Bruno
Latour)는 여기서 과제가 되는 것이 '재물질화'라고 말한다. 인간 사회
는 예를 들어 공공권처럼 가상적인 간(間)주관적 영역으로만 구성되는
것이 아니다. 물질로서의 행성이 그 토대에 있다. 다만 우리가 행성의
물질성과 만나는 것은 지구에 작용하고, 그것을 채굴하고, 불안정화하
게 하는 과정에서이며, 즉 자신의 생존이 근본부터 파헤쳐지고 무너질
때 비로소 깨닫게 된다는 것이다.

인간세계의 재물질화. 이를 위해 변동하고 있는 행성적 상황에서 유
리되어 거기서 일어나고 있는 일에 둔감한 사고가 아직도 성립하고 있
는 것에 대해 냉정하게 비판을 계속해야 할 필요가 있을 것이다.

둔감한 채로 있을 수 없는 상황이 우리 주변에는 그저 '느껴지는 것'
으로 존재하고 있다. 나는 아직도 오카자키 교코(岡崎京子)의 만화『리

버즈 엣지(リバーズ·エッジ)』는 중요한 작품이었다고 생각한다. 그것은 인간세계의 허구화라기보다는 그 '재물질화'를 그린 작품으로 다시 읽을 수 있지 않을까. 거기에서는 시체가 주제였다. 시체는 '재물질화'의 징후였다고 할 수 있을지 모른다. 즉, 이 작품에서는 뉴타운 외곽에 잡초지대가 있고, 그곳에 시체가 널브러져 있는 장면이 그려진다. 섭식장애를 앓으며 모델 일을 하는 소녀들이 가끔씩 한밤중에 그 시체를 보러 가는데, 중요한 것은 그것이 '엣지'의 경계선에서, 살아 있는 신체와 죽은 물질로서의 신체 사이의 영역을 가리키는 것으로 존재하고 있다는 점이다. 리버즈 엣지, 강변에는 폐기물이 있고, 시체도 그곳에 버려져 있다. 그곳은 생활세계로부터 버려진, 언더월드의 입구인데, 여기에 우리들의 미래가 열려 있다는 것을 1994년의 오카자키 교코가 예감하고 있었는지도 모르겠다. 하지만 다른 한편으로는 이 가장자리의 영역을 시야에서 멀게 하여 잊히게 하려는 분위기가 있는 것도 사실이며, 지진이나 폭우가 발생하면 어김없이 드러나는 세계의 사물성·행성성은 '부흥'의 과정에서 선별되어 부흥주택의 건설로 봉인되거나 혹은 방치되어 없는 것으로 간주된다.

『'인간 이후'의 철학(「人間以後」の哲学)』에서 내가 논한 '지하세계' 논의의 발단에는 오카자키 교코가 그려내는 교외주택의 '엣지'적 상황이 있다. '지하세계'는 프레드 모텐(Fred Moten)의 『보편적 기계*Universal Machine*』의 독해를 통해 얻은 개념인데, 내가 여기에 주목한 이유는 세계에서 정말 심각한 근본적인 사태는 공공권과 같은 근대적 세계의 바깥, 혹은 그 심층에서 일어나고 있는 것이 아닐까 생각했기 때문이다.

나는 다음과 같이 썼다.

『보편적 기계』에서 프레드 모텐이 말하듯이, 공통 세계로서의 인간적 생활세계는 '사물세계'에 의해 둘러싸여, 침투되고, 지탱되고 있다고 생각할 수도 있다.

모텐은 '사물세계'를 '사물의 지하세계'라고 표현한다. 그의 생각에 따르면, 그것은 '생활세계의 안쪽 또는 그 외곽에 묻혀 있다'고 한다. 사물세계는 생활세계의 일부분이며 생활세계에서 배제된 것이 아니라고 생각할 수도 있을 것이다. 그럼에도 불구하고 그것은 묻혀 있다고도 할 수 있다. 즉, 표면화되지 않는 어둠 속에서 버려진 상태로 존재하고 있는 것이다.

그러나 모텐이 말하는 지하세계에 묻혀 있는 사물은 인간이 존재하기 이전부터 존재하고 있었던 무구한 자연적 사물과는 다르다. 인간이 스스로 생존을 위해 구축한 인위적 질서에서 탈락하여 어둠 속으로 내다버린 사물이다. 즉, 자연성을 잃고 인간화된 후, 더 나아가 거기서 탈락한 사물이다.

그것은 인간적, 인위적 질서에서도 벗어나 그곳으로부터 버려진 사물이다. 자연적 질서에서도 벗어났고, 인간적, 인위적 질서에서도 버려진 사물이지만, 이것은 기존의 인간세계가 소멸한 이후에도 존속한다. 그것도 우리를 둘러싸고 있으면서도 우리로부터 멀어져 버린 세계에서 살아남는다.

물어야 할 것은 사물세계의 생을 어떤 것으로 생각할 것인가이다. 지하세계로 쫓겨나면서도 끈질기게 존속하는 사물은 기존의 인간적 질서에 의해 지탱되지 않으며, 정립되지도 않는다. 이 지하세계에 의해 지탱되는 곳에서 인간세계는 성립될 수 있다고 모텐은 시사한다. 그렇다면 도대체 사물의 세계와 분리되어 있으면서도 서로 맞닿아 있는 인간세계를 어떻게 생각하면 좋을까?

모텐이 말하는 지하세계는 인간세계의 하층으로 밀려나 어둠 속에

존재하고 있지만, 그럼에도 불구하고 지하세계는 지하실처럼 시공간
적 형성물로 구성되어 있다. 또한 지하세계는 인간세계에 대한 외부,
즉 도피처로서의 외부로 존재한다. 지하세계는 인간세계에서 버림받
은 자들의 집합체로서 이미 존재하고 있다. 현존 인간세계가 붕괴된
후, 그래도 인간이 인간으로 살아갈 수 있는 조건이 존재한다면 그것
은 지하세계 외에는 있을 수 없다. 모텐은 그곳을 투명한 커뮤니케이
션 영역 밖에 펼쳐진 사물의 세계라고 생각한다. 사물인 한, 그곳은
나의 의식과 상관없고 나로부터 떨어져 있다. 그럼에도 불구하고
나는 사물의 세계에 존재한다.[3]

내가 사물의 세계에 존재한다는 것은 일상성, 공공권, 간주관성의 영
역과 같은 인간적인 생활세계와는 무관한 곳에 펼쳐지는 지하세계, 시
체의 세계와 접하는 곳, 즉 '엣지'의 영역에 존재한다는 것을 의미한다.
그리고 나는 어쩌면 이곳을 일종의 '도피처'라고 생각하기도 한다. 시
체가 되면 그것으로 끝이다. 하지만 자신의 의식을 이 일상세계(크리티
컬 존을 파괴해 가며 연명을 도모하는 이 세계) 안에 가두지 않고 거기서
벗어나기 위해서는 시체를 포함한 사물의 세계가 펼쳐져 있음을 인정
하고 그에 대한 경외감 같은 것과 함께 살아가려고 하는 것도 중요할
것이다.

3. 불온한 상황의 외부로 :
　유토피아, 전 언어적 영역, 엑소포니

내 책을 몇 권 읽은 20대 초반의 남성이 말하기를 내 책에는 '시민',

'국가', '사회'라는 단어가 나오지 않는다고 한다. 분명 그렇다고 생각한다. 특별히 의식하여 그런 것은 아니지만, '시민'이나 '국가'라는 단어를 사용함으로써 무언가 의미 있는 말을 할 수 있다고 생각하지 못하기 때문에 그렇게 하고 있을 뿐이다.

세상은 불온한 공기로 가득 차 있다. 중요한 것은 불온한 공기가 발생하는 상황이 어떤 것인지를 잘 파악하고 거기에 휘말리지 않고 벗어나는 것, 그리고 그를 위한 '탈출구'를 항상 준비해 두는 것이다. 그리고 그 탈출구를 사상적으로 열어가는 데 있어 시민과 국가는 방해가 된다. '국가에 대한 시민의 대항'이라는 도식을 들고 나와서 무언가를 말하는 것은 그 자체로 세상의 불온화에 둔감한 감성에 가담하는 것이 아닐까 하고 나는 생각한다. 내가 글을 쓰는 것은 그것이 불온한 상황으로부터 벗어난 곳에서 형성될 새로운 공동성의 촉매가 되고, 불온한 상황에 얽매이지 않는 새로운 사고와 상상력의 실마리를 독자들에게 제공하고 싶기 때문이다. 불온함에 포획되지 않고 그 바깥으로 나가야 한다. 뿐만 아니라 통풍을 잘 시켜서 바깥 공기를 들여보내야 한다. 중요한 것은 세상의 불온화가 무엇인지, 거기서 무엇이 붕괴되고 있는지, '포스트트루스(post-truth)'의 시대라고 불리는 상황에서 여전히 진실을 말할 수 있는 언어가 존재할 수 있는지 물어야 한다.

티머시 모턴(Timothy Morton)을 시작으로, 2010년대를 경과하며 시작된 새로운 철학과 사상의 조류가 묻고 있는 것은 우리가 살고 있는 세계이며, 그곳에 떠도는 분위기, 질감이다. 사람들 사이에서 오가는 말이나 의견, 언론 같은 것도, 단지 매스미디어나 서점 같은 공공권 안에서만 존재하는 것이 아니라, 길거리, 사무실 안에서 오가는 짧은 대화들, 카페 등 실제 공간 속에 존재하고 있다. 말과 의견의 내용은 직장이나 도시의 분위기에 영향을 받지만, 문제는 이들 내용 자체라기보다 이들이 오가고 전달되는 장소 속 분위기의 불온화가 아닐까.

『'인간 이후'의 철학』은 이러한 질문의 산물이기도 하다. 다만 책을 쓴다는 것은 어디에선가 필자가 그것을 쓰는 것이며, 바꾸어 말해 필자가 구체적으로 처한 상황 속에서 글이 쓰인다는 것을 의미한다. 세상의 불온화를 주제로 삼고, 거기서 어떻게 벗어날 것인가, 어떻게 이 불온한 상황을 잘 헤쳐 나갈 것인가를 묻는 책은 사실 그것을 쓰는 내가 실제로 처한 상황 속에서 쓰인 것이다. 자세한 내용은 생략하겠지만, 그 상황 자체가 매우 스트레스가 많은 상황이었다. 나는 심리적 압박이 큰 상황 속에서 그 상황에서 벗어나는 것을 몽상하면서 이 책을 쓰고 있었다.

2018년 어느 날, 나는 내가 왜 철학 책을 읽고 있는지 스스로에게 물었다. 마침 『'인간 이후'의 철학』을 본격적으로 쓰기 시작했을 무렵이었다. 그래서 다음과 같은 생각을 하고 블로그에 썼다.

현대에 철학적으로 생각한다는 것은 어떤 것일까. 그것은 일상생활에 매몰되어 있을 때와는 다른 방식으로 생각한다는 것이다. 우선 그것은 현재의 너머, 즉 미래와 관련된 사고일 것이다. 불확실하고, 예견할 수 없다는 의미에서 '잘 모르는 것'에 관한 생각이다.

철학적 사고를 하는 사람은 창조의 현장을 벗어나 현실세계에 대해서도 철학적인 말을 할 수 있다.

비요크(Björk)는 어느 인터뷰에서 "당신은 유토피아가 현실로 실현되는 것을 꿈꾸고 있는가?"라는 질문에 "그렇다"고 답하면서, 그것은 "우리의 판타지가 무엇인지, 현실이 무엇인지, 판타지와 현실이 서로를 촉진한다면 그것은 어디서부터 시작될 것인가에 대한 사변"이라고 말한다.

그러면서 그녀는 다음과 같이 덧붙인다. "이 트럼프 시대에는 전망, 선언, 대안을 갖는 것이 필요하다고 느낀다. 그것은 우리 종의 사활이 걸린 문제이며, 음악가로서 나는 비극 이후에는 새로운 세계를 창출하고 그것을 꿰매어 다시 만들 필요가 있다는 음악적, 시적 전망을 제시하려고 한다", "존재하지 않는 무언인가를 상상하고, 미래로 이어지는 구멍을 뚫고 공간을 요구하는 것이 필요하다", "구멍을 뚫는 것은 유토피아적인 것이지만, 미래에는 그것이 당신의 현실이 될 것이다."[4]

사실 비요크는 티머시 모턴의 친구로 서로 영향을 주고받는 사이라고 한다. 실제로 모턴은 2020년 5월 그가 재직하고 있는 라이스 대학에서 개설한 온라인 서머스쿨(나는 여기에 참가했다)에서, '또 다른 미래를 여는 것'에 대해 언급하며 그것을 '유토피아'로 이미지화하는 것의 중요성을 말한 바 있다. 이 서머스쿨에 관해서는 모턴의 블로그에 다음과 같이 적혀 있다.

'지구 온난화' 대 '기후 변동'. '복지(welfare)' 대 '사회보장(social security)'. 가짜뉴스. 트윗. '그들'이 생각하고 있는 것. 프로파간다. '과학'. '예술'. 이것들은 단지 개별적인 단어와 문장일 뿐이지만, 엄청난 힘을 가지고 있다. 그 힘은 우리에게까지 미친다. 이 강의는 이러한 단어와 개념의 중력장으로부터 당신이 스스로를 떼어내는 데 도움을 주기 위해 구상되었다. 텍스트를 읽고 글을 쓰는 방법(적당히 쓰는 것이 아니라 배운 것을 스스로 실천함으로써 이해하는 방법)을 기본부터 훈련함으로써 프로파간다와 가짜뉴스에 대한 면역을 획득하고, 건전하고 신뢰할 수 있는 사실에 기반한 세계의

구축을 촉진할 수 있게 될 것이다.[5]

중요한 것은 사실을 왜곡하는 말에서 벗어나 세상의 현실을 느끼는 것이다. 미디어화된 언어와는 다른 언어로 세계의 현실을 그려내는 것이다. 왜 그런 것이 중요한가? 현재 상황에서는 세계에서 일어나는 사건으로서의 사실이 언어에 의해 왜곡되어 그 현실의 생생함, 선명함, 혹은 잔잔함이 지워지는 일이 더 많기 때문이다. 텔레비전, 신문, 인터넷 미디어는 굳어 버린 언어로 가득 차 있다. 거기에 갇혀 있으면 세상의 생생한 현실을 있는 그대로 느끼기가 어려워진다.

그리고 여기서 단서가 되는 것은 말에 앞서 리얼리티를 형상화하는 예술 작품이다. 음악, 사진, 영상과 같은 것이다. 강의에서 모턴은 예를 들어 "나는 1980년대 및 90년대 음악에서 상당한 영향을 받았다"고 말한다. 즉, 모턴의 철학은 음악, 춤, 나아가 이들이 벌어지는 공간인 라이브하우스의 전(前)언어적 영역에 드리워진 기분과 분위기에 관한 실천과 밀접한 관계를 맺고 있다.

그런데 나는 2016년부터 모턴과 실제로 교류하고 있다.[6] 지금도 메일을 주고받는 등 교류하고 있는데, 그런 것도 있어서 나는 영어로 글을 쓰게 되었다. 영어로 글을 쓴다는 것은 즉, 일본어로만 이루어진 일상세계 밖으로 나가는 것이기도 하지만, 다와다 요코(多和田葉子)의 『엑소포니(エクソフォニー)』를 읽다 보면, 그것은 반드시 영어나 독일어와 같은 서양어에 자신의 사고를 동화시키는 것을 의미하지 않고, 오히려 일본어와 서양어의 '엣지'(경계)에 머무는 것이라고 쓰여 있다. 그곳은 어쩌면 모턴에게 있어서도 영어의 외부일지도 모른다. 일본어나 영어처럼 서로 다른 언어로 분화되기 이전의 영역인데, 언어화에 선행하는 분위기나 기분의 영역을 접하기 위해서는 모국어 바깥으로 나가서 손

쉬운 상호이해가 성립되기 어려운 자리에 서려고 노력하는 것이 요구되는 것 같다. 손쉬운 상호이해가 성립되지 않기 때문에 나는 애써 영어를 쓴다. 그 한마디, 한 문장이 이 스트레스 가득한 상황에서 탈출구를 열어 줄 것이라 믿고 그렇게 하고 있다. 이것이 무엇으로 이어질지, 그것은 알 수 없다. 다만, 지금 나에게 절실하고 중요한 행위가 되어가고 있는 것은 분명한 사실이다.

원문 주석

1　伊藤計劃, 『虐殺器官』, ハヤカワ文庫JA, 2010, 12쪽.

2　Bruno Latour and Dipesh Chakrabarty, "Conflicts of planetary proportions-a conversation," *Journal of the Philosophy of History* 14(3), 2020, 419-454쪽.

3　藤原雅武, 『「人間以後」の哲学』, 講談社選書メチエ, 2020, 180-181쪽.

4　藤原雅武, 「哲学的に考えることとはどういうことか」, https://note.com/mshono-hara/n/n9f68953d33a1

5　Timothy Morton, "Take My Summer Class!," Ecology without Nature (blog), May 4, 2020, http://ecologywithoutnature.blogspot.com/2020/05/take-my-summer-class.html

6　모턴과의 교류에 대해서는 졸저 『복수성의 에콜로지(複数性のエコロジー)』(以文社, 2016)를 참조하길 바란다.

시간에 대한 관여와
현대 일본에서 멤버십의 경계

다카야 사치 髙谷幸

들어가며

2018년 이민노동자 수용 확대를 목적으로 새로운 재류 자격인 '특정기능(特定技能)'이 창설되었다. 이때 일본 정부는 "이는 이민 정책이 아니다"라고 반복해서 주장했는데, 그 이유로 제시된 것은 가족의 동반을 인정하지 않는다는 점과 체류 기간에 상한이 있다는 두 가지였다.[1] 또한 '특정기능'의 창설 이전부터 일본은 기능실습제도(技能実習制度)라는 일시적 이민 수용 제도를 도입해 왔다. 이처럼 국가는 종종 멤버십의 경계를 설정할 때, 이민이 그 나라에서 살아가는 시간에 초점을 맞춘다. 다시 말해, 이민을 수용할 것인가에 대한 경계 설정은 공간뿐만 아니라 시간에 의해서도 이루어진다(Cohen 2018; Hammar 1994). 이는 국가가 시간에 대한 관여를 통해 멤버십의 경계를 설정하는 동시에, 그러한 경계 설정을 통해 이민의 삶을 규정하고 있다는 것을 의미하기도 한다.

이 글에서는 일본에서의 이민 수용을 염두에 두면서, 이러한 시간에 대한 관여를 통해 국가의 멤버십이 어떻게 획정되고 있는지를 고찰한다. 구체적으로는 비정규 이민과 기능실습생에 대해 적용되는 '추상적인 시간'과 '실제 경험하는 시간'의 취급 방식에 주목하여, 각각의 경계를 검토한다. 또한 이를 통해 이 두 범주에서 나타나는 멤버십 기준의 모순을 부각시키고자 한다.

1. 정치적 가치로서의 시간

정치철학자 엘리자베스 코언(Elizabeth F. Cohen)은 시간이 민주정치에서 폭넓은 정치적 가치를 지니고 있음을 밝히고 있다(Cohen 2018). 예컨대 미국의 경우, 정치적 권리는 18세 이상의 성인에게 인정되며, 또한 이민이 시민권을 취득하기 위해서는 5년 이상의 거주 기간이 필요하다는 점에서, 시간은 권리 부여와 밀접하게 결부되어 있다.

코언은 콩도르세의 논의와 초기 미국에서 시민권을 둘러싸고 제기된 재판 사례들을 분석하면서, 자유민주주의에서 시간이 중시되게 된 배경을 고찰한다. 일반적으로 권리는 출생 시 혹은 선거권과 같이 일정한 연령에 도달했을 때 개인에게 부여된다. 그러나 한 개인이 태어난 이후에 국가가 건립된 경우에는 어떻게 되는 것일까. 코언은 미국 독립 당시의 시민권을 둘러싼 재판을 사례로 들어, 국가의 건립 과정이라는 기간 동안 해당 지역에 거주하고 있었다는 사실이 국가에 대한 합의를 표명하는 것으로 간주되어, 시민권 부여의 근거로 인정되게 되었음을 지적한다. 즉 특정 기간에 걸친 지속적인 거주가 합의로 이해됨으로써, 시간은 권리와 교환 가능한 정치적 재화가 되었다는 것이다 (Cohen 2018: 85-89). 이후 이러한 지속적 시간 = 합의라는 도식은, 출생에 의해 시민권을 갖지 않은 이민이 시민권을 획득하는 과정에서도 중요한 기준으로 자리 잡게 되었다.

또한 합의에 더해, 시민이 될 만한 자격이 있는 사람에게 기대되는 행동과 가치, 성질 역시 지속적인 시간과 결부되기 시작했다. 구체적으로는 정치 체제에 대한 애착, 정치적 추론 능력, 학습, 숙고, 성격의 발달 등이 이에 해당하는데, 이들 모두는 해당 정치 공동체에 일정 기간 거주해 왔다는 사실이 그 충족을 보여주는 것으로 간주되었다 (Cohen 2018: 90-94). 이와 같이 시간은 시민권이나 권리 부여의 근거가 되는 행동과 가치, 성질을 대리하는 것, 다시 말해 교환 가치를 지닌 매개체로 인식되게 되었다고 한다.

시간이 교환 가치를 지닌 것으로 간주되기 위한 전제로서, 코언이 지적하는 것은 그것이 과학적으로 정확하게 계측될 수 있기 때문에 보편적이고 중립적이며, 나아가 평등하고 편향되지 않은 측정 도구의 역할을 수행할 수 있다는 점이다. 예컨대 합의나 애착을 떠올려 보면 알 수 있듯이, 일반적으로 민주 정치의 과정이나 그 주체로서의 시민에게 기대되는 특성은 추상적이어서 획일적인 판단이 어렵다. 이에 비해 계측 가능한 시간은 화폐와 마찬가지로 정량화의 기능을 지닌다. 다시 말해 시간은 시민의 능력이나 특성 등 "셀 수 없는 것을 정확히 계측할 수 있는 정치적 용어", 혹은 "질적인 특성을 양적인 것으로 전환하는 정치적 교환의 매개체"로 기능할 수 있다는 것이다(Cohen 2018: 12).

이상과 같이 정치 공동체에서의 계속적인 거주는 시민으로서의 특성을 보유하고 있다는 증명으로 간주되며, 비시민과 구별되는 표지가 된다. 이때 시간은 영토적 경계와 마찬가지로 '주권적 경계'로서 작동한다(Cohen 2018: 25). 코언은 여기서 주로 국적의 유무에 따라 구분되는 시민/비시민의 경계를 논의하고 있지만, 한 국가에서 이민이 경험하는 경계에는 이 외에도 영주권의 경계와 체류권[2]의 경계가 존재한다(Hammar 1994). 토마스 해머(Tomas Hammar)에 따르면, 국가의 멤버십은 안정적인 지위부터 순서대로 국민 〉 영주 이민 〉 합법적인 체류 자격은 있으나 영주권을 갖지 않은 이민으로 위계화되어 있다. 여기에 더해 국가의 영토 내에는 이들 외에도 법적인 체류 자격을 갖지 않은 사람들(비정규 이민이나 여행자 등)도 존재한다. 해머는 이러한 범주들을 각각 국적, 영주권, 체류권의 경계에 의해 구분하고, 그 어느 경우에도 시간이 경계를 구획하는 기준 가운데 하나가 되고 있음을 지적한다. 이 글에서는 이 해머의 논의를 따라, 이민이 한 국가에서 갖는 지위를 폭넓게 멤버십이라고 부르기로 한다.

2. '추상적인 시간' / '실제 경험하는 시간'과 시간의 경계

앞 절에서 살펴본 바와 같이, 자유민주주의가 전제로 하는 "과학적으로 계측 가능한 시간"이 시간에 대한 근대적 인식이라는 점은 분명하다. 많은 논자들이 지적해 왔듯이, 시간이 추상적이고 보편적인 것, 나아가 계측 가능한 것으로 이해되기 시작하고, 그러한 관념이 보급된 것은 근대 자본주의의 발전과 근대 사회 시스템의 확립과 맞물려 있다(Adams 1990=1997; Giddens 1981; Thompson 1967; 眞木 1981). 이러한 시간 관념이 직장과 학교, 관공서, 교통기관 등 일상생활의 구석구석에까지 침투해 갔다는 점은 이미 지적되어 왔는데, 코언은 그 확산을 민주정치의 영역에서도 발견한 것이다(Cohen 2018).

동시에 이러한 근대적 시간 관념의 탄생은 시간이 사람들의 경험으로부터 분리된 것이 되었음을 의미하기도 한다(Giddens 1981; 真木 1981). 앤서니 기든스(Anthony Giddens)는 화폐와의 유비를 통해 '시간의 상품화'라는 개념으로, 시간이 '추상적인 시간'과 '실제 경험하는 시간'으로 이중화된 상황을 포착하고자 한다.

> 시간의 상품화란, 시간이 모든 상품의 기초적 성질인 '이중의 존재'에 휘말리게 되는 것을 의미한다. 실제 경험하는 시간, 즉 현존재의 지속이라는 살아진 경험의 실체로서의 시간에는, 순수한 혹은 '실체 없는 지속'으로서의, 분리된 시간의 차원이 수반되게 된다. (Giddens 1981: 131)

추상적이고 계측 가능한 시간은 흔히 '시계 시간'이라 불리듯이, 정확하고 일정하게 시간을 새긴다. 한편 사람들의 경험적 차원에서 시간은 빠르게 흘러가기도 하고, 잔잔한 바다처럼 멈춘 채 움직이지 않기도 한다. 혹은 농밀한 시간이 있는가 하면, 옅어서 증발해 버릴 것 같은 시간도 있다. 그렇기 때문에 기든스를 포함한 많은 논자들은, 계측 가능한 시간의 성립이란 시간이 사람들의 삶과 경험으로부터 독립된 것으로서 모습을 드러내게 되었음을 의미하기도 한다고 보았다. 그리고 이러한 '추상적인 시간'과 '실제 경험하는 시간'의 분리는 근대 사회 시스템 속에서 살아가는 사람들의 삶의 기저를 이루는 조건이라고도 할 수 있다.

동시에 이 두 가지 시간 관념 사이의 관계는 또 다른 차원에서 사유될 수도 있다. 앞서 보았듯이, 코언은 계측 가능한 시간이 자유민주주의에서 교환의 매개체로 기능하며, 질적인 규범과 가치를 수량화하여 교환 가능하게 만든다고 말한다. 이때 시간은 중립적이고 편향되지 않은 공정한 기준으로 파악된다. 코언은 이러한 시간 매개적 교환을 '시간의 정치경제(political economy of time)'라고 부른다. 그리고 나아가, 현실에서는 이러한 정치경제가 불공정한 결과를 초래하는 경우가 있음을 지적한다. 왜냐하면 자유민주주의에서 "사람들의 시간은 국가에 의해 배분되고, 가치 부여되며, 통치되"는데, 그 과정에서 "비슷한 위치에 놓인 사람들"의 시간이 "마치 전혀 다른 가치를 지닌 것처럼 취급되는" 경우가 발생하기 때문이다(Cohen 2018: 15-16).

코언이 그 사례로 드는 것은, 같은 범죄를 저질렀음에도 형기가 다른 경우나, 개인이나 집단에 따라 시민권의 권리를 획득하기까지 요구되는 시간이 상이한 경우이다. 그녀는 이처럼 정치에 의해 시간이 "경시되거나 무시되"는 사람이나 집단은 "착취의 정치적 버전에 해당하는 것"을 경험하고 있다고 말한다. 다시 말해, "그들은 유사한 위치에 놓인 다른 사람들이 시간 속에서 획득하고 행사하는 권리와 정치적 권력을 상실하고 있는" 것이다(Cohen 2018: 17).

그러나 코언의 논의에서는 "비슷한 위치에 놓인 사람들"이 과연 누구인가라는 점이 문제로 남는다. 왜냐하면 예컨대 이민이 서로 다른 지위와 그에 따른 처우를 경험하고 있는 경우, 그것은 국가가 애초에 그들을 '같은' 위치에 두고 있지 않다는 것을 의미하기 때문이다. 이에 대해 이 글에서는 국가에 의한 사람들의 시간 지배를 '추상적인 시간'과 '실제 경험하는 시간'과의 관계를 통해 고찰해 보고자 한다. 즉 이민의 시간에 대한 국가의 관여를, 타자와의 비교 속에서 그것이 "경시되거나 무시되"고 있는가라는 관점에서 판단하는 것이 아니라, 해당 이민의 두 가지 시간이 어떻게 취급되고 있는가라는 관점에서 검토한다. 분석 대상으로 삼는 것은 일본에 있는 비정규 이민과 기능실습생의 경우이다.

3. 시간 지배와 경계 획정

(1) 고려되지 않는 '실제 경험하는 시간': 비정규 이민의 경우

2020년 10월, 오사카고등재판소에서는 비정규 이민(유효한 재류 자격을 갖지 않은 이민)인 페루 출신 모자가 자신들에게 내려진 강제퇴거(일본으로부터의 퇴거를 요구받는 것)라는 국가의 처분을 취소하고 재류 허가를 요구하며 제기한 소송에 대한 판결이 내려졌다. 결과는 모자의 패소였다.

이 어머니는 1990년대 중반, 닛케이진(日系人)*인 타인 명의의 여권을 사용해 일본에 '불법 입국'했다. 1990년 일본의 '출입국관리 및 난민인정법'(이하, 출입국관리법)이 개정되면서, 닛케이진과 그 가족에게 일본에서 일하고 생활할 수 있는 재류 자격이 인정되었다. 이 법 개정을 배경으로 페루에서는 일본으로의 '데카세기(出稼ぎ, 해외 노동)' 붐이 일어났고, 그 과정에서 비일본계 사람들에게도 이른바 '위조 여권'을 이용해 일본행을 알선하는 브로커가 등장했다. 이 어머니 및 같은 방식으로 입국한 두 자녀의 아버지 역시 이러한 흐름 속에서 일본행을

---

* 역자 주: 일본인의 혈통·계보를 가진 해외 이주민과 그 후손을 가리키는 말이다. 주로 브라질·페루 등 중남미에 정착한 일본계 이주민과 그 자녀들을 지칭하며, 일본에서는 노동력 수급 정책과 맞물려 재류·이주 문제의 핵심 범주로 등장해 왔다.

결정한 비(非)닛케이진 이주자였다.

　얼마 후 두 명의 자녀가 태어났지만, 일본에서는 재류 자격이 없는 부모에게서 태어난 아이에게는 재류 자격이 인정되지 않기 때문에, 이들 역시 비정규 체류자가 되었다. 네 사람은 오사카부 내에서 생활해 왔으나, 2011년 아버지가 경찰에 체포되어 출입국관리국에 인도된 것을 계기로 강제퇴거 절차가 진행되게 되었다. 가족은 일본에서 비정규 이민이 체류를 인정받을 수 있는 방법인 재류특별허가를 요구하며 소송을 제기했으나 패소했고, 2016년에는 아버지만 페루로 강제 송환되었다. 이후 모자는 가방면(仮放免) 상태로 생활하면서 세 사람이 일본에 남을 수 있도록 다시 소송을 제기했는데, 그것이 바로 이 재판이다. 그러나 지방법원에 이어 고등재판소에서도 마찬가지로 원고 패소 판결이 내려졌다. 강제퇴거 절차가 시작되었을 당시 초등학생이었던 아이들은 2020년 12월 현재 대학생과 고등학생이 되어 있었다. 고등재판소 판결을 앞두고 어머니는, 자신들이 일본에서 살아온 실태를 보고 판단받을 수 있는 "기회를 달라"고 호소했다.

　이 모자와 같은 비정규 이민의 체류권을 둘러싸고는 다양한 접근을 통한 연구가 이뤄져 왔는데(Carens 2013; Ngai 2004; 近藤 외 2010), 유력한 규범적 논의로 체류 시간에 근거해 체류권을 주장하는 입장이 있다(Carens 2010=2017; Cohen 2011; Hammar 1994). 정치철학자 조셉 캐런스(Joseph H. Carens)는 비정규 이민이 한 사회에서 일정 기간 생활하는 과정에서 사회적인 유대를 형성하고, 해당 사회의 멤버십을 획득하게 된다고 주장한다. 다시 말해 비정규 이민이 한 사회에서 일정 기간 살아간다는 것은 그 사회에서의 사회적 멤버십을 생성하고 발전시키는 것이며, 따라서 "비정규 이민이 오래 정주할수록 그 사회에서 멤버십의 도덕적 중요성은 커지게 되고", 강제퇴거라는 국가의 도덕적 권

리는 상실되어 간다고 지적한다(カレンズ 2010=2017: 17). 나아가 캐런스는 이민의 체류권은 이러한 사회적 멤버십과 일치시켜야만 한다고 주장한다.

캐런스의 논의에서 시간은 비정규 이민이 해당 사회에서 살아온 실태를 반영하는 것으로 볼 수 있다. 이는 비정규 이민의 '실제 경험한 시간'을 중시하고, 체류 시간이라는 '추상적인 시간' 속에 그 '실제 경험한 시간'을 읽어내려는 입장이라고 할 수 있다. 즉 '추상적인 시간'은 '실제 경험한 시간'과 일치하며, 그것을 반영하는 것이다.

그러나 출입국재류관리청이나 법원은 종종 전혀 다른 방식으로 시간을 파악한다. 이 페루인 가족의 재판을 예로 들면, 먼저 부모가 '불법 입국'을 하거나 신분을 속여 재류를 갱신한 단일 시점[3]의 행위가 문제시된다. 그리고 이 행위의 '악질성'은 시간의 경과에 따라 희석되거나 소멸되는 것이 아니다. 오히려 시간의 경과는 그 '악질성'을 더욱 증대시키는 것으로 이해된다. 지방법원 판결에서는 최초 재판의 판결을 인용하는 형태로 다음과 같이 서술하고 있다.

> 부(父) 및 원고 모(母)는 불법 입국을 한 후 부가 체포될 때까지 약 20년에 걸쳐 불법 취업을 하면서 일본에 계속 재류하였고 (…) 단속을 당하지 않도록 주의하며 생활을 지속하는 등, 장기간에 걸쳐 확신범적으로 불법 재류 및 불법 취업을 계속해 왔다고 보아야 하며 (…) 그 재류 상태는 불량하다.[4]

즉 재판이 전제로 삼고 있는 시간은 '약 20년'이라는 '추상적인 시간'이며, 그 길이는 '불법 입국'이라는 기점으로부터의 연장을 가리키는 계측기의 수치에 불과하다. 그 시간 속에서 이루어진 가족의 삶 역시, 그 기점을 연장하기 위해 수행된 '불량성'을 보여주는 증거로 간주된다. 이때 "기회를 달라"는 어머니의 목소리, 가족의 '실제 경험한 시간'은 고려되지 않는다. 여기서 '추상적인 시간'은 '실제 경험한 시간'과 분리되어 있으며, 후자의 시간은 무시되고 있는 것이다.

(2) 금지되는 시간: 기능실습생의 경우

다음으로 기능실습생의 시간에 대한 관여를 살펴보자. 주지하듯이 '외국인 기능실습제도'는 본래 인재 양성을 통한 국제 공헌을 목적으로, 실습생이라는 형태로 해외의 노동력을 최대 3~5년간 수용하는 제도이지만, 실제로는 '전문적·기술적' 노동자의 수용이 허용되지 않는 직종에서 저임금 노동자를 기한을 정해 받아들이는 제도로 기능하고 있다. 이처럼 체류 기간에 상한을 둔 일시적 이민 수용 제도는 기간을 설정함으로써 해당 이민이 도착 사회에 정주하는 것을 방지하려는 의도를 지닌다. 또한 많은 경우 이 제도에서는 도착 사회에서의 체류 허가가 고용 계약과 결부되어 있으며, 가족 동반도 허용되지 않는다. 즉 기능실습생을 포함한 일시적 이민 수용 제도하의 이민노동자는 고용 계약이 없는 상태에서 그 사회에 거주하는 것은 거의 상정되어 있지 않다.[5] 더욱이 기능실습생의 경우, 고용주가 주거를 마련하고 원칙적으로 직장 변경도 허용되지 않기 때문에, 하나의 고용 계약이 일본에서의 생활 거의 전부를 규정하고 있다. 이들은 3년이든 5년이든 단지 정해진 '추상적인 시간'을 노동에 투입할 것만이 요구될 뿐이며, '실제 경험하는 시간'을 축적하는 것은 미리 금지되어 있다.

한편 이러한 일시적 이민 수용 제도는 일본에서 이민노동자를 수용하는 주요 경로가 되어 가고 있다. 실제로 외국인 노동자 가운데 기능실습생이 차지하는 비율은 해마다 증가하고 있으며, 2019년에는 전체의 23.1%에 달했다(후생노동성 「외국인 고용 상황」 신고 현황, 2019년 10월 말 기준). 또한 서두에서 언급했듯이, 2018년에 이민노동자 수용 확대를 목적으로 창설된 새로운 재류 자격인 '특정기능'에서도 가족 체류가 인정되지 않고 체류 기간에 상한이 설정된 '1호'로의 수용이 주류를 이루고 있다. 즉 체류 기간의 상한을 설정하는 방식으로 이민의 시간에 관여하며 멤버십의 경계를 획정하는 방식이 일본의 이민 수용에서 주요한 방식이 되어가고 있는 것이다.

그러나 거꾸로 말하면, 이처럼 체류 기간에 상한을 두는 것은 그 시간이 이민의 '실제 경험한 시간'이 되어 멤버십의 근거가 될 수 있음을 전제로 한 상태에서, 그것을 사전에 차단하려는 것이라고도 할 수 있다. 다시 말해 **일시적** 이민 수용 제도라는 '추상적인 시간'에 기반한 제도는, '추상적인 시간'이 '실제 경험한 시간'이 될 수 있다는 점, 즉 양자의 일치 가능성을 전제로 하기 때문에, 바로 그 '추상적인 시간' 자체에 상한을 설정하는 것이다.

나가며

이상에서 살펴본 바와 같이, 비정규 이민과 기능실습생의 시간에 대한 관여에서 전제되고 있는 '추상적인 시간'과 '실제 경험한 시간'의 관계는 서로 모순적이다. 비정규 이민의 경우, 아무리 '추상적인 시간'을 지속한다 하더라도 그것이 '실제 경험한 시간'으로서 고려되는 일은 없다. 두 가지 시간은 분리되어 있으며, 그 가운데 '실제 경험한 시간'의 차원이 무시됨으로써 이들은 멤버십으로부터 배제된다. 이러한 현실은 '실제 경험한 시간'이 멤버십의 근거가 될 수 있다고 보는 캐런스 등의 주장과도 크게 괴리되어 있는 것으로 보인다.

한편 기능실습제도라는 일시적 이민 수용 제도는, '추상적인 시간'이 '실제 경험한 시간'이 될 수 있음을 전제로 하면서도, 후자의 축적을 금지하기 위해 전자에 상한을 설정하는 제도이다. 그렇기 때문에 이 제도에 집착하는 일본 정부의 입장은 오히려, 이민자들에게 시간은 불가피하게 '실제 경험한 시간'의 차원을 가질 수밖에 없다는 점을 상정하고 있음을 분명하게 드러내고 있다.

원문 주석

1　실제로는 '특정기능'이라는 재류 자격에는 '1호'와 '2호'의 두 종류가 있으며, '2호'를 취득할 경우 가족 동반이나 체류 기간의 연장이 가능해진다. 그러나 현재로서는 14개 업종 가운데 2개 업종에서만 인정되고 있어, 예외적인 제도로 위치 지워져 있다.

2　해머는 이를 "외국인으로서의 지위, 혹은 일시적·법적 거주민"으로 표현하고 있으나, 여기에서는 이를 '체류권'이라고 부르고 있다(Hammar, 1994: 189).

3　코언은 자유민주주의에서 사용되는 계측 가능한 시간에는 단일한 시점의 시간, 시작과 끝이 일정한 폭을 지닌 시간, 그리고 반복되는 시간이 존재한다고 말한다(Cohen, 2018: 31).

4　레이와 원년(2019년) 11월 29일 판결 선고, 헤이세이 29년(2017년) 행우(行ウ) 제143호 재류특별허가 의무부과 등 청구 사건.

5　코로나19 팬데믹 상황에서 기능실습 기간은 종료되었지만 귀국하지 못한 많은 기능실습생들이 곤궁한 상태에 빠져 있었다는 사실은, 고용 계약이 없는 상태에서 그들이 일본에서 살아가는 것이 '상정되지 않았던' 일이었음을 단적으로 보여준다.

참고문헌

アダムス, バーバラ(1990=1997)『時間と社会理論』伊藤智·磯山甚一訳, 法政大学出版局.
Carens, Joseph, H.(2013) *The Ethics of Immigration*, NY: Oxford University Press.

カレンズ, ジョセフ(2010=2017)『不法移民はいつ〈不法〉でなくなるのか——滞在時間から滞在権へ』横濱竜也訳, 白水社.

Cohen, Elizabeth, F.(2011) "Reconsidering US Immigration Reform: The Temporal Principle of Citizenship," *Perspectives on Politics*, 9(3): 575-583.

Cohen, Elizabeth, F.(2018) *The Political Value of Time: Citizenship, Duration, and Democratic Justice*, Cambridge: Cambridge University Press.

Ngai, Mae, M.(2004) *Impossible Subjects: Illegal aliens and the making of modern America*, New Jersey: Princeton University Press.

Giddens, Anthony(1981→1995) *A Contemporary Critique of Historical Materialism*, 2nd edition, NY: Palgrave Macmillan.

Hammar, Tomas(1994) "Legal Time of Residence and the Status of Immigrants," Rainer Bauböck ed., *From Aliens to Citizens: Redefining the Status of Immigrants in Europe*, Aldershot: Avebury, pp. 187-197.

近藤敦・塩原良和・鈴木江理子編著(2010)『非正規滞在者と在留特別許可——移住者たちの過去・現在・未来』日本評論社.

真木悠介(1981)『時間の比較社会学』岩波書店.

Thompson, E. P.(1967) "Time, Work-Discipline, and Industrial Capitalism," Past & Present, 38: 56-97.

제로년대~2010년대의 비평/운동을 둘러싸고
차별·계급·위령과 민주주의의 현재

다카하시 와카기 高橋若木
스기타 슌스케 杉田俊介

재활을 위해

　스기타 슌스케 다카하시 씨는 반인종주의나 수용소 문제에 관여해 오면서, 본지 『대항언론』 1호에는 「수용소 없는 사회와 이민·난민의 주체성(収容所なき社会と移民·難民の主体性)」을, 이번 2호에는 「아프로페시미즘과 '재일'의 사상을 읽다(アフロペシミズムと〈在日〉の思想を読む)」라는 중요한 논고를 기고해 주셨습니다. 이 인터뷰에서는 다카하시 씨의 눈으로 바라본 지난 30년간의 일본의 운동과 사상의 상황을 중심으로 이야기를 들어보고자 합니다.

　먼저 제가 어떤 관심과 자세로 이 자리에 있는 것인지부터 말씀드리겠습니다. 지금의 저는 과도기라서, 솔직히 말해 여러 가지로 잘 모르겠는 것들이 많아요. 다른 집필자 분들께는 실례가 될지 모르겠지만, 『대항언론』이라는 장을 시작한 것도 어떤 의미에서는 '재활'적인 측면이 있었습니다.

저는 20대 후반부터 사회운동과 비평-사상이 교차하는 곳에서 글을 써 왔는데 그러다가 한번 번아웃을 겪었습니다. 구체적으로 말하자면 '프리터즈 프리'라는 협동조합적 노동을 고민하는 곳과 장애인 개호 NPO 법인에서 일하면서 비평을 해 왔습니다. 그러한 활동으로 한차례 소진된 후에, 2010년대에는 주로 서브컬처를 문예비평적인 방법으로 논하는 일을 해 왔습니다. 최근에는 그러한 자세에도 한계를 느끼고 있습니다. 앞으로는 비평이 아닌 이론과 사상을 제 나름대로의 형태로 만들어 보고 싶다는 것과, 또 하나는 운동 현장에 뿌리를 둔 감각을 되찾고 싶다는 생각을 하고 있습니다.

하지만 저는 매우 실존적인 인간이고, 위에서 넓게 부감으로 보지 않고 돋보기처럼 사물을 들여다보는 타입의 인간이기 때문에 사상이나 운동의 현황도 잘 알지 못합니다. 제가 어떤 상황 속에서 무엇을 해왔는지도 잘 모르겠고요. 그래서 1990년대부터 2010년대까지 30년 동안을 한번 되돌아보고 싶었습니다.

가사이 기요시(笠井潔) 씨와 나가사키 히로시(長崎浩) 씨가 중심이 된 '반란론 연구회(叛乱論研)'라는 공부모임에서 다카하시 씨와 친분을 맺게 되었는데, 다카하시 씨가 일본뿐만 아니라 국제적인 감각을 가지고 있으면서 운동 현장의 문제와 사상의 문제를 동시에 고민하는 보기 드문 분이라고 생각했습니다. 오늘은 꼭 여러 가지 사회운동과 정치사상에 대해 이야기를 나눌 수 있었으면 좋겠습니다.

다카하시 와카키 '재활로서의 『대항언론』'이라는 표현은 이해가 갑니다. 2010년대 대항 운동을 경험한 현재, 제로년대(2000~2009년) 스기타 씨 세대들의 문제의식이 복권되어야 한다는 것이 저의 생각입니다. 이 대담을 읽고 공감하는 사람이 많아졌으면 좋겠습니다.

2016년 사가미하라 장애인 시설 살상 사건(相模原障害者施設殺傷事件)
이 일어난 후, 스기타 씨는 사회학자 다테이와 신야(立岩真也) 씨와 함
께 사건에 대한 응답을 쓰셨지요.* 당시는 반원전으로 시작된 2010년
대적 시민운동의 고양기였습니다. 2013년에 시작된 헤이트에 대한 반
대 운동이 아베 정권에 대한 비판으로 발전하면서 '민주주의'가 이야기
되고, SEALDs 등이 등장했습니다. 저는 2013년부터 주로 인종차별에
대한 반대와 '민주주의' 운동에 관여해 왔지만, 거기에는 뭔가 부족한
것이 있다고 느꼈습니다. 제로년대의 문제 제기가 잊혀진 채로 상황이
진행되고 있는 것처럼 느껴졌어요. 그래서 스기타 씨의 장애인 혐오에
대항하는 글이나 마르크스 관련 글을 재발견하게 되었습니다.

독자로서 돌이켜보면, 스기타 씨는 제로년대 고이즈미 준이치로(小
泉純一郎) 정권으로 상징되는 신자유주의에 저항하는 형태로, 로스트
제너레이션의 대표적인 비평가 중 한 명으로 활동하셨습니다. 1990년
대『비평공간(批評空間)』이 제공했던 마르크스주의적 자본주의 비판의
지평이 그 배경에 있었습니다. 스기타 씨의 첫 번째 책『프리터에게
'자유'란 무엇인가(フリーターにとって「自由」とは何か)』가 2005년. 제가 몇
번이나 다시 읽은『무능력 비평(無能力批評)』은 2008년 출간입니다.

잡지『프리터즈 프리(フリーターズフリー)』는 대형 출판사가 아니라
이쿠타 다케시(生田武志), 구리타 류코(栗田隆子), 오사와 노부아키(大澤
信亮) 씨 등이 함께 '유한책임사업조합'을 만들어서 자주출판 형태로
나왔지요. 2007년에 제1호. 마지막 호는 이쿠타 다케시, 구리타 류코

---

*　역자 주 : 스기타 슌스케(杉田俊介)·다테이와 신야(立岩真也),『사가미하라 장애인
　살상사건: 우생사상과 혐오 범죄(相模原障害者殺傷事件—優生思想とヘイトクライム)』,
　青土社, 2016.

씨에 의해 『프리터즈 프리』 3호가 2014년에 나왔습니다. 이 잡지에 스기타 씨가 등장한 것은 2010년 『페미니즘은 누구의 것인가?: 프리터 즈 프리 대담집(フェミニズムはだれのもの?—フリーターズフリー対談集)』이 마지막이었습니다. 단행본 쪽도 조금 공백이 있었습니다. 동일본 대지진이 일어났던 2011년 무렵이 지금 말씀하신 '번아웃' 시기였나요? 그후 2014년 『미야자키 하야오론(宮崎駿論)』이 나온 후에 서브컬처론이 이어집니다. 하지만 독자의 입장에서 보면 스기타 씨는 마르크스를 언급하지 않을 때에도 사회사상의 원론적인 문제에 대해 계속 쓰고 있었다고 생각합니다.

스기타 씨의 경우 비평을 쓰는 것과 사회를 바꾸는 운동이 불가분의 관계에 있다고 생각됩니다. 어떻게 연결되어 있는지 말씀해 주시겠습니까?

냉전 후의 '비평과 운동' 사사(私史)

스기타 알겠습니다. 우선 초기 동기에 대해 말씀드리자면, 저는 원래 문예비평을 공부하고 있었습니다. 가라타니 고진(柄谷行人)의 『경외하는 인간(畏怖する人間)』, 『의미라는 병(意味という病)』 등 초기 비평이나 아키야마 슌(秋山駿)의 내성적인 문장을 좋아하는 타입의 사람이었습니다. 하지만 그것만으로는 제 내부의 공허함이 커지고, 허무가 점점 쌓여 갔습니다. 그래서 오히려 공허한 잔해를 전제로 하여 그 위에 사상의 단편들을 모아 거대 이론으로 세우려는 그런 생각을 스무 살 무렵부터 가지기 시작했습니다. 모더니즘이라든가, 파시즘이라든가, 포스트모던의 그 너머에 있는 것 같은 것이었죠.

예를 들어 『비평공간』은 탈냉전 체제적인 마르크스주의의 붕괴 속에서, 굳이 다시 한번 브리콜라주적으로 대문자의 사회변혁 사상을 세우려고 했습니다. 그 결실이 가라타니 고진으로 보자면 『트랜스크리틱(トランスクリティーク)』의 이론이나, 'NAM(new association movement)'[*]이라는 활동이었다고 생각합니다. 저도 고민 끝에 해산 직전 마지막 단계의 NAM에 참가했습니다만, 그때는 이미 내부가 상당히 심각한 내분 상태였고, 가라타니 씨의 가르침에 충실한 NAM 회원들이 지역화폐론을 주장하는 니시베 다다시(西部忠) 씨에 대한 비판만을 반복하고 있었어요.

다카하시 메일 리스트인가요?

스기타 그것도 있었던 것 같은데, 기억에 남는 것은 집회나 연구회 자리예요. NAM 회원들의 연구회였던가 하는 자리에 갔더니 모두 모여서 니시베 씨의 인간성 비판을 하고 있었어요. 아니면 모두 모여서 『트랜스크리틱』을 성전처럼 읽거나.

무슨 말을 하고 싶은가 하면, 예를 들어 1995년 제가 스무 살 때에, 옴진리교 지하철 사린 사건(オウム真理教地下鉄サリン事件)[**]이 있었습니

---

[*] 역자 주 : 가라타니 고진의 NAM(New Associationist Movement, 새로운 연합주의 운동)은 자본주의·국민국가·국가 권력을 넘어서는 대안적 사회 형식을 제안하는 사상적·실천적 프로젝트이다. 핵심 목표는 국가를 장악하거나 전복하는 혁명이 아니라, 국가 바깥에서 작동하는 자발적·초국가적 연합을 확산시키는 것으로, 협동조합, 상호부조 네트워크, 지역·초국가적 시민 연합, 대안 화폐, 대안 교육, 대안 출판 등의 특징을 보인다.

[**] 역자 주 : 1995년 3월 일본 도쿄에서 신흥종교단체 옴진리교 신도들이 지하철에 신경 가스인 사린을 살포해 다수의 사상자를 낸 대규모 테러 사건. 도쿄 지하철 3개 노선, 5개 차량에서 사린을 살포하여 14명이 사망하고 6,300명 이상이 부상을 입었으며, 교주 아사하라 쇼코(麻原彰晃)를 포함한 관련자들은 검거되어 사형 등 중형을 선고받았다. 일본 사회에 '신종교' 폭력의 실체와 국가·사회 안전망의 취약성을 드러낸 계기가 되었다.

다. 무라카미 하루키(村上春樹)가 말했듯이, 옴은 정크한 전후 서브컬처 이야기를 사용하여 새로운 혼합종교적 전체주의를 만들려고 했어요. 더구나 90년대 후반은 '새로운 역사교과서를 만드는 모임(新しい歷史教科書をつくる会)'의 역사수정주의가 강한 힘을 가진 시대이기도 했고, 국민국가 이야기의 붕괴 속에서 일종의 바벨탑처럼 새로운 내셔널리즘을 만들어 내려 했습니다.

사회운동으로서의 NAM과 종교사상으로서의 옴, 그리고 국가론으로서의 역사교과서 문제. 그 근저에 있는 리얼리티가 저의 실존 깊숙이 파고들었던 것 같습니다. NAM은 지역화폐Q에 대한 파괴 공작도 하고 있었기 때문에, 어떤 신자가 고민 끝에 옴에 입교했는데 그 직후에 바로 사린 사건이 일어났다면 어떻게 책임을 져야 하는가 하는 생각을 하기도 했습니다.

다카하시 20세기의 사회주의 체제가 끝난 뒤에도 변혁에 대한 욕망이 소용돌이쳤던 시기가 1990년대부터 2000년대까지였죠. 컬트나 수정주의는 좌파가 대안을 내놓을 수 없는 상황에서 약진했던 것이라고 생각하는데요. 스기타 씨는 왜 '비평과 운동' 영역에 있었던 것일까요?

스기타 20대 초반까지 저는 부모의 돈에 기생하면서 모라토리엄적으로 대학원을 다니며 실존의 공허함을 채워 줄 수 있는 무언가를 찾고 있었을 뿐이었던 것 같습니다. 그 후 어떤 사정으로 빚을 지고 대학도 떠났고, 특별한 노동 능력도 없어서 편의점에서 아르바이트를 하거나 일용직 경비원을 하거나 하다가 그 후 장애인 활동보조인 2급 자격을 따서 장애인 개호를 시작했는데, 그때 처음으로 머리가 아닌 몸으로 '마르크스적'인 현실에 어느 정도 직면했다고 할 수 있습니다.

그러니까 머릿속에서 관념적으로 생각하고 있던 것들이 모두 산산조각이 나면서 비참하고 하찮은 존재로서의 자신, 단순한 노동력 상품으로서의 자신과 마주하게 된 거죠. 그 후 2000년대, 20대 후반인데요, 프리터즈 프리와 NPO 법인 소속 장애인 개호라는 형태로 사상과 운동을 양립시키기 위한 활동을 시작했어요. 프리터즈 프리는 LLP(유한책임사업조합)이라는 협동조합적인 조직으로, 그 자체로 프루동주의(proudhonisme)라고 할까요, 반자본주의적인 활동을 지향하는 작은 집단이었어요. 그 시기의 결실이 아마 『프리터에게 '자유'란 무엇인가』와 『무능력 비평』이 아닐까 싶어요.

다카하시 노동자로서, 남성으로서의 '약함(弱さ)'의 감각이 기점이 되었다는 말이군요.

스기타 지금 생각해 보면, 2000년대의 저에게는 젠더나 장애인 차별, 우생사상 문제에 대한 절실한 관심은 있었지만, 일관되게, 내셔널리즘이나 민족 차별 문제에 대한 고찰이 부족했습니다. 시위에 조금씩 참여하긴 했지만, 그것이 결국 제가 대지진 이후, 2010년대 이후의 반헤이트 운동에 대응하지 못하고 충분히 무언가를 고민하지 못한 이유 중 하나라고 생각합니다.

그러한 저의 부족한 곳을 다시 생각해 보고자 현재의 『대항언론』 활동을 시작한 측면이 있습니다. 늦었지만 2010년대 후반에는 국가와 역사의 문제에 대해 『야스히코 요시카즈의 전쟁과 평화(安彦良和の戦争と平和)』(中公新書ラクレ, 2019)나 『햐쿠타 나오키를 모두 읽다(百田尚樹をぜんぶ読む)』(후지타 나오야(藤田直哉)와의 공저, 集英社新書, 2020)를 썼고, 잡지 『스바루(すばる)』에 하시카와 분조(橋川文三)에 대한 장편 연재를 시작했으며, 본지 이번 호에서도 고야스 노부쿠니(子安宣邦) 선생님과 인터뷰를 진행했습니다. 다수파 일본인의 내부에서부터 국가와 국적, 민족과 배타주의, 이민이나 난민의 현실을 생각하기 위해, 더 나아가 재일코리안, 아이누, 류큐(오키나와), 부락민 등의 역사에 대해,

앞으로 십 년 정도에 걸쳐 체질 개선하면서 배워 나가고 싶은 마음이 있습니다. 말이 길어졌네요.

『프리터즈 프리』 시절

다카하시 차별 문제로 들어가기 전에 '운동으로서의 비평'에 대해 조금 더 물어봐도 될까요? 『대항언론』 제1호에 실린 대담에서 편집 담당인 고마(鄕間) 씨가 동아시아 각국의 혐오나 반동 현상에 대항하는 국제적인 포럼의 구상을 말씀하셨는데요. 아까 말씀하신 '대문자의 사회 변혁 사상'을 비평 활동을 통해 구현하려는 자세가 스기타 씨에게도 있습니다.

스기타 그렇죠. 특히 『프리터즈 프리』에는 『비평공간』과의 일종의 긴장 관계 속에서 배출된 가마타 데쓰야(鎌田哲哉), 니시베 다다시(西部忠), 마쓰모토 게이지(松本圭二) 씨 등이 발행했던 『중력(重力)』(2002~2003년, 제2호까지 간행)이라는 잡지의 영향이 강하게 있었습니다. 원래는 『중력』 제3호를 오사와 노부아키와 저, 그리고 이쿠타 다케시(生田武志) 씨와 함께 만들 예정이었어요. 하지만 가마타 씨와 크게 싸우게 되어서 그곳에서 독립한 것이 『프리터즈 프리』입니다.

『비평공간』이나 『중력』이 실천하려고 했던 것은 비평과 운동을 동시에, 그것도 이상과 실천을 일치시키는 형태로 어떻게 시도할 것인가 하는 것이었습니다. 당시에는 아직 어떤 책도 내지 않았고, 사회적으로 무명이었던 우리가 어떻게 하면 하층 노동 문제를 세상에 언어로 유통시킬 수 있을까. 그런 일을 해 보고 싶었습니다. 게다가 그것을 프리터였던 스기타와 오사와, 그리고 가마가사키(釜ヶ崎)에서 오랫동안

노숙자 지원을 해 온 이쿠타 씨, 이쿠타 씨는 당시 이미『군조(群像)』 신인상을 수상했었지만요, 그리고 여성 파견 노동자인 구리타 류코 씨 등, 각각 서로 다른 입장에 서 있는 사람들끼리 연대 = 협동 활동으로 실천해 보고 싶었습니다.

당시만 해도 '프리터는 자기책임이고 응석이다'라는 통념이 아직 강 했기 때문에, 그런 상황 속에서 언론계에서 무명에 가까운 사람들이 어떻게 발언할 수 있을까를 고민할 때, 당사자성을 중요하게 생각하게 되었습니다. 비록 아무리 작다고 해도, 국가와 자본으로부터 독립된 공간을 당사자들의 손으로 만드는 것. 조합원들이 공동 출자하고, 그 부담도 책임도 모두 동등하게 짊어지고, 대등한 관계에서 직접민주주 의적으로 합의하면서 활동을 결정해 나간다. 임의단체라면 그 부분의 이념이나 원칙이 모호해질 것 같았습니다. 그래서 귀찮고 위험 부담도 크지만 당시에는 LLP라는 협동조합 형식을 택한 거죠.

지금 생각해 보면, 솔직히 아직 젊어서 가능했던 것 같아요. 굉장히 어려운 점들도 많아서, 트러블이나 싸움도 끊이지 않았어요…….

다카하시 사무 작업도 있고요.『비평공간』이나 NAM의 지식인에 비 해『프리터즈 프리』나 로스제네의 글에는 노동자이면서 비평가라는 당사자의 생생함을 느낄 수 있었습니다.

스기타 그럴지도 모르겠네요. 저는 지금도 스스로를 프리터라고 생 각하고 있습니다. 하지만 지금 생각해 보면 정말 즐거웠어요. 그 시절 이 있었기에 지금의 제가 있는 것은 틀림없습니다. 그때 경험했던 것 이 조금 더 느슨하고 부드러운 형태로『대항언론』으로 지속되고 있는 측면이 있는 것 같아요. 대등한 협동 형식이라고 하면, 오히려 역으로 능력주의의 인플레이션 같은 것이 작동하게 되는 측면도 있는 것 같아 요. 평등하고 대등하다는 것을 증명하기 위해 주저 없이 상대를 비판하고 '원고의 질을 더 높여야 한다'고 상대를 몰아붙이는 것……. 그것은 일종의 유토피아이기도 하고 디스토피아이기도 했던 기억이 지금도 남아 있네요.

사람은 그런 식으로 타인과 목숨 걸고 절차탁마하면서 자신을 높여 가는 것이라는 생각은 솔직히 지금도 가지고 있습니다. 하지만 그와 동시에 산문적인 노동이나 생활 속에서 인간은 그런 래디컬한 관계성을 견디지 못하는 것이 아닌가 하는 생각도 있습니다. 그래서 『대항언론』에서는 그렇게 가혹한 방식은 취하지 않고 있습니다. 크라우드펀딩이라는 방식을 사용하면서 호세이대학출판국에서 책을 내는 형태이니까요.

적어도 의식적으로는 모든 괴롭힘으로부터 거리를 두고 싶고, 누군가가 무언가를 하지 못하더라도 가급적 서로를 비난하지 않으려 합니다. 서로의 장점을 살린다, 무능조차도 능력이 된다, 각자의 삶의 고충이 있는 가운데 그러한 분업 체제를 어떻게 지속적으로 만들어 갈 수 있을까? 그런 것들을 의식하면서 활동을 하고 있습니다. 저는 기본적으로 무능하기 때문에 제가 할 수 없는 일은 다른 사람들에게 맡기고 있습니다. 미련 없이.

간디와 프레카리아트

다카하시 지금 말씀하신 것은 운동 전반으로 보자면, 밖으로 주장을 펼치는 것뿐만 아니라 일상을 바꾸어 간다는 것으로도 연결됩니다.

그 점에서 스기타 씨와 그 동료들 외에 제로년대의 담론에서 제가 영향을 받은 것으로는 철학자 사카이 다카시(酒井隆史)나 잡지 『VOL』

의 흐름이 있습니다. 결국 데이비드 그레이버(David Rolfe Graeber)적인 아나키즘으로 이어지는, 신자유주의에 대한 푸코적 비판의 계보라고 할 수 있겠지요. 사카이 씨는『폭력의 철학(暴力の哲学)』(河出書房新社, 2004)에서 '대항폭력'을 논하면서 간디에 대해 쓰고 있습니다.

간디의 '소금 행진(Salt March)'은 영국 제국의 식민지 지배에 대항하는 인도 민중들이 물건을 생산하는 방식 자체를 제국주의 권력으로부터 되찾아 와서 생활과 생산과 소비의 형태 자체를 자치적으로 바꾸어 가자, 독립운동이니까 국가주권이 중요하지만 사람들이 생산하고 소비하는 스타일 자체를 바꾸고 자신들의 손에 되찾자는 투쟁이었다고 합니다.

2010년대 운동 문화는, 특히 제2차 아베 정권에 대항하여 '선거에서 이기자'라든가 '중앙 정치를 어떻게 바꿀 것인가'라는 지점으로 수렴되어 갔습니다. 이에 비해 간디적인 '대항폭력'에 관한 사카이 다카시 씨의 논의는 스기타 씨와 로스제네의 '협동조합'과 공명하는 면이 있습니다.

스기타 2010년대에는 혐오 문제가 정치의 중심이 되어 '래디컬 데모크라시'적인 투쟁 방식이 중요하게 되었습니다. 그에 따라 2000년대적인 노동과 계급에 대한 물음은 뒤로 물러났습니다. 특히 일본의 경우, 동일본 대지진이라는 거대한 일격이 있었기 때문에 거기에 큰 단절이 생겨버렸습니다. 하지만 현 시점에서 사카이 씨나 시부야 씨의 제로년대적 저작을 읽으면 오히려 더 생생하지요.

다카하시 생생하죠.

스기타 혐오 문제와 노동, 계급의 문제를 생활 현장에서 양쪽 모두 논하고 있어요. 예를 들어, 제로년대에는 종종 '오타쿠 vs 스트리트'라는 구도로 설명되었습니다만, 『VOL』과 같은 곳에서는, 오타쿠나 인터넷의 문제와 스트리트 아나키즘 문제가 분리되기 전의 가능성 같은 것도 있었던 것 같습니다.

예를 들어 사카이 씨의 『자유론(自由論)』(靑土社)은 2001년 저술이지만, 지금은 모두가 논하고 있는 신자유주의나 뉴라이트, 포스트포디즘이 점진적으로 승리해 온 역사가 비판적으로 논의되고 있습니다. 미셸 푸코의 권력론과 통치성 이론을 참조하면서 1968년 운동이 오히려 모방되고 탈취되어 신자유주의가 승리하는 과정을 논하고 있습니다. 당시에는 아직 일본 국내에서는 신자유주의 비판이 그다지 명확하지 않은 상황 속에서, 그는 하나씩 하나씩 짚어가면서 쓰고 있습니다.

그 사카이 씨와 코엔지(高円寺)에서 같이 연구회를 하고 있었다는 시부야 노조무(渋谷望) 씨도, 시부야 씨는 상당히 '무능력 비평'적인 감각이 있는 분인데요, 문화 연구와 사회정책론, 복지국가론 등을 결합하여 『영혼의 노동(魂の労働)』(靑土社)이라는 책을 2003년에 냈습니다. 여기서도 68혁명이 일단 뉴라이트에 패배했다는 사실을 인정하지 않으면 새로운 운동은 전개될 수 없다고 말합니다. 패배 후의 퇴각전이라고 할까, 그런 감각을 사카이 씨와 시부야 씨는 공유하고 있습니다.

또한 돌봄 노동과 같은 필수 노동 속에 신자유주의의 최전선이 나타난다고 읽을 수 있는 부분이 『영혼의 노동』에는 있는데, 당시 장애인 개호 노동을 하고 있던 저에게는 신선한 충격이었습니다. 선진국 소비 사회의 한가운데에서도 하위 계급의 빈곤 문제가 분출하고 있는데, 신자유주의는 끊임없이 그것을 보이지 않기 만든다, 계급을 불가시적인 것으로 만든다, 자기책임론은 노동과 생활의 경계선을 모호하게 만들면서 모든 것을 '자조(自助)의 노력' 속으로 지워버리는 것이다, 그래서 하위 계급은 항상 자신의 생존에 대해 죄책감을 갖고 수치심을 갖게 된다, 계급 의식이 끊임없이 지워지면서 계급을 살아갈 수밖에 없는,

그런 프레카리아트적인 감각을 사카이 씨나 시부야 씨는 내재적으로 분석하고 있습니다.

다카하시 코로나 상황 속에서 드러나고 있는 문제 그 자체로군요.

신자유주의 비판과 앞으로의 반혐오

스기타 시부야 씨는 2010년『중산층을 다시 묻다(ミドルクラスを問いなおす)』(NHK出版)를 출간하면서, 총중류 신화가 붕괴했을 때 중산층 사회가 도래했고, 그것이야말로 신자유주의 사회의 전형이라고 했습니다. 그러니까 자립이라든가 개인의 능력에 가치를 부여하고, 개인 단위에서 항상 사회적 상승을 강요하는 메리토크라시적인 사회가 바로 중산층 사회라는 것입니다.

이 책의 결론에서는 커먼즈(Commons, 공공재) 이론을 토마스 페인 등을 참고하면서 전개합니다. 존 롤스의 논의와도 조금 비슷한데, 예를 들어 땅이나 대지는 커먼즈이고, 본래 공유물이기 때문에 그것을 소유하고 있는 지주가 역으로 노동자나 농민에게 임대료를 지불해야 한다, 그렇게 지주가 지불하는 돈을 기본소득의 재원으로 삼아야 한다는 것입니다. 그 연장선상에서 '고용 임대'라는 사고도 나옵니다. 원래 일의 총량은 한정되어 있기 때문에 일거리가 있어서 일할 수 있는 사람은 운이 좋은 것이고, 오히려 일할 수 있는 사람일수록 일할 수 없는 사람들에게 분배해야 한다는 논리입니다. 능력이 있는 자가 능력이 없는 자에게 지불하는 것이 오히려 자연의 섭리라는 주장입니다.

최근에는 '기본소득만 있으면 개호도 빈곤도 자기책임이니까 국가의 재분배를 최소화할 수 있다'는 식으로 신자유주의가 주장하는 기본

소득론의 근간에는 원래 시부야 씨가 주장한 것과 같은 급진적인 평등 의식이 있었습니다. 2000~2010년대의 현실을 통과하여 2020년대에 접어든 현 시점에서 다시 읽어보면, 사카이 씨와 시부야 씨의 시도는 생생하게 살아있다는 느낌을 줍니다. 이 부분을 다시 한번 되묻지 않으면 안 되겠다는 생각이 듭니다.

다카하시 중요하네요. 저는 그런 신자유주의 비판을 헤이트에 대한 대항과도 다시 연결시켜야 한다고 생각합니다. 왜냐하면 2010년대 반헤이트 운동에서는 연결되지 않는 것이 되어 버렸기 때문입니다.

예를 들어 사회학자 히구치 나오토(樋口直人) 씨는 『일본형 배외주의(日本型排外主義)』(名古屋大学出版会, 2014)에서 저널리스트 야스다 고이치(安田浩一) 씨를 존경하면서도 한 가지 점에서 견제하고 있습니다. 야스다 씨는 재특회에 대한 르포 『인터넷과 대국(ネットと愛国)』(講談社, 2012)에서 헤이트 집회의 참가자에게는 사회적 승인의 부족이라는 고민이 있는 것이 아닌가 하고 진단적으로 접근합니다. 히구치 씨는 실증적으로, 아니, 그렇지 않다고 말합니다. 단적으로 말해서 재특회는 빈곤 등 사회 구조로 규정되는 콤플렉스를 동원하고 있는 것은 아니다, 그것은 역사수정주의 이데올로기에 기반한 반동일 뿐이라고 말합니다.

히구치 씨의 분석은 반헤이트 운동의 판단과 일치하는 측면도 있습니다. 진단만 하고 있으면 안 된다, 정면에서 깨부수지 않으면 안 된다고요. 실제로 야스다 고이치 씨 자신도 노가 야스미치(野間易通) 씨와 함께 'No Hate TV' 등 반헤이트 활동을 계속해 왔습니다. 그러나 2019년부터 개정된 입국관리법에 의해 새로운 이민자가 다시 급증하기 시작한 지금, 한때 히구치 씨에게 견제받았던 야스다 씨의 감각, 혐오의 배경에 있는 사회적 울분을 감지하는 관점도 다시금 중요해지고 있는 것 같습니다.

앞으로는 '아무래도 이민 노동자가 늘어나면서 자신들의 일도 불안 정해지는 것 같다'고 하는 느낌에 대해서 단지 '편견을 그만두라'고 말하는 것만으로는 대응할 수 없습니다. 그렇기에 이민자를 적대시하면서 고립된 채 여전히 자본가에게 이용당하느냐, 아니면 노동자의 동료로서 이민자와 연대하느냐, 그 갈림길에 서게 될 것입니다.

스기타 그렇군요.

다카하시 한편 혐오의 배경으로 사회적 울분을 지적하는 관점에는 함정도 있습니다. 우선 그것은 혐오를 정당화할 수도 있습니다. 그리고 국가나 자본의 보살핌을 받아가며 가능한 한 중간층에 통합되는 것을 목표로 하기 쉽습니다. 스기타 씨의 『무능력 비평』은 정확히 그 지점을 다루고 있었습니다.

스기타 씨는 자신을 포함하여 젊은 비정규직 노동자들에게 '내가 잘못했어, 내가 무능해'라며 자신을 탓하는 일을 그만두라고 말합니다. '내면의 우생사상'을 해제하는 것이 첫 번째 스텝이라고요. 그런데 내가 충격을 받은 것은 그 다음부터인데, '동료로 넣어 주지 않는 사회가 나쁘다'고 말하는 것만이 아니라, 자신의 고유한 무능력과 개인의 운명을 다시 받아들일 때, 그때 비로소 진정한 자립에 기반한 연대가 생겨난다는 것입니다. '약함'에 머무르는 방향입니다.

그 맥락에서 장애와 돌봄의 통찰이 활용됩니다. 장애를 가지고 살아간다는 것, 돌봄을 주고받으며 살아간다는 것은 경제적인 사회 구조가 변혁된다고 하더라도 '해소'되지 않는다, '해소'되어야 하는 것은 '불편함'이다, 이를 위해서는 천차만별의 개별적인 장애가 연계하여 사회에 들어가는 것뿐만 아니라 사회를 변화시키는 것이 필요하다, 그것이 장애인 운동의 위대함이라고 말합니다.

노동력 상품이 되는 것의 고통

스기타 당시에는 자기책임론이 워낙 강했기 때문에 그것에 어떻게 대응할 것인가 하는 질문이 있었습니다. 당시 저는 1970년대 '우먼리브(ウーマン·リブ)' 운동이나 '푸른잔디회(青い芝の会)' 사람들이 만들어 낸 사상과 실천에서 큰 영향을 받아 2000년대 로스트 제너레이션 논단에 관여하고 있었어요. 그래서 자기책임론과 동시에 사회책임론도 거부하는 태도를 취했습니다. 물론 내 탓은 아니다. 내면의 우생사상, 내면의 '일하지 않는 자는 먹지도 말라'는 말은 해제되어야 한다. 하지만 전적으로 사회가 나쁜 것이냐고 묻는다면 그렇지 않다고.

장애학에서는 자기책임론으로서 '치료 모델', '의료 모델', 즉 자기책임으로 자신의 몸을 치료하고 재활하라는 모델이 있고, 다른 한편으로는 '사회 모델', 즉 장애(disability)의 원인은 자신이 아니라 충분한 배리어프리와 사회자원을 보장하지 않는 사회가 나쁘다는 모델도 있습니다. 하지만 어느 쪽으로도 우먼리브적인 '자유'의 감각을 놓치고 있는 것은 아닌가 하는 생각이 들었습니다

다카하시 그렇군요.

스기타 그래서 욕망이나 신체의 자기변용이라는 방향과 법, 제도, 구조 등의 사회변혁이라는 방향은 동시에는 실현할 수 없지만, 양자 사이를 왔다갔다 지그재그로 갈 수밖에 없습니다. 한 사람이 두 역할을 맡는 셈이죠. 게다가 그럴 때, 타인의 흔이 자신들을 관통해 가면서, 자기변혁과 사회변혁을 반복해 갈 때 마침내 이 세계 전체의 변화, 즉 세계혁명이 진행될 것입니다. 그것은 일종의 아나키즘이며, 제가 처음에 쓴 프리터론도 그런 감각 속에서 쓰였을지도 모릅니다. 지금은 그것을 매저리티나 마이너리티라는 단어를 사용해서 생각하고 있습니다.

다카하시 자기변혁만으로는 사회 문제의 당사자가 되지 못한다. 사회변혁만으로는 자신의 개인적 문제가 아니게 된다. 그 사이를 지그재그로 나아가야 한다는 것이죠.

스기타 저는 계속 당사자성을 고집해 온 것 같아요. 프리터로서의 당사자성, 장애인 활동지원사로서의 당사자성, 시스 헤테로 남성으로서의 당사자성. 그러나 그것은 항상 내성적인, 퀘스처닝(questioning)*하는 당사자성이라고 할 수 있겠네요. 한 가지 속성에 근거하여 자신(들)의 피해자성을 주장하는 유형의 것이 아닙니다. 혹은 그 역인데요,『대항언론』이나 하시카와 분조론(橋川文三論)에서는 일본 국적이고, 일본인으로서 많은 혜택을 받아 온 인간, 다수파인 자신으로부터 출발하여, 그것을 안쪽에서부터, 내재적으로 어떻게 바꿀 수 있을까, 질문하는 그런 자세입니다. 생각해 보면 첫 번째 프리터론에서도 피해자와 가해자, 자기변혁과 사회변혁, 그것들을 동시에 당사자 비평적으로 계속 질문해 나간다는 사고틀을 가지고 글을 써 왔다고 생각됩니다.

다카하시 정말 충격적이었어요. 개인의 나약함과 구조적인 불공정이 얽혀 있는 상황이 있다. 그 지점에서 국가를 매개하지 않고 타인과 연결되는 방식을 협동조합이라는 형태로 제기한다. 단순한 윤리주의가 아닌 것이지요. 이 감촉을 어떻게 전달해야 할지 모르겠지만······.

스기타 다만, 제 언어 감각에는 일종의 '디스어빌리티(disability)' 느낌이 계속 있어서, 왜 이렇게 읽기 어려운 것, 악문 밖에는 쓸 수 없을까 하는 생각을 하고 있습니다. 인문계 지식인 문체잖아요. 생활인이나 민중, 대중에게 와닿는 언어를 사용하기 위해서는 아직 시행착오의 여지가 남아있다고 생각합니다. 그래서인지 요즘은 직접 글을 쓰는 것

---

* 역자 주: 이 책 160~161쪽 참조.

보다 인터뷰나 대담이 많아지고 있습니다.

다카하시 스기타 씨의 말이 '이해하기 어렵다'고 한다면, 그건 아직 존재하지 않는 제도의 형태를 탐구하고 있기 때문인 것 같아요. 비정규 노동자가 빈곤에 빠지는 상황을 표준적인 국민성이나 정규 노동으로 격상시키는 것뿐만 아니라, 자본주의 구조로서 그런 계층의 사람들이 일정 수 이상 나오기 때문에 다른 형태의 제도가 필요하다는, 일종의 제3세계론적 시점인 거죠. 그것은 차별 문제와도 연결되는 것 같아요.

스기타 씨의 로스제네 사상은 프리터라는 것은 좋지 않은 것이기 때문에 모두가 각자 빠져 나갈 수 있는 시스템을 만들자는 발상이 아니었습니다. 노동력 상품이 **'되지 못하는'** 고통만 생각하지 않고, **'되는'** 것의 고통을 제대로 생각하려고 했죠. 자본주의에 통합되는 것이 아니라, 자본주의와는 다른 형태의 생존 방식을 이 기회에 발명할 수 없을까? 하는.

하지만 그러면 실제로 어떻게 살아야 돼? 하는 질문이 나옵니다. 역시 정규직이 되고 싶고, 임금을 올려 주었으면 좋겠다고 생각하는 것도 당연하고요. 그때, "노동력 상품이 되는 것 자체가 괴롭다고 느껴도 괜찮아"라고 누군가가 말해 주더라도, 그 뒤에 어떤 삶이 있느냐고 하면, 그야말로 협동조합적인, 임금노동적인 노동 방식이 있어야 합니다. 다른 방식으로 집과 음식, 가스, 전기를 얻을 수 있는 시스템이 없으면 탈출구가 보이지 않지요.

비정규성과 로스트 제너레이션

스기타 현실적으로 보면, 제로년대 반빈곤 운동이나 로스제네 운동은 현장 지원과 정책 제안이 더 주류가 되었습니다. 하지만 돌이켜보면, 아마미야 가린(雨宮処凜)의 '살게 해줘!'나 아카기 도모히로(赤木智弘)의 '희망은 전쟁'이라든가, 마쓰모토 하지메(松本哉)와 같은 존재도 있었어요. 제 책에서 '우리는 더 화를 내도 좋다'고 한 말도 그렇지만, 불온하고 살벌한 질문이 있었습니다.

그러니까 사회적 포섭에 대한 반사회성이라고 할까, 정규적인 것에 흡수되지 않는 비정규성이라고 할까, 바타이유가 말하는 '쓸모없는 부정성'과 같은 급진적인 비정규성의 감각이 있었던 것 같아요. 애초에 생존이란 그런 것이라고. 지금으로 말하면 '비정규 가족'이나 '비정규 국민'이라는 말도 있지만요.

다카하시 비정규에서 벗어나려고 노력하면서도 비정규의 입장에 설 때 비로소 보이는 것에도 철저히 천착하는 것이군요.

스기타 로스트 제너레이션이라는 말은 세대론인 셈입니다. 그러면 연금제도라든가, 신입사원 채용 등 제도적인 세대 간 불공정 문제를 국가의 사회보장을 통해 해결하면 된다는 이야기가 됩니다. 실제로 최근 정부가 손을 댄 로스제네 리바이벌에서도 그렇게 하려고 합니다. 한편 글로벌한 의미의 프레카리티에는 강한 의미의 불안정성, 비정규성의 차원이 있습니다. 역시 근본에는 자본주의의 변동이 있고, 더 이상 신자유주의적인 환상(자조 노력과 민영화와 낙수 효과 이론에 의한 사회 통합)으로 덮을 수 없을 정도로 국제적으로 대량의 하층 계급이 생겨나고 있습니다.

그것은 '복지국가에서 신자유주의로'의 더 너머에 있는 것이랄까, 원래 자본주의가 그런 것이었다고 할까, 어떤 세계사적 변동에 대응하는 현상이라고 생각합니다. 취업 빙하기 세대의 감각으로 말하자면, 자본주의에 대한 두려움은 거의 자연재해처럼 받아들여졌습니다. 환경이 급격하게 변화하는 가운데 특별히 강한 자나 능력 있는 자가 살아남는 것이 아니라, 변화된 환경에 대응할 수 있는 능력을 우연히 가진 생물이 재난에서 살아남는 것일 뿐이라고 생각하는 것입니다. 자본주의라는 것은 원래가 그런 것이라고.

자신들이 당연하게 여겼던 가치관이나 법칙조차도 바뀌게 된다, 그속에서 어떻게 살아남을 것인가, 그때 윤리는 무엇이며 자유란 무엇인가. 아마도 그런 질문이 로스제네 운동의 근간에는 있었습니다.

다카하시 '당연하다고 생각했던 법칙'이란, 예를 들어 대학을 졸업하면 정규직 사무직에 취직하는 것 같은 것입니까?

스기타 당시 우리 세대는 아직, '총중류 속에 있다'는 환상을 가까스로 유지하고 있었습니다. 그 마지막 세대라고 생각해요. 제가 스무 살 무렵에 취업 빙하기의 한가운데서, 전후적 정규 노동, 정규 가족, 정규 인생이라는 사다리가 한꺼번에 무너져 내렸어요. 하지만 그것은 '전후 민주주의'만이 아니라 보다 근원적인 무엇이 아니었을까 합니다. 애초에 전후민주주의가 실현되어 선진국 가운데 풍요로운 소비 사회를 전제로 복지국가가 성립하는 상황은 드문 경우입니다. 오히려 그 붕괴를 전제로 살아갈 수밖에 없지요. 그것이 비정규적 프레카리아트의 리얼리티라고 생각해요.

다카하시 토마 피케티가 『21세기 자본』에서 이와 비슷한 글로벌한 경향이 있다고 썼지요.

스기타 그렇지요. 일본은 여러 우연이 겹쳐서 풍요로운 사회와 경제성장과 복지 체제, 재분배가 이뤄져 있었습니다.

다카하시 그것이 없어졌을 때, 스기타 씨 세대는 지금 20대와는 달리 자신의 세대가 불우하다고 강렬하게 느꼈었다고 생각합니다. 그 때, 사실 자본주의하에서는 이런 일이 불가피하다는 인식이 중요해집니다.

다른 세상을 만들어 가는 실험을 하지 않을 수 없게 된다는. 그런 논의가 1990년대부터 2000년대에 걸쳐 냉전 종식 후 20년 정도 동안, 지금보다 더 많았던 것 같아요.

복합계급이란 무엇인가

다카하시 2010년대는 반대로 '노동력 상품이 **되는** 것의 고통'이라는 발상이 아니라 '노동력 상품이 **되지 못하는** 것의 고통'을 어떻게든 해결하라는 방향으로 주장할 수밖에 없었습니다. 그것은 역시 권력에 의한 통치 논리가 정말 뻔뻔하게 적나라한 배제로 전환되었기 때문입니다.

인민전선적으로 포섭적 민주주의를 모두가 요구하지 않을 수 없었던 것이 2010년대. 운동의 장에서는 앞으로도 그것이 계속될 수밖에 없을 것입니다. 하지만 '**한 입으로 두 말하기**를 되찾고 싶다'고 저는 생각합니다. 다른 사회를 만들려는 어소시에이션(조합)적 시도와 선거를 통해 제대로 된 사회민주주의적 포섭을 요구하는 시도를, 그렇게 한 입으로 두말하는 운동으로 이행해 가고 싶다고.

스기타 아까 어디까지나 개체적이려고 하는 리브의 감각에 대해 말씀드렸는데, 기본적으로는 2000년대에도 신자유주의적인 것에 대항하는 포용(inclusion) 사상이라고 할까, 사회적으로 배제된 사람들을 복지국가적인 것에 다시 한번 포섭하자는 전략이 있었습니다. 그것은 2010년대 '전후민주주의'로의 복귀 운동, 민주주의를 다시 한번 더 되찾자는 이야기와도 연속성이 있다고 생각합니다.

예를 들면 한쪽에 복합차별론이 있을 때, 그것을 다른 쪽에 있는 '복합계급론' 같은 것과 재접속시킬 필요가 있습니다. 최근 낸시 프레이저

등이 매니페스토적으로 출간한 『99%를 위한 페미니즘 선언(99%のた
めのフェミニズム宣言)』(人文書院, 2020)이 상징하듯, 역시 문화적 문제, 배
제와 차별의 문제라는 축으로만 가면 자본에 대한 저항, 반자본주의의
관점이 부족해집니다. 이 지점과 다시 한번 재접속하기 위해 '1% vs
99%'라는 월가 점령 운동(Occupy Wall Street)에 쓰인 단어를 슬로건으
로 삼은 것이지요.

하지만 여기서도 또 양면성이 있어서 '99%'라고 말할 때, 그 내부의
차이가 보이지 않게 되는 측면도 있습니다. 역시 여기서는 지그재그가
필요합니다.

다카하시 로스제네 운동에도 그 지그재그가 있었을 것 같네요.

스기타 원래 로스제네 운동 당시에는 노동 운동이라는 표현과 동시
에 '생존 운동'이라는 표현이 있었습니다. 워크페어적인, '노동하는 한
생명은 보장해 주겠다'는 조건부적 사고에 근본적으로 대항하는 것으
로 '생존의 무조건적 긍정'을 주장했습니다. 당시 감각으로는 '니트(ニ
ート)'나 '히키코모리(引きこもり, 은둔형 외톨이)'라는 단어가 로스제네
운동의 중심이었습니다. 생산적인 노동에도 참여하지 않고, 사회 통합
에도 참여하지 않는다. 그런 사람들의 생존이 근본에 있었습니다. '생
명은 멋진 것이다'라거나 '생존은 동등하게 가치가 있다'라는 가치관
마저 탈구시켜 버리는 아감벤의 '단지 살아있는 생명' = 조에의 꿈틀거
림과 같은 존재. 일찍이 장애인 운동이 가지고 있었던 반우생사상적인
인식을 좀 더 넓힌 듯한 느낌이라고 할까요. '산다'는 것 자체가 애초에
제대로 일하지 못하고, 제대로 살지 못하며, 제대로 태어나지도 못한
상태인 것은 아닐까.

다카하시 '생존 운동'이라니 대단하네요. 계급 운동도 아니고요.

스기타 계급 문제라는 것은 노동자를 본체로 하여 자본가와 계급 관

계를 만들어 가는 경우도 있고, 래디컬 페미니즘처럼 남성과 여성 사이에 성차별이라는 적대성의 선을 긋거나, 젠더 계급이랄까요, 가부장제 자본주의의 문제에 선을 긋는 경우도 있습니다. 또 푸른잔디회나 장애인 해방 운동이 그랬던 것처럼 우생사상이나 능력주의, 비장애자 문명에 근본적인 적대성을 표출하는 경우도 있습니다. 이들 운동은 어쩔 수 없이 복합계급론이 됩니다. 로스제네 가운데에는 노동에도 생산에도 사회적인 부분으로도 나오지 않는, 무능 계급과 같은 감각이 있었습니다. 그렇게 복합차별론과 복합계급론을 전개할 수 있지 않을까 싶었습니다.

다카하시 그렇군요. '복합계급'의 의미를 조금 알 것 같습니다. 경제적 계급 대립뿐만 아니라 여성 차별과 장애인 차별도 자본주의의 중심적인 대립이라는 발상이군요. 그러면 부를 가진 '1%'와 그렇지 않은 '99%' 같은 대립만으로는 이야기할 수 없게 된다. 표준적인 중산계급의 평범한 생활을 모두가 할 수 있도록 하자는 것이 더 이상 목표가될 수 없게 된다는 것이지요. 그것은 찬성입니다. 다만 정치라는 것은 어딘가에 대립선을 그어서 동지와 연대하는 것이기도 한데요, 그렇다면 '복합'의 정치란 무엇일까요?

적대성과 스탈린주의

스기타 계급론과 차별론을 교차시키는 것은 어렵습니다. 애초에 교차성이나 복합차별을 개개인 신체 차원에서 생각하는 것은 매우 귀찮고 복잡합니다. 차별은 거대한 집단적 폭력으로서 지금도 눈앞에 있습니다. 그에 저항하는 급진적 민주주의, 혹은 #MeToo 운동이 등장합니다. 단일 이슈의 정체성을 매개로 SNS의 공감을 이용해 집단성을 형성하고, 적과 아군을 명확히 구분하여 '안 되는 것은 안 된다'고 몰아붙이는 것입니다. 그것은 매우 필요하지만, 계급 문제가 적과 아군이라는 슈미트적 적대성의 정치로 회수되어 버릴 수도 있습니다.

일례로 2020년 시라이 사토시(白井聡) 씨의 트윗 발언 논란 문제가 있었지요. 가수 마쓰토야 유미(松任谷由実) 씨가 한 라디오 프로그램에서 사퇴하는 아베 총리에 대해 공감을 표한 것에 대해 시라이 씨가 비판하는 트윗을 올리면서 논란이 확산된 사건인데요, 그것은 실언이라기보다는 어떤 필연성이 있어서 일어난 일이라고 생각되었어요. 그러니까 '적'은 지성 면에서 열등하고 감정적으로도 떨어지니까 철저하게 깨부숴야 한다는 식의 지성주의에 내포된 우생사상이 있고, 그것이 분단을 악화시키는 것은 아닐지. 그리고 그 전제에 자신들은 공부 잘한 우등생 리버럴이고 지성도 있고 감정적으로도 풍부하다는 전제가 깔려 있는 것은 아닐지. 그러한 우생적 지성주의에 근거하는 민주주의에는 한계가 있다고 생각했습니다.

예컨대 일찍이 『비평공간』에서 아사다 아키라(浅田彰)가 주목했던 알튀세르의 '우연성 유물론', 혹은 '중층결정'이라는 사고방식이 있습니다. 즉 계급을 실체로서 파악하는 것이 아니라 일종의 불가능성에서 생겨나는 것으로, 복합적이고 우연한 여러 계급이 있다고 한다면 그에 대한 대항의 방식, 정치적 연대의 형태도 변화한다는 것입니다.

다카하시 적과 아군이 실체로서, 리버럴 대 헤이트라든가, 혁신적 노동자 계급 대 자본가라는 식으로 나뉘어져 있는 것처럼 보이지만, 거기서 양쪽에 공통된 생활 기반이라든가 중층적인 여러 구조를 본다. 그리고 다시 큰 대립선으로 돌아간다는 것이지요.

스기타 예를 들어 『비평공간』에 연재되었던 아즈마 히로키(東浩紀)

씨의 자크 데리다론 『존재론적, 우편적(存在論的, 郵便的)』이 있습니다만, 저도 「로스제네의 죽은 아이들(ロスジェネの水子たち)」(『겐론(ゲンロン)』 4호)이라는 글에서, 로스제네 문제와 아즈마 씨의 데리다론을 접목할 수 있지 않을까 생각했었습니다. 『존재론적, 우편적』은 스탈린주의적 폭력 문제를 논하고 있습니다. 의미도 이유도 없이, 그저 우연적=확률적인 죽음이 닥쳐오는 상황에서 어떻게 인간의 자유를 확보할 수 있을까. 그것은 비정규직 노동자를 무분별하게 착취하고 해고하는 자본주의 기업의 문제이기도 합니다. 자본가 vs 노동자라는 알기 쉬운 계급의 선을 긋지는 못하지만, 그럼에도 역시 압도적인 비대칭성이 있습니다. 예를 들면 착취당하고 해고당하는 것은 내가 여자이기 때문인가, 장애인이기 때문인가, 무언가 민족이나 국적 문제인가. 그것조차 분명하게 결정할 수는 없지만 역시 거대한 계급적 비대칭성은 있습니다. 『존재론적, 우편적』을 그런 식으로 다시 읽을 수 있지 않을까 하고 생각했습니다. 그것은 자본주의의 근원적인 폭력성이라든가, 사카이 다카시 씨가 논했던 신자유주의적 통치 권력의 불합리성에 대한 지적과 일맥상통한다고 생각했습니다.

다카하시 계급적으로 당하고 있는데 요인이 여러 가지로 복합되어 있기에, 그 사람만의 상황이란 식으로 몰아붙여서 자기책임화시켜 버린다, 그런 식으로 관리되는 것이지요.

스기타 아즈마 씨는 데리다의 '우편 ≒ 오배(誤配)'라는 말을 긍정적으로 사용하고 있지만, 애초에 그 말은 스탈린주의적 강제수용소의 폭력을 말하는 것입니다. 재미있는 것은 아즈마 씨가 유토피아적으로 의미 부여하는 사상은 대개 현실적으로는 디스토피아로 나타납니다. 『동물화하는 포스트모던(動物化するポストモダン)』에서 오타쿠적인, 인간성을 상실하고 감각 중심으로 살고 있는 사람들의 포스트모던성을 논했

는데, 오타쿠들은 인터넷에서 헤이터가 되어 갔습니다. 혹은 『일반의
지 2.0(一般意思2.0)』에서는 인터넷의 '니코니코 동화(ニコニコ動画)'를
잘 활용하면 대의제 민주주의의 폐쇄성을 넘어설 수 있을 것이라고 논
했는데, SNS 그 자체가 증오와 적대감의 공간이 되어 버렸지요. 최근
에는 『관광객의 철학(観光客の哲学)』을 내놨는데, 실로 관광적인 소통
성으로 인해 신종 코로나라는 바이러스가 글로벌하게 퍼져 나갔습니
다. 현재도 아즈마 씨는 '악의 어리석음'에 대해 논하고 있는데, 그것
도 완전히 그가 창간한 잡지 『겐론』 조직 내에서 일어나는 사건과 표
리일체입니다.

다카하시 '오배'나 '중층 결정' 등 단순한 대립과는 다른 차원도 중요
하죠. 다만 타민족과 대립시키는 '애국'이 횡행하는 가운데, 단순히 '그
건 아니다'라고 말할 수 있는 용기는 앞으로도 중요할 것 같습니다. 스
기타 씨도 실천적으로는 그런 자세를 가지고 계시지요. 신숙옥(辛淑玉)
씨를 비롯해 마이너리티가 비난의 표적이 되는 것을 사회가 방관하고
있는 가운데, 2010년대 매저리티를 대표하는 지식인들이 알기 쉬운 적
대성을 자신들의 책임으로 맡는 것의 의의는 후일 증명될 것이라고 생
각합니다. 가야마 리카(香山リカ) 씨나 정치학자인 고노이 이쿠오(五野井
郁夫) 씨, 오카노 야요(岡野八代) 씨도 그렇고, 2010년대 젊은 세대의 운
동 사상을 준비한 사사키 아타루(佐々木中) 씨나 니시타니 오사무(西谷
修) 씨 등도 옳은 주장을 하고 있습니다.

스기타 정말 그렇게 생각합니다.

다카하시 하지만 스기타 씨의 우려도 잘 알 것 같습니다. 왜냐하면
이건 제 자신의 문제이기도 하지만, '일본에서도 역사적 사실이나 국
제적인 인권 규범을 제대로 지킬 수 있을 텐데, 일부 바보 같은 놈들이
있다'라고만 말해버리면 보이지 않게 되는 점이 있습니다.

보이지 않게 된다는 것은 일본이 혐오를 억제할 수 없게 된, 그 불가능성을 만들어낸 사회의 변화입니다. 헤이트 단체의 개별 구성원이 경제적 문제를 안고 있지 않더라도, 거시적으로 볼 때 식민지 경영과 한국전쟁 특수 등을 기반으로 만들어진 '풍요로운 사회'가 몰락하면서 기성세대가 초조해진 것과 역사수정주의가 조직화되어 헤이트가 침투한 것 사이에는 상관관계가 있지 않을까요. 스기타 씨의 로스제네는 그 때 태어난 젊은 비정규노동자의 입장에서 시스템을 이탈해도 살아갈 수 있는 '조합'을 시도하려고 했습니다. '민주주의'가 '모두'를 풍요롭게 살게 하는 것이라면 그 '모두'에는 제한이 있음을 뼈저리게 깨달은 사람들의 사상이죠. 그래서 제로년대는 '민주주의의 새로운 불가능성' 이론이 등장한 시대였다고 생각합니다.

스기타 그럴지도 모르겠습니다.

다카하시 아즈마 히로키의 '동물화'라는 것도 '민주주의의 새로운 불가능성'의 일종이 아닐까요? 모두가 공통의 어휘와 관심을 가지고 이야기하는 것이 어려워지고, 역사적 맥락 같은 것은 중요하지 않게 되어 개별적인 기호(記号)의 소비만 남게 되는 '동물적'인 상황이지요. 그것이, 때마침 보급된 인터넷 환경의 탈사회적인 효과와 맞물려 진행됩니다. 이러한 동물적 상황을 그저 긍정하는 것만으로는, 대중은 인터넷의 익명적 기술 지배에 의해 서로 격리되어 버리는데, 그렇게 동물적으로 변해 버린 대중에게 다시 한번 전체를 생각해 보라고 말하는 것 역시 한계가 있지요. 그래서 확률적인 우연한 만남이 일어날 수 있는 환경을 조성하려고 노력해 온 것이 아즈마 히로키의 실천이 아닐까 생각합니다.

스기타 씨가 그런 맥락에서 스탈린을 꺼내는 것도 이해됩니다. 스탈린주의는 나치즘과 달리 어딘가에 나쁜 놈들이 있다기보다는 역사의 법칙적인 진행에 따르는 익명의 시스템에 의한 지배이지요. 어딘가에 규칙이 있는 것 같지만, 너무 복잡해서 개인의 운명의 차원에서는 모두 자의적으로 보입니다. 거기서 공포와 테러가 생겨납니다. 실로 현대적인 공포지요. 그러한 문제에 나쁜 놈들을 지혜로운 통치자로 바꾸는 것이 아니라, 시스템 설정에 개입하는 것으로 대응하면 어떨까. 이웃에 대한 의심 대신에 관용적인 만남이 '오배', 즉 잘못 배달되도록 하는 것. 대체로 그런 발상이 아즈마 히로키에게 있다면, 그것은 스기타 씨의 말대로 사카이 다카시와 결론은 다르지만 비슷한 문제를 다루고 있었다고 말할 수 있을 것입니다.

하지만 그런 '민주주의의 불가능성의 문제'를 한 번 '잊혀진 문제'로 할 수밖에 없었던 것이 바로 2010년대 시민운동이었어요. 배제형 통치로 완전히 돌아서 버린 권위적인 과두정치에 대해 '민주주의'나 '모두'의 주장이 필요했습니다. 하지만 '잊은 것으로 한 것'인지, 정말 '잊어 버린 것'인지는 잘 모르겠는 상황이 되었습니다.

민주주의의 필연성과 그 너머

스기타 몇 가지 묻고 싶은 것이 있는데요, 저는 2010년대 운동 현장에는 많이 있지 않았기 때문에, 예를 들어 사사키 아타루 씨나 니시타니 오사무 씨가 특히 젊은 사람들에게 끼친 영향력을 잘 알지 못합니다.

다카하시 저도 사사키 씨의 책이 영향력이 있었다는 점을 모르고 있었습니다. 카운터 현장에서 만난 적은 있습니다만, 아무 말 없이 참가하는 문화인들은 그 외에도 많았기 때문에 신경 쓰지 않았습니다. 『야전과 영원(夜戦と永遠)』(以文社, 이후 河出文庫)이 2008년에 출간되고, 그

후, 2010년에 『잘라라, 그 기도하는 손을: 책과 혁명에 관한 다섯 밤의 기록(切りとれ, あの祈る手を―本と革命をめぐる五つの夜話)』(河出書房新社)가 나왔습니다. 예를 들어 래퍼인 우시다 요시마사(牛田悦正) 씨의 SEALDs 시절 담론에는 사사키 아타루 씨 책의 영향이 보입니다. 그나 SEALDs 멤버들뿐만 아니라 시위에 참가한 가장 행동력 있는 일군의 사람들이 일정한 시기에 열렬한 독자였다는 것을 나중에 알게 되었습니다.

스기타 그렇군요.

다카하시 특히 『잘라라, 그 기도하는 손을』이겠죠. 우선 정보화라든가, 최근에 와서 뭔가 새로운 어려움이 시작된 것은 아니라는 논점입니다. 사사키 아타루는 피에르 르장드르(Pierre Legendre)의 '큰 역사관'에 서서 우리가 살고 있는 시대에 결정적인 변화가 있었던 것처럼 호들갑을 떨지 말라고 충고합니다. 정보화라든가 정보자본주의 같은 말을 하지만, 그 출발점에 있는 '중세 해석자 혁명'은 이미 11세기부터 시작되었던 것으로, 지금 와서 새로운 불가능성이 시작된 것도 아니라고 말합니다. 그런 부분이 많은 사람들에게 다가간 것이 아닐까요. 고전적인 책을 읽고 교양을 쌓기를 원하는 사람들, 민주주의를 하는 것에는 새로운 현대적 불가능성이 따라온다는 식의 '포스트모던'적 주장에 지쳐 있던 사람들에게 일종의 해방감을 준 것이 아닌가 싶어요.

스기타 그렇군요.

다카하시 또 하나 그 책에서 '아무것도 끝나지 않았다'는 표현이 반복되는데요. 당시 무언가 '끝났다'고 말하던 사상으로서는 역시 『비평공간』과 그 영향을 받은 사람들의 담론이고, 가상의 적은 그들이 아니었을까요. 『비평공간』은 90년대에 근대문학과 근대철학의 가능성을 '총결산'한 것처럼 느껴집니다. 가라타니 고진은 '근대문학의 종언'을 말하고 있었지요. 나카가미 겐지(中上健次)와 함께 끝났다고요. 이것은 지금 현재를 살고 있는 젊은 세대에게는 억압감을 줍니다. 그래서 사사키 아타루의 책을 읽으면 『비평공간』적인 것과는 다른 교양을 긍정해도 좋다는 해방감이 있습니다. 책이 어떤 효과를 가져왔는지에 대한 평가는 일종의 결과론일 뿐이지만요.

스기타 '전후민주주의는 여전히 중요하고, 살아있다!'라는 계몽적 해방감은 느꼈어요. 마루야마 마사오(丸山眞男)가 다시금 읽히기도 하고요. 사사키 씨나 니시타니 씨는 전후민주주의에 대한 신뢰랄까, 헌법 9조에 대한 신뢰감을 젊은 사람들에게 회복시켜 준 부분이 있지 않을까요? 가라타니 씨는 마루야마 마사오를 비판하기도 합니다만.

다카하시 가라타니 씨 스스로는 헌법 9조를 옹호하고 있지만요.

스기타 그렇죠, 9조론이나 데모 긍정론은 과거의 가라타니 씨로 보면 다소 소박한 방식처럼 보이지만, 가라타니 씨 나름대로는 필연성이 있는 것 같습니다.

다카하시 데모에 대해서도 전후민주주의를 다시 주장하는 것과는 다소 차이가 있습니다. 가라타니 고진은 데모가 있을 때 그곳에 '평의회적 공간'이 출현하기 때문에 긍정하는 것이기 때문에, 의회정치에 관한 교섭으로서의 데모를 긍정하는 것과는 조금 다르지 않을까요.

정치사상사 연구자인 오지 겐타(王寺賢太) 씨가 가라타니 고진을 인터뷰하면서(『가라타니 고진 인터뷰 1977-2001(柄谷行人インタビューズ 1977-2001)』, 講談社文芸文庫), 가라타니 고진의 운동론이 기존의 대립을 상대화시켜 버린다는 점을 비판한 적이 있습니다. 이 인터뷰에서 오지 씨는 협동조합 운동에 대한 가라타니의 설명 방식에도 그다지 동의하지 않습니다. 어소시에이션이라는 것은 물건을 사거나 팔거나 할 수 있는 사람들이 그러한 매매방식에 관여하지 않고 다른 것을 하자는 메시지가 담겨 있다고요. 이미 자본주의적으로 일하거나 소비할 수 있는 사

람들에게는 '자본주의로부터 벗어나자'는 말은 통할 수 있지만, 일할 수 없거나, 소비자로서 물건을 살 수 없는 많은 사람들에게는 '자본주의로부터 벗어나자'는 말은 잘 통하지 않는 것은 아닌가 하고 오지는 말합니다. 오지 씨는 그런 의도는 아니었겠지만, 그 인터뷰는 2010년대의 감각을 앞서 표현한 것이라고 생각합니다. 시스템에 적응하지 못하고, 당장 내일의 삶에 위기감을 느끼는 사람들이 '민주주의'나 포용을 주장했던 시대였으니까요.

스기타 그렇군요.

다카하시 제로년대의 '민주주의의 새로운 불가능성'을 조명한 로스제네나 아즈마 히로키, 혹은 스트리트의 사상가들에 대해서도, '뭔가 사치스럽다'거나 '아니, 불가능하다는 건 알겠는데, 해 보면 할 수 있을지도 모르잖아, 지금 안 하면 죽잖아'라는 식의 분위기가 있었다고 생각합니다. 그 감각은 일단 긍정해야 한다고 생각합니다. 그리고 그것을 긍정하는 것이 어려운 문화 상황이기도 했습니다.

2010년대 시민 데모 문화라는 것은 역시 90년대와 제로년대의 비평에 대한 단절이었습니다. 조금 에둘러 말하자면, "알기 쉬운 대립선을 긋는 것만으로는 안 된다"고 말하기'만' 하는 것 역시 안 된다는 것이 2010년대의 통찰이었습니다. 그러나 반대로 정말 알기 쉬운 대립선만 그리게 되면, 아까 언급했던 이민 문제만 해도 앞으로 대응할 수 없는 복잡한 문제에 직면하게 될 지도 모릅니다. 그래서 단절된 척했던 것을 다시 복권해야 하지 않을까 싶습니다. 2010년대의 경험이 가지는 필연적인 부분을 무시하지 않는 형태로, 『비평공간』이후 스기타 씨 세대가 생각하려고 했던 문제를 어떻게 반복할 것인가가 저에게는 2020년대의 과제입니다.

리버럴과 천황

스기타 다카하시 씨는 2010년대의 논점 중 하나로 '죽은 자에 대한 추도'의 문제가 있다고 말씀하셨지요. 죽은 자의 추도에 잘 대처하지 못한 것이 2010년대 운동의 한계 중 하나라고요. 그 부분에 대한 이야기를 여쭤봐도 될까요?

다카하시 2010년대적인 패러다임이 닫혀 가고 있다고 생각하게 된 계기는 리버럴 내부에서 천황 의존 경향이 뚜렷해진 것이었습니다. 헤이세이(平成) 30년간, 그러니까 1989년에서 2019년 사이는, 일본 열도에 재해와 대량사가 반복적으로 일어나고, 천황이 국민을 위로하는 광경이 반복되었습니다. 원래 자유주의자나 좌파는 야스쿠니 신사(靖国神社) 등 천황제의 장치를 비판하는 입장이었습니다. 하지만 동일본 대지진의 사망자와 마주할 필요는 있었습니다. 그 위령의 체현자가 헤이세이 천황이라는 것으로 되어 갔습니다. 아베 정권을 제지하는 헤이세이 천황에 대해 리버럴 진영의 공감대가 높아져 갔습니다. 그것은 제가 보기에 '민주주의의 새로운 불가능성'에 관한 제로년대적 인식이 본격적으로 잊혀져 가는 과정과 같았습니다. '전후민주주의는 가능하다. 제대로 지키자, 헤이세이 천황과 함께'라고요.

스기타 그렇죠.

다카하시 하지만 이것은 이상한 이야기입니다. 2010년대 자유주의 좌파 운동도 재일코리안을 포함하여 이 사회에서 살아가고 있는 사람들의 운동이었습니다. 가장 창의적이고 용기 있는 행동을 계속해 온, 희생을 떠맡은 사람들 중에도 재일코리안은 있었습니다. 그 사람들에게는 아직 참정권이 없습니다. 천황이 상징하는 전후민주주의는 구 식민지 사람들로부터 일방적으로 참정권과 국적을 빼앗은 것이고, 오키나와도 전후, 천황에 의해 분리된 측면이 있습니다. 저는 아이누와 피차별 부락에 대해서는 아직 잘 알지 못합니다만, 근대적인 내셔널 데모크라시로 설명하려 하면 그 시도조차 할 수 없는 문제가 아닌가요. 그래서 전후민주주의를 다시 주장한다고 해도 그런 점들은 바꾸지 않으면 안 되는 것입니다. 그것이 이루어지지 않은 상황에서 리버럴 진영조차 천황에게 공감한다는 것은 앞뒤가 맞지 않는 이야기이지요. 하지만 그렇게 되어 버렸습니다. 왜 천황에 대한 애착이 돌아온 것인가에 대해 생각해 볼 필요가 있습니다. 그것은 결국, 대지진 이후 국토 전체에 스며든 멸망과 위령의 감각에 대해 반동보수나 '일본회의(日本会議)'와는 다른 대응이 요구되었는데, 그것이 없었기 때문이었던 것은 아닐까요.

스기타 네, 그런 말씀이군요.

하시카와 분조와 내셔널리즘

다카하시 그런 관점에서 보면, 스기타 씨는『스바루』에 연재된「하시카와 분조와 그 낭만(橋川文三とその浪曼)」에서 내셔널리즘 문제를 꾸준히 논하고 계신데요.

스기타 네. 애초에 제가 '하시카와론'을 쓰게 된 계기 중 하나가 지금 다카하시 씨가 말씀하신 것처럼 리버럴 좌파가 천황을 따르는 것이 굉장히 충격적이었기 때문입니다. 정부와 자본이 부패해 가는 가운데 마지막 희망으로 천황에게 의지하는 것은 메이지 유신(明治維新) 이후 면면히 반복되어 온 일입니다. 일군만민(一君万民)형의 평등, 천황에 의한 민주주의라는 구조적 패턴이 있었습니다. 하지만 저는 그것을 어딘가 먼 옛날의 이야기처럼 생각하고 있었습니다. 아무리 그래도 현대에는 그럴 리가 없다고. 그런데 상상 이상으로 쉽게 헤이세이 천황에 공감하고 리버럴 진영에 속한 사람들도 천황의 인격성에 감염되어 버렸습니다. 일본에는 정말로 정치적인 사회계약이 없구나, 시민혁명을 경험한 적이 없는 국민이구나 하는 사실이 매우 실감나게 다가왔습니다.

마루야마 마사오의 『일본 정치사상사 연구(日本政治思想史硏究)』에서도 오규 소라이(荻生徂徠)를 정치적인 제작자로 상정해, 사실은 메이지 유신 이전부터 일본에는 자생적인 민주주의가 있었다고 논하고 있습니다. 다만 마루야마가 소라이를 통해 논하는 것도 어딘지 모르게 신권정치적인 주체성인데요. 마루야마는 근대주의자의 전형이라고 평가되지만, 그런 그 조차도 민주주의를 천황제 내셔널리즘에 의탁할 수밖에 없었다. 수동적인 전체주의는 안 되지만, 천황이라는 제작자 아래 국민들이 자발적으로 결집하는 능동적인 전체주의라면 그 편이 낫다는 것입니다.

다카하시 마루야마 마사오조차도 그렇다면 리버럴의 천황제 회귀도 놀랄 일이 아닐지도 모르겠네요.

스기타 대지진 이후, 리베카 솔닛(Rebecca Solnit)의 '재해 유토피아' 적인 것을 중앙의 반동적 권력이 빼앗아서, 재해 내셔널리즘으로 전개해 갔습니다. 넓은 의미의 재해나 적국의 침입을 발판으로 삼아 일본의 국토를 강하게 만들고 배외주의를 강화하는 구조입니다. 예를 들어 햐쿠타 나오키의 『일본국기(日本国紀)』 같은 것은 완전히 그런 재해 내셔널리즘의 상상력에 기반하고 있습니다.

그런 반동파의 재해 내셔널리즘적 유토피아와 일군만민적 좌파 내셔널리즘이 공명해 버렸다. 그것이 상당히 충격적이었습니다. 하시카와 자신이 늘 그런 생각을 했던 사람인데, 메이지 유신 이후, 사회계약을 경험하지 못하고 천황/국체를 따르는 형태로만 미적 국가를 구축할 수 있었던 일본에서, 그것을 대체할 수 있는 내셔널리즘의 가능성이 있는지, 배외주의적이지 않은 국가의 가능성이 있는지를 끈질기게 생각했습니다. 『스바루』 연재에서는 그 부분을 다시 묻고 싶었습니다.

다카하시 하시카와 분조의 내재적 내셔널리즘 비판의 위험성도 포함해서, 그것을 철저하게 논한 스기타 씨의 연재가 최근의 리버럴 내셔널리즘을 다시 묻는 계기가 되었으면 합니다.

스기타 제 자신의 작업을 돌이켜보면, 2010년대 전반에 『미야자키 하야오론(宮崎駿論)』, 『나가부치 쓰요시론(長渕剛論)』, 『죠죠론(ジョジョ論)』을 서브컬처 3부작(번외편으로 『우타다 히카루론(宇多田ヒカル論)』) 같은 느낌으로 썼는데, 그 근간에 있었던 것은 '신과 혁명'에 대한 이야기였어요. 그에 대해 2010년대 후반에는 앞에서도 말했지만, 야스히코 요시카즈나 하시카와 분조를 통해 '국가와 역사와 허구' 같은 모티브를 추구해 왔습니다. 눈앞의 복합적인 헤이트 상황을 생각할 때, 역시 백 년 단위, 2백 년 단위 정도로 역사를 거슬러 올라가서 다시 한번 메이지 유신을 리부트한다고 할까, 그 가능성을 재검토하지 않으면 안 된다고 생각했습니다.

다만 저는 죽은 자를 추도하는 문제를 그렇게 열심히 생각해 본 적은 없습니다. 예를 들어 아즈마 히로키 씨는 『겐론』 2집을 '위령(慰靈)' 특집으로 구성하고 있잖아요. 저는 지속적으로 로스제네적이라고 할까, 반출생주의적이라고 할까, '잘못 태어난 존재', '태어나지 못하고 죽은 아이들 같은 존재'에 관심이 많았습니다. 윌리엄 제임스나 한나 아렌트도 두 번 태어나는 문제에 대해 논한 바 있지요. 다만 죽은 자에 대한 추도라는 주제는 아마 진지하게 생각해 본 적이 없었습니다.

일본 열도와 위령의 유토피아

다카하시 스기타 씨는 '생각해 보지 않았다'고 말씀하시지만, 저는 독자로서 스기타 씨의 지난 십여 년 동안의 저작들 속에 위령에 관한 문제군이 저류에 깔려 있다고 생각합니다.

예를 들어 『미야자키 하야오론』에서는 미야자키 영화의 배경에 대개 '세상의 종말'과 같은 사태가 있다고 지적했었죠. 〈벼랑 위의 포뇨(崖の上のポニョ)〉의 대홍수, 〈바람계곡의 나우시카(風の谷のナウシカ)〉, 〈하울의 움직이는 성(ハウルの動く城)〉, 〈붉은 돼지(紅の豚)〉의 세계대전 같은 것도 그렇고요. 배경에 재앙적인 대량 파괴와 죽음의 기운과 아포칼립스가 있다고. 미야자키 작품은 그 속에서도 포기하지 않는 일종의 아나키즘적 생명력과 자유를 그려내고 있다고 말이죠. '죽은 아이들'이라는 테마도 『무능력 비평』에서부터 있었고, 2017년에 나온 『전쟁과 허구(戦争と虚構)』는 전쟁과 죽음의 문제에 어떻게 마주할 수 있는지를 다룬 비평집입니다.

그리고 하시카와 분조론입니다. 스기타 씨의 하시카와론은 이 열도에서 사람들이 생과 사를 어떻게 받아들여 왔는지에 대한 전통을, 아나키적이고 비권위적인 방향으로 전환하기 위한 위령의 대응법에 대한 힌트를 제시하고 있다고 생각합니다.

스기타 확실히 『미야자키 하야오론』에서 애니메이션론, 작품론으로만 논의했던 것을 『하시카와 분조와 그 낭만』에서는 좀 더 구체적인 일본 열도의 역사에 뿌리를 둔 방향을 제시하고 싶다는 모티브가 있었던 것 같습니다. 하시카와는 내셔널리즘과 패트리어티즘(Patriotism)의 미묘한 갈등 속에서 근대 일본의 '신과 혁명' 문제를 계속 고민한 사람이었습니다.

하시카와가 '일본 국민'이라는 단위를 어떻게 생각하고 있었는지도 미묘한데요, 야나기타 구니오(柳田国男)나 베버를 참조하면서 일본의 민속적 종교성을 바라보려고 했던 것은 틀림없지만, 일본 국민으로 닫혀가는 내셔널리즘이 아니라 열도적이고 잡다한 종교성으로서(마루야마적으로 말하면 **잡거(雜居)**가 아니라 **잡종** = 혼혈로서), 그러니까 '일본'을 환아시아적이고 야포네시아적인 섬나라의 하나로 파악하면서, 야나기타적인 '고유 신앙'이 아니라 보다 복잡하고 잡다한 종교적 혼합으로 파악하는 관점도 항상 가지고 있었습니다.

다카하시 일본이라기 보다는 '지역' 같은 것인가요?

스기타 그렇죠, 지역(패트리, 토포스)의 비주권국가적 연합이라고 할까요. 예를 들어 1970년대에 야스쿠니 신사에 대해 검토하는 강연을 유족회 앞에서 했는데요(「야스쿠니 사상의 성립과 변용(靖国思想の成立と変容)」, 1974년 8월, 『시대와 예견(時代と予見)』 수록), 거기에서 하시카와는 이례적으로 격분합니다. 당사자인 전몰자가 '(야스쿠니에) 모셔지고 싶지 않다'고 말하는데 그것을 강제로 모시는 것, 그런 일이 용납될 수 있는가. 그와 동시에, 야스쿠니적인 것을 추구하는 민중의 신앙심 자체는 부정하지 않는데요, 오히려 거기에는 야스쿠니 신사에 회수되지 않으면서 그것을 넘어서는 무언가가 있지 않은가, 하는 이야기를 길게 쓰고 있습니다. 즉 전몰자들은 국가나 천황의 승인을 받아 야스쿠니 신사에 모셔지는 것에는 관심이 없었고, 단지 가족의 곁으로, 그리고 '고향(くに)'으로 돌아가고 싶었다는 것입니다.

하지만 그 다음이 더욱 하시카와다운데요, 죽은 자의 영혼이 돌아가는 곳은 궁극적으로 혈연관계도 아니고 지연관계도 아닌, 어떤 보편적인 것이 아닐까 하고 말합니다. 즉 죽은 자는 국가나 국경을 넘어선다. 초국가라는 것은 '슈퍼'와 '울트라'의 양면적인 것이죠. '울트라 국가주의'가 될 수도 있고, '국가주의를 넘어서는(super)' 것이 될 수도 있습니다. 그러한 초국가적 존재로서 죽은 자의 영혼을 생각하고 있습니다. 그런 한에서 폐쇄적인 국민국가가 아닌 섬나라로서의 일본 열도라는 국토에 어떤 유토피아적인 것을 보려고 합니다. 그런 것을 좀 더 생각해 보고 싶습니다.

현대 일본의 루소 문제

　다카하시 하시카와 분조가 『내셔널리즘(ナショナリズム)』에서 논한 루소의 정치사상은 2010년대의 리버럴 내셔널리즘이 주장하는 '입헌주의'와는 다르지요. 루소의 일반의지는 '공화주의'적인 경향을 띠고 있습니다. 공화제란 왕도, 황제도, 천황도 없는 정치체제를 말합니다. 이에 헌법으로 행정권을 제한하는 것이 입헌주의인데, 영국을 보면 알 수 있듯이 이는 왕실의 존속과 모순되지 않습니다. 일본의 천황도 통치 권력을 갖지 않는 국민의 상징입니다. 따라서 그로 인해 더욱 영속적인 미적 상징이 되고 있습니다. 헤이세이 후기의 리버럴 일부는, 거기에 반동적인 자민당 정치와는 구별되는 국민 통합을 맡기려 합니다.
　그렇다면 보수파는 어떨까요. 헌법학자 야기 히데쓰구(八木秀次)가 헤이세이 천황을 꾸짖는 듯한 논고를 쓰거나, 아베 신조(安倍晋三)가 원호(元号)에 대한 생각을 말하기도 합니다. 거기에는 천황에 대한 숭경심은 전혀 없습니다. 아마 아베 신조가 일반의지를 상징하는 '황제'가 되었다는 감각이었던 것 아닐까요. 그렇다면 2010년대에 루소적인 일반의지라든가, 국민의 일체성을 급진적으로 개조한 것은 어떤 세력이었는가 하면, 아베 정권과 그것을 지지한 사람들이 아니었을까 생각합니다. 일반의지를 불러일으키고 싶다는, 좌파적일 수도 있는 욕망을 극우 쪽에서 찬탈적으로 구현한 것이죠.

스기타 전체주의와 민주주의의 양면성이랄까, 원래 '루소 문제'라고 불리는 양면성이 있지요.

다카하시 네. 루소의 일반의지는 인민민주주의 쪽으로 갈 수도 있지만, 다른 한편으로는 황제의 대관(戴冠)을 원하는 방향으로 갈 수도 있는 것입니다. 후자의 방향을 우파 쪽이 구현하고 있습니다. 그러한 방향이 아니라 좌파에서 다시 한번 루소적인 권력을 생각해야 하지 않을까. 인민주권의 문제입니다. 거기에 하시카와 분조가 관련되어 있지 않을까 기대하고 있습니다.

스기타 하시카와에 따르면, 일본에서는 루소적인 정치적 일반의지는 애초에 메이지 유신 때부터 존재하지 않았으며, 국민을 통합하기 위해서는 천황의 이름으로 미적 일반의지를 위조할 수밖에 없었다고 합니다. 미시마 유키오(三島由紀夫)가 말하는 '미(美)의 총람자(總攬者)로서의 천황', 혹은 오쓰카 에이지(大塚英志) 씨가 말하는 '감정 천황제'와 같은 것입니다. 그 위에서 천황이 문화를 지배하고, 통치 권력을 쥔 정치인들이 정치적으로 국민을 지배하는 이중구조, 보필의 구조라는 것이죠.

하지만 하시카와를 잘 읽어보면, 루소적인 공화제를 지향하는 것도 아닙니다. 여기가 좀 복잡하달까요, 일본 열도에 살아가는 사람들을 국민으로 통합하기 위해서는 어떤 초월성이나 종교성이 필요하고, 근대적 공화제만으로 갈 수 있다고는 아무래도 생각하지 않는 것 같습니다. 배외적이지도 제국주의적이지도 않고, 미와 정치가 이중구조적으로 사용되어 모든 것이 호지부지되는 것도 아닌, 그런 방향으로 국민국가를 다시 세우려면 어떻게 하면 좋을까. 파킨슨병과 너무 이른 죽음으로 그에 대한 대답은 내지 못했습니다만.

다카하시 스기타 씨의 하시카와론은 더 앞으로 나아가는 것이지요?

스기타 『스바루』의 하시카와 연재는 2021년 3월호로 끝났지만, 아직 구상 전체의 절반 정도입니다. 2년 가까이 연재해 왔습니다만, 하시카와의 야스다 요주로(保田与重郎), 마투야마 마사오, 야나기타 구니오, 미시마 유키오와의 대결까지밖에 가지 못해서, 아직 다케우치 요시미(竹内好), 사이고 다카모리(西郷隆盛), 기타 잇키(北一輝)와의 대결을 쓰지 못했습니다. 최종적으로 하시카와가 가장 큰 적, 즉 넘어야 할 대상으로 생각했던 것은 역시 기타 잇키였다고 생각합니다. 천황의 힘을 이용해서라도 사회주의를 일본의 근대화 속에서 실현하려던 기타 잇키의 방향, 그것을 어떻게 하면 극복할 수 있을까? 기타 잇키의 방향은 역시 팽창적인 제국주의와 떼어 놓을 수 없는 것이죠. '천황과 제국이라는 이름의 사회주의'가 근대적인 일본 혁명의 한계로 느껴진다면, 2·26사건*은 그보다 훨씬 퇴락한 형태라고 할 수 있는데요, 그것을 넘어 어떻게 혁명의 낭만을 제시할 수 있을까. 그것이 하시카와의 최종적인 과제였다고 저는 생각합니다. 그런 하시카와의 질문을 현대적인 과제와 연결해서 생각해 보고 싶습니다.

---

* 역자 주 : 1936년 2월 26일, 일본 육군 '황도파(皇道派)' 청년 장교들이 일으킨 쿠데타 사건. 이들은 사이토 마코토(斎藤実) 총리를 포함하여 정부 요인들을 암살하고 '천황의 친정'과 급진적 개혁을 요청했으나 쇼와 천황에 의해 '반역군'으로 규정되어 숙청됨으로써 쿠데타는 실패로 막을 내렸다. 이 사건을 계기로 통제파(統制派) 군인들이 국정의 주도권을 완전히 장악하여 의회 정치는 사실상 종말을 고했다. 일본제국주의가 군국주의 전쟁으로 나아가는 주도한 계기가 되었던 사건으로 평가된다.

포스트콜로니얼과 가토 노리히로

다카하시 내셔널리즘을 상대화하는 방법으로, 여기서 조금 다른 방향을 생각해 보고 싶습니다. 포스트콜로니얼(탈식민지) 이론과 그것이 쇠퇴하고 있는 현상에 대해서입니다.

포스트콜로니얼은 식민지 '지배'가 끝난 후에도 전후의 리버럴 내셔널리즘을 지탱해 온 식민지'주의'를 비판하는 것입니다. 일본의 경우, 1991년에 '위안부' 피해자 김학순(金學順) 씨의 증언이 나온 것도 계기가 되어서, 식민지 지배에 대한 비판이 다시금 거세집니다. 이에 대해 '새로운 역사교과서를 만드는 모임'(1996)이나 고바야시 요시노리(小林よしのり)의『전쟁론(戦争論)』(1998)이 나옵니다. 걸프전(1991) 이후에는 일본도 파병해야 한다는 의견이 강해지면서 PKO(유엔 평화유지군)에서 테러 대책을 거쳐 마침내 이라크 전쟁 참전으로 이어지는 군사 행동의 흐름이 있었고, 그것은 역사수정주의적인 여론의 지지를 받고 있었습니다. 그 사이 1995년 이후 반(反)기지 운동은 있었지만 오키나와에 미군의 대부분이 떠넘겨진 채였고요. 동시에 입국관리법이 단계적으로 바뀌면서 권리를 제한한 채 새로운 이민 노동자를 많이 받아들이기 시작한 시기이기도 했습니다.

2001년에는 일본군의 전시 성폭력을 재판하는 여성국제전범법정을 취재한 NHK 프로그램에 당시 아베 신조 등이 개입합니다. 2002년에는 한일 공동 월드컵과 김정일이 납치 사실을 인정한 북일정상회담이 있었고, 내셔널리즘이 이전과는 다르게 시민층으로 침투해 갔습니다. 정신과 의사인 가야마 리카가『쁘티 내셔널리즘 증후군: 젊은이들의 일본주의(ぷちナショナリズム症候群—若者たちのニッポン主義)』(中公新書)라는 예언적인 책을 낸 것도 그 해였습니다. 가야마 씨는 후에 혐오에 대

항하는 대립선을 긋고 일관된 이야기를 하고 있습니다.

이윽고 재일외국인의 지방참정권에 대해서도 이야기하기 어려운 분위기가 형성되어 갔습니다. 돌이켜보면, 그 무렵부터 시작된 극우 정치인과 보수 지식인에 의한 미디어 공격이 2014년『아사히신문(朝日新聞)』공격으로까지 이어진 것입니다. '위안부' 문제는, 2019년 〈아이치 트리엔날레〉의 '표현의 부자유전 그 후(表現の不自由展 その後)' 사건(전시가 협박을 받아 중단된 것)을 봐도 일본적 차별의 뿌리라고 할 수 있습니다.

스기타 확실히 그렇습니다. '위안부' 문제는 일본의 복합적인 차별의 역사를 생각할 때 최대의 과제라고 할 수 있습니다.

다카하시 이러한 흐름 전체에 저항하는 형태로 철학자 다카하시 데쓰야(高橋哲哉)와 서경식(徐京植)이 제로년대의 대표적인 반헤이트 잡지『전야(前夜)』(影書房, 2004~2007년)를 발간했었습니다. 저는 이것을 계속 읽고 있었습니다. 포스트콜로니얼 담론에는 다른 대표선수도 있었지만, 역시 데리다와 레비나스에 의거한 다카하시 데쓰야의 '타자에 대한 응답 책임' 사상은 영향력이 컸습니다.

그런데 2010년대의 반헤이트 운동에서 '타자에 대한 응답 책임'에서 일종의 '주체의 사상'으로의 이행이 일어났습니다. 현장에서 재일 코리안은 '타자'가 아니라 싸우는 주민이었고, 정치적 주체였습니다. 일본인들도 타자에 대한 응답이라기보다는 자신들의 자유를 위해 반헤이트 운동을 한다는 생각을 고수했습니다. 저는 그 변화를 2014년에 개념화하려고 했습니다(「'거리의 군중'의 보편주의(「街の群衆」の普遍主義)」,『사회는 어떻게 망가졌으며, 어떻게 되찾을 것인가(社会はどう壊れていて、いかに取り戻すのか)』, 同友館). 포스트콜로니얼이나 반인종주의에 대해 일본과 프랑스의 운동에 참여하면서 논했던 철학자 우카이 사토시

(鵜飼哲)를 참조하면서 우카이 씨와도 다른 방향을 말하려고 했는데, 지금 다시 읽어보니 미숙한 표현이 많았습니다. 주체의 사상이 어떻게 하면 동화주의나 수정주의에 빠지지 않을 것인가를 고민하는 과제는 지금도 변함없지만, '민주주의'가 대체로 내셔널리즘으로 귀결된 현 단계에서는 처음부터 다시 시작하지 않으면 안 된다고 생각합니다. 스기타 씨는 포스트콜로니얼이라든가, 응답 책임에 대한 논의를 어떻게 보셨습니까?

스기타 아까도 말씀드렸지만, 저는 그 부분을 충분히 저의 문제로 받아들이지 못한 것 같아요, 기본적으로는. 예를 들어, 이것도 아까 『비평공간』과 옴진리교와 '새로운 역사교과서를 만드는 모임'을 관통하는 '역사와 허구'의 시대라는 이야기를 했는데요. 가토 노리히로(加藤典洋) 씨가 1997년에 낸 『패전후론(敗戰後論)』을 계기로 다카하시 데쓰야 씨와 논쟁이 벌어졌죠. 가토 씨는 일반적인 의미의 포스트콜로니얼 = 다카하시 데쓰야 = 『전야』의 형태와는 다른 방식의 추도를 모색하려 했습니다.

다카하시 '역사 주체 논쟁'이군요.

스기타 가토 노리히로의 주장 중 일본의 전사자와 아시아의 전사자의 추도 순서 등 기술적인 차원에서의 논쟁이 주목받았지만, 그보다 중요한 것은 '전사자의 절대적 무의미성', 즉 '개죽음성'을 먼저 받아들일 수밖에 없다는 것이 중요하지 않을까 생각합니다. 예를 들어 아즈마 히로키식으로 말하자면, '죽어도 됐고 죽지 않아도 됐는데 죽어버렸다'고 하는 무자비하게 무의미한 현실을 어떻게 받아들여야 하는가. 타국에 대한 가해성에 대한 반성은 때로는 이 아포리아를 보이지 않게 만들기도 합니다. 가토의 주장은 그것을 충분히 받아들인 후, 전후적 주체와 책임의 사상을 다시 세워야 한다. 그 뒤에 추도가 있어야 한다. 그런 이야기였다고 생각합니다.

『패전후론』의 속편인 『전후적 사고(戰後的思考)』가 1999년에 나왔는데, 거기서 패전 후 일본의 뒤틀림이랄까, 아포리아는 일본 특유의 문제가 아니라 오히려 세계 각지의 패전국에서 볼 수 있는 보편적 구조라고 논하고 있습니다. 그것은 하시카와 분조의 전몰자에 대한 태도와 조금 비슷한 것 같기도 합니다. 애초에 추모할 수 없기 때문이죠, 전사의 무의미성에 직면하게 되면.

포스트콜로니얼적 응답 책임이나 가해 책임의 문제에 대해 저는 어느 쪽인가 하면 가토 노리히로적인 방향에 관심을 가져왔습니다. 그런 점에서도 어딘지 모르게 '정의'의 감각이 치명적으로 부족한 것 아닐까 싶지만요.

다카하시 하시카와는 전쟁이 끝났을 때 몇 살이었나요?

스기타 스물 세 살입니다.

다카하시 완전히 군국주의 청년이었던 거군요.

스기타 조금 미묘한 느낌입니다. 전사를 각오하고 있었던 것 같기는 합니다. 그 생각으로 마지막에 나라(奈良)까지 야스다 요주로를 만나러 가기도 했지만, 병약해서 군인이 되지 못하고 풀이 죽어서 돌아왔다고 하네요. 그 뒤로는 회의 서류를 쓰거나 의미 없는 일을 했던 것 같습니다. 자신의 학창시절 친구들도 여럿 죽어 갔기 때문에, 역시 마음의 빚을 안고 전후를 살아야 했고, 한때는 책 한 권이 없을 정도로 가난했던 적도 있었는데, 그 때문에 전후 15년 동안 첫 책을 내지 못했다고 합니다(『일본낭만파 비판 서설(日本浪曼派批判序説)』, 1960).

아시아 국가에 대한 절대적인 가해 책임의 반성, '올바름'에 의한 자기비판이라는 형식을 취하지는 않으면서, 그럼에도 불구하고 죽은 자나 추도의 문제를 생각했다는 의미에서는, 하시카와도 요시모토 다카아키(吉本隆明)나 아유카와 노부오(鮎川信夫)의 감각을 계승해 『패전후론』을 썼던 가토 씨의 스탠스와 비교적 가까운 면이 있는 것이 아닌가 싶습니다. 가토 씨 자신은 하시카와에 대해서는 비판적이며, 하시카와는 역시 '올바름'의 사람이고, 실제로 패배나 뒤틀림을 받아들이고 있는 것은 요시모토 다카아키 쪽이라고 논하고는 있습니다만.

다카하시 하시카와는 전후민주주의 세대이기 때문에 '올바름'에 대해 쉽게 단정 짓지 못했지만, 가토 노리히로는 요시모토 다카아키의 전후 비판 이후에 온 세대죠. 그 때문인지『패전후론』을 보면 오히려 논의가 너무 깔끔하게 정리되어 있다는 느낌도 듭니다.

스기타 참고로 가토 씨의 첫 책은 1985년『미국의 그림자(アメリカの影)』인데요, 저는 가토 씨의 책 중에서는 이 책을 가장 좋아합니다. 이것은 에토 준(江藤淳)의『성숙과 상실(成熟と喪失)』(1967)의 전후사를 어떤 의미에서 '역사수정'하고자—바르게 다시 쓰려고 한다는 의미에서—시도한 책이었습니다.『성숙과 상실』의 경우, 일본이 미국에 점령당해 국가적인 것 = 부권적인 것을 빼앗긴 상황에서, 그러한 현실을 알면서도 굳이 부권이 있는 '것처럼' 행동하는, 아버지적 주체성의 부활극 같은 이야기가 되어 있습니다. 이는 종종 이야기되는 바와 같이, 훗날 점령기 연구와 맞물려 현재의 넷우익적인 것, 역사 날조주의자들에게 일정한 근거를 제공해 버렸지요.

다카하시 에토 준에게는 '현실을 알면서도 굳이'의 비극성이라고 할까, 슬픔이 깔려 있지만, GHQ 점령군의 검열에 의해 빼앗긴 일본의 부권적 주체성을 되찾으려는 반동적 풍조를 준비한 측면이 있지요.

스기타 이에 대해 가토 씨는 애초에 일본의 전후사 자체가 포스트콜로니얼적인 전후사이며, 미국의 유사식민지라고 말합니다. 거기서부터 전후사를 다시 읽어 나갑니다. 일본이 식민지였음을 직시하지 못하고 있기에 그 모순과 무력함이 여러 곳에 영향을 주고 있을 뿐이라고 말

합니다. 그리고 냉전적 동서 구조뿐만 아니라 일본의 전후 역사에는 남북 구조가 있다고도 말합니다. 경제 성장의 풍요로움도 제3세계나 개발도상국을 착취하는 것으로 이루어진 것이다. 또한 그것은 일본 국토를 내부에서도 좀먹은 것인데, 예를 들어 이시무레 미치코(石牟礼道子)가 미나마타병을 그리거나, 도미오카 다에코(富岡多惠子)가 『파도치는 땅(波うつ土地)』에서 자연 환경의 파괴를 그린 것처럼, '나라가 망해도 산하가 있다'고들 말하지만, 애초에 전후 일본에서는 그 산하, 자연이 죽어 가고 있다고 말합니다.

가토 씨는 그러니까, 넷우익이 좋아할 법한 에토 씨의 전후사적 역사관을 탈구축하는 또 다른 이야기를 보여준 거죠. 『패전후론』의 논리보다 『미국의 그림자』의 논리가 더 설득력이 있다고 저는 당시 생각했습니다. 궁극적으로는 국가도 더 이상 없고, 자연도 없고, 근본적으로 어디에도 기댈 곳이 없는 상태 속에서, 죽어가는 자연, 혹은 병들고 미쳐서 죽어가는 타자들과 어떻게 공존할 수 있을까, 어떻게 함께 할 수 있을까, 그런 과제에 도달했다고 생각했습니다.

다카하시 국가론적 의미의 상실에서 출발하는 듯한 논의가 『미국의 그림자』에는 있다는 말씀이지요?

대량사의 시대와 주체

스기타 그리고 아까 나왔던 '무의미함'에 대한 이야기인데요, 원래 제가 고등학교 시절에 이른바 '신 본격파 미스터리'가 유행했었습니다. 아야쓰지 유키토(綾辻行人)라든가 노리쓰키 린타로(法月綸太郎)라든가 마야 유타카(麻耶雄嵩)라든가요. 그리고 그 문맥에서 읽은 가사이 기요

시(笠井潔) 씨의 『철학자의 밀실(哲学者の密室)』이라는 책에서 저는 매우 큰 영향을 받았습니다. 가토 씨와 가사이 씨의 관계도 있지만, 가사이 씨의 『철학자의 밀실』은 하이데거 비판이잖아요. 게다가 하이데거를 비판할 때 레비나스의 철학 『전체성과 무한(全体性と無限)』에서 말하는 타자의 '얼굴'의 윤리주의가 아니라 초기 일리야(실존)론을 참조하고 있습니다.

다카하시 『실존에서 실존자로(実存から実存者へ)』군요.

스기타 그쪽에서 공략해 들어가는 거죠. 『철학자의 밀실』은 나치의 강제수용소를 모방한 현대의 테마파크 속에서 밀실 살인이 일어난다는 식으로 몇 겹이나 꼬인 이야기입니다. 그것은 이중의 포스트모던 같은 것으로, 근대성의 극한으로서의 강제수용소를 더 나아가 테마파크화하고, 그리고 그 속에서 하이데거의 '죽음을 향한 선구적 결의로 자신의 고유성을 되찾는 것'의 은유처럼 기묘한 밀실 살인이 일어납니다. 밀실 살인의 모순이란 애초에 '대량사·대량생(大量死·大量生)'의 시대 속에서 생의 고유성 따위는 존재하지 않는데, 밀실 살인이라는 불가능 상황 속에서는 간신히 자신의 죽음의 고유성이 빛을 발할 수 있다고 하는 것입니다. 그런 논리입니다.

다카하시 '페이크로서의 본래성'이군요. 본래적인 삶, 각오한 삶이라는 것이 결국은 페이크이고, 더군다나 재앙적인 페이크라고. 그런 본래적인 의미에 도달하려는 페이크한 주체에 대해, 가사이 기요시는 타자의 '얼굴'에 대한 응답 책임이 아니라, 잠 못 이루는 밤의 어둠에 노출되는 것 같은, 어떠한 의미로도 회수되지 않는 주체를 대치시키는 것이죠.

스기타 그렇습니다. 가사이 씨는 1980년대의 포스트모던한 소비 사회 속에 사실은 대량사와 대량생의 문제가 생생하게 되돌아와 있다고 말합니다. 즉 세계전쟁론이나 모더니즘론의 인식을 포스트모던한 것의 중심에서 발견했던 것입니다. 다카하시 겐이치로(高橋源一郎)나 아사다 아키라(浅田彰)와 같은 철저하지 못한 포스트모던이 아니라, 진정한 세계전쟁을 받아들인 급진적인 포스트모던성이 오히려 신 본격파에서 표현되는 것이라고요. 아렌트가 "전체주의는 무의미하고 쓸데없는 삶을 대중에게 강요한다"고 주장한 것처럼, 선진국의 도시 대중사회와 강제수용소의 죽음의 무의미성을 연속적으로 보는 그런 시점을 가사이 씨는 가지고 있었습니다.

2010년대에 민주주의론의 스타가 된 니시타니 오사무(西谷修) 씨는 1990년에 『불멸의 원더랜드(不死のワンダーランド)』라는 책도 냈는데, 이 책은 타자론으로서의 레비나스가 아니라 하이데거적인 '은총으로서의 존재'와는 다른 '불면증'이나 '피로'로 표현되는 '무명의 실존'에 관한 이야기입니다. 가토 씨가 전몰자의 무의미성, 개죽음성을 말했지만, 그러한 무의미성의 감각이 자신들 쪽으로도 되돌아와서, 거기에는 오타쿠적인 생이라든가, 로스제네적인 생과도 연속성이 있는 것으로 여겨졌습니다. 저도 거기에서 출발해 무언가를 생각해 보고 싶었습니다.

다카하시 그런 식으로 연결되는군요.

스기타 예를 들어 아카기 도모히로 씨가 썼던, 아르바이트 가서 아무짝에도 쓸모없는 일을 하고 돌아와서 편의점 밥을 먹고 잠만 자는 생활과 아즈마 히로키가 『게임적 리얼리즘의 탄생(ゲーム的リアリズムの誕生)』에서 말한, 전장에 나가서 죽는 것이 리플레이되는 삶이라는 것이 뭔가 닮아있었어요. 비슷하다고 생각했습니다. '게임적 리얼리즘'이라는 것은 그래서 '로스제네적인 리얼리즘'이기도 했습니다. 그것은 가사이 씨의 말로 하면, 대량생을 살게 된 캐릭터적 실존이라는 느낌이고, 가토 씨의 말로 하면 개죽음적인 실존일지도 모릅니다. 그런 상황

을 전제로 한 상태에서 죽은 자에 대한 응답 책임이란 무엇인가, 추도란 무엇인가, 국가란 무엇인가. 그런 질문들을 가사이나 가토, 니시타니 씨 등이 흐릿하게 공유하고 있었고, 아마도 그런 문제의식을 이어받은 것이 아즈마 씨가 아닌가 싶었습니다.

다카하시 가토 노리히로, 니시타니 오사무, 가사이 기요시, 이 세 사람은 20세기의 세계전쟁이 그 이전의 국민전쟁과는 다른 성격을 가지고 있다는 논점을 공유하고 있습니다. 이를 지렛대로 삼아 현대 사회를 논합니다. 그건 그런데요, 지금 스기타 씨의 이야기에서 가토 노리히로에서 가사이 기요시로 넘어가는 이야기의 흐름에 조금 위화감을 느낍니다.

『패전후론』의 가토 노리히로는 침략 책임을 사죄한 다음 달에 손바닥을 뒤집듯이 다시 식민지 통치를 정당화하려는 듯한 '인격 분열'을 어떻게 하면 일관된 위령의 주체로 회복시킬 수 있을까 하는 문제를 설정한 것이었죠. 자신이 일관된 인격으로 성립되지 않으면 타인에게 대응할 수 없으니 먼저 자국의 죽은 자를 추도하자는 논리였습니다. 그 점에서 가토 씨도 아렌트가『전체주의의 기원』에서 말하는 '여분성'을 끝까지 밀어붙이는 방향은 아니라고 생각합니다. '여분의 존재'가 되어 버린 대중의 실존을 국민의 의미세계가 구원하고 있다. 가사이 기요시의 경우, 그런 구원이란 없지요. 무의미한 단독성을 철저히 밀어붙이는 방향으로 나아가잖아요.

『탐정소설론Ⅲ 쇼와의 죽음(探偵小説論Ⅲ 昭和の死)』(東京創元社)에서 가사이 기요시는 다카하시 데쓰야의 '타자에 대한 응답 책임'과 가토 노리히로의『패전후론』을 모두 비판합니다. '타자에 대한 응답 책임'에 대해서는 피해자로서의 타자에 응답하는 매저리티의 도덕성이 언제까지나 중심축이 되는 이야기라며 비판하고, 가토 노리히로와 다카하시 데츠야는 대립하고 있지만, 양자 모두 사실은 매저리티의 윤리적인 의미 회복을 여전히 상정하고 있다고 비판합니다. 이 세 사람 가운데 죽음의 무의미성에 대한 인식에 대해서는, 가사이 기요시 씨가 좀 뭐랄까…….

스기타 확실히 가사이 씨가 가장 급진적이고 철저하지요.

다카하시 철저하지요. 그래서 걸프전 이후 전후민주주의의 재긍정에도 나서지 않았던 것이지요. 가사이 기요시는 세계대전의 전란 속에서 죽음의 무의미성에 노출되어 '인간 아님', '국가 없음' 상태가 된 사람은 도덕적 주체가 될 수 없다고 합니다. '일본'이 사고의 축이 아닙니다. 무의미성에 철저하게 노출된다는 것은, 새로운 이민의 이동의 자유를 철저하게 인정하는 것, 그리고 이민들이 일본에 왔을 때, 그것을 완전히 받아들이는 것. 그런 의미에서 현실적이고 물질적인 자기해체를 말하고 있습니다. 그것은 새로운 지역의 인민적 민주주의를 만들어가는 것과 같다고 생각합니다. 이민과 기존의 일본 주민들이 국가와 상관없이, 계몽적 이성이 끝난 후의 사회에서 헤이트와 대치하는 것과 같은 광경입니다. 그것이 저에게는 중요했습니다. 반헤이트 운동 현장에서 땅을 기듯 버텨온 날들 속에서, 그의 논의에는 확실히 와 닿는 무언가가 있었습니다. 그것이 어떻게 죽은 자와 관계되는지는 말로 표현하기 어렵지만요.

사별, 추도, 운동

스기타 역사 주체성 논쟁이나 '위안부' 논쟁 때, 제2차 세계대전의 전사자를 제대로 추도하지 못했다는 문제가 사실은 동일본 대지진 이후에도 반복되고 있습니다. 여전히 추도의 주체를 찾지 못하고, 민주주의의 인민 주체를 재구축하지 못하고 있다는 곤란함이 반복되고 있는지도 모르겠습니다.

가사이 씨의 경우, 20세기 전반을 상징하는 것이 수용소적 대량사이고, 20세기 후반에 풍요로운 사회 속으로 그것이 회귀해 온 것이 '대량생'의 문제라고 하는 역사관을 가지고 있다고 생각합니다. 가토 씨의 『패전후론』은 다카하시 씨가 말한 것처럼 이중인격을 통합하는 국가적인 도덕적 주체를 세우는 반면, 『불사의 원더랜드』 시절의 니시타니 씨는 모리스 블랑쇼의 『밝힐 수 없는 공동체La Communauté Inavouable』나 장 뤽 낭시의 『무위의 공동체Inoperative Community』처럼, 조금은 신비롭게도, 죽음을 분유(分有)하는 공동성을 개별적으로 만들어냄으로써, 죽은 자의 기억되지 않는 기억을 간신히 나누어 가진다는 전망을 제시하고 있었습니다. 그것은 바타이유가 결성한 '콘토르 아타크(Contre-attaque)'나 '아세팔(Acéphale)'과 같은 비밀결사랄까요, (반)파시즘적인 것과도 얽혀 있는 것이기도 합니다.

다카하시 바타이유가 1930년대 파시즘이 권력을 잡는 과정에서 생각했던 것과 2010년대의 '내전'적인 감각은 공명하는 것 같습니다. 국가의 전쟁이 만들어 내는 공동성과는 다른 집합성의 사상인 거죠.

스기타 하지만 가사이 씨의 경우, 니시타니 씨와도 달리, 죽음의 넌센스를 철저하게 생각하면 추도라는 행위가 애초에 무의미해진다는 생각도 듭니다. 애초에 추도할 필요가 없다고 할까, 죽으면 그만이고, 추도하려는 태도 자체가 죽은 자에 대한 불성실한 태도인 것 같다고 할까요. 고이즈미 요시유키(小泉義之) 씨도 한때 레비나스론에서 그런 말을 한 적이 있습니다. 그렇게 되면 추도라는 행위가 불가능해지는 게 아닌가 하는 생각도 듭니다.

저는 그렇게까지 급진적이지는 못했고, 아까 『미국의 그림자』 쪽에
『패전후론』에서는 사라져 버린 가능성이 있었을지도 모른다고 이야기
한 것은, 『미국의 그림자』에서는 『패전후론』만큼 강한 국가적 주체를
세우지 않았고, 페미니즘적 관점이나 생태학적 관점도 포함하여 끝없
이 무력하고 기댈 곳 없지만 사멸해 가는 것들과 함께 있고자 했습니
다. 거기에서는 추도라는 말은 하지 않고, 약한 주체성에 머무르면서
죽은 자에게 다가가려는 태도는 매우 낭만주의적이기도 하지만, 그 방
향에서 추도의 가능성이 나올지도 모른다는 예감이 듭니다. 약함의 래
디컬리즘을 통해서 추도론으로 나아간다고 할까요. 아니, 역시 충분히
생각을 정리하지 못했기에, 죽은 자의 추도와 민주주의의 불가능성에
대한 이야기는 제게는 앞으로의 과제인 것 같습니다.

다카하시 『미국의 그림자』는 다시 읽어 보고 싶네요. 다만 사멸과 함
께하는 약한 주체의 추도라고 해도 거기에는 멸망시키는 자들과 멸망
당하는 자들의 차이가 남습니다. 추도는 누구나 죽으면 부처가 된다는
식으로 살아생전의 차이를 무화하기 쉽습니다. 거기에 자신들도 미적
으로 동일시하게 되면 원한을 '달랜다'기보다, 진압하는 것이 될 수도
있습니다. 오히려 죽은 자들이 그 사람들을 죽인 사회를 바꾸려는 현
재의 노력 속에 다시 살아나는 그런 '추도'를 생각해 볼 수는 없을까요.

흑인 해방 운동이나 트랜스젠더 운동에서는 Rest in Peace(편안히 잠
들라)를 Rest in Power(힘 속에서 쉬라)로 바꾸어 말하기도 합니다. 죽은
자들을 잠들게 하는 것이 아니라 전선으로 다시 되살려내는 추도입니
다. 벤야민의 '역사의 개념에 대하여'에서 말하는 "과거가 그 어느 순
간에도 인용 가능한 것"이 되는 '진정한 예외 상태'란 바로 그런 것이
아닐까 싶습니다. 최근 고이즈미 요시유키 씨가 『들뢰즈의 영성(ドゥ
ルーズの霊性)』(河出書房新社)에서 쓴 글도 이런 맥락에서 상기해야 하지

않을까요. 푸코는 제도적 종교 권력에 빼앗기기 전의 이란 혁명에서 '영성'이나, '다른 참된 세계'를 논했다고 합니다. '죽은 자들과의 공동체성'이라는 추도의 과제를 변혁 지향적으로 구상할 수 있지 않을까 생각합니다. 그것이 어떻게 하면 대중적인 설득력을 가질 수 있을지는 모르겠지만, 이란 혁명 초기에는 그런 장면이 있었을 것입니다. 그렇다면 동아시아에서도 가능할지도 모릅니다.

스기타 그렇군요. 가토 노리히로의 사상에는 나쁜 의미에서 '문학적'인 애매함이 있고, '함께한다'는 자세에도 '지원 = 지배'라는 뉘앙스가 있을지도 모르겠습니다. '타자로서의 죽은 자'와의 공동 투쟁이라는 과제는 고야스 선생님에 대한 인터뷰에서도 화제가 되었는데요, 앞으로도 생각해 보고 싶습니다.

오늘은 감사합니다. 저의 과거 책에 대해 여러 가지 언급을 해 주시고, 현재 운동의 최전선이 어디에 있는지 알려 주셔서, 앞으로의 '비평과 운동'이 나아가야 할 길을 전망하는 데 중요한 힌트를 얻은 것 같습니다.

다카하시 감사합니다. 하시카와 분조론의 서적화*를 기대하고 있겠습니다.

— 2020년 12월 23일, 호세이대학출판국에서

---

* 역자 주 : 스기타 슌스케(杉田俊介), 『하시카와 분조와 그 낭만(橋川文三とその浪曼)』, 河出書房新社, 2022.

제3부

차별과
폭력의 비평

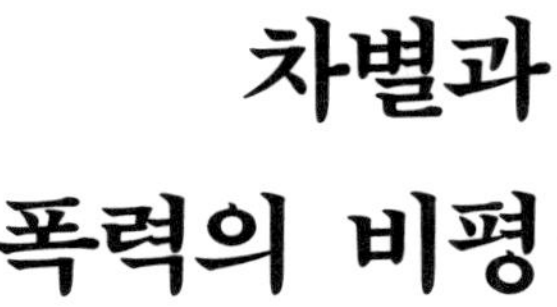

—『대항언론』제3호

감염 · 폭력 · 총기
아베 전 총리 암살 사건에 관한 노트

다카하라 이타루 高原到

폭력은 감염된다.

코로나19라 명명된 바이러스가 면역체계를 뚫고 체내로 침입해 우리의 설계도인 유전자 정보를 불법 점거하는 폭력에 우리는 이미 몇 년째 노출되고 있다. 레트로바이러스에 의한 유전체 변형을 통해 우리의 세포는 바이러스 제조 공장으로 개조되고, 그곳에서 대량 생산된 바이러스 불법 복제본들은 비말, 접촉, 에어로졸 등 다양한 경로로 주변 사람에게 감염되어 그들도 바이러스 제조 공장으로 변질시켜 버린다. 이 미시적 폭력은 유기체의 생(生)의 태세 그 자체를 급진적으로 재편함으로써, 그리고 그 과정에서 자신의 유전 정보를 돌발적으로 변이시키는 것을 통해 파괴의 사이클을 무한히 재생산한다.

'감염'이라는 시각에서 다시금 폭력을 재조명하는 것.

아렌트는 '권력'과 '폭력'을 구분했다(『폭력에 대하여』). 아렌트는 '권력'이 타인과 일치된 행위를 할 수 있게 하는 인간의 집단성에 기초를 두고 있는데 비해, '폭력'은 어떠한 목적을 실현하기 위한 수단/도구에 불과하다고 생각한다. 푸코도 '권력'과 '폭력'을 구분했다(「주체와 권력」, 『감시와 처벌』). 푸코의 강조점은 '권력'이 타자의 행위를 적극적으로 '생산'하는 데 반해, '폭력'은 타자의 신체에 직접적으로 작용해 강제나 파괴를 가져온다는 점에 있다. 하지만 코로나19의 감염력은 아렌트와 푸코가 만들어낸 개념적 구분을 훌쩍 뛰어넘지 않을까? 과연 신체에 직접적으로 작용하는 바이러스의 폭력은 우리에게 복제의 대량 생산이라는 목적을 위한 도구가 될 것을 강요한다. 그러나 동시에 그것은 감염이라는 행위의 적극적인 '생산'을 통해 일탈 행위를 금지하는 숨 막히는 집단성을 우리 삶에 가져다주지는 않았을까?

팬데믹 초기에 '권력'이 택한 대응책을 다시 떠올려 보자. 우리의 신체성에 직접 개입하고 강제하는 것(실내외를 막론하고 마스크 착용/몇 미터의 '사회적 거리두기' 유지/애도의 작업 없이 시체 폐기)을 통해 인간의 집단성 해체와 철저한 고립을 목표로 하는 폭력적 봉쇄가 그 중심에 있었다. '권력'이 가져온 이러한 상황에서 정신까지 폭력에 감염된 우리는 감염자나 그 예비군으로 간주된 사람들에 대한 불합리한 차별(자기책임론/'유흥가'라는 범주화/자숙경찰), '동양인 = 팬데믹의 원흉'과 같은 부당한 혐오가 세상을 찢어 놓는 것을 목격했다.

'폭력'과 '권력'은 연속되어 있다고 주장한 마키아벨리, 홉스 등의 정치학이 지닌 조악함을 비판하기 위해 아렌트는 이 둘 사이의 간극을 파악하려 했다. 그러나 '폭력'의 전염력에 대항하기 위해 '권력'이 개인들 사이의 간격을 강제함으로써 역설적으로 '폭력'과 '권력' 사이의 간극은 무화되어 버린 것이다. 이렇게 말해도 좋다. **폭력은 권력에 감염되어 권력을 폭력의 복사기로 바꾼다.** 하지만 아렌트는 폭력과 감염의 관계를 알고 있었다. 아이히만 재판 방청기인 『예루살렘의 아이히만』에서 제기된 '악의 평범성(the banality of evil)'이라는 개념에 의문을 제기하는 새뮤얼 그래프턴(Samuel Grafton)에게 그녀는 이렇게 답했다 (『아이히만 논쟁』).

'표층적이고, 깊이가 없다'는 'banal'의 뉘앙스에 주목하라고. 사고는 항상 근원의 깊이를 탐색하려 하지만, 악에는 '뿌리(radix)'가 없다. 항상 사고에서 벗어나려고 하는 표층적인 과격함, 그것이 악이다. 여기서 악이란 말할 것도 없이 홀로코스트의 폭력을 가리킨다. '선'에 대해 근원적으로 사유한 칸트의 나라가 홀로코스트를 저지른 것은 전혀 모순이 아니다. 뿌리에서 분리된 폭력은 모든 사고의 그물망을 뚫고, 밋밋한 표피를 덮는 곰팡이처럼 사람들 사이에 끝없이 퍼져 나가기 때문이다.

사고가 반성적으로 개입하기 이전의, 원초적 심리의 표층을 타고 다음 사람에게로 계속해서 감염을 확산시킬 수 있는 잠재력. 이것이 폭력이라는 현상의 본질적 요건 중 하나가 아닐까? 실제로 독일은 '민족의 적'에 의해 이미, 항상 내외로부터 잠식당하고 있다고 하는 히틀러의 노골적인 복수심에 많은 사람들이 감염된 결과가, 유대인과 로마인, 정신장애인의 엄청난 살육이 아니었는가. 함부르크의 평범한 시민들이 대량 학살자 집단으로 변모한 것은 동조 압력이라는 이름의 강렬한 감염력 때문이 아니었을까(C. 브라우닝(Christopher R. Browning), 『보통 사람들 *Ordinary Men: Reserve Police Battalion 101 and the Final Solution in Poland*』).

비단 홀로코스트에 국한되지 않는다. 어린 시절 학대받고 버림받은 경험을 한 부모가 자식에게 똑같은 일을 반복하는 것은 폭력의 수직적 감염이라고 할 수 있지 않을까? 특정 민족이나 섹슈얼리티/젠더, 사회 계층에 초점을 맞춰 증오를 부추기는 인종주의자나 배외주의자, 여성 혐오자나 인셀(incel), 넷우익 등 혐오 세력들이 발산하는 것은 폭력이 품고 있는 격렬한 전염력이 아닐까? 9·11을 시작으로 21세기 초부터 계속되는 테러와 전쟁의 끊이지 않는 연쇄는 폭력의 '팬데믹'이라고 불러야 할 참혹한 상황을 보여주고 있지 않은가? 교토 애니메이션 방화 사건*과 이를 모방한 니시우메다(西梅田) 정신의학클리닉 방화 사건이 보여주는 섬뜩한 전염력은 우리를 경악하게 만들지 않았는가? 인터넷에 떠도는 욕설과 비방의 소용돌이, 끝없이 이어지는 악성 댓글 세례와 논란의 연쇄적 확산은 웹을 통해 전 지구적으로 확산된 디지털 감염의 징후가 아닐까? 그렇다면 질문은 이렇다. 이 복잡하게 교차하는 경로를 통해 끝없이 퍼져나가는 폭력의 감염을 우리는 어떻게 끊어낼 수 있을까?

—

2022년 7월 8일, 우리는 목격했다. 대낮에 현직의 거물급 정치인이 대중 앞에서 총살당하는 믿기 어려운 광경을. 수많은 카메라로 촬영한 영상들이 바로 **그 '순간'으로서** 인터넷과 TV를 통해 반복적으로 방영되고 있다. 경호가 완전히 비어 있던 등 뒤에서 접근한 괴한이 굉음과 함께 총알을 발사했고, 놀라서 뒤를 돌아본 아베 신조(安倍晋三) 전 총리가 또 한 발 발사된 총알을 맞고 쓰러지는 그 모습이.

복합적이고 중층적인 경로를 따라 감염을 확산시키는 폭력이 이 사건에는 여러 방향에서 흘러 들어오고 있다. 사건 직후 가시화된 것은 용의자 야마가미 데쓰야(山上徹也)의 가정을 무너뜨린 사이비 종교의 폭력이었다. 1954년 한국전쟁 휴전협정이 체결된 이듬해 한국에서 문선명을 교주로 하여 탄생한 '세계기독교통일신령협회'(이하 구 통일교)가 일

---

*   역자 주: 이 책 117쪽 주석 참조.

본에서 종교법인으로 인가를 받은 것은 1964년이다. 초기에는 대학생 등 젊은 층을 대상으로 하며 반공단체의 성격이 강했던 교단은 1980~1990년대에 걸쳐 거액의 헌금과 '영감상법(靈感商法)', 노예적 노동과 집단결혼('축복'이라 불리는) 등 비도덕적인 수단을 통해 신도와 그 가족을 철저하게 착취하는 수금 기계로 변질된다. 현재까지의 피해액은 영감상법으로만 1,237억 엔(이 금액도 빙산의 일각에 불과하다)에 달하며, 구 통일교 세계 진출의 돈줄로 자리매김된 일본에서 한국 본부로 보내지는 자금은 연간 수백억 엔 규모라고도 전해진다. 이 막대한 금맥의 끝자락을 담당한 것이 야마가미의 어머니였다. 야마가미가 네 살 때 아버지가 자살했고, 일가 동반자살까지 생각했다는 어머니를 구 통일교는 노렸다. 입교하자마자 어머니는 남편의 사망보험금과 친정집의 땅과 건물 매각대금을 모두 헌금했고, 그 총액은 1억 엔이 넘었다(2002년 파산 선고를 받은 뒤에도 어머니는 헌금을 멈추지 않았다). 교단 활동에 몰두하는 어머니에게 방치된 채 자란 야마가미는 가난 때문에 대학 진학을 포기하고 자위대에 입대하지만, 3년 후 자살을 시도한다. 주치의가 청평의 교단 본부에 있던 어머니에게 연락을 취했지만, 어머니는 수련을 구실로 귀국하지 않았다. 장애를 안고 있던 형의 자살 이후 친척들과 연락을 끊은 야마가미는 아르바이트, 파견사원 등 비정규직을 전전했고, 무직이었던 범행 당시에는 가진 돈도 떨어져 임박한 죽음을 예감할 정도로 궁지에 몰렸다.

방임, 빈곤, 사이비 종교 2세, 진학 포기, 가정 파탄, 자살 미수, 독신 중년, 비정규 노동……. 이른바 '약자 남성(弱者男性)'의 부정적 속성을 고스란히 떠안게 된 야마가미는 교리에 감염된 자에게서 모든 것을 빼앗아 가는 구 통일교의 폭력에 원한을 품게 되었다. 교단의 한학자(韓鶴子) 총재를 화염병으로 습격하려는 계획이 무산된 2019년 말부터 야마

가미는 거의 팔로워가 없는 트위터 계정에서 교단에 대한 비난을 쏟아
내기 시작했다. 그곳에서 그는 가족 문제나 자신의 고뇌와 함께 아베
정권에 대한 긍정적 평가, 리버럴에 대한 조롱, 자신의 '넷우익 성향'
등을 트윗했다. 그러던 그가 자신이 지지하고 있었던 우파 정치인을 총
살한다. 다른 경로로 감염된 폭력이 이 역설에는 얽혀 있다.

구 통일교 포교의 요체는 구 통일교 포교임을 숨기는 것에 있다(사쿠
라이 요시히데(櫻井義秀)·나카니시 히로코(中西尋子), 『통일교회(統一教会)』; 야
마구치 히로시(山口広), 『검증 통일교회=가정연합(檢証·統一教会=家庭連合)』). 말
하자면 상대방을 '스텔스 감염'시켜 고가의 상품 구매나 노예적인 노동
에 저항할 수 없는 심리 상태로 몰아넣은 후, '사실은~'이라는 식으로
정체를 밝히는 악랄한 수법이다. 이 '스텔스 감염' 수법으로 일반 신도
들을 확보한 교단은 다른 한편으로는 노골적인 형태로 보수 정치인들
을 감염시켜 나갔다. 아베 전 총리의 할아버지인 기시 노부스케(岸信介)
와 '반공'의 기치 아래 굳건한 관계를 구축한 교단은 냉전 붕괴로 '반공'
의 활용 가치가 적어지자(빠르게도 1991년 방북한 문선명은 김일성과 의형
제를 맺었다), 가정 절대시, 남성 중심주의 등 우파에 호소하는 이데올로
기/교리를 전면에 내세우면서 기시 노부스케, 아베 신타로(安倍晋太郎),
아베 신조의 3대에 걸친 수직 감염을 획책한다. 21세기에 들어서는 아
베 전 총리와의 친밀한 관계를 축으로 세이와카이(清和会)*와 자민당에
대한 광범위한 수평 감염에도 성공한다. 선거 협조를 바라는 정치인 측
의 주머니 사정과 80년대 후반 이후 영감상법 문제 등에 대한 비호자가

348　일본의 혐오현상과 대항담론

필요했던 구 통일교 측의 사심이 맞물려 정치와 종교의 경계를 부식시키는 감염의 고리가 퍼져 나갔다. 그 클라이맥스가 2021년 9월 12일 구 통일교 관련 단체가 주최한 대회에 보내진 아베 전 총리의 영상 메시지다. 신도들이 '참어머니', '마더 문'으로 추앙하는 한학자에게 경의를 표하고 함께 가정의 가치를 지켜 나가자고 격려하는 아베 전 총리의 말을, 어머니의 입교로 가정을 파괴당한 야마가미가 어떤 마음으로 받아들였을지 짐작할 수 있다. 이 메시지를 본 야마가미는 아베 전 총리 살해의 의지를 굳혔다.

말단 신도들에게는 정체를 숨기고 '스텔스 감염'을 퍼뜨리면서, 보수 정치권에는 노골적으로 그 감염력을 과시한다. 이 악질적인 이중성에 더 폭력적인 뒤틀림이 얽혀 있다. 구 통일교는 한국을 식민지로 유린한 일본의 죄업을 강조하고, '아담 국가(한국)'를 모시는 '하와 국가'로서 일본은 자금과 인재를 한국에 철저히 바쳐야 한다고 가르치며, 재산을 뿌리째 뽑는 착취와, '축복'에 의한 일본인 신부의 한국행을 정당화했다(사쿠라이 요시히데·나카니시 히로코, 『통일교회』). 일본 국가의 (성)노예화를 목표로 한다고 해도 좋을 이 적나라한 반일사상과 '아름다운 나라, 일본(美しい国, 日本)'이라는 구호를 으기양양하게 내걸고 한국의 문재인 전 대통령 등의 반일적 태도를 격렬하게 비난한 아베 전 총리 등 우파 정치인들이 굳게 손을 맞잡는다. '반일 한국 내셔널리즘'과 '혐한 일본 내셔널리즘'이 해협을 넘어 '결혼'한다. 이 그로테스크하기 짝이 없는 야합에서는, 선거 협력과 교단 비호를 맞바꾸는 양측의 이해타산의 추악함, 일본인/유권자에 대한 끝없는 경멸, 그리고 인간관계와 자산을 모두 빼앗기고 사회의 밑바닥으로 내몰린 말단 신도들과 탈회자, 친족과 2세들을 비웃으며 벌레처럼 짓밟는 잔학한 폭력의 냄새가 난다. 이렇게 말해도 좋다. 증오심에 감염된 두 내셔널리즘이 한일 양

국의 틈새에서 버려진 '벌거벗은 생명'(벤야민, 아감벤)을 배제하고 학대하는 것을 매개로 서로 손을 맞잡았다고.

하지만 잊어서는 안 된다. **우리도 폭력에 감염되어 있었다는 것을.** 아베 일강 체제하에서 우리는 우리 자신을 향한 폭력에 기꺼이 감염되어 갔다는 것을. 선거에서 승리하고 일본의 아름다움과 우월성을 국내외에 근거 없이 우쭐해하며 과시할 수만 있다면, 구 통일교에 의해 반쯤 죽임을 당한 신자와 가족들이 얼마나 고통스럽든 상관없고, 일본 국민이 (성)노예화되어 철저히 착취당해도 상관없다는 정권에 우리는 절대적인 지지를 계속해서 보낸 것이다. 니체는 '신의 죽음'에 직면한 시대에, 새로운 '신'을 날조하려는 음모와 자기파괴적 충동으로 치닫는 생에 대한 멸시를 모두 '니힐리즘'이라 부르며 비판했다. 우상 숭배와 자기파괴의 니힐리즘에 감염된 정치–종교의 야합 속에서 우리 역시 니힐리즘의 미시적 복사기로 변질되어 생의 대체불가능성을 유린하는 폭력을 부지런히 복제하고 있었던 것이다.

야마가미도 예외가 아니다. 테러 결행 직전에 투함한 편지에 "아베의 죽음이 불러올 정치적 의미와 그 결과, 더 이상 그것을 생각할 여유가 나에게는 없습니다"라며 자신의 행위의 의미를 어둠 속으로 던져버린 야마가미 역시 구 통일교와 정치인들이 퍼뜨리는 니힐리즘에 감염되어 있었다. 우리와 같은 니힐리즘에 감염되어 있었다. 흉탄은 그 니힐리즘 감염의 소용돌이 속에서 발사된 것이다.

—

호사카 마사야스(保阪正康)는 100년 전의 하라 다카시(原敬) 총리 암살 사건과 아베 전 총리 암살 사건의 유사성을 '전쟁(제1차 세계대전/우크라이나 전쟁)', '질병(스페인 감기/신종 코로나)', '불황(전후 공황/잃어버린 30년)'이라는 거대한 정세가 동시에 겹치는 것과 함께 지적한다. 그리고 1930년 하마구치 오사치(濱口雄幸) 총리 저격 사건부터 1936년 2·26 사건에 이르는 테러가 일본 사회를 군국주의와 전쟁으로 기울게 만들었다고 지적하면서, 이번 테러가 가져올 '폭력의 연쇄'에 경종을 울리고 있다(『週刊文春』 7월 21일호, 『文藝春秋』 9월호). 나카지마 다케시(中島岳志)도 100년 전 재벌 창업자 야스다(安田)를 암살한 아사히 헤이고(朝日平吾) 사건을 예로 들며 테러의 연쇄와 표리 관계에 있는 치안 권력의 강화를 우려하고 있다(『AERA dot』 7월 30일호).

폭력의 전염력을 역사의 깊은 곳에서 찾는 그들의 경고는 귀중하다. 하지만 나는 좀 더 구체적이고 물질적인 단면을 통해 폭력의 전염력에 접근해 보고자 한다. 총이다.

이번 테러에 버금가는 충격을 전후 일본 사회에 가져온 사건으로 1960년 사회당 위원장 아사누마 이네지로(浅沼稲次郎)의 암살을 들 수 있다. 아사누마 역시 대낮에 대중 앞에서 연설하던 중 갑자기 나타난 테러리스트에게 살해당했다. 이 사건에서 영감을 받아 쓴 오에 겐자부로(大江健三郎)의 소설 「정치소년 죽다(政治少年死す)」가 「풍류몽담(風流夢譚)」 사건(후카자와 시치로(深沢七郎)의 소설 「풍류몽담」이 황실에 대한 모독이라며 한 우익 소년이 그 소설을 게재한 출판사인 주오코론샤(中央公論社) 사장 집에 침입하여 가정부를 살해한 사건)으로부터 이어지는 테러의 연쇄를 경계한 탓에 반세기 넘게 봉인되었다는 경위는 잘 알려져 있다(「정치소년 죽다」에 대해서는 필자의 저서 『폭력론(暴力論)』을 참고하기 바란다). 하지만 범인 야마구치 오토야(山口二矢)가 사용한 흉기는 집에서 우연히 발견한 단검이었다. 총기 소지가 엄격하게 통제된 전후 일본에서 사냥용 엽총이 아닌 명백히 인명 살상을 목적으로 한 권총을 구하는 것은 반사회적 조직 등에 연루되지 않은 개인에게는 매우 어려운 일이다. 최근 발생한 무차별 살상 사건을 보더라도 오사카교육대학 부속 이케다 초등학교 사건(大阪教育大付属池田小学校事件)의 다쿠마 마모루(宅間守)와 쓰쿠이 야마유리엔(津久井やまゆり園) 사건, 일명 사가미하라 장애인 시설 살상 사건(相模原障害者施設殺傷事件)의 우에마쓰 사토시(植松聖)는 식칼과 나이프, 아키하바라 무차별 살상 사건(秋葉原通り魔事件)의 가토 도모히로(加藤智大)는 트럭과 칼, 교토 애니메이션 사건의 아오바 신지(青葉真司)나 니시우메다 클리닉 사건의 다니모토 모리오(谷本盛雄)는 매점에서 구입한 휘발유를 흉기로 사용했다.

『레이와 원년(2019)의 테러리즘(令和元年のテロリズム)』에서 '테러리스트가 보이지 않게 된 시대의 테러'를 분석한 이소베 료(磯部涼)는『신초(新潮)』9월호 특별 기고,「아베 전 총리 총살사건: 2022년 테러」에서 요코스카(橫須賀) 미군 기지에서 훔친 권총으로 네 명을 사살한 나가야마 노리오(永山則夫)와 야마가미를 비교했다. 즉 부모에게 방치되어 비참한 성장기를 보낸 끝에 "간절하게 총을 원한다"고 인터넷에 올린 야마가미의 욕망을, '풍경을 찢어 놓기'(마쓰다 마사오(松田政男)) 위해 총을 원했던 나가야마의 욕망과 비교한 것이다. 이소베는 또 2019년 개봉한 영화 〈조커〉의 주인공 '아서'가 아동학대, 빈곤, 가정 해체, 비정규직, 독신 중년, 정신 착란 등 복합적인 상처를 지닌 '약자 남성'으로 설정된 점에서도 야마가미와의 연결고리를 찾는다.

자신을 밑바닥으로 내몰고 상처투성이 상태로 유기한 사회에 흉탄으로 복수하는 아서, 즉 조커에게 야마가미가 강하게 이끌렸었다는 것은 그의 트윗을 보면 알 수 있다. 또한 한학자에 대한 화염병 공격을 단념한 시기에 〈조커〉를 본 야마가미가 1년 후 사제 총기 제작에 몰두하게 되는 과정에서도 두 사람의 보이지 않는 연결고리를 느낄 수 있다. 하지만 야마가미와 같은 처지에 놓인 사람들이 〈조커〉를 보고 너도나도 총을 찾은 것은 아니기에 허구와 현실을 안일하게 연결시키는 것은 위험하다. 실제로 〈조커〉와 야마가미 사이에는 단순한 영향 관계로 축소될 수 없는 복잡하게 굴절된 긴장이 흐르고 있는 것이다.

〈조커〉를 논할 때 누구나 인정하지 않을 수 없는 것은 아서를 사로잡는 가족 로맨스(가족 환상)가 너무 티 나게 인위적이며 계산된 것처럼 보인다는 점이다(스기타 슌스케(杉田俊介), 『매저리티 남성에게 온당함이란 무엇인가(マジョリティ男性にとってまっとうさとは何か)』). 그러나 이것은 작품의 결점이 아니다. 〈조커〉의 주안점은 '감염되는 폭력의 강도'를 영상화하는 데 있고, 주인공의 설정이나 개별 장면은 이를 위해 최적화된 모듈에 불과하기 때문이다. 친어머니라고 믿고 돌보던 여자가 사실은 자신을 학대해 뇌에 손상을 입힌 가해자였고, 아버지의 이미지를 투사한 고담시의 유력자나 TV의 인기 코미디언이 자신을 차별하고 비웃는 적임을 알게 된 아서는 그들을 직/간접적으로 살해해 나가지만, 그러한 뻔한 설정과 단선적인 스토리 전개는 수직적으로 감염되는 폭력의 강도를 강조하기 위한 장치들이다. 자신을 조롱한 엘리트들이나 자신을 배신한 동료를 발작적으로 죽이는 장면도 아서의 마음 속 어둠을 깊숙이 파고든다기보다는 클라이맥스의 폭동 장면으로 감염의 고리를 연결하기 위해 요청된 장치에 불과하다. 그런 의미에서 〈조커〉는 슈퍼 빌런(절대적 악당)으로 각성해 가는 아서에 초점을 맞추는 것이 아니라—아이러니하게도 아서를 연기한 호아킨 피닉스는 그 섬뜩한 존재감으로 오스카를 수상했지만—오히려 그를 한낱 슈퍼 전파자로 환원시켜 버리는 전염성 있는 폭력에 초점을 맞추고 있는 것이다.

복합적인 차별에 몸부림치는 아서에게 야마가미가 일종의 공감을 느낀 것은 틀림없다. 하지만 동시에 그는 주저하며 두려움에 떨지 않았을까? 광대의 가면으로 얼굴을 가린 자들이 춤을 추는 폭동 장면으로 상징되는 절대적 익명성에 대해. 자신의 고유한 상처를 판돈 삼아 건곤일척의 복수에 나섰을 터인 아서에게서 유일성을 박탈하고 그를 단순한 감염 경로의 하나로 전락시키는 비인칭화된 폭력에 대해. 〈조커〉의 폭력에 감염되면 자신의 존재 자체가 '방임', '빈곤', '가정 붕괴', '사이비 종교 2세'와 같은 진부한 확정적 서술 다발로 환원되어 버려, 광대 가면으로 얼굴을 가린 아서처럼 자신의 고유명사/정체성을 잃게 되는 것은 아닐까. 이 직감이 야마가미를 위협한 것은 아닐까?

야마가미가 일본에서 구하기 어려운 총에 페티시적으로 집착한 이유, 아니 **총을 직접 만드는 것에 집착한 이유**가 거기에 있었던 것은 아닐까. 야마가미는 총을 직접 만드는 작업에 쉽게 믿기 힘들 정도로 열정을 쏟고 있었다. 자신의 방 외에 전용 아파트를 빌려 반년 동안 화약을 만들고, 3개월 동안 화약을 말리기 위해 차고까지 빌렸다고 한다. 총신에 사용하는 두 개의 금속성 관 등을 가공하는 작업의 소음은 새벽 두세 시까지 아파트 이웃을 괴롭혔다고 한다(『슈칸분슌(週刊文春)』 7월 21일호, 『분게이슌주(文藝春秋)』 9월호). 미군으로부터 권총을 훔친 나가야마나 동료로부터 우연히 권총을 받은 아서와 달리, 야마가미는 자신의 손으로 총을 만들어내는 과정에 자신의 존재의 유일성을 중첩시켰던 것은 아닐까.

하지만 그런 '유일자'의 몽상이 잘못된 것임을 아마도 야마가미도 알고 있었을 것이다. 범행 전날에 보낸 편지에는 "나는 '간절히 총을 원한다'고 적었습니다만, 그때부터 지금까지 총을 구하기 위해 노력해 왔습니다. 그 모습은 삶의 모든 것을 거짓 구세주를 위해 내던지는 통일교 교인과, 방향은 정반대이지만 비슷하기도 했습니다"라고 적고 있다. 자신의 정체성을 걸고 총을 제작하는 것으로는 구 통일교가 퍼뜨리는 전염성 있는 폭력을 끝내 돌파할 수 없음을 그 스스로 인정한 증거다. 더군다나 야마가미의 총은 인터넷에 돌아다니는 총기 관련 정보를 바탕으로 브리콜라주(Bricolage)한 것에 불과하다. 폭력의 감염성을 극대화하는 인터넷의 어두운 힘에 힘입어 총을 만들어낸 야마가미는 범행을 통해 자신과 총이 다시금 인터넷에 정보로 회수되어 새로운 폭력의 감염을 불러일으키는 슈퍼 스프레더로 활용될 것을 예상했을까?

—

폭력은 감염된다. 격리가 그 감염력을 억제하기는커녕 오히려 확대시킨다는 것은 이미 코로나 사태로 증명된 바 있다. 사회적 격리가 아니라 사회적 포용이 필요하다. 감옥이나 수용소나 병원이 아니라 피난처(asylum)가 필요하다. 그러나 아마도 가장 필요한 것은, 폭력의 전염력에 대해 우리 개개인의 면역력이 너무 약하다는 것, 폭력의 확산에 대해 우리 사회가 너무 취약하다는 것, 폭력의 연쇄에 대해 역사가 너무 무력하다는 것, 즉 인간의 '유한성(finitude)'과 '취약성(vulnerability)'에 대한 철저한 자각이 필요할 것이다.

폭력은 내성균이나 돌연변이 바이러스처럼 스스로를 신속하고 급격하게 변이시켜 우리의 면역체계를 뚫고 마음속 깊은 곳과 사회 저변으로 감염의 고리를 넓혀 간다. 그 감염력을 막는 첫걸음은 자신의 면역력을 과신하지 않고 자신의 약함, 부서지기 쉬움, 어리석음을 정면으로 응시하는 것이다. 그것이야말로 다른 사람들의 약함, 부서지기 쉬움, 어리석음을 받아들일 수 있는 유일한 지반이 되고, 인간의 본질적 조건인 '유한성'과 '취약성'을 매개로 하는 공동체성을, 복합적 차별에 대해 복합적 포용력을 발휘하는 사회 프로젝트를 미래지향적으로 만들어 갈 수 있다.

감염과 연대. 양자의 차이를 구분하는 것이 무엇보다 중요하다. '감염'은 타자의 영역에 무단으로 침입하여 타자의 삶의 구성을 변화시켜 자기 자신으로 동화를 꾀한다. '감염'의 폭력을 막기 위해 권력이 도입하는 '격리'는 타자와 최대한 거리를 두고 오로지 자기 권역 안에 갇히도록 강요한다. 이에 대해 '연대'는 타자의 곁에서 자신의 삶의 구성이 변화해 간다는 자각에서 시작된다. '동정'을 통해 타자를 안이하게 공동체성 안으로 끌어들이려는 유혹을 피하고, 타자와 다른 존재이면서도 타자와 자신의 존재가 '유한성'과 '취약성'을 통해 연결되어 있다는 생의 구성을 의식하는 것이야말로 '연대'라는 이름에 걸맞는 것이다.

코로나19 팬데믹 초기, 봉쇄령이 내려져 인적이 드문 거리에서 여기저기 창문들이 침묵 속에서 희미하게 빛나고, 이에 호응하는 불빛이 하나 둘씩 켜졌다가 꺼져 가는 덧없고 애틋한 광경을 우리는 보았다. 인간의 본질적 조건인 '유한성', '취약성'을 통한 공동체성. 그것이야말로 '연대'라고 불러야 한다면, 폭력의 감염력 앞에서 우리가 항상 떠올려야 할 것은 그 희미한 빛의 고리일지도 모른다.

트랜스젠더, 페미니즘, 맨즈 리브
쇼노 요리코 『발금소설집』에 부쳐

스기타 슌스케 杉田俊介

1. 쇼노 요리코의 투쟁

소설가 쇼노 요리코(笙野頼子)는 『발금소설집(発禁小説集)』(鳥影社, 2020)의 「서문」에서 고단샤(講談社)의 문예지 『군조(群像)』의 편집부가 자신을 배제시켜 '발매 금지 작가'가 되었다고 독자들에게 호소하고 있다. 편집부에서 『군조』에 게재된 작품을 단행본으로 출간하지 않겠다고 메일로 통보했다는 것이다. 그 이유로는 「전당포 일곱 번 백신 두 번(質屋七回ワクチン二回)」이라는 작품에 보이는 쇼노의 '주장'이 트랜스젠더 차별에 해당한다고 판단했기 때문일 것이라고 그녀는 받아들인다. 쇼노는 이에 반론하며, 자신의 '주장'은 차별도 무엇도 아닌 '보통'의 의견이라고 거듭 말한다. 현대 일본에서는 '보통'의 의견을 '더 이상 쓰기 힘들어'졌다고 말한다.

쇼노가 말하는 '보통'의 '주장'이란 무엇일까? 쇼노가 자신의 작품을 쉽게 풀어서 정리한 바에 따르면, 그것은 '여탕에 남자, 아니 음경이 있는 사람을 들이지 말아달라', '목욕탕과 화장실을 호적상 또는 육체적 성별에 따라 사용하라', '여자 스포츠는 여자들끼리만 경쟁해야 한다', '미성년자에게 위험한 성전환 수술을 해서는 안 된다'(3쪽) 등의 주장이라고 한다. 전 세계에서는 트랜스젠더들의 주장이 '정치적으로 올바른 것'으로 여겨지지만, "도대체 어디가 정치적으로 '올바른' 것일까?"라고 되물으며, 올바르지 않다고 쇼노는 단정한다. 다음과 같이. "실제로, '나는 여자다'라고 선언한 남자는 여탕에 들어갈 수 있다. 그것이 인권이라고 하는 나라가 여럿 있다. 중성이나 무성(無性)을 선택하는 사람도 있다(논바이너리라고 한다). 성별이 수시로 바뀌는 사람도 있고(젠더 플루이드). 요컨대 수수께끼 같은 인권이다. 일반 시민들에게는 믿기지 않는다"(5쪽).

이건 이상하지 않느냐고 쇼노는 쓴다. 지금까지 자신이 적극적으로 지지해 왔던 공산당도 이 점에서는 이상하고, 지금의 일본 사회는 이상하고, 이 세상 전체가 이상하다고 쓴다. 자신의 감각이 더 '보통'이고 '일반 시민'의 통상적인 사고방식이라고 쓴다. "그런데도 지금 일본에서는 이미 학계와 언론과 유명 페미니스트, 변호사 다수가 이를 지지하고 있다"(5쪽). 이 이상한 세상에서 자신은 피해자라고 쇼노는 말한다. "나는 지금 완전히 포위되어 있다. 조금만 더 있으면 나라 전체가 그렇게 될지도 모른다. 그러니 막지 않으면 안 된다"(6쪽).

쇼노는 '적'으로 '셀프 ID법'(성별자기결정법, 성자인법)이라는 존재를 지목한다. 그녀의 이해에 따르면, '셀프 ID법'은 전 세계적으로 맹위를 떨치고 있으며, 그것은 일본의 법과 정치도 침식하고 있다(28쪽). 여기서 쇼노가 일관되게 주장하는 것은 기존의 '성동일성'을 '성자인(性自認)'이라는 단어로 바꾸어 말하면 안 된다는 점이다(30쪽). 왜냐하면 성동일성이란 본인 스스로도 쉽게 컨트롤할 수 없는 것이어야 하기 때문이다. 이에 반해 '성자인'라는 말은 본인의 자기인식과 자기규정에 의해 성을 자유롭게 바꿀 수 있다는 입장도 허용하는 것이다(라고 쇼노는 일관되게 생각한다). 따라서 성자인이라는 개념을 절대로 인정해서는 안 된다. 이 점이 쇼노의 트랜스 비판의 핵심이다.

쇼노의 주장이 '일반 시민'의 '보통' 감각이자 사고방식이라고 바로 받아들일 수는 없다. 혹은 적어도 감각적으로 '보통'이냐 아니냐 이전의 문제가 거기에는 있다. 사회의 다수파인 '일반 시민'의 '보통' 감각으로—거기에는 충분한 정보와 지식을 갖지 못한 사람들도 포함될 것이다—판단하기에는 너무 이른 문제들이 산적해 있다. 일부 전문가나 당사자의 독단과는 다른 차원에서 그렇게 말할 수 있다. 한 시대의 '보통'이 단적으로 틀릴 수 있다는 것, 그 또한 인류의 역사는 지긋지긋할 만큼 증명해 왔다. 물론 그 이전에 쇼노의 의견이 정말 '보통'인지, '보통'이라는 이름으로 타인을 짓밟고, 타인의 주장을 배우지 않고 이해하려 하지 않는 것은 아닌지, 혹은 '보통(normal)'이라는 규범적 틀이 무명의 무수한 사람들을 재단하고 다양한 의견과 감각을 자기 마음대로 대변하거나 빼앗고 있는 것은 아닌지, 그 또한 동시에 물어야 할 것이다. 하지만 지금은 그만두자.

'셀프 ID법' 건을 포함하여, 쇼노가 『둔예가협회 뉴스(文藝家協会ニュース)』(2021년 10월호)에 기고한 「여성문학은 발금문학인가(女性文学は発禁文学なのか?)」라는 짧은 글(『발금소설집』에 수록) 속에 나타나는 여러 사실 오인에 대해서는, 예를 들어 소설가 리 고토미(李琴峰)의 상세한 팩트 체크가 있다(「차별에 가담하지 않기 위한 인터넷 리터러시(差別に加担しないためのインターネット・リテラシー)」, 『시몬느(シモーヌ)』 vol.6). 일방적인 추측과 망상적 피해의식을 제외하고 구체적인 사실에 입각해 법제도의

실상에 근거하여 판단할 때, 쇼노의 트랜스 혐오에는 일리가 없다. 악법에 의해 일본이 위기에 처했다는 사실도 실재하지 않는다.

덧붙이자면, 페미니스트 시미즈 아키코(清水晶子)는 숀 페이(Shon Faye)의 『트랜스젠더 이슈*The Transgender Issue: An Argument for Justice*』(2021)[1] 일본어 번역판에 실은 해설 「강력접착제로 결합시킨 단일 쟁점 공동투쟁: 반(反)젠더 운동과 트랜스 차별(スーパー·グルーによる一点共闘—反ジェンダー運動とトランス差別)」에서, 쇼노 요리코가 정치인 야마타니 에리코(山谷えり子, 아베 신조와 함께 2000년대 백래시를 추진하며 페미니즘이나 여성 운동과 대립해 온 보수 정치인)에게 참의원 선거에서 '단일 쟁점 공동투쟁으로 한 표'를 던지겠다고 선언한 것에 '작은 충격'을 받았다고 말하면서, 쇼노의 조어인 '메케시(女消, 여성 말살)'라는 단어에 주목하고 있다. 트랜스 배제적 담론은 현재 도덕적, 종교적 보수주의자들과 '트랜스 여성이 여성을 말살한다'고 주장하는 일부 래디컬 페미니스트들(일견 전혀 어울리지 않는 세력)이 합류하여 공투하기 위한 '강력접착제'가 되고 있으며, 이를 통해 국제적인 반(反)젠더 운동이 세력을 강화해 나가고 있다. 그런 점에서 트랜스에 의해 여성이 말살되어 간다는 쇼노의 주장은 특권적 감수성을 지닌 소설가가 예민하게 감지한 고독한 주장도 무엇도 아니고, 국제적인 반젠더 운동 속에 과부족 없이 편입된 것이며, 너무나도 평범한 트랜스 차별적 담론의 하나로밖에 보이지 않는다.

쇼노 요리코라는 소설가는 여성주의적 관점으로 문단의 남성 중심적 권위를 비판하고, 신자유주의의 폭력을 비판하고, 자민당의 강권적 보수 정치를 비판해 왔다. 그러한 사람이다. 그뿐만 아니라 기본적으로는 성소수자의 고통에 대해서도 공감하기까지 했던 사람이다. 그렇다면 최근 들어 쇼노가 입에 올리기 시작한 트랜스 배제적 담론의 근간에는 무엇이 있는 것일까.

『발금소설집』을 통독하면서 느끼는 것은 이미 언급한 '메케시'(여성 말살)의 폭력성에 대한 강한 두려움이다. 그것은 거의 현실 부정적이고, 역사수정주의적이며, 음모론적인 망상의 영역으로 확장되어 간다. 선정적인 레토릭과 특이한 문체 리듬을 구사하며 쇼노는 이렇게 쓴다. "신세기 20년이 지난 지금 전 세계적으로 여성이라는 단어가 금지되고 있다. 거짓이 아니다. 인터넷에 해외 뉴스와 동영상이 떠돈다. 금기를 어긴 선진국 여성들이 마녀라고 욕을 먹고, 시위에서 횃불에 쫓기며, 구타를 당하고 있다. 레즈비언 일가족은 모두 살해당했다. 그 외에도 해고, 규탄, 직위 박탈. 부조리로 가득한 세상이 되었다", "이제 여자라는 단어, 개념, 주체, 의학적인 사실 자체가 죄악이 되었다. 예컨대 '여자에게 음경이 없다'고 말하면 규탄. 레즈비언의 음경 불필요 선언에는 '교정' 요구. 간통, 위안부, 여아 성기 절제술을 '무분별하게' 불쌍하다고 하면 혐오 발언. 월경 임신의 보호를 호소해도 같은 죄 가능성"이라 말한다(27-28쪽).

분명하게 말하자면, 쇼노는 이러한 말들로 단지 사실을 부정하고 자신의 불안과 공포심을 증폭시켜 글로벌 반(反)트랜스적인 차별 운동의 조류에 무의식적으로 가담하여 무참한 광고탑이 되고 있을 뿐이다. 그렇게밖에는 보이지 않는다. 그 점을 확인한 후, 쇼노의 트랜스 배제적 담론의 급소를 한마디로 꿰뚫어 보자. 쇼노가 일관되게 두려워하는 것, 그것은 무엇일까. 그것은 '여자'를 위장하는 '남자'의 존재이다. 즉 쇼노는 트랜스젠더 속에 위장한 '남자'가 섞일 가능성을 강하게 두려워한다.

『발금소설집』이라는 텍스트를 읽는 한, 쇼노는 트랜스젠더를 모두 배제해야 한다고까지는 확실히 말하지 않는다. 어디까지나 트랜스를 위장하는 '남자'를 혐오하고 있다. 이 점은 일관되어 있다. 혹은 LGBT (다만 그녀가 정의하는 의미에서, 협의의 트랜스젠더를 제외한)의 권리에 대해서는 오히려 옹호하고 있다. 예컨대 레즈비언의 역사에서 자신이 영향을 받고 용기를 얻은 사실을 언급하면서, 정치인 스기타 미오(杉田水脈)의 마이너리티 차별을 명확하게 비판한다(81쪽). 그리고 이렇게 쓴다. "나는 애초에 LGBT(레즈비언, 게이, 바이섹슈얼, 트랜스젠더)라는 사람들, 개인, 인간 자체에 대해 어떠한 적대감도 없다"(87쪽). 그러나 쇼노는 그 후에, 하나의 지점('남자'가 성정체성에 따라 '여자'를 가장할 수 있다는 한 점)에서 철저하게 트랜스 배제적이며, LGB/T에 대해 분단적으로 행동한다. 트랜스젠더 속에 '남자'(자신이 여자라고 허위로 신고하고 이를 이용해 여자에게 폭력을 휘두르는 남자)가 섞여 있을지도 모른다는 가능성의 한 지점에서 배타적으로 행동하는 것이다.

적어도 쇼노는 '성동일성장애' 당사자의 고통에 대해서는 공감하고 있으며, 예를 들어 일본에서 2003년 제정된 '성동일성장애인의 성별 취급에 관한 특례법(GID特措法, 性同一性障害者の性別の取扱いの特例に関する法律)'에 대해서도 제한적으로 평가하고 있다(31쪽). 『발금소설집』이라는 텍스트를 읽는 한, 취미로 여장을 하는 남성(즉, 트랜스베스타이트)이나, 혹은 국내법에 따라 수술을 받은 트랜스젠더에 대해서는 특별히 비판하고 있지 않다. 공정을 기하기 위해 이 점은 확인해 둔다(쇼노의 트랜스젠더 이해나 개념 규정이 충분하다고는 할 수 없더라도, 적어도 쇼노의 주장을 담론적으로 비판하는 쪽 역시 공정해야 할 것이다).

그래서 쇼노는 트랜스젠더라는 단어의 범위가 '너무 넓다'는 것이 문제이며, 이를 적절히 한정해야 한다고 주장한다. "무엇보다도 이 T, 트랜스젠더의 카테고리가 너무 넓어서 T 내부에서도 충돌이 일어난다. 거기에는 (예를 들어 유엔 기준에 따르면) 그냥 여장을 한 사람과 남근을 가진 여성, 수술한 사람까지 모두 포함되어 있고, 각자가 원하는 것이 너무 다르다"(89쪽). 이러한 말에서 전형적으로 드러나는 것처럼, 쇼노는 문제의 핵심을 '육체'의 성별 수준에서 찾는다. "LGB는 육체 중심인데 T는 정신 우위, 이것만으로도 현실 인식이 너무 다르다"(88쪽). 기본적으로는 태어났을 때의 육체적 성별의 기준으로 '여자'를 판단해야 하며(다만 이미 언급했듯이 수술을 받고 성별을 변경한 사람의 존재까지 비판하지는 않는다), '정신'이나 성자인의 수준, 본인의 자기신고 수준에서 트랜스인지 아닌지를 결정해서는 안 된다. 쇼노는 그렇게 주장한다.

말할 필요도 없이 이러한 선별적인 구분 방식이야말로, 비당사자 입장에서 올바른 트랜스와 잘못된 트랜스를 선 긋고 분단하는 실로 전형적인 트랜스 배제적 담론이다. (이 부분을 이론적으로 어떻게 생각할 수 있는지에 대해서는 뒤에서 트랜스젠더의 텍스트를 참조하면서 구체적으로 살펴볼 것이다.) 결국 쇼노는 어디까지나 최근 반젠더 운동 세력의 분열 전략에 빠져서 무의식적으로 포섭되고 이용당하고 있는 것일 뿐이다. 그렇게 말할 수 있다.

하지만 조금 더 쇼노의 말을 내재적으로 읽어보자.

쇼노의 트랜스 비판적 담론의 근간에는 여성임을 위장하는 '남자'들에 대한 공포가 있음을 확인했다. 남성이 여성으로 위장하고 여성의 육체마저도 빼앗는 것에 대한 두려움. 쇼노는 여기에서 '메케시 = 여성 말살 운동'이라는 여성에 대한 궁극적인 폭력을 발견한다. 쇼노는 그렇게 협의의 트랜스(라고 쇼노가 생각하는 사람들)적 존재는 일반적인 트랜스젠더라기보다는 그저 '남자'에 불과하며, 예를 들어 '로리콘', '소아성애자', '여성혐오 좌파' 등과 같은 부류에 불과하다고 경멸조로 말한다. (참고로 비폭력적인 '로리콘'이나 '소아성애자' 당사자와도 연대하려는 페미니스트나 퀴어의 실천이 역사적으로 있었다는 점에 대해서는 지금은 묻지 않겠다.)

　이 경우 쇼노는 특히 트랜스젠더들 사이에 있는 성적 위화감(성동일성에 대한 위화감)의 유무를 중시한다. 스펙트럼적 다양성을 지닌 트랜스젠더 중에서도 특히 '성동일성장애'(GID, Gender Identity Disorder)로 괴로워하는 사람들에 대해 공감하는 태도를 보인다. 그리고 '성동일성장애'라는 말로도 여전히 세상의 오해를 불러일으킬 수 있기 때문에, 이 말을 좀 더 정확한 것으로 바꾸고, 더 급진적으로, 예를 들어 '영속적 강고민성 성부전(永續的强苦悶性性不全)'(35쪽) 등의 표현으로 바꿔야 한다고 제안하고 있다(쇼노의 지금까지의 언어 사용법에 비춰볼 때, 이것이 악의적인 비꼼이나 농담은 아닐 것이다).

　어떻게 생각하는가? 여기까지 읽어 보아도 역시 쇼노의 트랜스 배제적 담론은 평범하고, 인터넷에 난무하는 전형적인 상투적 표현이며, 반젠더 운동의 교과서적 논리와 별반 다르지 않다고, 물론 그렇게 말할 수 있다. 이 글 서두에서 쇼노의 텍스트를 인용한 것처럼, 트랜스젠더 당사자의 일상생활에서 '목욕', '화장실', '스포츠', '아이의 수술' 등을 편의적으로 잘라 내는 프레이밍 방식도 너무나 전형적인 것이라고 말하지 않을 수 없다.

　지금까지 다소 장황하게 쇼노가 출판한 텍스트라는 구체적 사실(물증)에 근거해 그로부터 많은 부분을 인용하면서, 말하자면 증거를 들어 가며 그 논리 구성 방식을 제시해 왔다. 그 논리가 트랜스젠더의 일상적 현실을 어떻게 포착하지 못하고 왜곡하는지, 또 논리적으로도 잘못된 것인지는 앞으로 살펴볼 것이다. 그러나 그에 앞서, 쇼노가 '무엇'에 의해 트랜스배제적 담론의 재생산에 가담하고 있는지, 그 절박함이 마음에 걸린다. 뿐만 아니라 쇼노의 오해/오류로 인해 몇 가지 중요한 논점이 이면에서 조명되고 있는 측면이 있다고도 느낀다. 따라서 쇼노의 텍스트에 대한 구체적인 비평이 이루어져야 한다고 나는 생각해 왔다.

쇼노 요리코의 오랜 독자들은 쉽게 다음과 같이 생각할지도 모른다. 『발금소설집』의 일견 무참한 말들, 미숙하게 보이는 말의 잔해들은 평소와 다름없는 쇼노의 과대망상이며, 피해의식의 산물이며, 우스꽝스럽고 비참하게 헛도는 투쟁의 선언이라고. 실제로 쇼노의 이전 페미니즘적 투쟁의 맥락에서 이러한 돈키호테적 칠전팔도(七顚八倒)의 태도가 가부장적 권력과 문학계의 암묵적 관습에 대한 공개적인 비평의 실천적 열기를 띠는 경우가 있었다. 그 사실의 가치를 깎아 내려서는 안 된다. 그러나 트랜스 배제에 개입하는 현재의 쇼노는 허용 불가능한 방식으로 치명적인 잘못을 저질렀고, 전형적인 차별주의자로 전락해 국제적인 반젠더 운동과 그 아이콘으로 교묘하게 포섭되어 우스꽝스럽게 이용당하고 말았다……라고.

그러나 그러한 비판의식을 단 한치도 늦추지 않은 채로, 쇼노의『발금소설집』을 통독하다 보면, 그러한 일반적인 '옳은' 말에서 다소 벗어나는 것처럼 보이는 기묘하고도 이상한 절박함 또한 느끼게 된다. 가령 쇼노의 트랜스 차별적 담론에 편승해 안전한 곳에 몸을 두고 트랜스젠더의 상황도 제대로 알지 못한 채로, 마음에 들지 않는 상대의 입장을 논파하기 위해 '토론을 하자', '중립적인 관점에서 냉정하게 대화를 하자', '논쟁의 장을 만들자'며 어디에나 끼어들어 선동하는 남성 평론가나 자칭 페미니스트들의 그것과는 미묘하게 다른 감촉이 있다. 물론 내가 그렇게 느낄 수 있는 '여유'가 있는 것은 단순히 내가 트랜스 당사자도 여성도 아닌, 다수파의 이성애자이자 시스의 '남성'이기 때문일 수도 있다. 하지만 '남자'라고 해서 사고를 정지하고 방관자적 위치에 머물러 있을 수는 없다. 여기서 한 걸음 더 나아가 생각해 보고 싶다. 당사자들의 삶을 당연하게 존중하기 위한 사실과 계몽의 필요성을 먼저 몇 번이고 확인하면서, 그와 동시에 공포에 질린 쇼노의 감각적 정곡을 찌르려고 한다면 어떤 비평의 언어가 가능할 것일까?

우선 다음 사항을 확인한다. 쇼노의 소설가로서의 근간 부분에는 역사 속에서 깊이 상처받은 '여성'의 육체적 생활 감각이 있다. 『발금소설집』으로만 국한해서 보더라도 자가면역질환계의 난치병이 있고, 생활고와 빈곤이 있고, 문단 내 고독이 있고, 기저질환으로 인해 강해진 코로나 불안이 있고, 자신이 쓰러지면 고양이들은 어떻게 될까 하는 공포가 있다. 쇼노의 일종의 샤먼적 자질에 의해 자신이라는 존재와 집이라는 공간과 고양이들의 생명이 녹아들어 가면서, 개인의 생사의 범위를 넘어선 느슨한 '여성 = 신체'라는 지령(地靈)적 장이 형성되는 듯하다.

지금까지도 상처받아 왔으며, 지금도 겹겹이 압박 속에 내몰리고 있는 이 '여성'의 '신체'를 다시금 '남성'들에게 빼앗기고, 도둑맞고, 말소당하는 것인가. 그러한 생생한 공포감이 쇼노의 근간에는 있으며, 그것이 페미니즘 일반으로는 해소될 수 없는 쇼노 고유의 여성성을 형성한다. 그것은 한편으로는 가부장제나 국가주의나 자본주의에 대항하는 말과 존재를 통한 강력한 레지스탕스가 되기도 하지만, 다른 한편으로는 망상 영역에 진입하여 타자 공포로 전락할 위험성을 항상 내포하고 있다. 거기에 있는 것은 타자에 대한 배제(exclusion)나 증오(hate)나 공포증(phobia)이라는 말만으로는 다 표현할 수 없는 생생한 공포(terror)이다. 그 공포의 감촉만은 나는 의심하지 않는다(거듭 강조하지만, 그렇다고 무엇이든 주장해도 좋다는 말은 전혀 아니다).

『발금소설집』「서문」의 다음과 같은 구절에 주목해 보자.

나는 여자로 태어났지만, 일인칭도 주인공도 남자로서 데뷔했고, 그렇기 때문에 옛날에는 여자에게 허락되지 않았다는 '사소설(私小

說)'도 쓸 수 있었다. (…) 데뷔 후 사회와 대면하면서 내 사소설의 주인공은 남자에서 여자로 바뀌어 갔다. 뭐, 어쨌든 십 년 동안 책은 나오지 않았다. 왜냐하면 처음 얼굴이 알려지고 여자라는 사실이 밝혀진 이상, 성 체험물 외에는 내주지 않으니까. 그게 바로 섹스리스 '여류(女流)'에 대한 처벌이니까.

미성년 시절부터, 몸은 여자지만 마음은 남자, 그런 픽션에 매달려 나는 살아남아 왔다. 남자가 여자를 보는 시선으로 내가 보여지기 싫어서. 평소에 남성어로 '나(オレ)'라고 말하고, 남자 옷을 입고 다니고, 바지를 입고 있더라도 들키면 치한을 당한다. 결국 안전한 곳에서는 여자 옷도 입어보고 있다.

여자라는 것 자체가 일종의 불이익이기 때문에 살다보면 자신의 성별을 솔직하게 받아들이기란 쉽지 않다. 왜냐면 (…) (13쪽)

어떻게 생각하는가. 여기서 인용한 구절은 거의 일종의 커밍아웃처럼 읽힌다. 적어도 나에게는 그렇게 읽혀서 멈추어 서게 된다. 이것은 쇼노가 지금까지의 작품과 에세이에서 자주 써온 내용이다. 그러나 트랜스 비판적인 의지로 엮어낸 한 권의 책 첫머리에 놓인 「서문」에서, 다시금 이런 거의 (광의의) 트랜스젠더적 성적 위화감의 경험을 써야만 했던 것, 여기에는 묘한 마음의 응어리와 말의 머뭇거림이 있지나 않을까. "오랫동안 나는 내 소설에 생리나 자궁 같은 것은 잘 쓰지 않았다. 내가 여자라는 것을 어딘가 부인하는 마음이 있었고, 성관계도 하지 않았다. 그것이 가장 나다웠다"(14쪽).

물론 누구도 타인의 섹슈얼리티나 성적 동일성/성자인을 함부로 추측하거나 결정할 권리는 없다. 그것은 폭력적인 침해 행위일 뿐이다. 쇼노는 자신을 일관되게 '여자'로 인식해 왔으며, 결코 자신의 성적 동일성을 트랜스젠더라고 생각한 적이 없다(고 생각한다). 그러나 다른 주제도 아닌 트랜스 혐오적 담론으로 가득 찬 텍스트의 「서문」에 적힌, 이러한 자기모순적이고 거의 자기파괴적인 커밍아웃이 내포하는 굴절에는, 한 명의 독자로서 쉽게 넘어갈 수 없는 중대한 걸림과 이물감이 있다고 말하지 않을 수 없다.

그렇다면, 다시 한번, 이 걸림(stumbling)의 장소에서, 우리는, 이 나는, 무엇을 어떻게 생각해야 할까? 다수파 이성애 '시스 남성'으로서.

여기부터는 쇼노 요리코의 텍스트를 한 켠에 밀어두고 '문제' 그 자체에 대해 이론적으로 생각해 보고자 한다.

—

(하지만 물론 이론이란 언제나 어디까지나 당사자의 생활을 위한 것, 현장의 고난을 위해 존재하는 것이며, 어디까지나 부차적인 것이어야 할 것이다. 그렇다면 이제부터 전개될 나의 추상적인 논의는 '얼라이(ally)'적인 위치로부터의 일탈을 포함할 것이다. '얼라이'의 자세를 지키고 자기 자신의 문제를 말하지 않는다는 윤리에서 벗어날 것이다. 거기에는 다수파 남성에 의한 왜곡이 있고, 수탈이 있고, 도용이 있고, 요점을 빗나갈 수도 있다. 그 점에서 지금 나에게는 무한한 주저함이 있고, 가해에 더 가담하는 것은 아닌가 하는 두려움도 있다. 그 점을 솔직하게 털어놓는다. 그러나 그럼에도 불구하고 내가 생각하게 된 것들에 대해, 페미니즘 일반으로도 회수할 수 없는 트랜스젠더 이론의 가능성을 '남성'으로서의 스스로의 몸과 마음, 언어로 육화하면서, 이론의 힘을 통해 생각할 수 있는 곳까지 생각해 보고 싶다. 갈 수 있는 곳까지 우선 걸어가 보고 싶다.)

2. 트랜스젠더, 페미니즘, 남성

논의에 들어가기 전에 전제를 하나 말하고자 한다. 국제적인 종교 우파, 사이비 종교단체가 주도하고 있는 트랜스 차별의 문제에 대해.

그 현실 세력의 문제를 보지 않고 근래 격화되고 있는 트랜스 차별의 급속한 확산에 대해 생각할 수는 없다. 이는 일본 여당 정치인과 구 통일교와의 유착 문제에 국한된 것이 아니라, 글로벌하고 초국가적인 현상이다. 종교 우파, 사이비 종교단체는, 예를 들어 동성혼 반대, 여성의 권리 확대 반대, 혹은 성적 소수자 일반에 대한 비판 등이 이미 자신들의 세력 확장을 위한 유효한 전략이 될 수 없고, 전 세계 민중을 자기 편으로 끌어들일 수 없다는 현실을 깨달았다. 그래서 새로운 소수자 사이의 분단을 전략적으로 끌어들이기로 했다. 그것이 여성과 트랜스 당사자의 적대성 프레임이며, 혹은 LGB와 T 사이의 분단이다. 그러한 반젠더 운동의 압도적인 현실을 무시할 수는 없다.

그러나 그렇다고 해서 모든 악의 근원이 종교적 우파, 보수파, 혹은 반사회적인 컬트집단이며, 이들의 조직적 영향력을 제거하고 근절하면 트랜스 차별도 해소될 수 있다고 말할 수 있는가 하면, 그렇게는 말할 수 없을 것이다. 트랜스 차별에는 보수 정치, 종교적 우파, 사이비 종교, 신자유주의적 자본주의, 대중의 감정 등이 합쳐져서 거대한 혼합체를 형성하고 있다. 다양한 각도에서, 다양한 사람들의 힘으로 그 폭력성과 권력성을 풀어헤쳐 나가야 할 것이다.

그 근본에는 다음과 같은 상황이 있다. 즉, 트랜스 차별은 최근 몇 년 사이에 갑자기 시작된 것이 아니라는 단적인 사실이다. 원래 그것은 역사적으로 있었다. 계속 존재해 왔다. 페미니즘이나 성적 소수자 운동에서도 트랜스젠더의 존재가 배제되고 후순위로 밀려나 왔다는 역사적 현실이 있다. 그러한 역사의 연장선상에 현재의 상황이 있다. 맞서야 할 것은 여전히 그러한 역사적 현실의 총체다.

—

최근 TERF(Trans-Exclusionary Radical Feminist, 트랜스젠더를 배제하는 급진적 여성주의자) vs TRA(Transgender Rights Activist, 트랜스젠더 인권 활동가)라는 '대립' 프레임이 만들어지고 있다. 이 단어들에는 애초에 낙인찍기라는 측면이 있고, 각각의 입장을 왜소화하는 면이 있다. 우선 그 점을 확인해 둘 필요가 있다. 게다가 이러한 '대립' 자체가 앞서 언급한 국제적 반젠더 운동, 반트랜스 운동이 억지로 갖다 붙인 허구적 구도라는 측면이 있다. 그 사실 또한 무시할 수 없다. 하지만 설령 그렇다 하더라도, 즉 그러한 조직화의 영향력을 어느 정도 제거할 수 있다 하더라도, 거기에는 여전히 근본적인 대립이 있고 적대성이 있다. 그렇게 생각할 수도 있다. 그것은 무엇일까. 아래에서는 그 점을 먼저 생각해 보고자 한다.

그러나 그에 앞서—자꾸 논의가 되돌아가게 되는데, 논의의 성격상 이는 불가피하다—이 글을 쓰는 내(스기타)가 꼭 생각해 두지 않으면 안 되는 문제가 있다. 그것은 다수파의 시스 헤테로 '남성'인 내가 TERF vs TRA라는 '대립'의 문제에 개입한다는 것은 무엇을 의미하는가 하는 것이다.

과거에도 있었고 지금도 계속되고 있는 (그리고 현재 기묘하게 프레임화되어 있는) 트랜스 배제와 차별에 대해, '여성'도 아니고 트랜스젠더도 아닌 다수파 시스 헤테로 '남성'의 입장에서 비판적으로 무언가를 말한다는 것은 어떤 의미를 가질 수 있을까? 먼저 말할 수 있는 것은,

다수파 남성들은 '남성'들에 의한 트랜스 차별에 반대해야 한다는 것이다. 이 점은 명확히 말해야 한다. 동시에 '남성'의 입장에서 시스 여성이나 일부 페미니스트들의 트랜스 차별에도 분명하게 맞서야 한다. 따라서 '남성'들은 다음과 같은 굴절을 불가피하게 떠안지 않을 수 없다. '남성'들은 트랜스 차별은 용납될 수 없다고 공언하는 동시에, '남성'의 입장에서는 역시 여성 차별과 트랜스 차별을 동시에, 복잡하게, 때로 말을 찾지 못하면서도 생각해야만 한다. 이것이다.

시스 헤테로인 다수파 '남성'들은 개개인의 차별적 언행과 행위를 따지기 이전에 트랜스젠더에 대해 구조적인 여러 특권(법, 제도, 가족, 자본)을 가진 강자이며, 또 그와 동시에 시스 헤테로 여성들에 대해서도 구조적 강자이며 남성 특권으로 보호받는다. 따라서 '여성'이나 '페미니스트' 입장에서 트랜스젠더에 대해 명백한 오류에 기반한 차별적 언행이 보인다 하더라도 '남성'들은 그것을 가지고 '여성'을 비판하는 데 주저하기 일쑤였다. 특히 페미니즘에서 배우고 영향을 받은 '남자'들일수록 더욱 그러하다. 그 결과, 침묵하거나 방관을 선택하게 되는 경우가 많다. 하지만 그러한 주저나 망설임은 이제 눈앞의 차별을 방치하고 침묵으로 도망가는 것을 정당화하는 것에 불과하다.

'시스 여성에 의한 트랜스 차별은 존재하지 않는다', '여성 차별도 트랜스 차별도 모두 남자들이 잘못이다'라는 남성 비판도 있을 수 있을 것이다. 실제로 그런 비판도 있다. 그러나 설령 '여성 본인이 스스로 페미니스트라고 주장하면 누구라도 페미니스트'이며, 또한 '시스 헤테로 남성이 진짜 페미니스트인지 가짜 페미니스트('트위터 페미니스트' 등)인지 구분하는 것 자체가 차별이다'라는 전제를 받아들인다고 해도, 그것이 '일부 여성, 일부 페미니스트에 의한 트랜스 차별'을 못 본 척해야 할 이유는 될 수 없다. 말할 필요도 없이 안티페미니즘 혹은 여성혐오적 성향을 가진 남성들이 일부 여성, 일부 페미니스트에 의한 트랜스 차별 현상에 편승하여 '여자들도 무감각한 차별의 가해자다'라고 억눌린 마음을 호소하거나, 남녀 간의 구조적 비대칭성을 없는 것으로 하려 하거나, 반트랜스 차별의 이름으로 자신들의 여성 차별을 정당화하려는 것도 기만적일 수밖에 없다.

이러한 몇 가지 중첩되는 사항들을 고려하면서, 그렇다면 '남성'들은 어떻게 해야 할까?

물론 기본적으로 '남성'들은 트랜스젠더들의 '얼라이'가 되어야 한다.

Ally란 동료나 동맹의 의미로, LGBT 당사자에게 공감하고, 응원하고, 이들 곁에 서고자 하는 사람들을 지칭하는 단어이다. 기본적으로 비당사자인들이 어디까지나 비당사자의 입장에서 (즉, 당사자를 대변하거나 그 위치를 빼앗거나 하지 않고) 당사자들과 연대하여 사회를 바꾸기 위해 함께 행동한다는 자세를 표명하기 위한 단어라고 할 수 있다.

예를 들어 웹사이트 '처음 만나는 트랜스젠더(はじめてのトランスジェンダー)'(https://trans101.jp/) 속의 '트랜스 얼라이가 할 수 있는 일'이라는 페이지에는 트랜스 얼라이는 무언가를 발언하기에 앞서 먼저 충분히 공부할 것, 가짜 문제가 아니라 트랜스 당사자에게 진짜로 중요한 문제(직장, 의료 접근, 교육 등)에 관심을 기울일 것, 문제 해결을 위해 활동하는 개인이나 당사자의 말을 존중하고 그로부터 배울 것, 주변에 정확한 정보를 알리기 위해 직장이나 동료들끼리 스터디 모임을 기획하거나, 참고할 수 있는 블로그를 공유하거나, 기부하거나 할 것 등을 권장하고 있다. 2021년 9월 당사자들에 의해 계몽용 책자『트랜스젠더의 현실(トランスジェンダーのリアル)』이 발간되어 전국 각지의 공공시설과 학교에 무료로 배포되었다.

실제로 트랜스 당사자들 사이에서도 TERF vs TRA라는 적대성 정치의 대립 구도(그 허구성)에 편입될 위험을 피하고, 그러한 적대성 프레임에서 거리를 두고, 트랜스젠더의 현황을 제대로 알지 못하는 다수의 사람들을 향해 담담하게, 꾸준히, 계몽과 교육을 전개하는 전략을 취하는 사람들이 있다. 물론 일상생활을 영위하기 위해 많은 부담을 강요받는 트랜스 당사자가 다수파를 교육하고 계몽하는 부담까지 떠맡는다는 것 자체가 불합리한 일이지만, 그렇기 때문에 시스인 사람들의 얼라이로서의 역할이 중요해진다는 뜻이기도 하다.

'남성'들은 기본적으로 이러한 얼라이적 입장에 머물러야 할 것이다. 그렇게 생각한다. 그러나 그 위에서 다음과 같은 문제까지도 생각해보고 싶다.

예를 들어 '남성'들이 트랜스 얼라이의 입장에 서는 것은 트랜스 차별에 반대하는 입장에 서는 것이지만, '여성'들과 트랜스젠더 사이의 적대적인 정치성 자체에 대해서는 관여하지 않겠다는 태도가 될 수도 있을 것이다. 그렇다면 그것은 어떤 면에서는 '남성'들이 문제의 근본에서 눈을 돌리는 것일 수도 있다. 즉, 쇼노 요리코를 포함한 페미니스트적 감각을 가진 래디컬한 '여성'들이 왜 트랜스 배제적인 언행에 빠지게 되는지, 그것에 대해 '남성'의 입장에서 생각한다는 질문이 빠져버린다. '남성'들이 정치적으로 떠맡아야 하는 것은 '여성 vs 트랜스'라는 이항 대립 자체의 허구성을 감안하면서, 그 유사 대립 속에 '남성'이라는 당사자적 입장성을 어떤 식으로든 **개입**시키는 것이다. 그러나 그것은 다시 말하지만, 트랜스젠더도 대화하고 토론해야 한다고 얄팍하게 참견하는 식의 폭력과는 전혀 다른 어떤 것이어야 한다.

그렇다면 '남성'의 **개입**이란 어떤 의미일까.

이미 말했듯이, 소설가 쇼노 요리코에게 여성적 실천이란 '여자'로서의 이 '나'의 '육체'를 아프게 하고, 차별하고, 말살(メケシ)하는 남성

적 폭력에 대한 현재진행형 투쟁의 기록이라고 할 수 있다. 원래부터 많은 상처를 받아왔던 '여자'로서의 '육체', 그럼에도 불구하고 힘겹게 절충하며 소중히 여겨온 '육체'조차도 '남자'들에 의해 빼앗기고 도둑맞는다는 고통과 공포의 감각. 물론 이 또한 몇 번이고 반복하는 말이지만, 그것을 이유로 '여성'이 트랜스 차별에 가담하는 것이 허용되는 것은 아니다. 하지만 '남성'의 입장에서 생각해 보면 사회로부터 차별받는 '여성'들도 또 다른 성적 소수자(트랜스젠더)를 차별하고 있는 것은 아닌가 하고 지적하는 것뿐만 아니라, 그 이전에, 혹은 동시에 풀어야 할 문제가 여럿 존재한다.

TERF라 불리는 사람들의 트랜스젠더 당사자 혐오, 혹은 TRA 비판의 근저에는 현재 사회 속에서 남성으로부터 차별과 폭력을 당해 온 여성들의 불안과 혐오, 혹은 남성적 폭력의 피해자 혹은 희생양이 된 여성들의 공포와 절망, 그리고 트라우마가 있을 것이다. TERF 안에 단순한 선동자나 헤이터가 섞여 있지 않다고는 생각하지 않는다. 하지만 역시 그런 공포와 고통이 근간에는 있을 것이다. 여성들이 최소한 안전하고 안심할 수 있는 공적인 공간, 그곳조차도 '남성'이 침입해 오는 것에 대한 두려움과 공포가 있을 것이다. 트랜스젠더 중에는 겉으로 보기에 (혹은 본인의 선택이나 자기 인식 차원에서) '남성' 그대로의 심신을 가진 사람들이 존재한다. 혹은 인생의 도중까지 '남성'으로 살아온 사람들도 있다. 그런 사람들을 '여성'으로서 평생을 살아온 사람들과 '똑같다'고 볼 수 있겠느냐는 저항감이나 두려움 말이다.

이에 대해 트랜스젠더들은 냉정한 사실과 데이터에 근거해 반론할 수 있다. 애초에 트랜스젠더는 전체 인구의 0.5%로 추산된다. 압도적인 소수자다. '여성 vs 트랜스젠더'라는 구도는 이 압도적인 비대칭성을 은폐하는 것이 아닌가. 이 비대칭성은 덮어둔 채 '대화'하고 '토론'

이나 '논쟁'해야 한다고 한다. 그런 대화나 토론이나 논쟁 자체에 숨어 있는 폭력을 지적하고, 그 장에는 결코 올라설 수 없다고 거부하면, 곧바로 '도피'라든가 '대화 거부'라든가 '언론 탄압'이라고 비난받는다. 누가 소수자인지는 단순히 양적 숫자로 결정되는 것은 아닐 것이다. 그러나 트랜스젠더에게는 단순한 숫자 면에서도, 세상의 인지도나 당사자들이 지닌 힘의 측면에서도 현재로서는 너무도 압도적이며, 무자비한 비대칭성이 존재한다. 이 사실은 사라지지 않는다. 페어플레이를 주장하기에는 아직 너무 이르다는 단적인 사실은 사라지지 않는다. 정확히 말하면, 토론을 원하고 페어플레이를 요구하는 사람들이 '토론'의 훨씬 이전/바깥의 여러 조건에서 전혀 페어하지 않다는 사실은 결코 사라지지 않는다.

쇼노가 그러하듯, 트랜스 배제적인 언행에서는 화장실, 공중목욕탕, 탈의실, 스포츠 등의 장면이 극단적이거나 희화화된 형태로 프레임화되는 경우가 많다. 가짜뉴스나 헛소문도 거기에 집중된다. 그러나 그러한 국면들은 트랜스젠더들의 연속적인 삶 전체 중 일부분에 불과하다. 일상의 다양한 장면에서 트랜스젠더들은 이미 무수히 많은 차별과 억압을 받으며 큰 불이익을 당하고 있다. 예를 들어 호적, 학교, 취업, 거주에 있어 다양한 불이익을 당하고 있으며, 당사자들은 이에 대응하기 위한 일상적 노력을 계속하고 있다. 이러한 삶의 연속적인 전체 과정을 무시하고 화장실, 공중목욕탕, 탈의실, 스포츠 등 일부분만 잘라내어 과장하거나, 가짜뉴스나 헛소문이 뒤섞인 프레임이 만들어진다. 트랜스젠더의 존재는 '여성'에게 위험하고 '여성'의 권리를 침해한다고 한다. 몇 번이고 강조하지만, 그러한 장면들에서 일상적으로 배려하고, 고민하고, 부담을 짊어지고 있는 것은 트랜스 당사자 쪽이다. 트랜스젠더와 여성의 '대립'이 사회적 '문제'로 여겨지기 이전에, 트랜스젠더의 일상에는 이미 무수히 많은 현실적인 '문제'가 있다. 압도적인 비대칭성이란 바로 이런 현실을 말하는 것이다.

숀 페이의 『트랜스젠더 이슈』는 세간에서 '트랜스젠더 문제'로 명명되는 '문제'가 오히려 트랜스젠더를 '문제시'하려는 사람들의 '문제'라는 점을 담담하게 지적한다. 트랜스젠더들은 그저 '문제' 바깥의 삶, 생활을 그저 평범하게 살고 있다. 트랜스젠더들의 문제는 훨씬 더 구체적이고 일상적인 문제이다. 즉 의료와 건강의 문제, 보호자와 가족의 문제, 학교 문제, 주거 문제, 노동과 빈곤의 문제 등등. "(…) 트랜스들은 '트랜스젠더 문제'로 하나로 뭉뚱그려진다. 이는 트랜스들의 삶의 복잡성을 버리고 말소하는 것이며, 또한 다양한 사회적 불안을 야기시키는 일군의 스테레오타입으로 트랜스들의 삶을 환원하는 것이다"(8-9쪽).

여기에서도 가급적 많은 당사자의 텍스트를 인용하여 소개하고자 한다. "이것은 권력의 문제이다. 트랜스젠더에 **관해** 만들어지는 수다스러운 말들이 당사자들에 **의해** 설정되는 경우는 거의 없다"(28쪽). "나는 닫힌 고리와 같은 이 **끝없는** 논쟁에 트랜스젠더를 억지로 참여시키는 것 자체가 트랜스들을 억압하고자 하는 사람들의 전략이라고 생각한다. 그러한 논쟁은 시간 낭비이고, 피폐해질 뿐이며, 우리가 진정 주력해야 할 것에서 우리의 시선을 돌리게 하는 것이다"(34-35쪽). "트랜스들을 '트랜스젠더 문제'라는 틀에 가두는 것은 우리를 연대로부터 단절시키고, 우리를 '타자'화하는 효과가 있다"(37쪽). "(…) 트랜스라는 것은 의식적으로 채택한 정치적 입장이 아니다. 트랜스젠더는 그저 한 명의 사람일 뿐이다. 우리는 대부분의 사람들과 같은 일상의 렌즈를 통해 매일의 생활을 바라보고 있다. 그러니까 우리는 그저 살아가려고 하는 것뿐이다"(369쪽).

그렇기에 페이는 다음과 같은 점을 강조한다. 트랜스들의 정치적 요구는 극단적으로 특수하고 복잡한 것이라기보다는(물론 그 특수성과 복잡성은 있지만, 그 특수성과 복잡성을 지우지 않고), 장애인, 이민자, 정신질환자, LGB, 민족적 소수자들이 요구해 온 것과 '같은 방향'을 향하고 있으며, 그것들과 '중첩되는' 것이다(100쪽). 혹은 트랜스젠더들의 헬스케어의 발전은 여성들의 재생산 건강(reproductive health) 발전의 역사와도 유사하다(110쪽). 이러한 측면은 아무리 강조해도 지나치지 않다. 왜냐하면 트랜스들의 요구와 필요는 종종 '특정 집단에 국한'되어 있고 '고도로 복잡'하기에 다양한 마이너리티의 요구 중에서도 후순위로 밀릴 수밖에 없는 것, 그렇게 되어도 어쩔 수 없는 것이라는 이미지가 덧씌워져 왔기 때문이다.

그렇게 생각해 보면, '트랜스 vs 여성'(성폭력이나 성차별로 인해 상처 입은 여성)이라는 '문제'에 대해서도 의심해 볼 필요가 있다. 성적 소수자나 여성의 권리를 파괴하고 공멸시키기 의해 그러한 '문제 = 대립 구도'가 날조되고 있는 것은 아닐까. 왜냐하면 애초에 시스 여성들뿐만 아니라 트랜스젠더들도 성피해와 성차별을 받아 왔고, 지금도 받고 있기 때문이다. 그 당연한 사실을 없었던 일로 할 수는 없다. 그리고 더 중요한 것은 같은 성차별과 성폭력의 피해자로서 트랜스젠더들과 시스 여성들이 서로를 지지하고 연대해 온 역사도 있었다는 단적인 사실이다.

그리고 '남성'들은 다음과 같은 사실을 잘 알고 있어야 한다. 즉, 과거에 남성으로부터 폭력과 괴롭힘을 당한 여성들은 현재 사회에서도 충분한 지원과 자원이 없으며, 따라서 남성의 육체와 존재에 대해 공포감을 느끼며 가뜩이나 적은 여성들만의 안전한 공간을 빼앗기는 것을 경계한다는 사실을, 그래서 때로는 과도한 형태로 트랜스젠더에 대한 공격성으로 치닫게 되는 것이며, 그렇다면 '여성'들에게 필요한 것은 그러한 증오나 공격성으로 치닫지 않을 수 있는 사회적 지원이며, 사회적 자원의 확충이며, '여성'에게 필요한 안전한 공간이라는 점을.

그래서 다수파인 시스 헤테로 '남성'들은 결코 다음과 같이 안이하게 생각해서는 **안 된다**. 문제는 어디까지나 공포에 질린 여성들의 이해가 부족한 것일 뿐이기에, 그들을 계몽하여 트랜스들의 현실을 충분히 알게 한다면 현재와 같은 대립 구도는 해소되고, 일부 래디컬 페미니스트나 여성에 의한 트랜스 차별은 자연스럽게 해소될 터이다……라고.

오히려 이렇게 생각해야 한다. 성폭력과 성차별 피해를 입은 여성들이 '남성'의 육체과 욕망을 두려워한다는 것은 트랜스젠더들의 '문제'가 아니라, 혹은 적어도 그보다 훨씬 이전에, 다수파 '남성'들이 변혁을 담당해야 할 제도적이며 구조적인 현실이다. 그럼에도 불구하고 '트랜스젠더 vs 시스 여성'이라는 가짜 '문제' 앞에서 침묵하는 '남성'들이 여전히 다수를 차지하고 있다. 말 그대로 다수파에 의한 침묵 = 묵살이다.

다시 한번 확인해 보자.

쇼노 요리코가 '여자의 육체'를 빼앗기고 도둑맞는다는 공포에 시달릴 때, 그 '육체'에는 쇼노 자신의 육체뿐만 아니라 쇼노의 언어와 텍스트가 포함되고, 맨션이나 자택이 포함되고, 동거하는 고양이들의 존재가 포함되고, 때로는 '문단 = 문사들의 숲'(『군조』)이라는 공간까지가 포함되는 것처럼 보인다. 쇼노는 '일인 일학파(一人一学派)'로서의 페미니스트다. 쇼노에게 페미니즘이란 여성 말살 운동을 비판하는 대항적 페미니즘이며, 말하자면 급진적인 **남성 말살적** 페미니즘이다. 메케시(여성 말살)에 대항하기 위한 오케시(남성 말살)적 페미니즘. '남자'가 이 지구상에 존재하는 한 '여자'의 피해와 고통은 사라지지 않는다는 지점에서 출발하는 페미니즘.

그것은 무엇을 의미하는가.

공저로『도해 잡학 젠더(図解雑学 ジェンダー)』(ナツメ社, 2005)가 있으며 난소암으로 사망한 에비하라 아키코(海老原暁子)는 그녀의 저서『왜 남자는 쇼노 요리코를 두려워하는가(なぜ男は笙野頼子を畏れるのか)』(春秋社, 2012)에서, 말하자면 '비페미니즘적 페미니스트'로서의 쇼노에게 연대의 인사를 보낸다. "페미니스트는 마치 테러리스트나 미치광이처럼 두려움의 대상이 되고, 경멸당하고, 불쌍하게 여겨지고, 무시당한다. 여자가 페미니스트가 된다는 것, 그것은 평온한 삶과의 결별이라고 해도 좋을 것이다. (…) 쇼노 요리코는 혼자서 당당하게 남성 사회와 싸우고 있는 작가다. 쇼노 자신은 스스로를 페미니스트라고 정의하지 않을뿐더러, '얄팍한 아카데미 학자 페미'라는 식의 말을 쓰면서 특히 대학 교원들 중에 많은 학자 페미니스트를 생리적으로 싫어하고, 그녀들의 지원 사격에 기대지 않는다. (…) 남성 진영은 '싸우는 미소녀'를 좋아하는 것 같다. (…) 반대로 남자들은 진지하게 싸우는 뚱뚱하고 못생기고 집요하고 눈빛이 나쁜 단발머리 아줌마를 싫어하고 무서워한다. (…) 평생 성관계를 하지 않겠다고 선언하고 정신적으로도 경제적으로도 남자에게 의존하지 않는 무서운 아줌마. 아, 가슴이 후련하다. 속이 다 시원하다. 쇼노 요리코의 통쾌함은 여자만이 알 수 있다"(3-5쪽).

급진적인 남성 사회 비판과 남성 말살 욕망. 다만 여기에는 한 가지 뒤틀림이 더해진다. 이미 언급했듯이, 쇼노 자신이 거의 트랜스적인 성적 위화감을 가지고 있고, 그 감각을 계속 언어화해 온 것처럼 보이기 때문이다. 그렇다면 쇼노의 트랜스 배제적 담론은 어떤 의미에서는 자기혐오, 내면의 트랜스성에 대한 자기혐오이며, 혹은 사실은 그럴 수 있었으나 그렇게 되지 못한 자신에 대한 혐오, 따라서 그 투사로서의 타자혐오일지도 모른다. 이러한 내면의 갈등 때문에 과도한 남성 말살 욕망에 제동이 걸리지 않는 것일지도 모른다(에비하라의 "아, 가슴이 후련하다. 속이 다 시원하다. 쇼노 요리코의 통쾌함은 여자만이 알 수 있다"는 공감의 인사가 어딘지 모르게 거세와 사정의 호모소셜리티를 느끼게 하는 것도 몇 겹이나 뒤틀려 있는 것처럼 보인다).

에비하라는 같은 책에서 쇼노의 『유리생명론(硝子生命論)』(1993)과 그것을 계승 발전시킨 『수정내 제도(水晶内制度)』(2003)를 논하면서, 그 소설들을 여인국의 신화학과 문학사의 계보에 위치시켜 나간다. 그리스 신화의 아마존국, 서유기의 서량여인국, 일본의 뇨고가시마(女御ヶ島) 전설, 14세기 이탈리아에서 태어나 프랑스 귀족사회를 살았던 여성 작가 크리스틴 드 피장(Christine de Pizan)의 『여인들의 도시 *The Book of The City of Ladies*』, 18세기 계몽기 미국의 사라 스콧(Sarah Scott)의 『밀레니엄 홀 *Millenium Hall*』, 19세기 말에서 20세기 초 미국 페미니즘을 이끈 여성 중 한 명인 샬롯 퍼킨스 길먼(Charlotte Perkins Gilman)의 『허랜드 *Herland*』, 조안나 러스(Joanna Russ)의 『여성 남자 *Female Man*』, SF 작가 제임스 팁트리 주니어(James Tiptree Jr.)의 『휴스턴, 휴스턴, 들리는가? *Houston, Houston, Do You Read?*』, 스즈키 이즈미(鈴木いずみ)의 『여자와 여자의 세상(女と女の世の中)』, 구라하시 유미코(倉橋由美子)의 『아마논국 왕래기(アマノン国往還記)』…….

에비하라가 『수정내 제도』에서 인용하듯이, "여자가 인간이 되려면 남녀가 손을 맞잡자고 말하는 것보다 여존남비하는 것이 더 빠른 방법"이며, "남자는 여자를 없는 것으로 치부하고, 악의도 의식도 없이, 그저 아무렇지도 않게 계속 여자의 영혼을 죽이는 것으로 '인간'이 되어 왔다"(40쪽). 그렇다면 오히려 명확한 악의와 자각을 가지고 '남자'들을 '없는 것'으로 만드는 것. 그런 남성 말살적인 여성국 유토피아가 이 세상에는 필요하다는 것이다.

그러나 중요한 것은, 위사(僞史)적이고 샤먼적인 상상력과 문체를 통해 기기신화(記紀神話)[*]의 남성 권력성/남근성을 여성의 입장에서 다시 써내려 가는 『수정내 제도』에서, 쇼노가 여성만의 왕국 우라미즈모(ウラミズモ)를 결코 평화롭고 비폭력적인 유토피아로 그려내지 않았다는 단적인 사실이다. 우라미즈모 안에서는 오히려 남자들보다 더 그로테스크하고 과도한 여자들의 폭력적 향락성이 끝없이 자기증식해 나간다. 그것은 마치 여자들의 자매애 내부까지 침식하고 감염시키는 내적 남성성의 무한 말살인 것처럼 보인다. 이것은 단순한 냉소나 아이러니와는 다르다. 거기에는 기묘한 그로테스크 유머가 있다. 헤테로섹시즘적이고 식민지주의적인 가부장제 자본주의를 안으로부터 내파해 가는, 자가면역질환적인 무장소(유토피아/헤테로토피아)를 욕망하면서 무한히 재전개되는 페미니즘. 무장소(atopos)적인 변증법. 이것이 쇼노 혼자만의 특별한 딜레마라고는 말할 수 없을 것이다.

트랜스 남성인 슈지 아키라(周司あきら)는 『트랜스 남성에 의한 트랜스젠더 남성학(トランス男性によるトランスジェンダー男性学)』(大月書店, 2021)에서, 트랜스젠더가 래디컬 페미니즘에 동조하며 트랜스 혐오에 빠지게 되는 과정을 다음과 같이 분석하고 있다. 우선 '신체적 위화감으로 인해 발생하는 신체 혐오'가 일종의 래디컬 페미니즘적 분노, 즉 성별 이원론적으로 남/여를 분리한 위에서 발생하는 남성들에 대한 분노, 성차별적이며 가부장제적인 사회 구조에 대한 분노에 '동조'하게 된다. 결국 거기서 생겨나는 것은 '왜 나는 남성이 아니고 여성인가' 하는 '체념'이며, 혹은 '남성에 대한 질투와 증오심', '남성에 대한 르상티망'이다. 그런 가운데, 성별 이행이 잘 이루어지지 않은 트랜스젠더들은 점

차 '자신은 결국 여성 쪽에 머물 수밖에 없는 존재'라는 자기부정이 깊
어져서, '말하자면 동족 혐오, 혹은 자신을 차별받는 쪽에 두지 않기
위한 자기방어'로 트랜스포비아에 빠지게 된다고 말한다(105-107쪽).

쇼노 요리코의 언행에도 이러한 '동족 혐오', '자기방어'적인 딜레마
가 엿보인다. 하지만 여기서도 쇼노의 내적 자기혐오로서의 트랜스포
비아를 쇼노 개인의 (혹은 세대론적인) 자기혐오/질투의 문제로만 환원
시킬 수는 없다. 질문을 그렇게 축소해 버리면 문제는 트랜스젠더와
래디컬 페미니스트라는 이분법적 구도로 환원되고, 이 세상의 다수파
인 '남성'들의 입장이 성찰적으로 문제시되는 일도 없게 될 것이다.

그렇다면 필요한 것은 다음이 아닐까.

'여성'들의 트랜스젠더에 대한 공격성을 '올바른 남성 비판'으로 되
돌려놓는 것이다. 즉, 쇼노적인 급진적 비판성을 트랜스젠더에 대한
배제가 아니라 그 근간이 되는 '**단순한** 남성 말살 욕망의 범위 안의 페
미니즘'으로 올바르게 재위치시키는 것이 필요하지 않을까. 질문을 그
렇게 바꾸기 위해 '남성'들도 '문제'에 정치적으로 개입해야 하지 않을
까. 그렇게 말하고 싶다.

단적으로 말하자면, '남성'들에게 필요한 것은 트랜스 차별에 공개
적으로 반대하면서 '여성'을 무한히 수탈하고 도용하는 '남성'의 모습
에 대해서도 (자기)비판을 하는 것이며, '여성 vs 트랜스젠더'라는 거짓
된 대립 구도를 용인해 온 자신들(남자들)의 발밑을 내성적으로 되짚어
보는 것이다. 그리고 '남성'들은 '여성'의 급진적인 남성 말살 욕망을
정면으로 마주하면서 '남성'으로서의 격렬한 고통과 실어증 속에서
'여성'도 '트랜스'도 모두 배제하는 헤테로섹시즘적 제도와 구조를 변
혁해 나가야 할 것이다. '여성'이 더 이상 '남성'을 과도하게 두려워하
고 증오하지 않아도 되는 역사적 단계가 도래하는 그날까지 '남성'들

의 그러한 점진적 노력의 필요성은 결코 사라지지 않을 것이다.

—

기본적으로는 위와 같이 생각할 수 있을 것이다. 즉, '트랜스젠더' vs '여성(래디컬 페미니스트)'이라는 이원론으로 '문제'를 생각하는 것이 아니라, 그러한 이원론적 문제를 구성하게 되는 특권적이고 권력적인 제3항(='남성')을 가시화해 나가는 것이다. 투쟁적 정치를 안전지대에서 선동하거나, 프레임화하거나, 혹은 방관하는 관객에 머무는 것이 아니라, 거기에 은밀하게 존재하는 '남성'이라는 보이지 않는 제3항을 분명하게 드러내는 것. 거기서부터 질문을 '남성'의 발밑으로 날카롭게 돌려놓는 것. '남자'로서 나는 그렇게 생각한다.

생각해 보면 단순한 자유주의적 계몽이나 사회적 지원 확대를 통해서는 결코 사라지지 않는 것이 있고, '여성'에게는 근원적인(게임적 투쟁성으로 환원하는 것이 불가능한) 적대성(가부장제, 성차별, 성계급)이 있는 것이 아닐까. 그곳에 래디컬 페미니즘의 가르침이 있지 않았는가. 그러한 급진적 적대성의 선은 우선 여성과 트랜스 사이가 아니라 여성과 남성 사이에 그어져야 할 것이다.[2]

그런데 최근 들어 다음과 같은 말이 자주 나온다. 말하자면 페미니즘은 이 세상의 모든 성차별에 반대하는 학문이자 운동이다. 따라서 트랜스젠더에 대한 차별은 페미니즘의 이념과 원칙에 위배된다. 타자에 대한 차별과 배제를 내포하는 페미니즘은 애초에 페미니즘이라고 부를 수 없다는 것이다.

성차별 일반에 대한 반대는 페미니즘의 필요조건(충분조건은 아닐지라도)이라는 것이다. 이런 논리의 연장선상에서 페미니즘은 여성과 성적 소수자뿐만 아니라 다수파 시스 헤테로 남성들에게도 성적 자유와 해방을 가져다주는 것이므로, 그러니까 '남자'도 페미니스트일 수 있고 페미니스트여야 한다는 주장이 있다. 실제로 현재 리버럴 성차별 비판의 주류는 이런 기조를 가지고 있다.

그러나 돌아보면 이른바 제2파 페미니즘, 일본의 '우먼리브', 래디컬 페미니즘은 '여성'과 '남성' 사이에서 발생하는 가부장제적이고 성차별적인 적대성을 강조해 왔다. 그러나 거기에는 협의의 래디컬 페미니즘이라기보다는 페미니즘 자체에 내재되어 있는 근원적인 급진성이 있는 것이 아닐까. 설령 리버럴 쪽으로 기울든, 교차성을 중시하든지 간에, 페미니즘의 원액으로서 존재하는 근원적인 적대성이 있다. 그것은 그러니까 남/녀 간의 가부장적이고 이성애주의적 성차별 구조(성계급)가 이 세상에서 완전히 말소되지 않는 한, 남/녀의 정치적 적대성도 해소되지 않을 것이라는 급진적인 부정성, 비판성이다.

그런 점에서 나는 '페미니즘이란 성차별 일반을 비판하는 것이다', '남자도 페미니스트여야 한다'는 최대공약수적 '올바름'에 대해서는 늘 미묘한 위화감을 느껴 왔다. 모든 성차별에 반대하는 입장은 '반(反)성차별주의'라고 부르면 된다. 그것을 페미니즘이라고 부르는 것은 뭔가 어긋남이 있다. 그렇게 느껴 왔다. 페미니즘의 필요조건으로 이 세상의 성차별 전반에 대한 비판이 있어야 한다고 정말 말할 수 있을까.

단적으로 이렇게 생각한다. 페미니즘은 '여성'을 위한 것이다. 그것이 육체적, 젠더적, 섹슈얼리티적인 것 가운데 어떠한 의미에서든, 혹은 그 사이에 선을 그어야 하는지에 대해서도 사람에 따라 입장이 다를 수 있겠지만 말이다. 페미니즘은 여성의, 여성에 의한, 여성을 위한 학문이자 운동이다. 그것이 페미니즘이 아닐까.

물론 페미니즘은 모든 본질주의에 저항하고, 고정된 속성에 기반한 정체성주의에도 저항한다. 예를 들어 최근 제4파 페미니즘적 #MeToo 운동의 국제적 흐름은 단순한 생물학적, 문화적 본질주의가 아니라, 복합차별이나 교차적 차별의 현실을 전제하면서 성차별적 구조의 견고함을 비판하기 위해 일부러 전략적 본질주의(스피박)를 취하는 것이라고 기본적으로 말할 수 있다. 그러나 그것은 단순히 방법론적인 '전략'에 그치지 않는다. 그러한 언어로는 페미니즘의 '정신'(본질이 아니고 정신이라 말하자)을 놓칠 수 있다. 다문화주의에 입각한 구성주의적 사고, 혹은 투쟁 정치(래디컬 데모크라시)와 같은 사고방식에 의해서는 페미니즘의 급진적 '정신'은 상대화되어 희석되고 만다. 물론 '남성'인 내가 이렇게 말하는 것은 페미니즘의 역사를 찬탈하고 도용하는 것일 수도 있다. 하지만 그래도 역시 '남성'의 입장에서 이 근원적인 적대성의 수준에 계속 머물고 싶다.

그 점에서는 쇼노의 기점에 있는 다음과 같은 기초적인 감각 **그 자체는** 틀리지 않다고 나는 느낀다. 즉 쇼노의 감각으로는 이제 페미니즘조차도 남자들에게 빼앗겼거나, 혹은 남자에게 굴복한 페미니스트들에 의해 지배당하고 있다. "이 페미니즘이라는 것은 예전에는 **제대로** 남자의 적이었다."(217쪽) "여자는 여자의, 여자에 의한, 여자의 페미니즘을 한다고 말하면, 그런 페미니즘은 죽임당하고 구타당하고 강간당한다. 너희들은 배타적 차별주의자라고 하면서, 배제당하고 협박당하고 규탄받는다."(222쪽)

남자들은 '적'이다. 페미니즘의 '정신'은 이 세상의 다양한 성폭력 일반을 비판하는 것이 아니라, 이 세상 모든 남자들의 폭력을 비판한다. 용서 없이, 가차 없이, 아무리 작은 폭력의 씨앗도 놓치지 않고 철저히 비판한다. 이렇게 말해도 좋다. 어떤 의미에서는 '남자'들이 이 세상에서 완전히 말살되고 소멸되지 않는 한, 페미니즘의 투쟁은 결코 끝나지 않을 것이라고 말이다. 페미니즘 정신은 불가피하게 단순한 남성 혐오를 넘어, 남성 특권의 고발을 넘어, 윤리적인 남성 말살 욕망이라는 힘을 띠게 될 것이다. 정신적 차원의 이 '힘'이 결정적으로 중요한 것이다.

'남성'으로서 나는 그것을 비판하고 있는 것이 아니다. 어떤 비꼼도 없다. 오히려 완전히 정반대다. 페미니즘은 역시 그 정신에 있어서 남성 말살 욕망을 내재화해야 하고, '지나친' 과잉을 가지지 않으면 무의미하며, 그러한 급진적 적대성의 욕망을 갖지 않으면 그 비판 정신의 중요한 부분이 결여된다고 느끼는 것이다.

나에게 남성학/맨즈 리브란 물론 다양한 차원의 질문을 포함하겠지만, 그 근저에는 페미니즘의 이러한 '정신'과 대면하여, 말을 잃으면서 응답하는 것으로 이루어져야 하는 것이다. 남성 말살적인 급진적 부정성을 회피하면서, 예를 들어 '남성도 페미니스트여야 한다', '남성도 여성이나 성소수자와 마찬가지로 성차별 일반에 반대해야 한다'는 등의 말에 어떤 주저함이나 언어 상실 없이 올라타는 것은 '남성'들에게도 타락이자 퇴보이며, 거기에는 남성학/맨즈 리브의 미래도 있을 수 없다. 나는 그렇게 생각한다.

—

'여성'들의 남성 말살 욕망은 트랜스젠더를 향해서가 아니라 '남성'들을 향해 '올바르게' 방향이 맞추어져야 한다는 개입(물론 명령이나 강요가 아니다)을 하는 것. 책임을 지면서 '문제'에 관여하는 것. 그리고 '남성'들 또한 '남성'을 특권화하는 헤테로섹시즘적이며 에이블리즘(ablism, 능력주의)적인 식민지주의적 자본주의를 변혁하기 위해 자신들의 욕망을 변혁하고 해방시켜 나가는 것. '남성'들에게 필요한 것은 실용적 차원에서는 그러한 개입적인 윤리이다. '문제'를 남의 일로 끝내지 말라는 것이다.

그러나 그러한 실용적인 개입을 넘어서서, 혹은 그것에 이르기 전에, 몇 가지 이론적인 것들을 더 생각해 볼 필요도 있다.

지금까지 래디컬 페미니스트와 트랜스젠더 간의 대립(권리 충돌)이라는 구도는 프레임화에 의한 가짜 문제이며, 허구적으로 구축된 것임을 논해 왔다. 그러나 비록 그러한 조직적인 프레임을 제거한다고 해도 근본적으로 해소할 수 없는 차이가 남아 있지 않을까 생각된다.

정확히 말하면 '여성'의, 여성에 의한, 여성을 위한 학문과 실천으로서의 페미니즘의 임계점에서 나타나는 타자, 그것이 트랜스젠더라는 존재이며 트랜스 이론이지 않을까. 물론 이것은 트랜스젠더들과 페미니스트들이 연대하고 공투해 온 역사가 있다는 단적인 사실, 혹은 트랜스 이론과 페미니즘 이론을 동시에 사유하려 했던 사람들이 실제로 존재한다는 사실을 부정하는 것은 아니다. 여기서 본질적인 비화해성이나 적대성은 오히려 공투와 연대의 조건이 되기도 한다.

몇 번이고 강조한다. 트랜스젠더 vs 래디컬 페미니즘이라는 구도를 지나치게 강조하는 것은 악질적인 프레임이 되기 쉽다. 현실적으로는 오히려 래디컬 페미니즘의 영향을 받아 트랜스젠더 이론이 나온 측면이 있고, 페미니스트 여성과 트랜스젠더들이 공투하고 연대하는 움직임이 무수히 많았다. 하지만 그 위에서 양측의 대립도 있었고, 적대성도 있었다. 게다가 단순한 오해에 근거한 것뿐만 아니라, 거기에는 결코 회수할 수도 포섭할 수도 없는 이질성이 있었다. 예를 들어 '트랜스 페미니즘'이라는 입장은 그러한 대립과 불협화음을 포함하는 방법론적 접근을 의미하는 것이지, 페미니즘 이론 안에 트랜스젠더 이론을 포섭하거나 통합하는 것이 될 수 없다.

래디컬 섹스론자인 패트릭 칼리피아(Patrick Califia)는 『섹스 체인지

즈: 트랜스젠더의 정치학*Sex Changes: The Politics of Transgenderism*』(원저 1997년, 제2판 2003년, 石倉由·吉池祥子他訳, 作品社)의 제3장「백래시: 페미니즘에 의한 트랜스포비아」에서, 유명한 트랜스 비평가 재니스 레이몬드(Janice Raymond)의『트랜스섹슈얼 제국*The Transsexual Empire: The Making of the She-Male*』(1979)을 다루면서 다음과 같이 논하고 있다. 분리주의적인 레즈비언 페미니즘은 때로 남성과 여성은 근본적으로 다른 생물이라고 상정하고 원리주의적인 방식으로 남성 배제를 목표로 하기 위해서(그러기 위해서는 법적 평등이나 경제적 재분배만으로는 충분하지 않다), 이 세상의 모든 영역에서 남성의 지배와 오염을 발견해 내고 그것을 두려워하게 되며, 그것이 결과적으로 트랜스 차별과 연결되는 패턴이 있다고 주장한다(174-182쪽).

그러나 그 배경에는 레즈비언들이 이성애 페미니스트들로부터 '남자 같다'는 이유로 배제되고 차별받아 온 역사가 있으며, 레즈비언 페미니스트들은 자신들만이 진정한 '여성'이며 '궁극적인 페미니스트로서의 레즈비언'(176쪽)이라는 과잉 적응적인 자기증명을 강요받아 왔다. 즉 레즈비언 '자매'는 헤테로 페미니스트 이상으로 올바른 페미니스트라는 것이다. 그러한 과잉 적응의 결과, 예를 들면 아드리엔 리치(Adrienne Cecile Rich)의 레즈비언 연속체라는 개념조차도 '올바른 레즈비언' 이외의 다양한 레즈비언들(SM 다이크*, 부치/펨**, 트랜스섹슈얼 여성 등)을 선별적으로 배제해 버렸다. 이러한 급진화되는 페미니즘 원리

---

* 역자 주: '다이크(dyke)'는 레즈비언을 가리키는 말로, 일부 커뮤니티에서는 자기 정체성으로 재전유해서 쓰기도 한다.

** 역자 주: '부치(butch)'는 복장, 말투, 몸짓 등에서 소위 남성적인 방식으로 성별 표현을 하고 이를 편안하게 느끼는 레즈비언을 가리키며 '펨(femme)'은 이른바 여성적인 성별 표현을 통해 자신을 드러내고 이를 편하게 인식하는 레즈비언을 뜻한다.

주의는 어떤 면에서는 기독교 우파의 원리주의와 강하게 공명해 버린다. 가부장제는 죄악의 증거이며, 생물학적으로 남성이라는 성별로 태어난 것 자체가 원죄라는 식이다. 그리고 이러한 종교적 원리주의적인 성향 때문에 경제 문제나 인종 문제에는 관심을 두지 않게 된다. 칼리피아는 그렇게 논한다.

중요한 것은 칼리피아 자신도 한때는 분리주의적인 레즈비언 페미니스트의 한 사람으로 자신도 트랜스포비아를 가지고 있었기 때문에, 페미니즘의 원리주의적인 남성 원죄론이 트랜스젠더 혐오와 연결되는 논리를 가감 없이 비판하고 있다는 점이다(212-213쪽). 그리고 그러한 칼리피아조차도 "편견을 풀어내는 것은 평생에 걸친 과정이다"(217쪽)라고 말하지 않을 수 없었다. 즉 칼리피아 역시 자신의 '트러블' 혹은 '혼란' 혹은 '실어증/경련'과 함께, 혹은 이행/트랜스의 경계선상에서 페미니즘과 트랜스 이론의 관계성에 대해 말할 수밖에 없었던 것이다.

혹은 숀 페이의 『트랜스젠더 이슈』에서도 '트랜스 페미니즘'의 이론적 가능성에 대해, 그것은 "트랜스 경험에서 출발하는 페미니스트적 사고와 조직화를 위한 특정한 **접근법**"이며, "다른 형태의 페미니즘과 대항하는 운동도 아니고 하위의 분류도 아니다"(337쪽)라는 신중한 표현이 선택되고 있다. 거기에는 트랜스들의 경험과 지견이 시스 여성 중심 페미니즘에 '포섭'되는 것이 아니라는 함의가 담겨 있을 것이다. 양자 사이에는 쉽게 해소되지 않고, 해소되어서도 안 되는 불일치가 있다. "트랜스 내부에서조차도 트랜스 남성이 어느 정도까지 페미니즘의 일부가 되어야 하는지에 대해서는 논쟁의 불씨가 될 수 있다"(349쪽).

'여성'들과 트랜스젠더의 삶을 동시에 묻는 것, 그것을 교차시키면서 사고하는 것은 가능하다. 그러나 페미니즘이라는 '여성'들의 학문 안에 트랜스젠더들의 삶을 완전히 포괄하고 포섭해 버리면, 그때는 트랜스젠더라는 경험의 중요한 '정신'이 사라지고 짓밟히게 될 것이다. 페미니즘이 특정 '여성'들의 타자로부터 비판을 받으며 끊임없이 자기 수정을 반복해 왔다는 것, 그러한 역사적 축적의 의의는 아무리 강조해도 지나치지 않을 것이다.

그러나 페미니즘 사상과 실천 속으로 아무리 포섭하려 해도 거기에는 반드시 심각한 불일치가 남아있고, 내적 균열이 계속 남는다. 잔여/남는 것으로서의 불일치가 계속해서 존재한다는 것이다. 페이는 말한다. "내가 논하고 싶은 현실은 이렇다. 트랜스들은 페미니즘을 필요로 하고 있다. 뿐만 아니라 페미니즘 또한 트랜스들을 필요로 하고 있다"(336쪽). 즉, 이미 말했듯이 성폭력 일반에 반대하자, 성차별 일반에 반대하자는 최대공약수적 일반화에 대해 집요하게 저항을 계속하는 것이 거기에는 있을 것이다. 그것에서 무리하게 눈을 돌리면 오히려 (적대성이 아닌) '대립'이라는 거짓 구도를 확대 재생산하게 된다.

3. 성별 불쾌감(dysphoria) / 논바이너리(non-binary) / 트랜스

자, 한 걸음씩, 조금씩 질문을 진행하여 일단 여기까지 왔다.

이 지점에서 다시 한번 근본적으로 생각해 보고 싶은 것은, 트랜스젠더란 애초에 무엇인가 하는 것이다. 예를 들어 종종 논의되는 것처럼 트랜스젠더와 논바이너리의 차이점은 무엇인가. 혹은 양쪽 용어 사이에 어떤 적극적인 차이를 보여 주는 것은 과연 가능한가? '누가' 그것을 기만적이지 않은 방식으로 선별할 자격이 있을까? 아니면 일반적 정의 자체가 불가능한 것일까?

현실적으로 논바이너리 당사자의 입장에서 성별 전환을 한 트랜스 당사자를 비판하는 경우가 전혀 없다고는 할 수 없다. 그리고 어디까지나 표면적인 논의에 국한한다면, 거기에는 논리적 근거가 전혀 없다고도 할 수 없다.

논바이너리는 바이너리적(남자/여자라는 이분법적) 사고를 부정하고, 또 그러한 법-제도-구조의 존재 방식을 근본적으로 거부한다. 그렇다면 트랜스젠더들 가운데 타고난 성별에서 전환하여 시스적인 '남자'로 이행＝패스하려는 사람들(소위 FtM) 또는 '여자'로 이행＝패스하려는 사람들(소위 MtF)이 존재한다는 것은 기존의 이분법적 가치관에 종속되어 그것을 보존하고 강화하는 것이 아닌가? 그러한 비판이다.

그렇다고 해서 트랜스와 논바이너리를 정말 그런 식으로 (그야말로 바이너리한 방식으로) '대립'하고 있다고 보아야 하는 것일까. 연속되는 부분을 잘라서 단순하게 그렇게 파악할 수 있는 것일까.

여기에서도 기본적으로 당사자들의 말을 참조하면서 논리적으로 생각해 보자.

『트랜스젠더 이슈』의 설명에는 다음과 같이 적혀 있다. 트랜스라는 단어는 "그 사람의 외형적 생식기 모양에 따라 출생증명서에 기록된 생물학적 성이 그 사람의 젠더 아이덴티티(자신의 젠더에 대한 그 개인의 감각)와 다르거나, 완전히 편안하지 않거나, 혹은 다르다고 느끼는 그런 사람들을 지칭하는 말이다"(11쪽).

사람들은 일반적으로 트랜스젠더라는 말을 들으면 FtM(트랜스 남성)이나 MtF(트랜스 여성)를 떠올리기 쉽다(바이너리 트랜스). 그러나 트랜스 당사자들이 반드시 '남자'에서 '여자'르, 혹은 '여자'에서 '남자'로 성별 범주 사이를 이동하는 것이 바람직하고 적절한 일이라고 생각하는 것은 아니다. 즉, 일반적으로 떠올리기 쉬운 '트랜스 남성'이나 '트랜스 여성'만이 트랜스젠더의 전부가 아니라는 것이다. 『트랜스젠더 이슈』는 트랜스젠더라는 말로 '트랜스 남성, 트랜스 여성, 그리고 논바이너리인 사람들 모두'를 지칭한다고 말한다(13쪽).

그렇다면 트랜스와 논바이너리의 차이는 무엇일까? 혹은 애초에 그런 개념적 구분을 비폭력적인 형태로 행하는 것이 가능한 것일까?

트랜스인 것은 종종 성적 '위화감'의 유무로 파악되어 왔다. 역사적으로 '트랜스섹슈얼리즘', '성동일성장애', '성별 불쾌감(dysphoria)' 등의 표현의 변화가 있어 왔다. 그러나 트랜스젠더 사람들의 다층적이고 다양한 실상을 보면, 이 성적 위화감이라는 요소도 반드시 트랜스의 본질적인 전제 조건이라고 할 수 없다고 한다. 즉, 위화감을 느끼지 않으면서 스스로를 트랜스젠더라고 생각하는 사람들도 존재하기 때문이다. 위화감이라는 요소를 지나치게 강조하는 것이 위험한 것은, 예를 들어 미디어가 선호하는 '잘못된 몸으로 태어났다'는 '조악한 표현'을 강조하는 것으로도 이어진다(104쪽). 즉, 위화감이 있다는 것도 사람에 따라 다양하게 나타나며, 페이는 예를 들어 "위화감은 실연과 같은 느낌이다"(일종의 부재나 상실의 느낌이다)라는 어떤 당사자의 인상적인 말을 소개하고 있다.

그렇다면 트랜스들은 위화감을 느끼지만, 논바이너리는 위화감을 느끼지 않는다는 식의 이분법적 선 긋기 역시 여전히 당사자들의 현실을 제대로 파악하지 못하고 있는 것이 된다. 이 지점이 어려운 지점일 것이다. 왜냐하면 여기까지 인식의 단계가 진행되었다면, 이미 더 이상 트랜스젠더와 논바이너리를 개념적으로 구분하는 것이 의미가 없는 것처럼 보이기 때문이다. 실제로 양자의 구분은 여기서 거의 무의미해지고 있을 것이다. 그러나 트랜스들의 경험과 감각을 논바이너리라는 단어로 완전히 해소할 수도 없는 것 같다.

예를 들어 과거에 성별 이행을 하고 그 이후 완전한 패싱을 실현한 사람. 바이너리를 받아들이고 그 상태가 영속되기를 원하는 사람. 그 이상의 논바이너리적 성의 존재 방식을 결코 원하지 않는 사람. 그런 사람들이 트랜스 당사자 중에는 당연히 있을 것이다. 그러나 그렇다 하더라도 그런 사람들 속에도 사라지지 않는 트랜스적 경험의 질이 미묘하게 남아 있을 것이다.

『트랜스젠더 이슈』를 일본에 번역한 다카이 유토리(高井ゆと里)는 패스/매몰/블렌드라는 단어에 다음과 같은 주석을 달았다(131쪽). 트랜스젠더가 '전환 후 성별의 인간으로 타인으로부터 인식되는 상태에 있는 것, 또는 그러한 인식을 획득하는 것'을 '패스'(pass(ing))라고 부르고, '트랜스젠더인 것(즉, 과거에 성별을 전환한 사실)을 주위의 거의 모든 사람에게 알려지지 않은 상태로 생활하는 것'을 '매몰'((being) stealth)이라고 부른다. 이에 대해 '블렌드'(blend in)라는 표현을 선호하는 트랜스젠더들도 있다. 이는 '시스 젠더와 **완전히 똑같은** 외모와 행동, 생활 상태로 일방적으로 일치시키는 것'만'이 성별 이행의 목표가 되어서는 안 된다'는 의미를 담고 있는 말이라고 한다. 물론 이러한 패스/매몰/블렌드라는 단어에도 각 당사자마다 강조점의 차이나 뉘앙스의 차이가 있고, 또 연속적인 농담(濃淡)을 이루고 있어 이 역시 명확하게 선을 그을 수 있는 종류의 것은 아닐 것이다.

어떻게 생각하는가. 분명하게 말하자면, 현 시점에서 나는 트랜스젠더와 논바이너리의 경험적 혹은 개념적 구분을 명확히 알았다, 납득할 수 있다고 말할 수 없다. 모르는 것을 모른다고 확인하는 데 머물 수밖에 없다. 다만 위와 같은 중첩된 논의를 전제로 페이가 다음과 같이 신중하게 말하고 있는 것은 중요하게 생각한다. "그러나 대부분의 트랜스들은 어느 정도의 위화감을 경험하고 있으며, 그렇기 때문에 나는 여기서 그것에 초점을 맞추고 있다"(105쪽). 이미 인용한 바와 같이 「서장」에서도 페이는 '차이가 있다, 완전히 편안하지 않다, 혹은 다르다'라는 표현을 선택했던 것이다.

그렇다면 우리도 지금은 이 '차이가 있다, 완전히 편안하지 않다, 혹은 다르다'라는 막연한 위화감 속에 머물러 있자. 무엇이 다르다고 명확하게 말할 수 없더라도 거기에는 미묘한 차이가 있는 것 같고, 변화나 이행이나 수정의 가능성이 불타 없어지지 않고 남아 있는 것 같다는 불편한 상태에 머물러 있기로 하자. 그것을 논바이너리라는 상태로도 환원될 수 없는 잔여, 나머지로서의 '트랜스'로 받아들이기로 하자. 그리고 그 위에서 한 걸음 더 이론적 발걸음을 이어가기로 하자.

———

페이는 트랜스페미니즘을 제2파 페미니즘(래디컬 페미니즘)과의 연속성 속에 다시 위치시키려 하면서, 캐서린 맥키넌(Catharine Alice Mac-Kinnon)과 안드레아 드워킨(Andrea Rita Dworkin) 등의 저작을 현재의 트랜스젠더 이론의 관점에서 적극적으로 다시 읽고, 다시 받아들이려고 한다. 여기에는 흥미로운 비틀림이 있다. 혹은 도발적인 전략이 있다. 왜냐하면 그동안 적대적인 '문제'로서 래디컬 페미니즘 vs 트랜스젠더라는 구도가 만들어져 왔기 때문이다. 그러나 페이의 이론은 그러한 구도를 비스듬히 가로지르며, 문자 그대로 트랜스한다.

종종 성별 이원론에 기반한 페미니스트들은 논바이너리를 부정한다. 거기서는 '여성'의 특별한 의미가 부정될 수 있기 때문이다. 그러나 페이는 페미니즘의 역사에 대한 경외심과 존중을 조금도 버리지 않은 채 "우리는 모두 논바이너리"라는 선언이 "우리가 사회 질서를 쇄신할 수 있는 방법에 대한 잠재적으로 급진적인 새로운 분석"(363쪽)이라고 단언한다. 뿐만 아니라 그것을 과거 래디컬 페미니즘의 통찰과 실천의 연장선상에서 찾으려 한다. 어떻게 생각하는가?

즉 페이는 1974년 드워킨의 말을 인용하고 그것을 영국의 페미니스트인 롤라 올루페미(Lola Olufemi)의 말과 연결시키면서, '여성'이라는 개념은 '해방이 찾아온 미래에는 전혀 존재하지 않을지도 모른다'는 놀라운 이론적 인식을 열어 놓는다. 그리고 '이와 같은 것은 물론 '남성'에 대해서도 마찬가지다'(365쪽)라고 말한다. 어떤 의미에서 쇼노 요리코가 절대적인 악몽으로 두려워한 여성 말살적 디스토피아 세계는 **급진적 해방의 이념에 있어서는** 완전히 옳은 것이라고밖에 말할 수 없을지도 모른다. 오히려 그때 "우리 모두는 더 기쁜 삶을 향해 해방되는 것"이다(365쪽).

물론 페이 혼자만 그런 것은 아니다. 칼리피아 역시 "지나치게 단순화된 페미니스트들의 주장과는 달리, 우리가 살고 있는 세상은 남성이 모든 권력을 쥐고 여성은 전혀 힘을 갖지 못하는 사회가 아니다"라고 말한다(『섹스 체인지즈』). 그리고 다음과 같이 급진적 해방을 위한 이론적 전망을 열어 놓는다. "만약 우리가 진정으로 자유를 추구한다면, 이 투쟁의 끝에서 여성은 더 이상 여성이 아니게 된다는 것을 이해해야만 한다. 혹은 적어도 오늘날 우리가 그 단어를 이해하는 의미에서 여성은 더 이상 여성이 아닐 것이다. 남성 역시 패러다임으로서 무손상 상태로 남아 있지 않을 것이다. **그럼에도 불구하고 우리는 남성 이상은 아닐지라도 적어도 남성과 같은 정도로는 변해야 한다**"(180쪽).

어떻게 생각하는가. 부디 위 인용 부분을 숙독해 보길 바란다. 놀라우리만치 급진적인 이념이며, 가공할 만한 해방적 비전이라고 말하지 않을 수 없을 것이다. 우리는, 혹은 나는 이 눈이 번쩍 뜨이는 이론적 전망을 어떻게 받아들이면 좋은 것일까? 혹은 받아들이는 것이 가능할까? 여기서 한 걸음 더 나아가, 눈을 돌리지 않고 다가올 이론적 귀결을 바라보아야 한다.

—

약간의 우회를 하자.

트랜스 이론을 무서우리만치 정치(精緻)하게 기술하는 게일 살라몬(Gayle Salamon)은 그의 저서『몸을 떠맡다: 트랜스젠더와 물질성의 레토릭*Assuming a Body: Transgender and Rhetorics of Materiality*』(『身体を引き受ける―トランスジエンダーと物質性のレトリック』, 藤高和輝訳, 以文社, 원저 2010)에서 현상학과 정신분석과 퀴어이론을 섞으면서 트랜스적 신체성(embodiment)의 특성을 다음과 같이 이론화하고 있다. 즉, 신체의 물질성(materiality)은 직접적으로 접근 가능한 것, 인식론적 확실성을 가진 것이 아니다. 신체성은 현상학에서 말하는 자기수용감각(proprioception), 혹은 정신분석에서 말하는 신체자아(bodily ego), 즉 '신체 이미지'를 통해 정착되어 가는 것이며, 그 외부에 일관된 '진짜' 물질적 신체가 실재하는 것은 아니다.

살라몬은 주디스 버틀러를 참조하면서 다음과 같이 이론을 전개해 간다. 버틀러는 물질적 신체가 상상적/사회적인 것의 층으로 덮여 있다는 식의 신체성 모델을 거부하였다(55쪽). 신체 이미지란 생물학적 소여와 같은 순수한 물질성이 아니며, 그렇다고 해서 자유롭게 구축 가능한 순수한 상상이나 환상도 아니다. 거기서는 신체가 마음을 감싸고 있다는 깊이의 모델이 아니라, 표면의 유희로서 신체 이미지를 파악해야 한다. 신체 이미지는 고정적인 생물학적 소여가 아니라 다양할 수 있다는 것, 신중하게 조립되어 가는 것이며, 타자와의 관계를 통해 생겨나는 것이다. 이 잠정적인 과정에는 끝이 없다(47쪽). 거기에는 항상 '여러 가지 물질성이 살아 있는 의미를 창조하고 변환시키려고 노력할' 여지가 남아 있는 것이다(67쪽).

살라몬은 메를로퐁티의 현상학적 신체론을 사용하여 트랜스젠더의 신체성을 '살(肉)'이라는 개념으로 설명하고 있다. 살에는 항상 근원적인 모호성(ambiguity)이 빙의되어 있다. 트랜스젠더의 입장에서 인간의 신체성 = 살의 모습에 접근하려 하는 살라몬의 서술은 섬세한 굴절과 지그재그를 포함하는 것이지만, 그것은 실로 우리의 신체성 = 살 일반이 지닌 섬세한 복잡함이며, 가능성이라고 할 수 있다. "그때 살은 사고할 수 있는 것이지만, 아직 사고되지 않은 것이기도 하다. 살은 물질도 아니고 정신도 아니며, 이 두 가지 성질을 지닌 것이지만, 그러나 이 두 가지의 혼합물로는 설명할 수 없는 것이다. 살은 우리와 타자의 관계를 통해 구축되고, 그 모든 현상학적 개별성 속에서 구축되지만, 그 자체는 '일반적인 것'이다. (…) 그리고 어느 쪽이든 관계의 문제야말로 일차적이다. 자기 자신의 살을 느끼는 것, 혹은 타자의 살의 증인으로 행동하는 것은 보다 생존 가능한 신체성을 향해 주체와 대상, 물질과 환상에 관한 질문을 혼란스럽게 만드는 것이다"(105쪽).

섹슈얼리티 역시 외형적으로 '보이는 것'보다는 본인의 내면에서 느껴지는 방식(felt sense)이 더 중요하다(76쪽). 예를 들어 단순한 외형이나 겉모습만으로는 부치 레즈비언과 트랜스 남성의 신체를 구분할 수 없을지도 모른다. 그러나 각자의 주체가 자신의 성과 살에 대해 '느끼는 방식'에는 분명 차이가 있을 것이다.

살라몬의 말을 부디 천천히 숙독하길 바란다. "(…) 현상학은 자기 자신의 지각이 진리를 결정하는 수단으로 최상위에 있는 분야이다. (…) 이것은 내가 내 자신의 경험에 갇혀서 진리를 구성하거나 꾸며 낸다는 것을 의미하지 않으며, 망상을 승인하는 것도 아니다. 이것이 의미하는 것은 내 신체의 경험, 그 확장과 효과에 대한 나의 감각, 내가 나의 신체를 그 안에서 살기 좋은 것으로 만들기 위해 노력하는 방식, 내가 신체를 사용하는 용도(욕망의 고통이란 점에서는 아마도 몸이 나를 사용하는 용도라고 해야 할)가, 내가 무엇이든 '그것'으로서 존재하는 물질성과 맺는 불가피한 관계라는 점이다"(90쪽). "그리핀 핸즈브리가 논증하고 있는 것은, 젠더화된 주체성을 확립하는 데 있어서 신체의 중요성은 그 신체의 형태적 외형에 관한 것이라기보다는 살이 어떻게 의미화되고 재의미화되는가에 관련되어 있다는 것이다. 이 재의미화(resignication)는 때로 신체의 가시적인 변화를 동반할 수도 있고, 동반하지 않을 수도 있다"(203쪽).

살라몬은 이러한 입장에서 어떤 트랜스 당사자가 주장하고 '요구'하는 것이 즉각적으로 절대적으로 옳고, 트랜스 주체는 절대적인 행위능력(agency)을 가지고 있으며 자신의 신체의 물질성을 항상 정확하게 이해할 수 있다고 하는 당사자주의의 위험성도 지적하고 있다(138쪽). 왜냐하면 신체란 확실한 물질이며 주체의 의지는 그것을 완전히 통제할 수 있다는 식의 사고방식은 트랜스적인 신체 이미지 = 살의 존재 방식을 근본적으로 배반하기 때문이다.

신체 = 살은 정신과 물질의 믹스/블렌드이며, 신체 이미지라는 특이한 차원에 속한 것이며, 그것은 물질성을 지니는 이상 항상 타자관계나 사회성 속에 얽혀 있다. 역으로 말하면 "사회적 구성은 신체적 존재가 '느껴지는 방식'과 대립하는 것으로 해석되어서는 안 된다"(123쪽). 다시 말하지만 그것은 통속화된 의미의 구축주의나 사회결정론과는 미묘하게, 따라서 결정적으로 다른 신체성의 존재 방식이다.

중요한 것은 살라몬의 이러한 신체 이미지에 대한 정밀한 분석이 협의의 트랜스젠더 섹슈얼리티에만 해당되지 않는다는 점이다. 실제로 살라몬은 남성성이란 "존재의 **종류**(트랜스 남성 대 비트랜스 남성)라기 보다는 존재의 **방식**(다소간 차이는 있지만 남성적인 것)으로", 즉 스펙트 럼으로 보아야 한다고 말한다. "트랜스 남성성(transmasculinity)은 젠더 화된 신체성의 이상에 충실한 것도 획일화된 남성 신체라는 환상에 봉 사하는 것도 아니라, 오히려 남성적인 신체적 표현과 느낌의 폭으로 이해되어야 한다"(190쪽).

살라몬은 여기에서 게일 루빈(Gayle S. Rubin)이 제창한 '위화감 연속 체'라는 개념에 대해서도 언급하고 있다(264-266쪽). 루빈의 위화감 연속체에 관해서는, 주디스 버틀러 연구자 후지타카 가즈키(藤高和輝) 의 『'트러블'로서의 페미니즘: '혼란스럽지 않은 억압'에 대항하여(〈ト ラブル〉としてのフェミニズム—「とり乱せない抑圧」に抗して)』(青土社, 2022)의 제2부 제3장 「혼란을 감수하는 것」의 설명을 참조하기로 한다.

후지타카는 호적상 '남성'이자 '이성애자'라는 '특권'을 가진 자신이 페미니즘에 대한 응답으로서 남성학에 대해 무언가를 논할 때, 애초에 어떤 자세로 임해야 할지 모르겠다는 당혹감에서 남성학적 물음을 시 작하고 있다. 그리고 남성의 입장에서, 페미니즘의 물음에 대해 자기 자신의 남성으로서의 '혼란'으로 응답한 선구자로서 철학자 모리오카 마사히로(森岡正博)의 존재를 꼽고 있다

후지타카는 모리오카의 다음 말을 인용하고 있다. "내 의식의 밑바 닥에는 하나의 생각이 침전되어 있다. 나는 사춘기의 어떤 갈림길에서 잘못된 쪽으로 방향을 틀어 버린 것이 아닌가 하는 생각이다. 원래는 '여자의 몸'으로 꽃을 피워야 했는데, 무언가의 잘못으로 나는 '남자의 몸'으로 방향을 틀어 버렸다. 아니 나 자신의 의지와는 무관하게 억지 로 방향타를 그렇게 틀게끔 만들어진 거 아닌가 하는 생각이다"(『결정

판 못 느끼는 남자(決定版 感じない男)』, ちくま文庫, 2013).

그리고 모리오카가 말하는 '위화감'의 방식에는 더 다양한 가능성이 있지 않을까 하는 의문을 제기하면서 후지타카는 다음과 같이 말한다. "모리오카의 기술은 오히려 트랜스젠더의 '위화감' 경험을 현상학적 의미에서 '살아 있는 경험'으로서 다시 고찰할 수 있는 기회를 주고 있는 것 같다"(165쪽).

남성학적인 삶과 트랜스젠더적인 삶을 '위화감'에 의해 접합하는 것. 후지타카가 여기서 참조하고 있는 것이 '위화감 연속체'라는 개념이다. 인용한다. "루빈은 '성별 위화감'을 트랜스젠더만을 특징 짓는 병리학적 특징으로 사용하는 것에 반대하여, 보다 완화된 '순수하게 서술적인 용어'로서 '위화감 연속체(dysphoria continuum)'라는 개념을 제시하고 있다. (…) 이 '위화감 연속체'라는 개념은 위화감을 유무의 문제가 아니라 점진적 변화나 스펙트럼의 차이로 생각하는 것이다"(168쪽).

이러한 사고방식은 물론 시스와 트랜스 사이의 차이를 말소하고 그 비대칭성을 상대화시켜 버리는 위험성을 가지고 있을 것이다. 그러나 그것은 그러한 위험성을 감안한 상태에서, 다른 한편으로는 트랜스적 존재가 위화감을 느끼는 방식을 오히려 긍정적인 것으로 재기술하는 것도 가능하게 한다. 후지타카는 말한다. "그것은 트랜스젠더를 성별 위화감으로 특징 지워지는 특수한 존재가 아니라, **시스 젠더가 무시하는 위화감을 떠안는 존재**로서 긍정적으로 재기술하는 것을 가능하게 하기 때문이다"(170-171쪽).

나는 오래전부터 시스 헤테로 '남자'의 입장에서 트랜스라는 단어에 집착해 왔다. 분명하게 말하면 거기에는 '오용'이자 '찬탈'의 측면이 있었다. 지금은 솔직히 그렇게 느낀다. 그러나 역시 단순한 '오용 = 찬탈'이 아니라, '창조적 오독'이라고까지 강변할 생각은 없지만, 어떤 중요하고 비판적인 지점을 포착한 것이 아닐까 하는 생각도 든다. 몇 가지 구절을 자기 인용한다. (지금 돌이켜보면 트랜스젠더라는 개념에 대한 인식 부족과 개념의 오용이 있지만, 그대로 인용한다.)

（…） 나는 20대 중반부터 '비(非)모테'*(非モテ, 성적 인정의 부재)에 시달리면서 조금씩 이 괴로움은 연애 자체만으로는 해결되지 않을지도 모른다는 것을 깨달아 왔다. 다시 말하지만 비모테란 미약한 섹스 중독(이성애적 '남성다움'에 대한 과잉 적응)의 하나이며, 거기에는 남자인 자신에 대한 신체 혐오(남성 혐오)가 얽혀 있기 때문이다.

소박하게 생각해도 이 나의 성애와 욕망의 모습에는 스펙트럼적인 강약과 농담이 있었을 것이다. 그러나 성장-발달 과정에서 헤테로 남성이라는 '형태'(패턴, 리듬)로 분화, 고정되고 그것이 강박적인 반복적 관습으로 현재까지 유지되어 왔을 것이다.

그렇다면 중요한 것은 나 자신에게 필요한 곳에서, 필요한 방식으로, 자신의 욕망과 관능의 다른 모습, 다른 사용법을 다시 배우는 것이 아닐까. 사실 매저리티로서 이 나의 신체와 생명에도 또 다른 관능과 쾌락이 있고, 욕망의 분기점과 가소성(可塑性)이 있다는 것이다. 비록 그것에는 "상당히 많은 고민이 필요"하고 "다른 노력의 방식"(가와모토 히데오(河本英夫))이 필요하다 해도.

이를테면 소위 말하는 트랜스섹슈얼리티란 반드시 '이성애자임을 버리고 동성애자나 양성애자가 되는 것'을 의미하지 않을지도 모른다. 예를 들어 이 나의 성 또한 점진적 변화나 스펙트럼 속에 위치하고 있다는 것, 동성애자나 성적 소수자, 장애인의 (혹은 동물이나 식물

---

* 역자 주: 이 책 53쪽 주석 참조.

들의?) 욕망, 관능, 필요와 비슷한 것을 가지고 있을지도 모른다는 것을 깨달을 수 있다면, 나는 지금까지와 마찬가지로 한 명의 이성애자로 존재하면서도, 트랜스섹슈얼한 신체로 되어 갈지도 모른다. 만약 내가 하나의 패턴에 고착된 욕망의 형태(리듬)를 변용하고 그 형태를 계속 바꾸어 갈 수 있다면 말이다.

트랜스섹슈얼이 되는 것을 내 자신의 육체-욕망으로 실제로 살아간다는 것은 어렵다고 하면 엄청나게 어려운 일이지만, 쉽다고 하면 누구나 할 수 있는 일, 단순하고 소박한 일이기도 할 것이다.

－『비모테의 품격(非モテの品格)』, 集英社新書

(…) 그런 복잡다단한 역사적 경위가 있었고 지금도 있다는 것을 인정한 상태로, 매저리티 시스 헤테로 남성들 사이에도 사실은 애매하고 미묘한 성적 위화감이 존재한다고 볼 수 있지 않을까요. 패권적 규범으로서의 '남자다움'이나 '남자는 이렇게 살아야 한다'는 가치관에 대해 위화감이나 저항감을 느끼는 것, 어딘지 모르게 받아들이기 힘든 것, 그것 역시 넓은 의미의 성적 위화감이라고 할 수 없을까요. 그러한 성적 위화감에서 출발해 퀘스처닝(questioning)한 실천을 만들어 가는 것.

이성애자 남성을 포함하여 모두가 퀴어다, 혹은 이성애자 남성도 트랜스여야 한다고까지 말한다면, 그것은 역시 지나친 표현이라고 생각됩니다. 그러나 시스 헤테로인 매저리티 남성들 사이에서도 어떤 형태로든, 그리고 다양한 형태로, '남성'이라는 것에 대한 성적 위화감이나 모호한 흔들림이 존재한다고, 거기까지는 말해도 되지 않을까. 성적 소수자들이 쟁취해 온 가치관과 문화를 도용, 수탈, 착취하는 것이 될 수 있다는 것을 경계하면서도, 거기까지는 말해도 되지 않을까요. 그리고 이 성적 위화감을 결코 피해자 의식으로 만들어서는 안 된다. 어떤 남성들은 그런 성적 이질감이 있는 것을 견디지 못하고, 그것을 지우려고 성역할론적 = 보수적인 '남성다움'으로 치닫는 것 같아요.

보수적이고 가부장적인 남성성(아저씨성)에 뻔뻔하게 안주하는 것도 아니고, 소수자나 페미니즘에 그대로 빙의(프리라이드)하는 것도 아니고, 물론 '남자도 힘들다'고 피해자성을 위조하는 것도 아니면서, 매저리티 남성 그 안과 밖의 다양한 고통(불행, 울분, 중압, 부자유)을 억압하지 않고, 서로 모순되는 욕망에 사방으로 찢기면서, 어쩔 줄 몰라 헤매면서, 허둥지둥 실패하면서, 그럼에도 '우리'(매저리티 남성)는 온당하기 위해, 탈폭력적인 남성이 되기 위해, 지금보다 더 자유롭게 살아가기 위해, 시행착오를 한다, 해본다, 그런 길이 있을 수 있다고. 그런 말을 더 많이 하지 않으면, 행동으로 옮기지 않으면 정말 아무것도 이룰 수 없다는 생각이 들어요.

-『매저리티 남성에게 온당함이란 무엇인가(マジョリティ男性にとってまっとうさとは何か)』, 集英社新書

그런데 현 시점에서의 나는 다음과 같이 생각한다.

우선 '모든 사람이 논바이너리여야 한다'는 개인적 섹슈얼리티의 해방 차원과 '강력한 바이너리 구조를 전저로 하는 이 사회는 논바이너리적인 것으로 변혁되어야 한다'는 사회변혁의 차원은 구분된다. 하지만 리브(해방)의 사상이란 그러한 개인적 욕망의 해방과 사회변혁을 지그재그로 왔다 갔다 하면서 변증법적으로 전개해 나간다는 자세를 말한다. 그런 한에서 '남성'이 자신의 욕망과 성의 래디컬한 해방을 추구한다는 것은 헤테로섹시즘적 사회의 변혁이라는 목표와도 모순되지 않는다. 그것들은 양립할 수 있다. 오히려 그러한 해방을 위해서라도

‘남성’들 역시 헤테로섹시즘적인 구조와 가부장적 가족의 형태를 변혁해 나가야만 한다.

이런 것들을 전제한 뒤에, 그렇다면 모든 사람들이 잠재적으로 트랜스일 가능성을 제거하지 않아도 되는 세상, 지금까지 인용해 온 것처럼 칼리피아와 페이의 텍스트 속에서 트랜스 이론의 하나의 궁극적인 이론적 귀결(해방적 비전)로서 이야기되었던 놀라운 세계란 어떤 것일까. 그러한 급진적으로 해방된 세계를 전망할 때 우리는 어떤 인식과 윤리와 욕망을 체화할 필요가 있을까? 조금만 더 들어가 보자.

4. 다른 프레데터들을 환대하는 것

쇼노 요리코로 대표되는 트랜스 배제적인 사람들은 다음과 같이 주장한다. 트랜스젠더라는 것을 본인의 성자인(성의 주관적 자기결정이라는 의미)에 의해 인정되는 것이라고 한다면, ‘남자’임에도 불구하고 ‘여자’로 위장하여 허위의 신고를 하고, 여성만의 안전한 공간에 침입하여 성폭력을 휘두르는 자들로부터 ‘여성’들은 자신을 보호할 수 없게 된다는 것이다.

이에 대해 트랜스 차별에 반대하는 사람들은 먼저 다음과 같이 대응할 수 있다. 스스로의 성자인을 날조하고 위장하여 허위 신고하는 당사자란 애초에 ‘존재하지 않는다’. 왜냐하면 거기에 진짜와 가짜라는 선을 긋는 것, 즉 ‘진짜’ 트랜스와 ‘가짜’ 트랜스를 구분하려는 것 그 자체가 트랜스젠더에 대한 차별이며 지극히 폭력적인 행위이기에.

이것은 실용적인 차원에서는 당연한 반론이라고 할 수 있다. 현실 사회에 아직 여전히 압도적인 비대칭성이 존재하는 한, ‘여성’의 공포심을 근거로 진짜와 가짜를 구별하고 선을 긋는 것을 허용한다면, 그 구분선을 긋는 것은 당사자보다는 사회적으로 다수이자 강자인 비트랜스, 즉 시스인 사람들이 될 것이다. 그것은 쉽게 '너는 진짜 트랜스 당사자가 아니라, 가짜로 위장한 '남자'에 불과해'라는 식의 멈출 수 없는 차별과 폭력을 낳게 될 것이다. 이 점은 몇 번이고 확인해 두어야 한다.

실용적인 차원에서는 그러한 진짜와 가짜 사이의 구별을 인정할 수 없는 것이다. 선을 그으려 하고 당사자의 주장을 의심하는 것, 그 자체가 차별이고 폭력이라고 계속 말할 수밖에 없다. (더 나아가 이 또한 미래의 전망을 포함한 이론으로 말하자면, 도대체 자기신고제의 무엇이 잘못인지, 스스로 자신의 성을 정하는 것이 무엇이 문제인지, '스스로는 어찌할 수 없는 마음대로 되지 않는 것'만을 인정하는 능동/수동 사이의 선 긋기 자체가 개인의 성정체성 자유라는 급진적인 이념에 반한다고 주장할 수도 있고, 궁극적으로는 단호하게 그렇게 주장해야 한다.)

그러나 이러한 실용적인 차원의 올바름을 인식한 위에서, 그렇다고 해도 다음과 같은 논점이 완전히 사라지는 것은 아니다. 즉 화장실, 공중목욕탕, 탈의실, 스포츠 등을 잘라 내어 프레임화하는 것이 차별과 선동에 기반하는 측면을 강하게 가지고 있다고 해도, 여전히 '여성의 육체를 위장하고 도용하는 남자'들이 이 세상에 **존재한다**는 현실은 사라지지 않을 것이다. 그런 인간은 어디에도 없으며, 그런 존재를 가정하는 것 자체가 차별적이고 폭력적이라고까지 말한다면, 거기에는 인간 존재에 대한 인식의 근본적인 오류가 내포될 것이다. 오히려 그것 또한 또 다른 의미에서 트랜스 당사자에게는 위험하기까지 할 것이다.

진짜와 가짜의 선 긋기 자체가 위험하다. 역사적으로 보더라도 그런 식으로 권력은 선 긋기의 범위를 넓혀 왔다. 확실히 그러하다. 하지만 그 이전에, 애초에 본인조차도 쉽게 구분할 수 없는 부분, 충분히 알 수 없는 부분, 시간의 경과에 따라 변화하거나 왔다 갔다 하는 부분이 있을 것이다. 이것 또한 몇 번이고 확인해 두어야 한다. 하지만 그렇다고 해서 '여자의 육체를 위장하는 남자란 이 세상에 존재하지 않는다'고까지 말한다면, 그것은 인간이라는 존재를 둘러싼 사실에 반하는 것이다. 다음의 단순한 사실을 인정하자. 어떤 권력이나 이익을 위해, 자신의 욕망이나 악의를 위해 의도적으로 자신의 성을 위장하고 타인을 속이는 인간은 당연하게도 **존재한다**.

즉, 가짜는 있다. 사칭은 있다. 거기에는 '진짜'와 '가짜'의 차이가 분명히 있다. 사실로서, 혹은 이론적 원리에 근거하여 거기까지는 말할 수 있다. 거기까지는 말해야 한다.

여기서 실용적인 어려움과 원칙적인 어려움은 미묘하게 구별된다. 원칙적으로는 그렇게 말할 수 있지만 실용적으로는 위험하다는 이야기와, 실용적으로 위험하기 때문에 원칙적으로 그것은 존재해서는 안 된다는 이야기는 역시 다른 것이다. 그런 점에서는 앞에서 말한 쇼노의 공포를—그 공포에서 비롯된 증오나 선동은 결코 인정할 수 없더라도—인정할 수는 있을 것이다. 쇼노의 공포 그 자체에 전혀 근거가 없다고까지 말할 수는 없다. 거기까지는 말할 수 있을 것이다.

그렇다면 질문은 이렇게 될 것이다. 쇼노의 공포(fear)가 증오(hate)로 전환되지 않게 하기 위한 이론적 전망은 무엇인가. 설령 쇼노 자신의 정신적 빙하를 더 이상 설득할 수 없다고 해도 무수한 '쇼노적 공포'의 확대 재생산을 막을 수 있는 논리는 무엇인가. 우리는 계속 고민해야 한다.

—

여기서도 천천히, 조심스럽게, 이론적 발걸음을 내딛어 보자.

『트랜스젠더 이슈』에는, 2018년 카렌 화이트라는 트랜스 여성 수감자가 교도소 내에서 두 명의 여성 수감자를 성폭행한 사건이 소개되어 있다. 화이트는 성전환 전에 남성으로 살던 때에도 다른 두 명의 여성을 강간한 적이 있다. 또한 아동에 대한 성적 욕망이 있다고 고백하기도 했다고 한다. 페이는 판사로부터 '타자를 포식하는 자(프레데터)'라고 비난을 받은 이 인물에 대해 다음과 같이 말한다. 이 부분은 중요한 포인트라고 생각된다. 텍스트의 서술도 상당히 굴절된 표현으로 되어 있다. 그 미묘하고 섬세한 뉘앙스를 훼손하지 않기 위해 긴 문장을 그대로 인용한다.

(…) 카렌 화이트와 같은 인간에 대한 트랜스젠더들의 본능적인 반응 중에는, 한편에 '진짜' 트랜스를 두고, 다른 한편에 트랜스인 척하며 피해자에게 접근할 기회를 얻으려는 약탈자(프레데터)를 두어 양자를 구분하려는 것이 있다. 법과 권리를 추구하려는 목적을 위해 이런 구분을 하고 싶어지는 마음은 이해할 수 있다. 그러나 나는 그런 시도는 넓은 시야에서 보면 유지될 수 없는 것이라고 생각한다. 트랜스 정체성을 주장하면서 도의에 어긋나고 폭력적인 인물은 모두 '진짜' 트랜스젠더가 아니라고 말하는 것은 논리적으로 일관성이 없을뿐더러 위험하다. (…) 이것이 의미하는 바는, 비록 그 사람에게 범죄 전력이 있다 하더라도 여전히 그 사람에게는 의학적 성별 이행을 하거나, 이름을 바꾸거나, 문서상의 성별 표기를 바꾸거나, 자신이 원하는 인칭대명사를 사용할 수 있는 권위를 가질 수 있는 수단이 인정된다는 것이다. 당연히 이 문제는 감정을 뒤흔든다. 여성이나 아동에게 성폭력을 가하고, 피해자에게는 남성으로 여겨지던 인간이 나중에 성전환을 했다고 해서, 그 사람을 현재는 여성이라고

받아들이기를 거부하는 사람은 매우 많을 것이다. (…) 자신의 젠더를 사회적, 법적, 의학적으로 결정하는 트랜스들의 자율성을 존중하기 위한 일반적인 원칙이 좋은 행동의 대가로만 주어지는 사회는 있을 수 없다. 쉬운 해결책 따위는 존재하지 않는 것이다. (259-260쪽)

어떻게 생각하는가.

페이는 더 나아가, 게이 사우나에서 '페니스가 없고 버자이나를 달고 있다'는 이유로 트랜스 남성이 쫓겨난 사례를 소개하기도 한다. 혹은 시스 젠더 레즈비언 여성이 트랜스 여성(특히 페니스가 있는 여성)에게 성적 관심을 갖지 않거나, 일단 관심을 가졌던 상대가 트랜스 여성으로 밝혀지면 거기서부터 관심을 끊는 경우가 있다는 사실에 대해서도 언급한다. 그 뒤에 다음과 같은 성적 권리를 먼저 확인한다. "궁극적으로는 어떤 이유에서든 성적 경계선을 그을 권리는 모든 사람의 권리이며, 개개인의 이유에 따라 성적 압박을 받지 않을 권리가 누구에게나 있다"(301쪽).

그러나 설령 그렇다 하더라도 (혹은 그렇기 때문에) 그것이 특정 사람들을 한 장소(공간)에서 배제할 이유가 될 수 없다고 페이는 단호하게 말한다. 즉 그러한 '성적 압박을 받지 않을 권리'와 "예를 들어 레즈비언 데이트 사이트나 레즈비언 바에 트랜스 여성이 존재한다는 사실, 혹은 애초에 트랜스 여성 자체가 정의상 **침략적인 것**(스기타 강조)으로 해석되는 것 사이에는 결정적인 구분이 있어야 한다. 트랜스 레즈비언은 다른 어떤 레즈비언들과도 똑같은 권리를 가진다"(302쪽).

어떻게 생각하는가.

쇼노가 두려워한 것은 바로 이런 의미의 '프레데터'였던 것이다. 쇼노에게만 국한된 것은 아닐 것이다. 여성들(특히 성폭력 피해자인 여성들)은 다음과 같은 공포심을 가지고 있지 않을까. 즉, '남성'의 신체와 존재에 공포를 느끼는 입장, 혹은 래디컬 페미니즘적 입장(남녀 사이에는 강고한 가부장적 성차별 구조가 있고, 남성의 신체/성기는 그 존재 자체가 폭력이다)에서 보면, 시간과 장소에 따라 성의 존재 방식이 논바이너리하게 변한다는 것은 눈앞의 타자가 언제 '남자'로 변모할지 모른다는 것이고, '약탈자'로 생성 변화할지도 모른다는 것이고, 그렇다면 역시 결코 안심할 수도 신뢰할 수도 없다는 것이다.

이 세상에 그러한 공포(terror)는 사라지지 않고 계속 남아 있을 것이다. 그러나 섹슈얼리티의 연속성과 변용 가능성이라는 현실을 응시하는 한, 우리는 여기에서 질문을 반전시키는 것 외에는 방법이 없다.

트랜스적 타자가 프레데터일 '수도 있다'는 가능성. 그 가능성을 직시하면서, 그러나 결코 어떤 공간에서도 트랜스들의 존재를 배제하지 않는 것. 아무리 불편함을 느낀다고 해도 두려움을 느낀다고 해도, 그것을 혐오나 차별의 이유로 삼지 않는 것.

아니, 그것만이 아니다. 저 '위화감 연속체'라는 신체 이미지의 재정의 가능성에 대해서, 자신(들)의 내면에도, 내 속에도 언젠가 그런 프레데터가 탄생할 가능성이 있다는 사실을 결코 부정하지 않는 것. 헤테로섹시즘이나 가부장제가 해체되고 모든 사람이 진정으로 성적 자유를 얻게 되는 사회란 이러한 내면의 프레데터성과 함께 있는 사회일 것이다. 이것은 타자의 관념적 악마화, 괴물화와는 미묘하지만 결정적으로 다른 어떤 것일 것이다. 그렇게 말해야만 한다. 항상 내면의 이질감, 당혹감과 함께 있다는 것을. 수동성과 능동성 사이에서 트랜스할(/될) 수 있는 잠재적 가능성이 있다는 것을.

그러니까 여성으로 위장하는 트랜스젠더는 존재하지 않는다는 것이 아니고, 진짜와 가짜, 옳은 당사자와 그른 당사자를 어딘가에서 구분하는 것도 아니다. 래디컬 페미니즘을 살아가는 '여성'들의 임계점에 트랜스젠더의 존재가 있고, 따라서 필연적으로 '여성'들은 당황하고, 두려움을 느끼고, 육체적 저항감을 느낄 수밖에 없다. 비단 트랜스에 국한되지 않는다. 시스를 포함하여 내면의 프레데터가 존재하지 않는다고 단언하는 것은 결코 불가능하다. 그러한 사실을 받아들이면서(현실로서 있는 사실을 부정하지 않으면서), 그 두려움과 당혹감, 저항감을 배제나 혐오로 전락시키지 않기 위한 욕망 해방의 이론이 필요하고, 사회변혁을 위한 실천이 필요한 것이다.

그렇다면 이론적으로 질문은 다음과 같다.

장소와 시간, 그리고 관계에 따라 성의 존재 방식이 무한히 다원적으로 변화하고 변형될 수 있는 타자를 수용하고 신뢰하며 공존하는 것. 그러한 타자의 존재 양태 또한 동등하게 당연한 것임을 인식하는 것. 프레데터까지도 사랑하는 것. 그것이 요구되고 있는 것이다. 쇼노 요리코는 성자인이라는 개념이 자의적인 의지에 근거한다면, 위장이나 악의적 존재를 배제할 수 없고, 그것은 '여성'에게 매우 위험하다고 비판했다. 그러나 타자와 함께 사는(타자의 근원적인 트랜스성과 함께 사는) 윤리는 원칙적으로 그것이 본인의 의식과 의지에 의한 성자인일 수도 있고, 다양한 요인에 의해 자신의 뜻과 다르게 중층적으로 결정되는 정체성일 수도 있다, 그것이 어느 쪽인지 알 수 없다는 근원적인 성적 결정 불가능성도 받아들여야 한다는 당위성을 의미한다. 거기에 윤리가 있다. 그 사람은 자신의 성정체성을 잘못 인식할 수도 있고, 성적 동일성 형성에 실패할 수도 있고, 그것을 사후적으로 수정할 수도 있는 것이다. 타자성이란 프레데터적인 타자성이며, 그리고 그것은 이 내 안에도 있다.

그뿐만이 아니다. 이 부분은 절대적으로 인정해야만 한다. 타자란 근본적으로(이것 역시 더 이상 트랜스들에게만 국한되지 않는다는 점을 강조하고 싶다) 사칭하는 타자, 속이는 타자일 수도 있는 것이다. 성폭력이나 성범죄도 용서해야 한다는 의미는 아니다. 비합의적 성적 접촉은 용납될 수 없으며, 어느 누구도 타인으로부터 불합리하게 심신을 침범당해서는 안 된다. 그런 성적 권리와 자유는 누구나 가져야 한다. 그러나 바로 그 성적 권리와 자유를 위해서라도 자신의 성을 잘못 인식해 정정하는 타자, 위장하는 타자, 속이는 타자의 존재를 허용하고 환대해야 한다. 거기에 올바른 타자와 잘못된 타자 사이의 선 긋기는 근본적으로 불가능한 것이다.

'남성'으로서 지금 나의 섹슈얼리티 역시 장소와 시간, 관계에 따라 우연적으로, 무한히 다원적으로 다르게 변화할 수 있으며, 설령 지금까지 단 한 번도 변용 가능성이나 성적 위화감을 느껴본 적이 없더라도 그렇게 생각해야 한다. 그렇다면 나 자신 또한 오류를 범하는 자아, 정정하는 자아, 위장하는 자아, 속이는 자아가 될 수 있다는 두려움을 완전히 지우고 억압할 수는 없다. 그러한 잠재적으로 두려운 변형 가능성(내면의 프레데터)을 지우지 않고(몇 번이고 이 지점으로 돌아오지만), '남성'들은 잠정적인 '남성'의 특권적 위치를 자각하면서, 헤테로섹시즘적이고 가부장제적인 법, 제도, 구조의 변혁에 참여해야 한다.

쇼노 요리코가 우려하는 메케시(여성 말살)는 분명 편견에 기반한 사실 오인을 많이 포함하고 있다. 그러나 어떤 면에서는 옳은 측면도 포함하고 있다. 이론적으로 따지자면, 분명히 시스적 의미에 고정된 '여성'은 미래에 사라질 것이다. 하지만 그것은 종래적인 의미의 '남성'이 사라지는 순간이기도 하다. 바로 그것이야말로 쇼노가 바라는 오케시의 욕망, 남성 말살적 페미니즘의 진정한 급진적 욕망이 성취되는 축복의 순간이라고 할 수 있다.

　결코 여기서 얼버무려서는 안 된다. 본질적인 범주로서의 '여성'이나 '남성'의 고유성은 젠더 연속체, 성적 위화감 연속체 속에 용해되어 언젠가는 사라질 것이다. 만약 이 사회가 거기까지 갈 수 있다면, 성전환한 트랜스 여성이나 트랜스 남성이 시스적으로 고정된 '남성'이나 '여성'의 정체성에 집착하는 것을 비판할 명분은 없다는 것과 같은 의미에서, 시스인 사람들이 '남성'이나 '여성'의 정체성/주체성에 집착하는 것을 부정할 명분도 없는 것이다. 그렇게 말할 수 있다. 그러나 그 위에서 시스적인 '여성'들도 자신의 젠더/섹슈얼리티가 위화감 연속체로서의 스펙트럼 안에 있다는 것, 누구나 트랜스적이고 논바이너리적일 수 있다는 것을 자각해 나가는 것은 가능하며, 반대로 말하면 그 잠재적 가능성을 근절하고 부정하는 것은 원칙적으로 불가능한 것이다.

　고정/패스보다 변화/이행이 더 바람직하다, 그래야 한다는 의미가 아니다. 전혀 그런 뜻이 아니다. 그러나 그럼에도 불구하고, 시스젠더인 사람들도 트랜스적일 수 있고, 성적 변화와 이행의 가능성을 근원적으로는 부정할 수 없다. 그 잠재적 트랜스성을 말살하는 것만은 누구도 결코 할 수 없는 것이다.

　마지막으로 페이의 텍스트를 다시 한번 인용해 보자. '여성'이라는 개념은 "해방이 찾아온 미래에는 전혀 존재하지 않을지도 모른다." "이와 같은 것은 물론 '남성'에 대해서도 말할 수 있다." 그때 "우리 모두는 더 기쁜 삶으로 해방될 것"이다. 그리고 칼리피아의 말처럼 "만약 우리가 진정으로 자유를 추구한다면, 이 투쟁의 끝에서 여성은 더 이상 여성이 아니게 된다는 것을 이해해야 한다. 적어도 오늘날 우리가 그 말을 이해하는 의미에서 여성은 더 이상 여성이 아니게 될 것이다. 남성 역시 패러다임으로서 온전하게 남아 있지 않을 것이다. **그럼에도 불구하고 우리는 남성 이상은 아닐지라도 적어도 남성과 같은 만큼은 변**

해야만 한다"(180쪽).

원문 주석 ───

1   ショ ン・フェイ, 高井ゆと里訳, 『トランスジェンダー問題』, 2022年, 明石書店 (숀 페이 저, 강동혁 역, 『트랜스젠더 이슈: 정의를 위한 주장』, 돌베개, 2022).

2   다만 다음 사항을 확인해 둘 필요가 있다. 슈지 아키라는 같은 책에서 다음과 같이 논한다. 기존의 '남성학', '맨즈 리브', '약자 남성론' 등의 담론에서는 트랜스 남성을 포함한 소수자 남성에 대해서는 고려되지 않았다. 애초에 '우선 존재 자체가 인지되지 못하고' 있다(6쪽). 트랜스 남성은 여성에서 남성으로 성별 이행을 했기 때문에 여성이라는 속성에 기반하는 유형의 페미니즘 안에서는 설 자리가 없고, 그렇다고 기존의 남성학이나 약자 남성론에서는 시스 헤테로 남성의 문제만 다룰 뿐이다. 여기에 트랜스 남성의 딜레마가 있다. 그러한 전제 위에서 슈지는 다음과 같이 말한다. "그렇다면 젠더에 주목하면서, 페미니즘에서 벗어나 남성학이 해야 할 일은 무엇일까. 그것은 '남성 안에도 다양한 남성이 있다'는 사실을 보다 더 표면화시키는 것이다. 반대로 말하면 페미니즘 안에서는 '남성'이라는 하나의 속성 안에 다양성이 있다는 것을 간과해 왔다"(43쪽). 그리고 시스 헤테로 남성들의 남성학과는 (어떤 면에서는 겹치면서도) 다른 영역으로서 트랜스 남성에 의한 '트랜스젠더 남성학'을 제안하는 것이다.

부록 1.

『대항언론: 반혐오를 위한 교차로(対抗言論—反ヘイトのための交差路)』
제1~3호 목차

〈1호〉

혐오 시대에 맞서다(ヘイトの時代に対抗する)

스기타 슌스케(杉田俊介) · 사쿠라이 노부히데(櫻井信栄) 편

2019년 12월

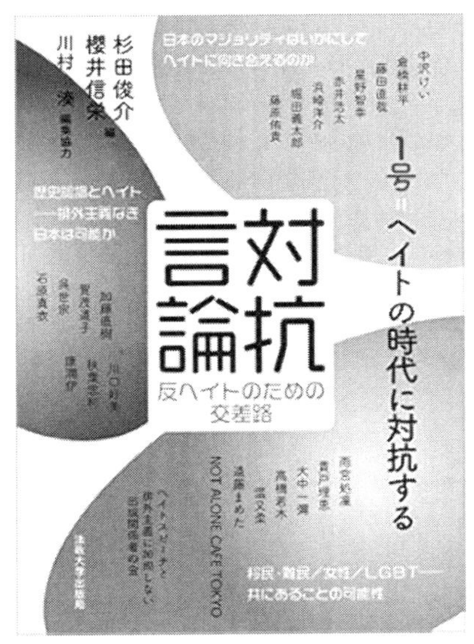

목차

◇ [좌담회] 일본의 혐오현상에 어떻게 맞설 것인가

    日本のヘイト社会にいかに対抗しうるのか

    나카자와 게이(中沢けい) · 가와무라 미나토(川村湊) · 스기타 슌스케(杉田俊介) · 사쿠라이 노부히데(櫻井信栄)

<table>
<tr><td>특집
①</td><td>**일본의 매저리티는 어떻게 혐오와 마주할 수 있는가**
日本のマジョリティはいかにしてヘイトに向き合えるのか</td></tr>
</table>

◇ '우리'의 해저드맵을 갱신하기: 누가 "누가 인터넷에서 배외주의자가 되는
가"라고 묻는가
〈われわれ〉のハザードマップを更新する―誰が「誰がネットで排外主義者になるの
か」と問うのか
구라하시 고헤이(倉橋耕平)

◇ 모든 표현은 프로파간다인가?: 범(汎)프로파간다적 인식의 세계 속에서
あらゆる表現はプロパガンダなのか？―汎プロパガンダ的認識の世界のなかで
후지타 나오야(藤田直哉)

◇ [소설] 2013년
二〇一三年
사쿠라이 노부히데(櫻井信栄)

◇ 분단 통치에 '가담하지 않기' 위해: 호시노 도모유키 씨 인터뷰
分断統治に「加担しない」ために―星野智幸氏インタビュー
호시노 도모유키(星野智幸)
인터뷰어 스기타 슌스케(杉田俊介)

◇ 피차별자의 자기 테러: 단 이에카게 『나라는 그릇』론
被差別者の自己テロル―檀廬影『僕という容れ物』論
아카이 고타(赤井浩太)

◇ '신자유주의 국가 일본'에 맞서: 테러·헤이트·포퓰리즘의 현재
「ネオリベ国家ニッポン」に抗して―テロ·ヘイト·ポピュリズムの現在
하마사키 요스케(浜崎洋介)

◇ 차별의 철학에 대해

差別の哲学について

홋타 요시타로(堀田義太郎)

◇ [기행문] 아시아의 오솔길: 방콕, 치앙마이, 하노이, 호찌민시

アジアの細道―バンコク, チェンマイ, ハノイ, ホーチミン市

후지와라 유키(藤原侑貴)

특집 ②　역사인식과 혐오 : 배외주의 없는 일본은 가능한가
歴史認識とヘイト―排外主義なき日本は可能か

◇ 비뚤어진 안경을 바꾸라: '혐한'의 역사적 기원을 생각하다

歪んだ眼鏡を取り換えろ―「嫌韓」の歴史的起源を考える

가토 나오키(加藤直樹)

◇ 전후사 속의 '강요된 헌법론': 그 안에서 보이는 민주주의의 위태로움

戦後史の中の「押しつけ憲法論」―そこに見られる民主主義の危うさ

가모 미치코(賀茂道子)

◇ 조선인의 시선에서 본 오키나와의 가해와 그 극복의 역사

朝鮮人から見える沖縄の加害とその克服の歴史

오세종(呉世宗)

◇ 우리의 증오란 무엇인가: '140자의 세계'가 낳은 카타스트로피와 침묵의 팬데믹

われわれの憎悪とは―「一四〇字の世界」によるカタストロフィと沈黙のパンデミック

이시하라 마이(石原真衣)

◇ 아이누에 관해, 인간에 관해, 아주 조금만

アイヌのこと, 人間のこと, ほんの少しだけ

가와구치 요시미(川口好美)

◇ 헤이트 스피치의 논리 구조: 진주만과 히로시마, 가해자와 피해자 사이에서
　　ヘイト·スピーチの論理構造―真珠湾とヒロシマ, 加害者と被害者のあいだで
　　아키바 다다토시(秋葉忠利)

◇ "그렇다면 네가 써라"라고 말하지 않기 위해
　　「だったらあんたが書いてくれ」と言わないために
　　강윤이(康潤伊)

특집 ③ 이민·난민 / 여성 / LGBT : 함께 있음의 가능성
移民·難民 / 女性 / ＬＧＢＴ―共にあることの可能性

◇ 불관용의 늪에서 벗어나기 위해: 아마미야 가린 씨 인터뷰
　　不寛容の泥沼から解放されるために―雨宮処凛氏インタビュー
　　아마미야 가린(雨宮処凛)
　　인터뷰어 스기타 슌스케(杉田俊介)

◇ 페미니즘과 '헤이트 남성'을 잇다: '살기 흔듦을 살아남기 위한 사상'을 향
　　하여
　　フェミニズムと「ヘイト男性」を結ぶ―「生きづらさを生き延びるための思想」に向けて
　　기도 리에(貴戸理恵)

◇ 노란 조끼 운동: 혹은 21세기의 다수파 민중과 정치
　　黄色いベスト運動―あるいは二一世紀における多数派の民衆と政治
　　오오나카 가즈야(大中一彌)

◇ 수용소 없는 사회와 이민·난민의 주체성
　　収容所なき社会と移民·難民の主体性
　　다카하시 와카기(高橋若木)

◇ 부드러운 '가시'와 '올바름'의 떨림
やわらかな「棘」と，「正しさ」の震え
온유주(温又柔)

◇ LGBT와 일본의 매저리티: 엔도 마메타 씨 인터뷰
ＬＧＢＴと日本のマジョリティ―遠藤まめた氏インタビュー
엔도 마메타(遠藤まめた)
인터뷰어 스기타 슌스케(杉田俊介)

◇ NOT ALONE CAFE TOKYO의 실천에서: 혐오가 아닌 안전한 공간을
NOT ALONE CAFE TOKYOの実践から―ヘイトでなく安全な場を
이쿠시마 유즈루(生島嗣)·우에다 유스케(植田祐介)·가타미 요(潟見陽)·루안(ルーアン)

◇ 반혐오를 사유하기 위한 북리스트 42
反ヘイトを考えるためのブックリスト42
본지 편집위원＆스태프·헤이트 스피치와 배외주의에 가담하지 않는 출판 관계자 모임
(本誌編集委員＆スタッフ·ヘイトスピーチと排外主義に加担しない出版関係者の会)

복합차별의 매듭을 풀다(複合差別を解きほぐす)

스기타 슌스케(杉田俊介)·사쿠라이 노부히데(櫻井信栄) 편

2021년 3월

목차

◇ 들어가며

はじめに

◇ [공동토의] 문학은 지금 무엇에 '대항'해야 하는가

共同討議 文学はいま何に「対抗」すべきか

온유주(温又柔)·기무라 유스케(木村友祐)·스기타 슌스케(杉田俊介)·사쿠라이 노부
히데(櫻井信栄)

<table>
<tr><td>특집
①</td><td>**차별의 역사를 파헤치다**
差別の歴史を掘り下げる</td></tr>
</table>

◇ [인터뷰] 에도 사상사와 아시아의 근대: 일본인과 차별의 역사
江戸思想史とアジアの近代―日本人と差別の歴史　子安宣邦氏インタビュー
고야스 노부쿠니(子安宣邦)
인터뷰어 스기타 슌스케(杉田俊介)

◇ 제국의 타임라인: '히로시마 타임라인'과 포스트콜로니얼 멜랑콜리아
帝国のタイムライン―「ひろしまタイムライン」とポストコロニアル・メランコリア
케인 주리안(ケイン樹里安)

◇ 차별에 대한 물음
差別への問い
가와구치 요시미(川口好美)

◇ 앵두 가족
桜桃の家族
가와무라 미나토(川村湊)

◇ [좌담회] 재일코리안 문학 15권을 읽다
座談会　在日コリアン文学15冊を読む
강윤이(康潤伊)・사쿠라이 노부히데(櫻井信栄)・스기타 슌스케(杉田俊介)

◇ 아프로페시미즘과 '재일'의 사상을 읽다
アフロペシミズムと〈在日〉の思想を読む
다카하시 와카기(高橋若木)

◇ 해리엇과 아이다: 차별과 싸운 노예의 딸들
ハリエットとアイダ―差別と闘った奴隷の娘たち
시노모리 유리코(篠森ゆりこ)

◇ [소설] 일본인 무서워
日本人こわい

사쿠라이 노부히데(櫻井信栄)

 특집 ② 성과 장애와 민주주의
性と障害と民主主義

◇ [인터뷰] 중심을 만들지 않는 사회운동?: 디자인, 페미니즘, 복합차별
中心をつくらない社会運動?─デザイン，フェミニズム，複合差別

미야코시 사토코(宮越里子)

인터뷰어 스기타 슌스케(杉田俊介)

◇ 나와 정치: 목소리는 어디에서 들려오는가
わたしと政治─声はどこから聞こえてくるのか

오카노 야요(岡野八代)

◇ 가족과 전문직에게 '죽이게 하는' 사회에 맞서다: '큰 그림'을 바라보면서 '작
은 이야기'에 귀 기울이다
家族や専門職に「殺させる」社会に抗う─「大きな絵」を見据えながら「小さな物語」に耳
を澄ませる

고다마 마미(児玉真美)

◇ 보이지 않는 백래시: 장애가 있는 이들을 둘러싼 2010년대의 제 양상
見えないバックラッシュ─障害のある人たちをめぐるテン年代の諸相

쓰쓰미 다쿠야(堤拓哉)

◇ 당혹감을 안고서: 맨즈 리브 운동의 역사와 재해석을 둘러싸고
とまどいを抱える─メンズリブ運動の歴史と再解釈をめぐって

오자키 슌야(尾﨑俊也) · 니시이 가이(西井開)

◇ 내가 누군가의 목소리를 들을 수 있을까
僕が誰かの声を聴くことはできるか
마쿠네가오(まくねがお)

◇ '연애'라는 이름의 주박
〈恋愛〉という物語の呪縛
구라카즈 시게루(倉数茂)

◇ 의식적으로 울기
意識的に泣く
시라이와 겐(白岩玄)

특집 ③ **2020년대 세계 인식을 위해서**
二〇二〇年代の世界認識のために

◇ 제로년대~2010년대의 비평 / 운동을 둘러싸고: 차별 · 계급 · 위령과 민주주의의 현재
ゼロ年代~二〇一〇年代の批評/運動をめぐって—差別·階級·慰霊と民主主義の現在
다카하시 와카기(高橋若木) · 스기타 슌스케(杉田俊介)

◇ 탈출구를 열다: '인간 이후'의 미래로
脱出口を開く—「人間以後」の未来へ
시노하라 마사타케(篠原雅武)

◇ 민주주의의 자기수복적 성질에 관하여: 축제 민주주의와 어학학교 민주주의
民主主義の自己修復的性質について—お祭りデモクラシーと語学学校デモクラシー
야마모토 게이(山本圭)

◇ 시간에 대한 관여와 현대 일본에서 멤버십의 경계
時間への関与と現代日本におけるメンバーシップの境界
다카야 사치(髙谷幸)

◇ 코로나 재난 속에서 드러난 행정에 의한 '주소 불명자' 차별

コロナ禍で顕在化した行政による「住所不定者」差別

이나바 쓰요시(稲葉剛)

◇ [소설] 비자런 만가

ビザラン挽歌

후지와라 유키(藤原侑貴)

〈3호〉

차별과 폭력의 비평(差別と暴力の批評)

스기타 슌스케(杉田俊介) · 사쿠라이 노부히데(櫻井信栄) ·
가와구치 요시미(川口好美) · 후지와라 유키(藤原侑貴) 편

2023년 1월

목차

◇ [시 연작] 당신이 태어나는 것은 바로 내일이었던가?

キミが産れるのはつい明日だったか？

오쿠마 노노(奧間埜乃) · 가와구치 요시미(川口好美) · 스기타 슌스케(杉田俊介) · 다나
카 사토미(田中さとみ)

<table>
<tr><td>특집
①</td><td>문학 / 비평으로 무엇을 할 수 있을까?
文学 / 批評に何ができるか？</td></tr>
</table>

◇ [공부 모임] 가와무라 미나토의 비평지도를 그리다: 『가교로서의 문학』 간행
에 즈음하여
川村湊の批評地図を描く―『架橋としての文学』刊行を機に
강윤이(康潤伊) · 사쿠라이 노부히데(櫻井信栄) · 스기타 슌스케(杉田俊介)

◇ [인터뷰] 동아시아와 문학의 미래를 위하여: 가와무라 미나토 씨에게 묻다
東アジアと文学の未来のために―川村湊氏に聞く
가와무라 미나토(川村湊)
인터뷰어 강윤이(康潤伊) · 사쿠라이 노부히데(櫻井信栄)

◇ 무력한 목격자: 유미리 『8월의 끝』에 나타나는 '한'
無力な目撃者―柳美里『8月の果て』における〈恨〉
강윤이(康潤伊)

◇ 차별에 대한 물음 (2) 나카노 시게하루어 관하여
差別への問い（二）中野重治について
가와구치 요시미(川口好美)

◇ [공부 모임] 야마시로 무쓰미를 읽다: 문예비평의 혁명적 잠재력의 향방
山城むつみを読む―文芸批評の革命的潜勢力のゆくえ
가와구치 요시미(川口好美) · 오쿠마 노노(奥間埜乃) · 스기타 슌스케(杉田俊介)

◇ [소설] 파트너가 되다
相方になる
사쿠라이 노부히데(櫻井信栄)

폭력 · 종교 · 혁명을 둘러싸고
暴力·宗教·革命をめぐって

◇ 분출하는 폭력 2019~2022
噴出する暴力 2019~2022

◇ 감염 · 폭력 · 총기: 아베 전 총리 암살 사건에 관한 노트
感染·暴力·銃—安倍元首相暗殺事件についてのノート
다카하라 이타루(高原 到)

◇ 살기 시작하기 위해: 이웃, 신앙, 영화 사이에서
生き始めるために—隣人，信仰，映画のあいだで
기무라 분요(木村文洋)

◇ 복종하지 않는 피차별민:『모노노케 히메』는 신 죽이기를 어떻게 그렸는가
まつろわぬ被差別民—『もののけ姫』は神殺しをいかに描いたか
도미타 료스케(冨田涼介)

◇ 야마가미 데쓰야의 혁명…… 그러나……
山上徹也の革命……だが……
스기타 슌스케(杉田俊介)

◇ [에세이] 다케나카 로와 오키나와의 두 명의 노래하는 사람
竹中労と沖縄のふたりの唄者
기무라 구미(木村紅美)

남성 지배의 중력에 맞서다
男性支配の重力に抗う

◇ [인터뷰] 말을 되찾기 위해: 가해와 피해, 하라스먼트 재판, 그리고 연대를
둘러싸고
言葉を取り戻すために—加害と被害，ハラスメント裁判，そして連帯をめぐって
후카자와 레나(深沢レナ) · 안자이 아야노(安西彩乃) · 세키 유카(関優花)
인터뷰어 가와구치 요시미(川口好美)

◇ 와타나베 나오미의 '제자'로서 체험을 기록하다
渡部直己の「弟子」としての体験を書き記す
인 후미오(韻踏み夫)

◇ 일원적 차별 비판에 대한 체념, 혹은 비평의 발칙함에 대하여
一元的差別批判への諦め, あるいは批評のはしたなさについて
야노 도시히로(矢野利裕)

◇ 와타나베 나오미 『시키적 병상 비평 서설』 서평
渡部直己『子規的病牀批評序説』書評
스기타 슌스케(杉田俊介)

◇ [좌담회] 젠더 / 남성성 / 문화를 둘러싸고: 『새로운 목소리를 듣는 우리들』과
새로운 비평의 가능성
ジェンダー / 男性性 / 文化をめぐって——『新しい声を聞くぼくたち』と新たな批評の可能性
고노 신타로(河野真太郎) · 한 쇼지 교코(ハーン小路恭子) · 스기타 슌스케(杉田俊介)

◇ [소설] 축제 뒤에
祭りの後
후자와라 유키(藤原侑貴)

페미니즘과 사회비평의 현재
フェミニズムと社会批評のいま

◇ 트랜스젠더, 페미니즘, 맨즈 리브: 쇼노 요리코 『발금소설집』에 부쳐
トランスジェンダー / フェミニズム / メンズリブ——笙野頼子『発禁小説集』に寄せて
스기타 슌스케(杉田俊介)

◇ 그것은 페미니즘 탓이 아니다: 백래시에 맞서는 한국 사회

それはフェミニズムのせいではない―バックラッシュに抗う韓国社会

조경희(趙慶喜)

◇ 매저리티를 위하여

マジョリティーのために

니시무라 사치(西村紗知)

◇ 스테레오타입과 신문 광고: 제3회 닛케이 우먼 임파워먼트 광고상의 하루라도 조속한 개최를 요구하며

ステレオタイプと新聞広告―第三回日経ウーマンエンパワーメント広告賞の一日も早い開催を求む

쓰루바 노부히로(蔓葉信博)

◇ [소설] 『유사 이야기』 (발췌)

『エセ物語』(抄)

무로이 미쓰히로(室井光広)

해설 가와구치 요시미(川口好美)

반혐오를 사유하기 위한
북리스트 42
(『대항언론』 제1호 수록)

본지 편집위원 & 스태프

헤이트 스피치와 배외주의에 가담하지 않는 출판 관계자 모임(BLAR)

○ 민족 차별과 헤이트 스피치

- 모로오카 야스코(師岡泰子), 『헤이트 스피치란 무엇인가(ヘイト・スピーチとは何か)』, 2013

- 히구치 나오토(樋口直人), 『일본형 배외주의(日本型排外主義)』, 2014

- 다카 후미아키(高史明), 『레이시즘을 해부하다(レイシズムを解剖する)』, 2015

- 량영성(梁英聖), 『일본형 헤이트 스피치란 무엇인가(日本型ヘイトスピーチとは何か)』, 2016

- 구라하시 고헤이(倉橋耕平), 『역사수정주의와 서브컬처(歴史修正主義とサブカルチャー)』, 2018

- 히구치 나오토(樋口直人) 외, 『넷 우익이란 무엇인가(ネット右翼とは何か)』, 2019

- 야스다 고이치(安田浩一), 『애국이라는 이름의 망국(愛国という名の亡国)』, 2019

- 가토 나오키(加藤直樹), 『9월, 도쿄의 거리에서(九月, 東京の路上で)』, 2014

- 법학 세미나 편집부(法学セミナー編集部) 편, 『헤이트 스피치란 무엇인가(ヘイトスピーチとは何か)』, 2019

- 나가에 아키라(永江朗), 『나는 서점이 좋았습니다(私は本屋が好きでした)』, 2019

○ 여성 · LGBT · 남성

- 다나카 미쓰(田中美津), 『생명의 여자들에게(いのちの女たちへ)』, 2016

- 우에노 지즈코(上野千鶴子), 『여성혐오(女ぎらい)』, 2018

- 엔도 마메타(遠藤まめた), 『교사와 부모를 위한 LGBT 가이드(先生と親のためのＬＧＢＴガイド)』, 2016
- 모리야마 노리타카(森山至貴), 『LGBT를 읽다(ＬＧＢＴを読みとく)』, 2017
- 모리오카 마사히로(森岡正博), 『결정판 못 느끼는 남자(決定版 感じない男)』, 2013
- 스기타 슌스케(杉田俊介), 『비모테의 품격(非モテの品格)』, 2016

○ 장애인 차별과 우생사상

- 요코즈카 고이치(横塚晃一), 『죽이지 마라! 어머니여(殺すな！母よ)』, 2007
- 아라이 유키(荒井裕樹), 『차별받고 있다는 자각은 있는가(差別されてる自覚はあるか)』, 2017
- 구마가야 신이치로(熊谷晋一郎) · 아야야 사쓰키(綾屋紗月), 『연결의 작법(つながりの作法)』, 2010
- 고다마 마미(児玉真美), 『죽이는 부모, 죽이도록 내몰린 부모(殺す親 殺させられる親)』, 2019
- 다케다 다이준(武田泰淳), 『후지(富士)』, 2018
- 아마미야 가린(雨宮処凛), 『이 나라의 불관용의 끝에서(この国の不寛容の果てに)』, 2019

○ 재일 · 이주민 · 난민

- 모치즈키 히로키(望月優大), 『두 개의 일본(ふたつの日本)』, 2019
- 다카야 사치(髙谷幸) 편저, 『이민 정책이란 무엇인가(移民政策とは何か)』, 2019
- 김시종(金時鐘) · 김석범(金石範), 『(증보) 왜 계속 써왔는가, 왜 침묵해왔는가((増補) なぜ書きつづけてきたか なぜ沈黙してきたか)』, 2015
- 김학영(金鶴泳), 『얼어붙은 입: 김학영 작품집(凍える口―金鶴泳作品集)』, 2004
- 강윤이(康潤伊) · 스즈키 히로코(鈴木宏子) · 단노 기요토(丹野清人) 편저, 『나도 시대의 일부입니다(わたしもじだいのいちぶです)』, 2019
- 나디(ナディ), 『고향이라고 불러도 될까요(ふるさとって呼んでもいいですか)』, 2019

○ 차별 없는 사회를 위하여

- 마루야마 마사오(丸山眞男), 『초국가주의의 논리와 심리 외 8편(超国家主義の論理と心理 他八篇)』, 2015

- 하시카와 분조(橋川文三), 『일본 낭만파 비판 서설(日本浪曼派批判序説)』, 1998

- 한나 아렌트, 『전체주의의 기원』, 2006

- 미즈시마 지로(水島治郎), 『포퓰리즘이란 무엇인가(ポピュリズムとは何か)』, 2016

- D. J. 굿맨(Diane J. Goodman), 『진정한 다양성을 향하여(真のダイバーシティをめざして)』, 2017

- 앨리 러셀 혹실드(Arlie Russell Hochschild), 『벽 너머의 주민들(壁の向こうの住人たち)』, 2018

- F. 베라르디(Franco Berardi), 『대량살인의 '다크 히어로'(大量殺人の"ダークヒーロー")』, 2017

○ 일본 근·현대사를 재가동하기 위하여

- 오구마 에이지(小熊英二), 『〈일본인〉의 경계(〈日本人〉の境界)』, 1998

- 오타 마사히데(大田昌秀), 『추악한 일본인(醜い日本人)』, 2000

- 나카자와 게이지(中沢啓治), 『맨발의 겐(はだしのゲン)』, 1975-87

- 사이토 나오코(齋藤直子), 『결혼차별의 사회학(結婚差別の社会学)』, 2017

- 노다 사토루(野田サトル), 『골든 카무이(ゴールデンカムイ)』, 2015~

- 이쿠타 다케시(生田武志), 『생명에 대한 예의(いのちへの礼儀)』, 2019

- 가와무라 미나토(川村湊), 『가와무라 미나토 자선집 4: 아시아·식민지 문학 편(川村湊自撰集4―アジア·植民地文学編)』, 2015

○ 민족 차별과 헤이트 스피치

『헤이트 스피치란 무엇인가』
ヘイト・スピーチとは何か

모로오카 야스코(師岡泰子) / 岩波新書 / 2013
한국어판 : 『증오하는 입: 혐오발언이란 무엇인가』 / 조승미·이혜진 역 / 오월의봄 / 2015

　마이너리티 피해자를 자살에 이르게 할 만큼 고통을 안기는 헤이트 스피치, 곧 '차별 선동'을 어떻게 멈출 것인가. 세계 각지의 다양한 대응을 함께 살피면서도, 논의를 법 규제인가 '표현의 자유'인가 라는 이분법에 가두지 않는다. 지금 일본 사회가 구체적으로 검토해야 할 것은, 어떤 차별 철폐의 법제도가 필요한가라는 문제임을 분명히 보여준다. 헤이트와의 투쟁 최전선에 서 온 변호사가 써 내려간 혼신의 한 권.

『일본형 배외주의 재특회·외국인 참정권·동아시아 지정학』
日本型排外主義在特会・外国人参政権・東アジア地政学

히구치 나오토(樋口直人) / 名古屋大学出版会 / 2014
한국어판 : 『폭주하는 일본의 극우주의: 재특회, 왜 재일코리안을 배척하는가』 / 김영숙 역 / 미래를 소유한사람들 / 2015

　이미 오랫동안 일본에 거주해 온 재일코리안과 중국인을 지속적으로 표적 삼아 왔다는 점, 여기에 서구와는 다른 '일본형 배외주의'의 특징이 있다. 그 배경에는 동아시아의 지정학적 구조가 놓여 있다. 외국인 차별과 배외주의는 그때그때의 외교·정치에 의해 좌우되기 쉽다. 이를 넘어서는 길은 근대 일본사 자체에 내재한 식민주의, 혹은 전후 보상 문제와 정면으로 마주하는 데 있다.

『레이시즘을 해부하다: 재일코리안에 대한 편견과 인터넷』
レイシズムを解剖する—在日コリアンへの偏見とインターネット

다카 후미아키(高史明) / 勁草書房 / 2015

　저자는 30대의 심리학자. 이 책은 트위터상의 방대한 게시물과 대학생 대상 설문조사를 계량적으로 분석하여, 재일코리안에 대한 레이시즘의 구조와 특징을 사회심리학적으로 규명한다. 레이시즘을 강화하는 요인뿐 아니라 완화하는 요인도 함께 분석하고 있어, 교육 등 대응 방안에 대해서도 시사점이 풍부하다.

『일본형 헤이트 스피치란 무엇인가: 사회를 파괴하는 레이시즘의 등장』

日本型ヘイトスピーチとは何か―社会を破壊するレイシズムの登場

량영성(梁英聖) / 影書房 / 2016
한국어판:『혐오표현은 왜 재일조선인을 겨냥하는가』/ 김선미 역 / 산처럼 / 2018

혐오 범죄와 헤이트 스피치의 범람은 '평범한' 사람들이 추악한 차별을 기꺼이 받아들이는 현실을 적나라하게 드러낸다. 왜 일본은 "누구나 안심하고 차별할 수 있는 사회"가 되어버렸는가. 눈을 돌리고 싶은 이 질문에 정면으로 맞서, 반(反)레이시즘 규범을 확립하려는 이론적·실천적 '전투의 책'.

『역사수정주의와 서브컬처: 1990년대 보수 담론의 미디어 문화』

歴史修正主義とサブカルチャー―90年代保守言説のメディア文化

구라하시 고헤이(倉橋耕平) / 青弓社 / 2018

1990년대에 확산된 역사수정주의와 그것에 형체를 부여한 미디어 문화를 검토함으로써, 오늘날의 참담한 풍경을 가능케 한 '원화(原画)'와 역사수정주의자들의 '지(知)'를 비춰낸다. 그 '지'를 구성한 아마추어리즘, 참여형 문화, 정치 담론의 상업화 등은 미디어 문화의 성격 그 자체였다. 혐오와 미디어의 관계를 사유하는 데 중요한 한 권이다.

『넷 우익이란 무엇인가』

ネット右翼とは何か

히구치 나오토(樋口直人) 외 / 青弓社 / 2019

일본의 인터넷 공간에는 배외주의적 성향을 지닌 사람들이 다양한 속성과 함께 폭넓게 존재한다는 실태를 대규모 조사에 기반해 논한다. 2014년 총선에서 소셜 미디어상에 형성된 '잠재적 공론장'이 아베 총리의 내셔널리스트적 아젠다를 지지하는 역할을 수행했음을 밝히는 5장 「넷 우익과 정치」(파비안 셰퍼 외)가 특히 주목된다.

『애국이라는 이름의 망국』

愛国という名の亡国

야스다 고이치(安田浩一) / 河出新書 / 2019

헤이트 스피치 비판의 선구자로 알려진 저자가 2019년 일본 사회의 저변을 흐르는 불길한 세태—차별을 부정하지 않은 채 약자·소수자에게 '분수에 맞는' 삶을 강요하는 분위기—를 그려내고, 그 원류를 전후 이면에 있는 정치사에서 찾는 날카로운 사회비평서다. '애국'의 이름으로 말해지며 '망국'으로 나아가는 차별 의존과 결별하라고 우리에게 정면으로 요구한다.『일본 '우익'의 현대사: '극우의 공기'가 가득한 일본을 파헤치다(「右翼」の戦後史)』(講談社現代新書)도 필독.

『구월, 도쿄의 거리에서: 1923년 간토대지진 제노사이드의 잔향』

九月，東京の路上で—1923年関東大震災ジェノサイドの残響

가토 나오키(加藤直樹) / ころから / 2014
한국어판 :『구월, 도쿄의 거리에서: 1923년 간토대지진 대량학살의 잔향』/ 서울리다리티 역 / 갈무리 / 2015

도쿄는 제노사이드가 벌어진 도시다. 2013년 신오쿠보에 울려 퍼진 헤이트 스피치가 90년 전의 도쿄와 공명하고 있음을 깨달은 저자는, 학살이 일어난 각지를 찾아 증언과 기록을 모으기 시작한다. 당시를 살았던 문학자들의 말도 다수 인용된다. 이 책이 드러내는 것은 '비인간화'와 '공감'이 팽팽히 맞서는 그 현장이다.

『헤이트 스피치란 무엇인가: 민족 차별 피해의 구제』

ヘイトスピーチとは何か—民族差別被害の救済

법학 세미나 편집부(法学セミナー編集部) 편 / 日本評論社 / 2019

대표적 리딩 케이스인 교토 조선학교(京都朝鮮学校) 습격 사건, 도쿠시마현(徳島県) 교직원조합 습격 사건을 중심으로, 재판 과정에서 드러난 민족 차별 피해의 실태와 그 배경에 있는 일본 사회의 구조를 통해 헤이트 스피치의 실제 피해를 철저히 부각시킨다. 헌법·형법 등 법적 대응의 가능성과 조례를 통한 대응을 탐색한 자매편『헤이트 스피치에 맞서다(ヘイトスピーチに立ち向かう)』도 필독.

『나는 서점이 좋았습니다: 넘쳐나는 혐오 서적, 만들고 팔기까지의 뒷무대』

私は本屋が好きでした—あふれるヘイト本、つくって売るまでの舞台裏

나가에 아키라(永江朗) / 太郎次郎社エディタス / 2019

우울한 책이다. 저자 자신도 "진저리가 난다", "불쾌하다"고 말하면서도, 혐오 서적이 만들어지고 유통되는 과정을 집요하게 취재한다. 그것은 책과 서점에 대한 애정 때문이지만, 그 애정을 '좋았습니다'라는 과거형으로 말할 수밖에 없는 현실이 있다. 출판인에게는 피부에 와 닿는 고뇌지만, 차별로 위협받는 이들에게는 어떻게 비칠까. "출판계는 아이히만 투성이"라고 자조하는 것으로 끝낼 수는 없다.

○ 여성 · LGBT · 남성

『생명의 여자들에게: 흐트러짐의 우먼 리브론』

いのちの女たちへ—とり乱しウーマン・リブ論

다나카 미쓰(田中美津) / パンドラ / 2016
한국어판:『생명의 여자들에게: 엉망인 여성해방론』/ 조승미 역 / 두번째테제 / 2019

한때 우먼 리브는 내면의 '무가치한 여자'라는 저주와 마주했다. 그 고통 속에서 여성으로서의 자유를 살고자 했다. 그러나 동시에 40여 년 전의 고발을 다시 떠올려야 한다. "맨 리브란 무엇을 원점으로 삼아 자기 자신을 밝혀가는가." '남자'의 고통을 응시하면서 욕망과 사회를 동시에 변혁해 나가는 것. '남자들' 또한 누구나 있는 그대로의 자신을 사랑할 수 있는 세계를 꿈꿀 수 있을까.

『여성혐오: 일본의 미소지니』

女ぎらい—ニッポンのミソジニー

우에노 지즈코(上野千鶴子) / 朝日文庫 / 2018
한국어판:『여성 혐오를 혐오한다』/ 나일등 역 / 은행나무 / 2022

미소지니. '여성혐오'로 옮길 수 있다. 여자 좋아하는 남자도 있으니 '여성 멸시'라고 번역하면 이 감각이 더 이해되리라 생각할 수도 있다. 그러나 미소지니는 훨씬 복잡한 말이다. 여성 자신 안에도 이 감각이 존재하고, 그것은 곧 '자기혐오'로 이어지기 때문이다. 누구도 성으로부터 도망칠 수 없고, 파고들수록 더 어려워진다. 그래서 더더욱 식견을 넓히고 싶어진다.

『교사와 부모를 위한 LGBT 가이드: 만약 당신에게 커밍아웃한다면』

先生と親のためのＬＧＢＴガイド―もしあなたがカミングアウトされたなら

엔도 마메타(遠藤まめた) / 合同出版 / 2016

저자는 학교·행정기관에서 연수를 진행하고, 전화 상담으로 고민에 응답하는 등 LGBT 아이들의 목소리에 귀 기울이며 그 실태를 사회에 알려온 활동을 10여 년 이어왔다. 자신도 한때 '외톨이인 작은 생물'이었던 사람으로서. 모든 사람이 내면의 '외톨이인 작은' 목소리에 귀 기울인다는 것은 무엇인가. 그러한 질문을 던지게 한다.

『LGBT를 읽다: 퀴어 스터디즈 입문』

ＬＧＢＴを読みとく―クィア・スタディーズ入門

모리야마 노리타카(森山至貴) / ちくま新書 / 2017

다문화 공생이나 다원주의가 일정 정도 성숙할수록, 오히려 구조적 비대칭과 차별은 더 보이지 않게 된다. 마이너리티 내부에도 격차와 차별은 분명히 존재해 왔고 지금도 그렇다. 동정이나 선의만으로는 위험하다. 무엇이 편견이고 차별인지 '잘 모르겠다'는 섬세한 자각을 기본값으로 삼아야 한다. 이 세계의 복잡하고 귀찮은 면모를 즐기자. 스스로가 변화되어 가는 기쁨을 맛보자.

『결정판 못 느끼는 남자』

決定版 感じない男

모리오카 마사히로(森岡正博) / ちくま文庫 / 2013
한국어판 : 『남자는 원래 그래』 / 김효진 역 / 리좀 / 2005

'남자'(매저리티 이성애 남성)들 내부에도, 뿌리 깊은 자기혐오로서의 남성혐오—미산드리—가 존재한다면. 그 때문에 신체적 무감각에 빠져 있다면. 그러한 자기혐오의 측면에서 남성의 성애와 몸을 다시 묻는 일은, 여성차별과 성적 소수자에 대한 혐오 문제를 사유하는 데 중요한 실마리를 제공할 것이다.

『비모테의 품격: 남자에게 '약함'이란 무엇인가』

非モテの品格―男にとって「弱さ」とは何か

스기타 슌스케(杉田俊介) / 集英社新書 / 2016

시스 헤테로 남성 = 매저리티 남성을 위한 한 권. 논지가 한 줄기로 곧게 뻗어 있지는 않지만, 바로 그 망설임이 다양성과 포괄성을 드러낸다. 우물쭈물, 훌쩍훌쩍―그것이 이 책의 요체다. 부제의 '약함'이라는 말에 주목하자. 저자는 르상티망을 부정하지 않고, 스스로에게 내리치듯 때로는 감싸안듯 말한다. '변혁'을 위해서야말로 지금 '약함'을 직시하고자 한다.

○ 장애인 차별과 우생사상

『죽이지 마라! 어머니여』

殺すな！母よ

요코즈카 고이치(横塚晃一) / 生活書院 / 2007

편견이나 차별 이전에 있는 폭력이란 무엇인가. 요코즈카는 늘 그것을 물었다. 와병 상태의 중증장애인이 조력자에게 똥을 '치우게 하는' 일도 '중노동'이며 '하나의 사회참가' 라는 말……. 능력주의가 근원적 폭력이라면. 1970년대 장애인 해방운동에는 그런 밑도 끝도 없는 의심이 있었고, 그것을 넘어서는 전례 없는 '사회구조'의 꿈과 징후가 있었다.

『차별받고 있다는 자각은 있는가: 요코타 히로시와 푸른잔디회의 '행동강령'』

差別されてる自覚はあるか―横田弘と青い芝の会「行動綱領」

아라이 유키(荒井裕樹) / 現代書館 / 2017

'푸른잔디회'의 요코타 히로시를 찾아 다녔던 저자가 '숙제'로서 고심한 끝에 완성한 책. 중요한 것은 사회운동과 예술창조가 언제나 복안적으로 응시된다는 점이다. 장애인 · 병자는 수동적 존재가 아니라 창조적 주체이기도 하다. 우생사상을 비판하는 것은 쉽다. 그러나 자신을 포함한 '정상인(健全者) 문명'을 되묻는 일은 여전히 무한히 어려운 과제다.

『연결의 작법: 같지도 않고 다르지도 않고』

つながりの作法—同じでもなく違うでもなく

구마가야 신이치로(熊谷晋一郎) · 아야야 사쓰키(綾屋紗月) / 生活人新書 / 2010

자폐 스펙트럼 당사자 × 뇌성마비 당사자의 협업. 최근 신체장애, 발달장애, 중독 등 다양한 당사자 운동이 교차하며 풍부한 화학 변화를 만들어내고 있다. 정상/비정상, 정상/장애 같은 대립을 강조하면 개인의 차이가 지워지고, 개성을 과도하게 강조하면 연대와 공감이 사라진다는 딜레마. 그 너머의 '연결의 작법'으로서 이 책은 당사자 연구라는 방법에 주목한다.

『죽이는 부모, 죽이도록 내몰린 부모』

殺す親　殺させられる親

고다마 마미(児玉真美) / 生活書院 / 2019

장애 당사자도 지원자도 아닌 가족 돌봄 제공자들의 존재는 무시되어 왔다. 중증 장애가 있는 딸의 부모로서 저자는 최근 의료 현장과 생명윤리의 최전선으로 깊숙이 파고든다. 부모가 자식을 죽이는 사회란 '가족에게 죽이게 만드는 사회'다. 그러나 우리에게는 '어머니로서', '내 아이를 위해' 말할 언어는 있어도, '어머니이기도 한 나'의 '약함 · 추함'과 '모순'을 있는 그대로 말할 언어는 없는 것 아닌가. 실로 압도적인 책이다.

『후지』

富士

다케다 다이준(武田泰淳) / 中公文庫 / 2018

전시기 정신병원을 무대로 하는, 축제적 전체소설. 애초에 광기란 무엇인가. 마이너

리티들의 사회적 투쟁의 최전선에는, 당사자들끼리조차 나눌 수 없는 침묵과 '인내'가 있다. 다이준은 그 너머에서, 종교적이면서도 혁명적인 '평등'의 섬뜩한 형상—지옥과 극락이 동등해져 버리는 듯한—을 끝까지 그려낸다. 아이누의 투쟁을 다룬『숲과 호수의 축제(森と湖のまつり)』도 필독서이다. 오늘날에 있어서야말로 그렇다.

『이 나라의 불관용의 끝에서: 사가미하라 사건과 우리 시대』

この国の不寛容の果てに―相模原事件と私たちの持代

아마미야 가린(雨宮処凛) 편저 / 大月書店 / 2019

사가미하라 장애인 시설 살상 사건과 그 배경을 두고, 편저자 아마미야 가린과 여섯 명의 필자가 다양한 입장에서 이야기를 나누는 대담집. 흔히 대담집에서 볼 수 있는 산만함이 없고, 누구나 아마미야의 절묘한 진행 아래 문제의 핵심을 성실하게 파고든다. '생산성'으로 생명의 무게를 재는 가치관을 낳은 이 나라의 울분은 무엇인가. 복잡하고 거대한 문제를 향한 입문서로 최적이다.

○ 재일 · 이민 · 난민

『두 개의 일본: '이민국가'의 명분과 현실』

ふたつの日本―「移民国家」の建前と現実

모치즈키 히로키(望月優大) / 講談社現代新書 / 2019

일본에서 살아가는 외국인 = 이민이 계속 늘고 있다는 '현실'. 그러나 정부는 이를 인정하지 않은 채, 사이드도어로 외국인 노동자를 끊임없이 불러들이고 있다. 그렇다면 우리는 어떻게 해야 할까. 그렇다. 이제 이것은 '그들'의 문제가 아니라 '우리'의 문제로 받아들여야 한다. 이민의 생생한 목소리를 듣기 위해, 저자가 편집장을 맡는 웹매거진 『일본 복잡기행(ニッポン複雑紀行)』도 함께 참고하길 바란다.

『이민정책이란 무엇인가: 일본의 현실에서 생각하다』

移民政策とは何か―日本の現実から考える

다카야 사치(高谷幸) 편저 / 人文書院 / 2019

　　비자가 없는 외국인은 국가의 승인 없는 주민으로서 여러 제도에서 배제된다. 그러나 사람이 생활하는 한, 인간관계와 사회조직과의 접점도 생겨난다. 이 '사회'와 '국가'의 어긋남을 비정규 이민은 체현한다는 것이다. 노동력만을 요구하고 인간의 다른 측면을 외면하는 정책은 일본 사회에도 장기적 손실을 초래한다―역사와 현황을 바탕으로 경종을 울린다.

『(증보) 왜 써왔는가, 왜 침묵해 왔는가』

（増補）なぜ書きつづけてきたか　なぜ沈黙してきたか

김시종(金時鐘)·김석범(金石範) / 平凡社ライブラリー / 2015
한국어판:『왜 계속 써왔는가 왜 침묵해 왔는가』/ 이경원·오정은 역 / 제주대학교출판부 / 2007

　　4·3 사건과 뒤이은 제주도의 항쟁은, 지배자가 제국주의 일본에서 미군정과 이승만 정권으로 바뀌었을 뿐, 참된 민족해방을 얻지 못한 채 분단과 사회적 모순을 한 몸에 떠안아야 했던 구(舊)식민지의 비극을 드러낸다.『화산도(火山島)』등으로 고향의 비극을 전해온 소설가와, 동포 학살의 참상을 목격하고도 오랫동안 침묵해 온 시인이 나누는 영혼의 대화.

『얼어붙는 입: 김학영 작품집』

凍える口―金鶴泳作品集

김학영(金鶴泳) / クレイン / 2004
한국어판:『얼어붙은 입』/ 하유상 역 / 화동출판사 / 1992

　　『흙의 슬픔: 김학영 작품집Ⅱ(土の悲しみ―金鶴泳作品集Ⅱ)』과 함께 작가의 거의 전 작품을 수록했다. "오히려 일본은 조선에 좋은 일을 한 것 아니냐", "차별이 싫으면 자기 나라로 돌아가면 되지 않느냐." 인간의 고독과 슬픔을 추궁하는 김학영 문학의 배경에는 재일조선인에 대한 차별이 있었고, 오늘날의 헤이트 스피치와도 결코 멀지 않은 악랄한 언어가 있었다. 소설·에세이뿐 아니라 작가의 일기 발췌도 함께 실었다.

『나도 시대의 일부입니다: 가와사키 사쿠라모토, 할머니들이 써 내려간 생활사』

わたしもじだいのいちぶです―川崎桜本・ハルモニたちがつづった生活史

강윤이(康潤伊)·스즈키 히로코(鈴木宏子)·단노 기요토(丹野清人) 편저 / 日本評論社 / 2019

전중·전후의 혹독한 시대 속에서 읽고 쓰기를 배울 기회를 빼앗긴 채 살아온 재일 1세 '할머니'들이 문해 교실에서 글을 얻은 뒤, 샅기 있고 힘차게 써 내려간 글들을 엮었다. 글을 얻은 할머니들은 주변 사람들과 풍부하게 이야기를 나누기 시작했고, 다양한 체험과 배움의 작업을, 늦었지만 지금, 차곡차곡 쌓아가고 있다.

『고향이라 불러도 될까요: 여섯 살에 '이민'이 된 나의 이야기』

ふるさとって呼んでもいいですか―6歳で「移民」になった私の物語

나디(ナディ) / 大月書店 / 2019

여섯 살 때 가족과 함께 이란에서 일본으로 건너온 한 소녀의 자서전. '이민'이기에 겪는 고생이, 있는 그대로의 크기와 절박함으로 서술된다. '일본인'과 다를 바 없는 일상을 읽어가다 보면, '이민'이란 모두 저마다 다른 한 사람의 인간이라는 너무나 당연한 사실을 새삼 깨닫게 된다. 문제는 '이민'이 아니라, 받아들이는 사회의 편에 있다.

○ 차별 없는 사회를 위해

『초국가주의의 논리와 심리 외 8편』

超国家主義の論理と心理　他八篇

마루야마 마사오(丸山眞男) / 岩波文庫 / 2015

일본인은 허무에 대한 '눈치 보기'(= 자발적 예속)에 어떻게 저항할 수 있는가. 시민 혁명을 경험하지 못했고, '인민 통합'의 자원을 갖지 못했던 근대 일본은 국체와 천황을 미코시(신을 모신 가마)로 떠받드는 방식 외에는 달리 길이 없었다. 그렇다면 허무에 삼켜지지 않고 자유로운 개인으로 남기 위해 우리는 어떻게 해야 하는가. 마루야마가 평생을 걸어 품었던 미완의 민주주의의 꿈을, 우리는 고통 없이 읽어낼 수 있을까.

『일본 낭만파 비판 서설』

日本浪曼派批判序説

하시카와 분조(橋川文三) / 講談社文芸文庫 / 1998

일본 근대사에 들러붙어 있는 저주 같은 낭만주의(초국가주의). 이를 넘어서는 길은, 낭만적 꿈을 무한히 재생산하고 '발효'시키는 '모태'를 분석하고, 그런 모태를 낳지 않는 사회적 현실을 획득하는 데 있다. 증오도, 몰이해도, 무관심도 부족하다. 우리는 여전히 천상(종교)에 대한 비판과 지상(정치)에 대한 비판이라는 이중의 비판을 필요로 한다.

『전체주의의 기원 1, 2』

한나 아렌트 / 박미애 · 이진우 역 / 한길사 / 2006

전체주의적 폭력은, 이 세계에 태어나도 태어나지 않아도 똑같았을 것 같은 섬뜩한 '무용성'을 만연시킨다. 강제수용소가 강요한 인간의 무용화와, 현대 사회에서 대중이 날마다 느끼는 "나는 무용한 존재다"라는 불안은 하나로 이어져 있다. 그렇다면 국가와 강제수용소의 공(共)의존적 구조를 넘어서는 일 없이는, 우리는 전체주의의 폭력(무용성의 불안)을 넘어서지 못하는 것 아닐까.

『포퓰리즘이란 무엇인가: 민주주의의 적인가, 개혁의 희망인가』

ポピュリズムとは何か─民主主義の敵か, 改革の希望か

미즈시마 지로(水島治郎) / 中公新書 / 2016

한국어판 : 『포퓰리즘이란 무엇인가: 민주주의의 적인가, 개혁의 희망인가』 / 이종국 역 / 연암서가 / 2019

포퓰리즘은 민주주의의 적이다─라고 단순히 말할 수는 없다. 그것은 민주주의의 모순 자체에서 솟아나는 것이고, 역사적으로도 '해방의 논리'와 배외주의적 '억압의 논리'라는 양면성을 지녀왔기 때문이다. 포퓰리스트는 '진정한 민주주의자'를 자처한다. 그렇다면 포퓰리즘이란 (우도 좌도 아닌) '아래'로부터의 운동인 것일까.

『진정한 다이버시티를 향해: 특권에 무자각한 매저리티를 위한 사회적 공정성 교육』

真のダイバーシティをめざして—特権に無自覚なマジョリティのための社会的公正教育

다이앤 J. 굿맨(Diane J. Goodman) / 上智大学出版 / 2017
원저: *Promoting Diversity and Social Justice : Educating People from Privileged Groups* /
Routledge / 1997

　복합차별과 다중 정체성을 표준으로 삼고, 그 위에서 매저리티 집단의 특권·혜택을
사유할 것. 고통 없이 자신을 바꾸는 일은 불가능하며, 불안과 감정적 저항이 핵심이
된다. 매저리티는 어떻게 내부로부터 사회적 정의를 욕망하고, 스스로가 변할 수 있다는
해방과 자유를 느끼게 될까. 현대의 매저리티에게 필독서.

『벽 너머의 주민들: 미국 우파를 뒤덮은 분노와 탄식』

壁の向こうの住人たち—アメリカの右派を覆う怒りと嘆き

앨리 러셀 혹실드(Arlie Russell Hochschild) / 岩波書店 / 2018
원제 : *Strangers in Their Own Land* / New Press / 2016
한국어판 :『자기 땅의 이방인들: 미국 우파는 무엇에 분노하고 어째서 혐오하는가』/ 유강은 역
/ 이매진 / 2017

　미국에서 가장 가난한 주 가운데 하나인 루이지애나 사람들은 왜 규제완화와 환경오
염으로 삶을 파괴하는 우파의 지지자가 되는가. 그 모순에 다가가기 위해, 가치관과
감정의 대립을 넘어 '딥 스토리'(그 사람이 진실이라 느끼는 이야기)에 귀 기울인다.
좌와 우, 리버럴과 보수의 '벽'을 넘어설 새로운 (이야기라기보다) 세계관은 가능한가—
그 단서가 여기 있다.

『대량살인의 '다크 히어로': 왜 청년은 총기난사와 자폭 테러로 내달리는가?』

大量殺人の"ダークヒーロー—"なぜ若者は, 銃乱射や自爆テロに走るのか？

F. 베라르디(Franco Berardi) / 作品社 / 2017
원제 : *Heroes : Mass Murder and Suicide* / Verso / 2015
한국어판 :『죽음의 스펙터클: 금융자본주의 시대의 범죄, 자살, 광기』/ 송섬별 역 / 반비 / 2016

　전 세계에서 벌어지는 총기난사와 대량학살은 스펙터클을 동반한 자살 같은 것이며,

그것은 현대의 절대적 자본주의가 낳는 절망에 대한 경련적 반응이다. 대량살인을 현대 예술처럼 수행하는 것―현대의 다크 히어로들은 대량학살이라는 자멸적 표현을 통해, 소외로부터 벗어나 자유를 손에 넣으려 한다.

○ 일본 근현대사를 재가동하기 위해

『〈일본인〉의 경계: 오키나와·아이누·타이완·조선 식민지 지배에서 복귀 운동까지』

〈日本人〉の境界―沖縄・アイヌ・台湾・朝鮮植民地支配から復帰運動まで

오구마 에이지(小熊英二) / 新曜社 / 1998
한국어판: 『국민'의 경계: 오키나와·아이누·타이완·조선』 / 전성곤 역 / 소명출판 / 2023

메이지 유신에서 청일·러일전쟁을 거쳐 동아시아를 식민지화하고, 마침내 '대동아 공영권'으로 팽창해 간 제국 일본은 이웃 나라와 이민족이라는 타자의 존재를 어떻게 이해하고, 포섭하고, 배제해 왔는가. 같은 저자의 『단일민족신화의 기원(単一民族神話の起源)』과 『〈민주〉와 〈애국〉(〈民主〉と〈愛国〉)』 사이에 간행된, 근대 일본의 콜로니얼리즘 이해를 위한 입문서.

『추한 일본인: 일본의 오키나와 의식』

醜い日本人―日本の沖縄意識

오타 마사히데(大田昌秀) / 岩波現代文庫 / 2000

1995년 마부니(摩文仁) 평화기념공원에 '평화의 초석'을 세운 오키나와현 지사는, 소년 시절 철혈근황대(鉄血勤皇隊)에 동원되어 전장의 지옥을 보았다. 일본 복귀 이전인 1969년, 역사학자에 의해 쓰인 이 책은, 일본인들이 왜 오키나와의 고통을 자신의 문제로 삼아야 하는지를―50년이 지난 지금도―정면으로 묻는다. 이 책은 '반일'의 책이 아니다. 이해와 화해를 위한 책이다.

『맨발의 겐』

はだしのゲン

나카자와 케이지(中沢啓治) / 汐文社 / 1975-87
한국어판:『맨발의 겐』 / 이종욱 · 김송이 · 익선 역 ; 아름드리미디어 / 2024

　　모르는 사람이 없을 명작 만화. 그 안에 그려진 전쟁의 비참함과 어리석음은 이제
와서 덧붙일 말이 없다. 다만 오늘날 다시 읽을 때 새삼 드러나는 것은, 혐오의 중층적
구조가 '이 정도인가' 싶을 만큼 집요하게 묘사되어 있다는 점이다. 때로 그것은 '비국
민', '조선인', 원폭증 환자, '팡팡'이라 불린 여성, 고아들을 향한다. 부조리에 대한 저항
을 그린다는 의미에서 보편적인 작품이다.

『결혼차별의 사회학』

結婚差別の社会学

사이토 나오코(齋藤直子) / 勁草書房 / 2017

　　부락(部落) 출신자에 대한 결혼 차별을 주저로 한다. 1990년대 이후 부락 문제는
'더는 존재하지 않는 것'으로 여겨지는 경향이 있다. 그러나 그것은 "이제 부락 차별은
없다", "가만히 두면 없어진다", "차별은 없어지지 않는다" 같은 낙인찍기와 정당화를
통해 끊임없이 유예되어 왔다. 윤리와 학술 연구―둘 중 어느 하나라도 결여되면 당사자
의 힘이 될 수 없다. 그런 감각이 스며 있는 좋은 책.

『골든 카무이』

ゴールデンカムイ

노다 사토루(野田サトル) / 集英社 / 2015~
한국어판:『골든 카무이』 / 대원씨아이 / 2016~

　　러일전쟁 이후의 홋카이도를 무대로 한 서바이벌 배틀 만화. 주인공은 퇴역 군인.
서사의 주축은 금괴 찾기이지만, 무엇보다 눈길을 붙드는 것은 작품 속에 그려진 아이누
문화다. 집요하다 싶을 만큼 매력적인 식사 묘사, 동물의 고기를 먹고 받아들이는 감각,
아이누어를 섞어가며 드러나는 등장인물들의 둔부한 표정. 곳곳에 흩뿌려진 유머도 곱
씹으며 읽고 싶은 작품이다.

『생명에 대한 예의: 국가 · 자본 · 가족의 변용과 동물들』
いのちへの礼儀—国家 · 資本 · 家族の変容と動物たち

이쿠타 다케시(生田武志) / 筑摩書房 / 2019

20세기 후반의 축산 혁명으로 관리와 공장화가 철저해지면서, 동물들의 고통과 존엄 박탈은 이제 극대화되었다. 인류는 반려동물을 사랑하면서도, 가족 밖의 동물에 대한 학대 · 학살에는 비정하리만치 무관심하다. 이런 시대의 새로운 동물 윤리란 무엇인가. 인간과 동물의 동시 해방의 길이란 무엇인가—관리된 노동자들의 운명은 동물의 '멸종보다도 나쁜 운명'과 너무나 닮아 있기 때문이다.

『가와무라 미나토 자선집 4: 아시아 · 식민지 문학 편』
川村湊自撰集 4—アジア · 植民地文学編

가와무라 미나토(川村湊) / 作品社 / 2015

저자의 선구적 작업은, 한국의 도서관에서 낯선 일본 이름의 작가들이 쓴 '반은 조선어, 반은 일본어'인 잡지를 발견한 데서 시작되었다. 일본인/일본어/일본열도(그리고 '쇼와')에 갇혀온 일본 문학을, 조선 · 중국 · 남양 · 사할린 등 아시아 지역과 그 역사와의 관계 속에서 다시 바라봄으로써, 일본과 아시아의 현실—잊어서는 안 될 역사적 고유성—을 부각시킨다.

◎ 『대항언론』 편집인

스기타 슌스케(杉田俊介)

1975년 가나가와현 출생. 비평가. 『프리터에게 '자유'란 무엇인가(フリーターにとって「自由」とは何か)』(2005), 『무능력 비평: 노동과 생존의 에티카(無能力批評—労働と生存のエチカ)』(2008), 『미야자키 하야오론(宮崎駿論)』(2014), 『죠죠론(ジョジョ論)』(2017), 『전쟁과 허구(戦争と虚構)』(2017), 『신과 혁명의 문예비평(神と革命の文芸批評)』(2022), 『매저리티 남성에게 온당함이란 무엇인가: #MeToo에 참여하지 못하는 남자들(マジョリティ男性にとってまっとうさとは何か—#MeTooに加われない男たち)』(2021), 『저 패니메이션의 성숙과 상실(ジャパニメーションの成熟と喪失)』(2021), 『하시카와 분조와 그 낭만(橋川文三とその浪曼)』(2022), 『자본주의 사회에서 남성으로 산다는 것(男がつらい! 資本主義社會の「弱者男性」論)』(2022) 등

사쿠라이 노부히데(櫻井信栄)

1974년 가나가와현 출생. 일본문학 연구자, 일본어 교사, 한국어 번역가. 소설「말더듬이 소설(吃音小説)」(1999), 공저『재일코리안 문학과 조국』(2011), 논문「김학영 문학과 민족차별에 관하여(金鶴泳文学と民族差別について)」(2015) 등

가와구치 요시미(川口好美)

1987년 오사카 출생. 문예비평가. 평론「불행과 공존: 시몬 베유 시론(不幸と共存—シモーヌ・ヴェイユ試論)」(2016, 제60회 군조 신인 평론가상 우수작), 「〈내부 인간〉의 혁명: 나카노 시게하루 재고(〈内部の人間〉の革命—中野重治再考)」(2018~2019) 등

후지와라 유키(藤原侑貴)

1989년 도쿄 출생. 작가. 호세이대학대학원 인문과학연구과 일본문학 전공. 석사과정 수료. 소설「도랸세(通りゃんせ)」(제30회 오다 사쿠노스케 청춘상 수상), 「귀향(帰郷)」(제32회 니혼대학 문예상 가작 수상), 「비자런 만가(ビザラン挽歌)」(2021) 등

◎ 저자 소개 (가나다 순)

가와무라 미나토(川村湊)

1951년 홋카이도 출생. 문예비평가. 호세이대학 명예교수. 저서『이향의 쇼와 문학(異郷の昭和文学)』(1990), 『전쟁의 메아리(戦争の谺)』(2015), 『한국·조선·재일을 읽다(韓国・朝鮮・在日を読む)』(2003), 『진재·원전 문학론(震災・原発文学論)』(2013), 『하포네스 이민촌 이야기(ハポネス移民村物語)』(2019), 『가와무라 미나토 자선집(川村湊自撰集)』 전 5권(2015~2016) 등

가토 나오키(加藤直樹)

1967년 도쿄 출생. 출판사 근무를 거쳐 프리랜서.『구월, 도쿄의 거리에서: 1923년 간토대지진 대량학살의 잔향(九月, 東京の路上で―1923年関東大震災ジェノサイドの残響)』(2014),『TRICK: 트릭 '조선인학살'을 없었던 일로 하고 싶은 사람들(TRICK―トリック「朝鮮人虐殺」をなかったことにしたい人たち)』(2019),『반란아: 미야자키 도텐의 '세계혁명'(謀叛の児―宮崎滔天の「世界革命」)』(2017), 공저『NO 헤이트!: 출판의 제조자 책임을 생각한다(NOヘイト!―出版の製造者責任を考える)』(2014) 등

구라하시 고헤이(倉橋耕平)

1982년 출생. 간사이대학대학원 사회학연구과 박사후기과정 수료. 박사(사회학). 리쓰메이칸대학 외 비상근 강사. 사회학, 미디어 문화론, 젠더론.『역사수정주의와 서브컬처(歴史修正主義とサブカルチャー)』(2018), 공저『비뚤어지는 사회(歪む社会)』(2019),『넷우익이란 무엇인가(ネット右翼とは何か)』(2019)

기무라 유스케(木村友祐)

1970년 아오모리현 출생. 소설가. 고향 하치노헤의 방언을 넣은『괭이갈매기 트리 하우스(海猫ツリーハウス)』(2010)로 데뷔.『성지 Cs(聖地Cs)』(2014),『길사람들의 불타오르는 초상(野良ビトたちの燃え上がる肖像)』(2016),『이사의 범람(イサの氾濫)』(2016),『행복한 수부(幸福な水夫)』(2017),『어린아이의 성전(幼な子の聖戦)』(2020), 공저『나와 당신 사이(私とあなたのあいだ)』(2020)

나카자와 게이(中沢けい)

1959년 가나가와현 출생. 1978년 소설『바다를 느낄 때(海を感じる時)』로 군조 신인문학상 수상. 1985년 『수평선 위에서(水平線上にて)』로 노마 문예 신인상 수상. 호세이대학 문학부 교수.『여자 친구(女ともだち)』(1981),『악대의 토끼(楽隊のうさぎ)』(2000), 공저『안티 헤이트 다이얼로그(アンチヘイト・ダイアローグ)』(2015) 등

다카야 사치(髙谷幸)

1979년 나라현 출생. 오사카대학 교수. 전공은 사회학, 이민 연구. 저서『추방과 저항의 정치학: 전후 일본의 경계와 비정규 이민(追放と抵抗のポリティクス―戦後日本の境界と非正規移民)』(2017), 편저『이민 정책이란 무엇인가: 일본의 현실로부터 생각하다(移民政策とは何か―日本の現実から考える)』(2019)

다카하라 이타루(高原到)

1968년 출생. 비평가. 2005년「학살의 상상력(ケセルの想像力)」으로 제59회 군조 신인평론상 우수작. 저서『폭력론(暴力論)』(2021). 논문「짐승, 거리를 달리다(ケダモノ, 街を奔る)」(2022) 등

다카하시 와카기(高橋若木)

1980년 사이타마현 출생. 대학강사. 논문「수용소 없는 사회와 이민·난민의 주체성(収容所なき社会と移民・難民の主体性)」(2019), 공저『사회는 어떻게 망가졌으며, 어떻게 되찾을 것인가(社会はどう壊れていて, いかに取り戻すのか)』(2014)

쓰쓰미 다쿠야(堤拓哉)

1989년 도쿄 출생. 장애인 예술 비평. 와세다대학 문화구상학부 표상·미디어론 계열 졸업. 하드코어·인디 펜던트 비평지 『아라자루(アラザル)』 동인. 개호 전문 신문기자·편집자

시노하라 마사타케(篠原雅武)

1975년 출생. 교토대학 특정 준교수. 철학 전공. 『복수성의 데콜로지: 인간 아닌 것의 환경 철학(複数性のエコロジー——人間ならざるものの環境哲学)』(2016), 『인류세의 철학(人新世の哲学)』(2018), 『'인간 이후'의 철학(「人間以後」の哲学)』(2020), 역서로 티머시 모턴 『자연 없는 에콜로지(自然なきエコロジー)』(2018) 등

아마미야 가린(雨宮処凜)

1975년 홋카이도 출생. 작가·활동가. 프리터 등을 경유하며 2000년 『생지옥 천국(生き地獄天国)』으로 데뷔. 『살게 해줘!: 프레카리아트, 21세기 불안정한 청춘의 노동(生きさせろ! 難民化する若者たち)』(2007), 『'여자'라는 저주(「女子」という呪い)』(2021) 등

오세종(呉世宗)

1974년 출생. 재일조선인문학 연구. 류큐대학 교수. 『리듬과 서정의 시학: 김시종과 '단카적 서정의 부정'(リズムと抒情の詩学——金時鐘と「短歌的抒情の否定」)』(2010), 『오키나와와 조선의 틈새에서: 조선인의 '가시화/불가시화'를 둘러싼 역사와 담론(沖縄と朝鮮のはざまで——朝鮮人の〈可視化/不可視化〉をめぐる歴史と語り)』(2019)

온유주(温又柔)

1980년 타이페이 출생. 소설가. 『루로우판의 지저귐(魯肉飯のさえずり)』(2020)으로 제37회 오다 사쿠노스케상 수상. 저서 『대만에서 태어나 일본어에서 자람(台湾生まれ日本語育ち)』(2018), 『복이 오는 집(来福の家)』(白水社), 『가운데 아이들(真ん中の子どもたち)』(2017) 『공항시광(空港時光)』(2018), 『'국어'를 떠나서(「国語」から旅立って)』(2019), 왕복서간 『나와 당신 사이(私とあなたのあいだ)』(2020)

케인 주리안(ケイン樹里安)

1989년 나고야 출생. 오사카시립대학대학원 문학연구과 인간행동학 전공, 후기 박사과정 단위 취득 퇴학. 사회학, 문화연구 전문 연구원·비상근 강사. WEB 미디어 HAFU TALK 공동 대표. 공저 『접하는 사회학(ふれる社会学)』(2019)

헤이트 스피치와 배외주의에 가담하지 않는 출판 관계자 모임(ヘイトスピーチと排外主義に加担しない出版関係者の会, BLAR)

2014년 결성. 타민족 및 마이너리티를 향한 적의를 선동하는 '헤이트 서적'의 횡행에 대해 출판업계의 책임을 묻는 제언 활동을 계속하고 있다. 별칭 Book Lovers Against Racism(BLAR). 편저 『NO 헤이트!: 출판의 제조자 책임을 생각한다(ＮＯヘイト!——出版の製造者責任を考える)』(2014)

숙명여자대학교 인문학연구소 인문한국플러스(HK+) 사업단이 간행하는 인문교양총서 시리즈의 세 번째 책『일본의 혐오현상과 대항담론: 반혐오를 위한 교차로』는, 일본의 잡지『대항언론: 반혐오를 위한 교차로(対抗言論—反ヘイトのための交差路)』에 수록된 글 가운데 일부를 선집 형태로 엮어 번역한 것이다. 크라우드펀딩을 통해 호세이대학출판국(法政大学出版局)에서 2019년 12월부터 간행된 본 잡지는 현재까지 총 3호가 발행되었다.

일본에서 '혐오'를 뜻하는 '헤이트(ヘイト)'라는 말이 대중적 용어로 정착된 것은 헤이트 스피치가 본격적인 사회 문제로 부상한 2010년대이다. 2007년에 결성되어 인터넷을 기반으로 급속히 세력을 키워나간 극우 배외주의 단체 '재특회(정식 명칭은 '재일특권을 용납하지 않는 시민 모임')'를 비롯한 보수 세력은 2000년대 후반 무렵부터 거리로 나와 헤이트 스피치를 쏟아냈다. '보통의' 사람들이 공공장소에서 사회적 소수자에 대한 차별과 배제를 거리낌 없이 외치는 모습은 이전에는 볼 수 없었던 새로운 사회 현상으로 받아들여지며 많은 이들에게 충격을 던졌다. 하지만 재일코리안에 대한 차별 선동과 혐한은 근대 이래 지속된 인종주의와 식민주의 청산에 지속적으로 실패해 온 전후 일본의 역사적 지층 위에서 이해되어야만 한다.

한편 이 시기에 나타난 또 하나의 중요한 움직임은 시민사회가 보여준 대항적 운동이다. 2013년 무렵부터 헤이트 스피치에 맞서기 위해 시민들이 자발적으로 조직한 '카운터스' 세력은 "차별주의자는 부끄러운 줄 알아라!", "사이좋게 지내요!" 등의 플래카드를 들고 혐오 시위대에 맞섰다. 이들 양측이 거칠게 대치하는 상황이 사회적 이목을 끌게 되면서 2013년에는 '헤이트 스피치'가 그해의 유행어가 되었고, 2016년 '헤이트 스피치 해소법'이 제정되었다. 카운터 시위는 지금껏 '차별하는 매저리티와 차별받는 마이너리티'의 구도로 파악되어 온 차별과 인종주의의 문제를 '차별하는 매저리티 대 차별에 반대하는 매저리티'의 투쟁 구도로 바꾸어 놓았다는 점에서 중요한 의미가 있다고 평가받는다.

시민사회의 대항적 움직임과 법제도적 대응에 힘입어 혐오 시위는 눈에 띄게 감소했지만, 이것으로 혐오의 확산이 멈춘 것은 아니다. 오히려 2010년대를 통틀어 일본에서는 인종, 민족, 젠더, 장애, 질병, 세대, 경제적 계급 등 다양한 속성에 기반한 소수자 및 사회적 약자를 향한 혐오가 복합적으로 분출되었다. 또한 2016년 7월 가나가와현 사가미하라시 소재 장애인 시설 쓰쿠이 야마유리엔에서 일어난 전후 최대 규모의 살상 사건(19명 사망, 27명 부상)이나, 2021년 8월 교토의 재일코리안 집단거주지 우토로에서 발생한 방화 사건 등의 혐오 범죄는 혐오가 헤이트 스피치를 넘어 물리적 폭력으로 치달을 수 있음을 보여주며 사회적 경각심을 불러일으켰다.

잡지 『대항언론』이 간행된 것은 이처럼 혐오와 반(反)혐오가 격렬하게 맞부딪히는 가운데에서이다. 『대항언론』 창간호를 여는 「권두언」에서 편집인 스기타 슌스케(杉田俊介)와 사쿠라이 노부히데(櫻井信栄)는 우리가 몸담고 있는 이 시대를 '혐오의 시대'로 진단한다. 나아가 이러한 복합적 혐오의 시대가 향후 오랜 시간에 걸쳐 지속될 것이라고 냉정하게 예견한다. 하지만 이들은 암울한 전망 앞에 결코 절망하거나 냉소하지 않는다. 오히려 '반혐오를 위한 교차로'를 기치로 내걸고 혐오에 대한 대항의 자세를 선명히 하고 있다.

잡지 『대항언론』이 발신하는 반혐오의 대항담론은 다음과 같은 지향성을 지닌다. 첫째, 매저리티로서의 위치성에 대한 자각 위에서 사회적 소수자 및 약자에 대한 연대의 자세를 분명히 하는 것. 이는 결코 마이너리티의 경험과 목소리를 찬탈하거나 대리표상하지 않으면서 혐오와 차별을 나 자신의 문제로 끌어안는 것을 의미한다. 둘째, 혐오를 복합적으로 사유하고자 하는 것. 이는 일본의 혐오현상의 복합적 양상에 대응하기 위해 반혐오 담론 역시 횡단적 접근이 필연적으로 요구되었기 때문이기도 하다. 셋째, 비평을 위한 비평이나 지적 유희에 그치지 않는 실천성이다. 장애인 돌봄 노동자 및 프리터 당사자로서의 경험에서 출발해 장애·빈곤·젠더·서브컬처 등 다방면으로 비평의 가지를 전개하고 있는 스기타 슌스케, 일본에서 혐한 현상이 가장 심각해지던 시기에 광화문 광장에 홀로 서서 헤이트 스피치에 반대하는 1인 시위를 시작한 사쿠라이 노부히데가 편집을 맡고 있는 『대항언론』은, 현장 감각 및 당사자들과의 연결성을 중요한 한 축으로 삼는다. 비평을 단순한 지적 유행으로 소비하는 것이 아니라, 육화된 말의 힘을 중시한다. 나아가 이들이 혐오만큼이나 경계하는 것은 경직된 정치적 올바름이다. 혐오를 단호히 비판하면서도, 나와 생각과 입장이 다른 타자에게도 열려 있는 유연성과 개방성을 잃지 않는 것. 이는 보수와 리버럴 사이를 잇고 반혐오의 공동투쟁을 위한 기반을 만드는 것이 필요하다고 제언한 스기타의 말에서도 드러난다. 이러한 교차적 비평성과 실천성 위에서 비평·역사·문학·운동을 잇는 장으로서 펼쳐지는 『대항언론』의 지면은 다성적 목소리가 오가는 광장과도 같다.

『대항언론』에 기고된 글들은 젠더, 인종, 장애, 빈곤, 민주주의, 폭력 등 다양한 주제를 종횡무진으로 가로지르며 현대 일본의 혐오현상을 논한다. 그러한 가운데 선집을 엮기 위해 한국어로 번역할 글을 추리는 것은 즐거우면서도 어려운 작업이었다. 글의 선별 기준을 밝혀두자면, 일본의 혐오현상 및 대항 담론의 지형과 그 다양성을 골고루 보여줄 수 있도록 목차를 구성하고자 했다. 나아가 높은 수준의 비평성을 담고 있으면서 한국 사회에 대해서도 시의성을 지닌 글을 우선적으로 수록했다. 당초 계획보다 책이 두꺼워졌지만, 그럼에도 싣지 못한 글이 많아 아쉬움이 남는다. 독자를 위해 이 책 말미에 『대항언론』 제1호~제3호까지의 목차와, 제1호에 게재된 「반혐오를 사유하기 위한 북리스트 42」를 번역하여 수록하였다. 독자들 가운데 기회가 되는 분들은 잡지 『대항언론』과 북리스트에 소개된 서적들을 직접 접해보기를 권하고 싶다. 덧붙이자면, 이 책에 수록된 글들은 잡지 글의 성격상 필자에 따라 글의 형식이나 문체가 고르지 않다. 이는 그 자체로 잡지 매체가 지닌 고유성이라 판단해 임의로 통일하지 않고 그대로 살려 번역하였다. 잡지 『대항언론』이 지닌 현장감과 역동성을 느낄 수 있기를 바란다.

아울러 이 번역서는 한국과 일본 사이에서 반혐오의 연대를 지향한 일련의 교류를 거치며 구체화되었음을 기록해 두고자 한다. 숙명여자대학교 인문학연구소 인문한국플러스 사업단은 2020년부터 〈혐오시대, 인문학의 대응〉 아젠다 연구를 수행해 왔다. 인종·젠더 혐오, 노인·질병/장애 혐오, 비인간 혐오를 각 분과 단위로 하면서 혐오에 대한 대응을 교차적으로 고민해 온 본 사업단 연구팀은 '반혐오를 위한 교차로'를 표방한 『대항언론』의 취지에 크게 공감하여 2022년 12월

2월 16일~17일 숙명인문학연구소 주최로 열린 국제학술대회 〈혐오의 확산과 대항담론: 상호교차적 접근〉(숙명여자대학교 백주년기념관 신한은행홀, 온오프라인 동시 개최)에 『대항언론』 편집인/비평가 스기타 슌스케 씨를 기조패널 발표자로 초청하였다. 이어서 2023년 2월 11일 한국일본학회와 숙명여자대학교 인문한국플러스사업단의 공동주최로 열린 국제학술대회 〈반혐오의 실천적 연대〉(숙명여자대학교 진리관, 온오프라인 동시 개최)에는 『대항언론』 필진 가운데 작가/호세이대 교수 나카자와 케이(中沢けい) 씨가 기조 강연자로, 스기타 슌스케 씨가 기조패널 발표자로 참석해 한국의 연구자들과 함께 고민을 나누었다. 이러한 작은 '교차로'들을 곳곳에 만들어가는 것이 반혐오를 위한 연대의 밑거름이 되리라 믿는다.

혐오가 일상화된 시대를 살고 있는 우리에게, 이 책이 논하는 혐오현상은 비단 일본 사회만의 문제가 아닐 것이다. 재특회의 혐오 시위와 한국의 혐중 시위, '약자 남성'과 '이대남' 현상, 이민과 이주 노동자에게 닫혀 있는 사회제도 등, 한일 양국의 모습은 마치 거울처럼 닮아 있다. 좌우로 분열되어 대화조차 성립되지 않는 사회적 양극화를 안고 있는 우리에게, 이해하기 쉬운 '적'을 비판하며 증오의 악순환을 강화하는 것이 아니라, 그 누구도 혐오로부터 자유로울 수 없다는 사실을 인정하고, 내 안에 있는 혐오를 응시하고 성찰하여 타자에게 '온당한 사람'이 되고자 노력하는 과정을 지속해 나가야 한다는 말이 던지는 울림은 묵직하다. 우리가 나아가야 할 반혐오 담론/운동의 방향성을 다시 물어야 할 때이다.

끝으로, 이 책의 출간을 허락해 주신 스기타 슌스케 씨를 비롯한 『대항언론』 집필진과 호세이대학출판국 고마 마사토시(鄕間雅俊) 씨께 깊은 감사를 표하고 싶다. 혐한과 헤이트 스피치가 횡행하는 일본을 보며 일본 연구자로서 상실감과 절박감을 안고 있던 시기에 잡지 『대항언론』이 주었던 위안과 희망은 실로 귀중한 것이었다. 이 책의 출간이 『대항언론』 제1호에 수록된 좌담회 글에서 고마 씨가 말한 동아시아 학술서 번역공동체의 실현에 한 걸음 다가서기 위한 아주 작은 디딤돌 하나가 되기를 바란다. 늦은 원고와 촉박한 편집 일정에도 불구하고 세심하게 원고를 다듬어 책으로 만들어 주신 보고사 편집자 김태희 씨께도 고개 숙여 감사 인사를 전한다.

지금 이 순간에도 증오와 폭력은 연쇄를 이루며 끊이지 않는다. 혐오의 시대에서 이제는 전쟁의 세기로 나아가고 있다는 불안감을 떨치기 어렵다. 그 어느 때보다도 공존과 공생을 위한 언어가 필요한 때이다. 한국어 독자들에게 이 책이 짙어져만 가는 어둠 속에서 우리의 앞길을 밝히는 작은 등불이 되기를 희망한다.

2026년 봄을 기다리며
역자 김지영·신하경

찾아보기

숫자

『1일 외출록 한초』 131
『21세기 자본』 307
2·26사건 327, 351
『99%를 위한 페미니즘 선언』 15, 309

A~Z

『JR 우에노역 공원 출구』 148
LGBT 29, 64, 65, 250, 362, 372
#MeToo 운동 7, 123, 162, 310, 385
NAM 292, 293, 296
No Hate TV 301
SEALDs 112, 113, 115, 123, 290, 316
TERF 370, 372, 374
TRA 370, 372, 374
『VOL』 297, 298
『WiLL』 46

ㄱ

『가라타니 고진 인터뷰 1977-2001』 317
가라타니 고진(柄谷行人) 291, 292, 316, 317
가마타 데쓰야(鎌田哲哉) 295
가사이 기요시(笠井潔) 289, 333~338
가산 하지(Ghassan Hage) 8
가야마 리카(香山リカ) 42, 45, 313, 328
가와구치 유미코(川口有美子) 136, 137
가지무라 히데키(梶村秀樹) 93
가토 노리히로(加藤典洋) 328, 330~336, 338, 340
가토 도모히로(加藤智大) 119, 352
『각』 181

간디(Mohandas Karamchand Gandhi) 297, 298
강윤이(康潤伊) 148
게일 루빈(Gayle S. Rubin) 399, 400
게일 살라몬(Gayle Salamon) 396~399
『결정판 못 느끼는 남자』 399, 400
고바야시 요시노리(小林よしのり) 51, 328
고이즈미 요시유키(小泉義之) 338, 339
『고해정토』 67, 185
『광인일기』 202
『괭이갈매기 트리하우스』 185, 193
교차성/상호교차성(intersectionality) 6, 7, 15, 20, 310, 384
교토 애니메이션 방화 사건 117~119, 346, 352
구라하시 고헤이(倉橋耕平) 73
구리타 류코(栗田隆子) 127, 163, 290, 296
구마가야 신이치로(熊谷晋一郎) 137, 252
구메지마 조선인 학살 사건 103, 105
구충회(具仲会) 103, 104, 111
기기신화 89, 90, 381
기능실습제도 275, 284, 286
기무라 분요(木村文洋) 52
기무라 유스케(木村友祐) 148~203
기시 노부스케(岸信介) 348
기타 잇키(北一輝) 327
『길사람들의 불타오르는 초상』 198
김시종(金時鐘) 226, 234~242, 245
김학순(金學順) 328
김학영(金鶴泳) 32

ㄴ

나가부치 쓰요시(長渕剛) 181
나가야마 노리오(永山則夫) 352, 354
「나비 타령」 178
나오미 클라인(Naomi Klein) 17
『나와 당신 사이』 148, 149, 152, 156,
    170, 193
나카가미 겐지(中上健次) 43, 45, 316
나카지마 다케시(中島岳志) 141, 351
남성학 386, 399, 400, 413
『내셔널리즘』 325
낸시 프레이저(Nancy Fraser) 15, 16, 308
『넷우익이란 무엇인가』 53, 63, 75
노마 야스미치(野間易通) 36, 301
논바이너리 358, 390~394, 403, 409, 412
니시베 다다시(西部忠) 292, 295
니시우메다 클리닉 사건 346, 352
니시타니 오사무(西谷修) 313, 315, 317,
    335, 336, 338
닉 스르니체크(Nick Srnicek) 9
닛케이진(日系人) 281

ㄷ

다나카 미쓰(田中美津) 133, 134
다와다 요코(多和田葉子) 273
다이헨(態変) 257, 260
다카이 유토리(高井ゆと里) 393
다카하라 이타루(高原到) 343
다카하시 데쓰야(高橋哲哉) 329, 330, 336
다카하시 와카기(高橋若木) 226, 288~340
다케다 다이준(武田泰淳) 173
다케우치 요시미(竹内好) 95, 173, 327
다테이와 신야(立岩真也) 290
당사자성 238, 239, 296, 304

『대장편』 173
대학 설치 기준 대강화 38
데이비드 그레이버(David Rolfe Graeber)
    298
덴토무시 코믹스 173, 174
『도라에몽론』 22, 170, 174
돌봄 16, 71, 146, 254~257, 299, 302
동일본 대지진 50, 52, 112, 115, 149, 185,
    191, 291, 294, 298, 319~321, 337
『들뢰즈의 영성』 339

ㄹ

레이와 신센구미(れいわ新選組) 136, 139
「토스제네의 죽은 아이들」 312
로스트 제너레이션/로스제네 36, 112, 113
    115, 117, 118, 125, 135, 142, 290, 296,
    298, 303, 305~307, 309, 310, 312,
    314, 318, 322, 335
『루로우판의 지저귐』 148, 149, 151, 177,
    183
루쉰(鲁迅) 51, 172, 200~203
리 고토미(李琴峰) 359
『ㄹ 버즈 엣지』 266, 267
리베카 솔닛(Rebecca Solnit) 321

ㅁ

마루야마 마사오(丸山眞男) 123, 317, 321,
    324, 327
마스다 마사오(松田政男) 352
마쓰모토 하지메(松本哉) 135, 306
마쓰토야 유미(松任谷由実) 311
마크 피셔(Mark Fisher) 13, 18
『마저리티 남성에게 온당함이란 무엇인가』
    353, 403

맨즈 리브 386, 413
모리오카 마사히로(森岡正博) 399, 400
모치즈키 히로키(望月優大) 128, 129
몸부림(挣扎, 쩡자) 172, 200, 201
『무능력 비평』 290, 294, 302, 323
무라카미 하루키(村上春樹) 293
『문명론의 개략』 92
문선명(文鮮明) 346, 348
『미국의 그림자』 332, 333, 339
미나마타병(水俣病) 67, 185, 189, 333
미셸 푸코(Michel Foucault) 298, 299, 340,
　　344
미소지니(misogyny) 54, 57
미시마 유키오(三島由紀夫) 326, 327
미야자키 하야오(宮崎駿) 175, 181, 323
『미야자키 하야오론』 22, 291, 322, 323
미키 데자키(ミキ·デザキ) 62, 81
미토학(水戸学) 89
민족 차별과 싸우는 연락협의회(민투련)
　　235

ㅂ

바타이유(Georges Bataille) 306, 338
『발금소설집』 357, 359~362, 365, 366
버스 운전자 조합(Bus Riders Union)
　　230, 244
'벌거벗은 생명' 350
복합계급 308, 310
복합적인 혐오/복합혐오 31, 34, 113
복합차별 6~9, 16~18, 20, 30, 31, 147,
　　155, 162, 193, 200, 310, 385
부락민 294
불관용 114~117, 119, 121, 123, 139
브뤼노 라투르(Bruno Latour) 266

블랙 라이브스 매터(Black Lives Matter,
　　BLM) 226, 227, 229~232, 237, 238,
　　242, 243
비모테(非モテ) 53, 130, 401
비요크(Björk) 271, 272
비정규 이민 276, 278, 281~283, 285
비정규성 122~124, 128, 305, 306
『비평공간』 290, 292, 295, 296, 311,
　　316~318, 330

ㅅ

사가미하라 장애인 시설 살상 사건 54,
　　113, 139, 290, 352
사사키 아타루(佐々木中) 313, 315~317
사카쓰메 신고(坂爪真吾) 252
사카이 다카시(酒井隆史) 297, 298, 312,
　　315
사쿠라이 노부히데(櫻井信栄) 6, 31, 32~
　　72, 148~203
사쿠라이 마코토(桜井誠) 35, 46~78
사쿠라카이(さくら会) 136, 137
사토 노부히로(佐藤信淵) 90
'살게 해줘!(生きさせろ!)' 118, 306
『살게 해줘!』 138
새로운 역사교과서를 만드는 모임 46,
　　293, 328, 330
『생명에 대한 예의』 191, 196
서경식(徐京植) 329
서승(徐勝) 236
서준식(徐俊植) 236
성동일성장애 362, 364, 392
성별 불쾌감(dysphoria) 390, 392
『성숙과 상실』 332
성자인(性自認) 358, 359, 363, 367, 404,

410

『성지 Cs』 187, 191

세계기독교통일신령협회(통일교) 346~
　　350, 354, 369

세이디야 하트먼(Saidiya Hartman) 228,
　　229

세이와카이(清和会) 348

세키카와 나쓰오(関川夏央) 45

『섹스 체인지즈: 트랜스젠더의 정치학』
　　387, 388, 395

셀프 ID법 358, 359

쇼노 요리코(笙野頼子) 357~368, 373,
　　375, 378~382, 385, 395, 404, 406,
　　408, 410, 411

숀 페이(Shon Faye) 360, 376, 377, 389,
　　390, 392~395, 404, 407, 408, 412

수나우라 테일러(Sunaura Taylor) 192, 196

〈숨 쉬다(息衝く)〉 52

슈지 아키라(周司あきら) 381, 413

스기타 미오(杉田水脈) 42, 64, 362

스기타 슌스케(杉田俊介) 5, 6, 22, 31~
　　73, 112~142, 148~203, 288~340,
　　353, 357, 370, 408

스튜어트 홀(Stuart McPhail Hall) 82, 83

슬라보예 지젝(Slavoj Žižek) 233, 234

시노하라 마사타케(篠原雅武) 262

시라이 사토시(白井聡) 311

시미즈 아키코(清水晶子) 360

시바키부대(しばき隊) 36

시부야 노조무(渋谷望) 299, 300, 301

신 본격파 미스터리 333

『실존에서 실존자로』 334

쓰다 다이스케(津田大介) 79

쓰쓰미 다쿠야(堤拓哉) 247

쓰지 다이스케(辻大介) 76, 77

쓰쿠이 야마유리엔(津久井やまゆり園) 257,
　　352

ㅇ

다니야 마사아키(安仁屋政昭) 109

다드리엔 리치(Adrienne Cecile Rich) 388

다마미야 가린(雨宮処凛) 112~142, 306

다마추어의 난(素人の乱) 135, 142

다베 신조(安部晋三) 47, 50, 51, 65, 76,
　　87, 113, 124, 128, 145, 157, 240,
　　250, 290, 298, 311, 319, 325, 328,
　　343, 346, 348~350, 360

다베 신타로(安倍晋太郎) 348

다사누마 이네지로(浅沼稲次郎) 351

다사다 아키라(浅田彰) 311, 335

다소 다로(麻生太郎) 114

다야야 사쓰키(綾屋紗月) 252

다이치 트리엔날레 2019/아이치 트리엔날
　　레 사건 79, 138, 329

다즈마 히로키(東浩紀) 311~315, 318, 322,
　　330, 335, 336

다카기 도모히로(赤木智弘) 115, 118, 122,
　　125~127, 129, 306, 335

다키하바라 무차별 살상 사건 119, 352

다프로페시미즘(Afro-Pessimism) 226,
　　228, 229, 231, 232, 235, 237, 239,
　　240, 242, 243

악의 평범성(the banality of evil) 345

알리시아 가르자(Alicia Garza) 230

앤서니 기든스(Anthony Giddens) 279

앨리 러셀 혹실드(Arlie Russell Hochschild)
　　71

야기누마 아키노리(柳沼昭德) 208

야나기타 구니오(柳田国男）324, 327
야니스 바루파키스(Yanis Varoufakis）9, 11
야마가미 데쓰야(山上徹也）346~350, 352~355
야마구치 오토야(山口二矢）351
야마노 샤린(山野車輪）45, 46, 51
야마모토 다로(山本太郎）136
야마타니 에리코(山谷えり子）360
야스다 고이치(安田浩一）47, 48, 301
야스다 요주로(保田与重郎）327, 331
『야스히코 요시카즈의 전쟁과 평화』294
약자 남성(弱者男性）122, 347, 352
『어린아이의 성전』149, 151, 152, 194
에비하라 아키코(海老原暁子）379, 380
에토 준(江藤淳）332, 333
에하라 유미코(江原由美子）13
『엑소포니』273
엘리자베스 코언(Elizabeth F. Cohen）276~280, 286
엘리펀트 커브(elephant curve）11
여성국제전범법정 328
여자력(女子力）128
역사 주체 논쟁 330
역사수정주의 62, 74, 84, 293, 301, 314, 328, 361
연말 파견촌(年越し派遣村）116
『영혼의 노동』299
오규 소라이(荻生徂徠）321
오노 사라사(大野更紗）252
오다 마코토(小田実）68
오사와 노부아키(大澤信亮）290, 295
오사카교육대학 부속 이케다 초등학교 사건 352

오세종(呉世宗）99
오스기 시게오(大杉重男）21
오쓰카 에이지(大塚英志）326
오에 겐자부로(大江健三郎）172, 351
오지 겐타(王寺賢太）317, 318
오카자키 교코(岡崎京子）266, 267
오키나와전(沖縄戦）99~101, 105, 108, 109
오키나와현 조국복귀협의회(복귀협）107
온유주(温又柔）148~203
옴진리교 지하철 사린 사건 292
와다 하루키(和田春樹）68
와타나베 가즈시(渡辺一史）58
『왜 남자는 쇼노 요리코를 두려워하는가』379
요모타 이누히코(四方田犬彦）45
요시다 쇼인(吉田松蔭）90
요시모토 다카아키(吉本隆明）331, 332
요이쿠엔(養育園）255
우먼리브 133, 134, 175, 303, 384
우생사상 29, 53, 54, 120, 294, 302, 303, 310, 311
우에노 지즈코(上野千鶴子）140
우에마쓰 사토시(植松聖）54, 113, 122, 139, 257, 352
우카이 사토시(鵜飼哲）329, 330
월가 점령 운동(Occupy Wall Street）12, 309
『월간 하나다』46
웬디 브라운(Wendy Brown）13
위령(慰霊）288, 319~323, 336
'위안부(慰安婦）' 79, 81, 99, 100, 103, 106, 110, 111, 328, 329, 337, 361
위화감 연속체(dysphoria continuum）399, 400, 409, 412

유미리(柳美里) 148

「유희」 178, 180~182

『의미라는 병』 291

이노우에 다케히코(井上雄彦) 248

『이사의 범람』 152, 186, 187

이시무레 미치코(石牟礼道子) 67, 185, 333

이양지(李良枝) 153, 177~182

이쿠타 다케시(生田武志) 124, 191, 196,
    197, 290, 295, 296

이토 게이카쿠(伊藤計劃) 264

이토 아사(伊藤亜紗) 252

『'인간 이후'의 철학』 267, 271

인종주의/레이시즘 29, 64, 147, 220, 222,
    228, 231, 233, 345

『인터넷과 애국』 47, 301

일본 복귀 운동 106

『일본 정치사상사 연구』 321

『일본낭만파 비판 서설』 331

일본유신회 80, 85

『일본형 배외주의』 301

일본회의 63, 320

일하는 방식 개혁(働き方改革) 124, 250

ㅈ

자레드 섹스턴(Jared Sexton) 227~230,
    232~234, 244

자히 잘루아(Zahi Zalloua) 231~234

『작은 목소리의 페미니즘』 127, 128, 163

『잘 속는 사람』 149, 154, 159, 173, 197,
    199, 200

『잘라라, 기도하는 그 손을: 책과 혁명에 관
    한 다섯 밤의 기록』 316

장애인 차별 29, 31, 36, 54, 58, 113, 162,
    192, 294, 310

자난 자본주의 17

자일/재일코리안/재일 한국·조선인 29,
    33~35, 44, 53, 57, 95, 113, 178~181,
    235, 236~243, 245, 294, 319, 329

자일조선인 문학을 읽기 시작하기 위한 북리
    스트 148

재일특권을 용납하지 않는 시민의 모임
    (재특회) 35, 36, 40, 45~48, 50, 69,
    113, 301

『재활의 밤』 252

〈전라 감독(全裸監督)〉 133

『전야』 329, 330

『전쟁과 허구』 323

『전쟁론』 328

『전체성과 무한』 334

정체성 정치 7, 115, 236

「정치소년 죽다」 351

정한론(征韓論) 70~72, 91, 97

제3차 아시아·아프리카 인민연대회의 107

제한주의(Limitarianism) 18

젠더 플루이드 358

조르조 아감벤(Giorgio Agamben) 21, 309,
    350

『조선 문학』 44

조셉 캐런스(Joseph H. Carens) 282, 283,
    286

조지프 스티글리츠(Joseph E. Stiglitz) 12

〈조커〉 352~354

존왕사상(尊王主義)/존왕양이(尊王攘夷)
    88, 91, 94, 97

『존재론적, 우편적』 312

주디스 버틀러(Judith Butler) 396, 399

〈주전장(主戦場)〉 62, 81

『중력』 295

『중산층을 다시 묻다』 300
『짐을 끄는 짐승들: 동물 해방과 장애 해방』
　　192, 196
징용공　40, 87, 106

ㅊ

천황제　20, 319, 321, 326
『철학자의 밀실』 334
취업 빙하기 세대　115, 117, 306
침묵하는 다수(silent majority)　160

ㅋ

카운터 운동　7, 36, 113
『카이지』 131
칼 슈미트　12, 21, 311
커먼즈(Commons)/공공재　16, 300
케인 주리안(ケイン樹里安)　204
퀘스처닝 매저리티(questioning majority)
　　155, 160, 161
퀘스처닝(questioning)　160, 161, 304, 402

ㅌ

『탐정소설론Ⅲ 쇼와의 죽음』 336
테크노 리버테리언(Techon-libertarian)
　　13, 14
테크노 봉건제　9
토니 모리슨(Tony Morrison)　153
토마 피케티(Thomas Piketty)　10, 11, 18,
　　307
토마스 해머(Tomas Hammar)　278, 286
『통일교회』 348, 349
『트랜스젠더 이슈』 360, 376, 389, 391~
　　393, 407
『트랜스젠더의 현실』 372

『트랜스크리틱』 292
『'트러블'로서의 페미니즘: '혼란스럽지 않
　　은 억압'에 대항하여』 399
특정기능(特定技能)　275, 285, 286
티머시 모턴(Timothy Morton)　270, 272~
　　274

ㅍ

『파도치는 땅』 333
『패전후론』 330~332, 336, 338, 339
패트릭 칼리피아(Patrick Califia)　387, 389,
　　395, 404, 412
평화의 소녀상　79
포스트식민주의　16
포스트콜로니얼 멜랑콜리아　204, 219~
　　222, 224, 225
포스트콜로니얼　219, 328~332
포스트트루스(post-truth)　149, 150, 270
『포식하는 자본주의』 16
『폭력에 대하여』 343
폴 길로이(Paul Gilroy)　219, 220
〈표현의 부자유전·그 후〉　79, 329
푸른잔디회　36, 122, 192, 303, 310
「풍류몽담」 351
프레데터　404, 407~411
프레드 모턴(Fred Moten)　267~269
프레카리아트　115, 123, 125, 297, 300,
　　307
프레카리티(비정규성)　122~125, 129, 306
프루동주의(proudhonisme)　294
『프리터즈 프리』 36, 113, 191, 290, 291,
　　295, 296
필터 버블(filter bubble)　78

ㅎ

하라 다카시(原敬) 350

하마구치 오사치(濱口雄幸) 351

하세가와 마치코(長谷川町子) 175

하시카와 분조(橋川文三) 294, 320, 322,
    325, 326, 331

『하시카와 분조와 그 낭만』 320, 323, 340

『학살기관』 264

한나 아렌트(Hannah Arendt) 322, 335,
    336, 343, 344

한신 교육 투쟁(阪神教育闘争) 238

한학자(韓鶴子) 347, 349, 352

『항로』 34

「해 뜨는 나라 한가운데」 184

「해녀」 178

「행복한 수부」 185, 186

『햐쿠타 나오키를 모두 읽다』 294

헤게모니적 보편성 234

헤노코(辺野古) 101

〈헤바노(へばの)〉 52

헤이트 스피치/혐오 발언 29, 36, 40~42,
    48, 54, 55, 60~63, 66, 67, 69, 70,
    74, 80, 82, 84, 120, 139, 169, 205,
    238, 239, 361

혐오 시위 41, 52, 59, 67, 112, 113

혐한(嫌韓) 36, 43, 45, 46, 49, 50, 68,
    87, 88, 91, 97, 137, 349

「호거호래가」 177, 180

호리 도시카즈(堀利和) 260

호사카 마사야스(保阪正康) 350

호시노 도모유키(星野智幸) 149, 168, 196

호시카 료지(星加良司) 252

호텐스 스필러스(Hortense Spillers) 228,
    244

『혼자만의 노후』 140

후지모토 레오(藤本怜央) 248

후지타 나오야(藤田直哉) 294

후지타카 가즈키(藤高和輝) 399, 400

후카자와 시치로(深沢七郎) 351

후쿠다 쓰네아리(福田恆存) 68

후쿠자와 유키치(福沢諭吉) 71, 91~97

'희망은 전쟁(希望は戦争)' 115, 118, 122,
    306

히구치 나오토(樋口直人) 301

히로시마 타임라인(広島タイムライン)
    204~207, 209~213, 215~217, 219,
    221~225

히타치 취업 차별 사건 235

숙명여자대학교 인문학연구소 HK+사업단 인문교양총서 3

일본의 혐오현상과 대항담론

반혐오를 위한 교차로

2026년 2월 20일 초판 1쇄 펴냄

편자 스기타 슌스케 · 사쿠라이 노부히데
역자 김지영 · 신하경
펴낸이 김흥국
펴낸곳 보고사

책임편집 김태희
표지디자인 한수정

등록 1990년 12월 13일 제6-0429호
주소 경기도 파주시 회동길 337-15 보고사
전화 031-955-9797
팩스 02-922-6990
메일 bogosabooks@naver.com
홈페이지 http://www.bogosabooks.co.kr

ISBN 979-11-6587-690-6　94080
　　　979-11-6587-977-8　(set)

정가 31,000원
사전 동의 없는 무단 전재 및 복제를 금합니다.
잘못 만들어진 책은 바꾸어 드립니다.

이 저서는 2020년 대한민국 교육부와 한국연구재단의 지원을 받아 수행된 연구임
(NRF-2020S1A6A3A03063902)